나는 행복하게 살 수 있다

나는 행복하게 살 수 있다

발행일	2026년 2월 27일

지은이	서보찬
펴낸이	손형국
펴낸곳	(주)북랩

출판등록 2004. 12. 1(제2012-000051호)
주소 서울특별시 금천구 가산디지털 1로 168, 우림라이온스밸리 B동 B111호, B113~115호
홈페이지 www.book.co.kr
전화번호 (02)2026-5777   팩스 (02)3159-9637

ISBN 979-11-7598-135-5 03180 (종이책)   979-11-7598-136-2 05180 (전자책)

작가 연락처 문의 ▸ ask.book.co.kr
전용 게시판에 문의를 남기시면 저자에게 직접 전달됩니다.

(주)북랩 성공출판의 파트너

북랩 홈페이지와 SNS에서 다양한 출판 솔루션을 만나 보세요!

홈페이지 book.co.kr   •   **블로그** blog.naver.com/essaybook   •   **출판문의** text@book.co.kr
카톡채널 북랩

나는 행복하게 살 수 있다

서보찬 지음

북랩

우리는 누구나 행복하기를 바란다. 행복을 갈망하고 행복을 얻으려고 애를 쓴다. 티벳의 정신적지도자 달라이 라마도 "삶의 궁극적인 목표는 행복을 추구하는 것"이라고 말했다. 하지만 우리가 잡으려 해도 잡히지 않는 이 행복이란 도대체 무엇일까?

행복이란 단어는 매우 다른 두 가지 의미를 지니고 있다. 일반적으로 행복은 느낌에 관한 말이며, 기쁘고 즐겁고 만족스러운 감정, 느낌을 일컫는다. 하지만 다른 감정과 마찬가지로 행복은 지속되지 않는다. 행복은 움켜쥐려고 아무리 애를 써도 빠져나가 버린다. 이런 감각적 행복을 추구하는 삶은 대게 불만족으로 끝나게 되곤 한다. 즐거운 느낌을 추구할수록 우울증과 정서불안으로 고통받기 쉬워지기 때문이다.

행복의 또 한 가지 의미는 풍요롭고 의미 있고 만족스러운 삶을 뜻한다. 우리가 진정으로 중요하게 생각하는 일을 할 때, 자신이 가치 있고 의미 있게 생각하는 방향으로 행동할 때, 우리의 삶은 비로소 풍요롭고 의미 있고 만족스러운 것이 된다. 이것은 스쳐 지나가는 덧없는 느낌이 아니라 삶을 온전히 살았다는 진솔한 느낌이다. 이 같은 삶은 분명 즐거운 느낌도 주지만 때로는 슬픔과 두려움, 분노와 같은 유쾌하지 않은 감정도 준다. 만족스러운 삶을 산다면 온갖 희로애락의 감정을 느끼게 될 것이다.

현실적으로 삶에는 고통이 포함되어 있으며, 그것을 피할 도리가 없다. 인간인 까닭에 우리는 언젠가는 노쇠하여 병들고 죽게 될 운명을 피할 수가 없다. 다시 말해 누구나 고통스러운 생각과 감정을 경험하면서 살아가게 되어 있다는 뜻이다. 그나마 다행스러운 점은 피할 수 없는 고통을 잘 다루는 법을 배울 수 있다는 것이다.

이 책은 여러분이 행복하게 삶을 살 수 있는 방향과 방법을 제시하고자 한다. 누구나 깨달은 부처가 될 수 있듯이, 번뇌의 구름이 하늘을 가리고 있어 하늘이 보이지 않아도 구름 위에는 하늘이 있다는 것을 아는 것처럼 행복도 각자의 어리석은 어떤 한 생각으로 인해 가려져 있어 보이지 않을 뿐이다. 그러나 방법을 알면 누구나 행복할 수 있다.

우리는 흔히 이렇게 말한다. "조금만 더 나아지면 행복해질 수 있을 텐데…", "지금의 나는 아직 부족하다.", "언젠가 조건이 갖추어지면 그때 진짜 삶을 시작하겠다." 그러나 이 말들 속에는 한 가지 공통된 전제가 숨어 있다. 지금의 나는 아직 괜찮지 않다는 믿음이다. 이 믿음은 우리를 끊임없이 미래로 밀어내고, 현재의 삶을 유예하게 만든다. 그 결과 우리는 바쁘게 살아가지만, 정작 살아 있다는 감각은 점점 희미해진다. 이 책은 그 전제를 조용히 되묻는 데서 시작한다. 정말로 우리는 괜찮아지기 전까지 행복할 수 없는 존재일까?

이 책에서 말하는 '수용'은 체념이 아니다. 포기하거나 멈추는 태도도 아니다. 수용이란 지금의 나를 있는 그대로 인정하는 용기다. 나는 부족한 면이 있고, 흔들리며, 완벽하지 않다. 그러나 그것이 곧 무가치함을 의미하지는 않는다. 지금 이 모습 그대로도 나는 이미 살아갈 자격이 있고, 존중받아야 할 존재이며, 행복을 느낄 수 있는 사람이다. 우리가 괴로운 이유는 대개 삶이 잘못되어서가 아니다. 있는 그대로의 나를 끊임없이 부정하며 '다른 사람이 되어야 한다'라는 압박 속에 살아왔기 때문이다. 수용은 나태함이 아니라 자기 폭력을 멈추는 첫 번째 선택이다. 그리고 이 선택 위에서 비로소 변화는 건강하게 시작될 수 있다. 아이러니하게도, 수용은 변화를 멈추게 하지 않는다. 오히려 진짜 변화를 가능하게 만든다. 자신을 미워하는 상태에서는 변화가 오래가지 않는다. 그 변화는 처벌에 가깝고, 강박에 가깝기 때문이다. 그러나 자신을 받아들인 상태에서의 변화는 다르다. 그것은 더 잘 살고 싶다는 자연스러운 욕구에서 비롯된다. 변화하지 않으면 삶은 저절로 나아지지 않는다. 행복도, 의미도, 관계도, 자동으로 주어지지 않는다. 하지만 변화는 '나는 부족하니 고쳐야 한다'라는 이유에서가 아니라 '나는 소중하니 더 잘 돌보고 더 성숙하고 더 행복하고 싶다'라는 마음에서 출발할 때 비로소 지속 가능해진다.

이 책은 무조건적인 긍정을 말하지 않는다. 적극적인 사고방식과 자기 신념을 바탕으로 용기 있는 변화를 제안한다. 지금의 나를 받아들이되, 그 자리에 머무르지 않고 한 걸음씩 나아가는 삶. 그 균형이야말로 성숙한 행복의 조건이다.

행복은 외부에서 주어지는 선물이 아니다. 누군가 대신 만들어 줄 수도 없고, 환경이 완벽해진다고 자동으로 생겨나지도 않는다. 행복은 주관적인 생각이며 선택의 결과다. 우리는 통제할 수 없는 일들에 너무 많은 힘을 쏟아왔다. 타인의 평가, 과거의 실수, 불확실한 미래. 어떤 태도로 하루를 살아갈 것인지, 어디에 에너지를 쓰고 무엇을 내려놓을 것인지, 타인의 기대보다 나의 가치에 얼마나 충실할 것인지에 대한 선택의 말이다. 그러나 삶을 바꾸는 힘은 언제나 지금 이 순간 내가 취하는 태도에 있다. 행복은 거창하지 않다. 세상을 긍정적인 태도로 바라보고, 작은 것에서 기쁨을 찾고, 지금 하는 모든 것에 의미를 부여할 때, 행복은 파랑새가 되어 품에 안긴다. 이 책은 그 과정을 미화하지 않고, 현실적인 언어로 함께 걸어가고자 한다.

행복은 의미 없는 상태에서 오래 머물지 않는다. 사람은 결국 의미를 향해 움직일 때 가장 살아 있음을 느낀다. 삶의 의미는 멀리 있지 않다. 거창한 사명이나 위대한 업적이 아닐 수도 있다. 오늘 내가 책임질 수 있는 역할, 지금 내가 기여할 수 있는 관계, 내가 중요하다고 믿는 가치를 행동으로 옮기는 일. 그 모든 것이 의미가 된다. 중요한 것은 '아는 것'이 아니라 '실행하는 것'이다. 아무리 좋은 통찰도 삶에 적용되지 않으면 위로 이상의 힘을 갖지 못한다. 이 책은 독자에게 묻는다. "당신은 어떤 삶을 살고 싶은가?" 그리고 이어서 말한다. "그렇다면 오늘 내가 행복할 수 있는 방법은 무엇인가?" 이 책은 완벽해지라고 요구하지 않는다. 대신 지금의 나로 시작하자고 말한다. 수용 위에서 변화하고, 긍정적인 선택을 통해 행복을 만들며, 의미를 행동으로 옮기는 삶. 그 길 위에서 우리는 깨닫게 될 것이다. 나는 행복하게 살 수 있고, 그 가능성은 이미 내 안에 있다는 사실을. 마지막으로 이 책은 사랑으로 삶을 '완성'한다고 말하고 있다. 우리가 가장 기억하는 순간, 가장 행복했던 순간, 가장 아찔했던 순간은 모두 '사랑'과 연결이 된다. 그리고 사랑의 가치에서 사랑은 인간의 마지막 후회에서 제외되어야 할 가치라고 말한다. 사람들은 "더 벌 걸 그랬다"가 아니라 "더 사랑할 걸 그랬다"를 후회한다. 사랑은 죽음을 초월하는 유일한 감정적 태도이고, 사랑은 흔적을 남긴다. 사랑했던 사람은 사라져도 '사랑의 감정과 기억'은 계속 남아 타인에게 전해진다. 이 때문에 사랑은 인생의 마지막까지 지녀야 하는 중요한 가치라고 말한다. 사랑은 준 만큼 나에게 돌아온다고 했다. 사랑의 감정적 풍요는 '받기'에서 오지 않는다. 오히려 사랑을 줄 때 인간은 가장 풍요로워진다. 사랑은 받는 것이 아니라 주는 것이다.

이 책은 인간관계의 기본 개념에서부터 삶의 최종 의미까지 단계적인 성장을 할 수 있게 만들어졌다. 또한 각 장은 주제의 이유와 목적, 인간관계에 미치는 영향, 구체적인 실행방법 순서로 구성되어 있다. 제1장에서 3장까지는 인간성의 본성을 이해하고 지금의 자신을 있는 그대로 받아들이며, 변화하는 환경에 적응하고, 더 성숙한 삶을 위한 이유와 방법을 설명하며, 제4장에서 6장까지는 행복한 삶을 위한 지혜를 설명한다. 특히 이 책은 아이를 키우는 부모와 어린 학생을 가르치는 교사에게 꼭 읽어야 할 필독서로 권장한다. 또한 이 책은 한 번에 모두 읽는 것을 권하지 않는다. 각 장을 읽은 후 실천해야 할 것을 충분히 실천한 후 다음 장으로 넘어갈 것을 권한다. 마지막 장이 완성되면 당신은 이미 행복한 사람이다.

차례

제2장 · 수용, 나는 이대로 괜찮은 사람

제3장 · 변화하지 않으면 아무것도 얻는 것이 없다

제6장 · 삶의 의미를 찾아 실행하라

가을이 점점 깊어 가고 그 뜨겁던 햇살도 약간 식어가고 있었다. 아침저녁으로 제법 쌀쌀한 한기마저 느껴진다. 영원할 것 같은 뜨거운 여름의 푸른 녹색의 향연도 이제 마칠 준비를 하면서 마지막으로 온 천지를 천연색으로 아름답게 물들이고 있다. 오후 암자의 서재에서 나와 둘레길을 산책하고 있었다. 어느덧 저녁노을이 지면서 저 멀리 태양이 구름과 함께 붉게 물들고 있었다. 자연의 아름다움이 선지자에게 깊은 감동을 주고 있다. 그리고 그는 '나는 지금 행복하다'라고 말하고 있었다.

집을 떠나 여기 깊은 암자로 들어와 칩거한 세월 15년, 선지자의 모든 것이 어제 일처럼 생생하다. 15년 전, 여기 처음 여기 왔을 때는 한여름이었다. 암자 입구에 600년 된 느티나무가 있었는데, 매미 소리가 어찌나 크게 들리던지 약간은 시끄럽게 느껴지기도 했으나 금세 이것이 자연의 소리라는 것을 깨달았다. 얼굴을 스치는 서늘한 공기, 짙푸른 숲의 실록, 쪼르르 흐르는 물소리가 매미 소리와 합창하며 모두 좋다고 노래하는 것 같다고 생각했다. 옆으로 작은 계곡이 있고 약간 경사가 있는 길을 1킬로미터쯤 올라가면 암자가 있었다. 워낙 깊은 산속이라 자주 찾는 불교 신자가 별로 없었다. 그러나 지금은 도로포장이 잘되어 있어서 주차장까지 자동차로 쉽게 접근할 수 있었다. 그때 그 느티나무는 몇 년 전 태풍으로 작은 날개 가지 몇 개를 잃었으나 건장하게 잘 자라고 있었다. 올해는 유별나게 노란색과 분홍색의 단풍이 많이 보인다.

그는 불교에 입문하여 여기까지에 왔다. 그러나 여기 와서는 불법(佛法)보다 심리학에 더 많은 탐구를 하였고 앞으로 더 깊이 공부하고 싶었다. 지금도 불교의 교리보다 심리학 분야에 더 많은 탐구와 연구를 하고 있다. 그러나 그는 불교가 좋았고, 절이 좋았다. 흔히 머리를 깎고 세속을 떠나 절로 출가한 사람을 스님이라고 부른다. 그러나 세속에 살면서 불법(佛法)을 닦아 깨달음을 얻은 사람을 보살이라고 한다. 흔히 문수보살, 보현보살 등 불경에 나오는 수많은 보살은 재가신자 즉 보살이다.

그는 이제 한 사람의 보살이자 카운슬러(심리상담자)가 되어 인생의 길을 안내해 주는 보조자가 되었다. 정신없이 바쁘게 살아온 그는 세상살이가 힘들고 위로받기 위해 찾아오는 모든 중생에게 잠시 자기성찰을 할 수 있게 도와주고, 마음이 괴로운 자에게 등불이 되어주기로 한 것이다. 몇 마디 말로 사람을 치유하는 것은 어리석은 발상이다. 보잘것없는 작은 지식 얼마를 가지고 남을 가르친다는 것은 가당하기는 한가? 치유라고 말하기보다는 말동무가 되어주고 보지 못했던 것을 보도록 등불이 되어 약간 비춰주는 역할이다. 일종의 심리적 조력자라고나 할까? 누군가가 기대고 싶을 때 받침목이 되는 역할 정도다.

오후 저녁 무렵, 저녁 공양 후 차를 마시고 있는데 누군가 노크를 하고 문을 열고 들어왔다. 30대 후반의 젊은 청년이었고, 얼굴을 보니 피곤한 기색이 온몸을 감싸고 있었다. 일전에 몇 번 만난 적이 있던 청년이었다. 그때는 시간이 없어 인사와 간단한 대화 정도만 한 후, 시간 날 때 한번 들리겠다고 약속하고 떠났는데, 반년이나 지난 지금 다시 찾아온 것이다.

제1장

삶이 왜
이렇게 힘들까

삶이 왜 이렇게 힘들까

청년은 여러 번 이곳 깊은 산속 선지자의 거처로 방문하고 싶었지만, 시간이 나지 않아 못 왔다고 말하며, 오늘과 내일 쉬는 날이라서 왔다고 했다. 그리고 하룻밤 여기서 숙박까지 하겠다며 허락을 구했다. 무엇 때문인지 많이 지친 얼굴에 목소리마저 지나치게 가라앉아 있어 삶에 의욕이 많이 없어 보였다. 세상이 싫다는 느낌, 포기하고 싶다는 표정, 그러나 뭔가를 해결해야 한다는 간절함이 보였다. 선지자는 직감적으로 뭔가를 알아차리고 그러라고 하면서 뜨거운 차를 끓여 내주었다. 깊은 산속이라 초저녁이 되면서 점차 쌀쌀한 기운이 돌았고, 뜨거운 차로 약간의 온기를 채우니 청년은 조금씩 차분하고 평온한 기색을 찾기 시작했다. 그간 안부를 묻는 몇 마디 이야기가 있었고, 잠시 후 청년은 조금 심각한 표정을 지으며 말을 시작하였다.

청 년　선생님, 세상 사는 게 참 힘드네요.

선지자　요즘 힘든 일이 많은가 보군, 그렇게 말하는 것을 보니 말일세.

청 년　저는 요즘 세상이 싫어졌어요. 매일매일 그런 것처럼 아침에 새벽처럼 일어나 정신없이 몽롱한 상태에서 세수하고 아침밥을 먹고 회사에 갑니다. 누구나 그렇게 하는 것처럼 말입니다. 회사에 가면 아침 회의를 하고 맡은 일을 하는데 저는 이 회사에 입사한 지 4년 6개월이 됐지만, 아직 직급도 낮고 업무에 능숙하지 않으니까 주로 시키는 일만 합니다. 저의 상사는 4년이나 지났는데 아직도 이 모양으로 일하느냐며 야단치는 날이 종종 있어요. 그래도 다음 날 또 출근해야 하니까 업무 종료 시간이 되면 허겁지겁 서둘러 하던 업무를 대충 마무리하고, 책상을 정리하고 집으로 가는데 아직 업무에 능숙하지 않아 불안한 마음도 들고 긴장되기도 합니다. 때로는 밀린 업무를 하느라 다른 동료, 선배들보다 늦게 퇴근하기도 합니다. 자동차로 1시간 반에서 2시간 정도 운전하고 집에 도착하면 저녁 7시 반이나 8시쯤 됩니다. 집에 가면 피곤하지만, 아이들이 아직 어려서 같이 놀아 주기도 해야 합니다. 회사 생활이나 가정 생활이 다 그렇듯 매일매일 똑같이 반복되는 일상입니다.

선지자 모두가 그렇게 살고 있지 않나, 자네만 그런 게 아니고 말이야. 그런데 뭐가 문제지? 세상이 싫어지다니.

청 년 하루를 바쁘게 보내다 보면 다른 생각이 끼어들 여지가 없지만, 가끔 집으로 돌아가는 시간이나 잠시 여유시간 있을 때 나는 누구인지, 나는 왜 이러는지, 정말 무능한 사람인지, 무엇을 원하는지, 뭐 때문에 사는 건지 깊은 의문이 들기도 합니다. 반복되는 일상에서 하루하루 생존을 위해 치열한 전쟁터와 같은 삶을 살고 있지는 않은지, 이렇게 사는 게 올바른 방향인지 많은 의문이 듭니다. 특히 상사의 질타나 인간적인 모멸감 같은 잔소리를 들으면 나 자신이 싫고, 나의 존재감조차 부정하곤 합니다. 생계를 위해 돈을 벌어야 하고, 부부관계를 위해 짬을 내서 여가도 즐겨야 하고, 아이들을 위해 학원이나 사교육 같은 것에 투자도 해야 합니다. 그때마다 외부적 상황에서 오는 스트레스, 불안 또는 가족과의 내부적 갈등 등을 문제없이 해결해야 할 때도 있고, 해결하지 못해 마음이 괴롭거나 불안할 때도 많이 있습니다. 가끔 이 세상 사람들이 모두 경쟁상대, 적으로 느껴질 때도 많아서 사람들이 나를 힘들게 하는 것 같다는 생각에 사로잡히게 되는 때도 있습니다. 모두 자기 생각만 하고 도대체 배려할 줄 모르는 인간들만 있는 세상 같다는 생각이 들 때도 있고, 조금만 한눈팔면 천 길 낭떠러지로 떨어져 버리는 인정 없는 인간들만 있는 것 같아 괴로울 때도 많습니다.

선지자 요즘 여러 가지로 많이 힘든가 보군. "나는 능력이 없는 것 같고, 나는 누구이고, 무엇을 목표로 사는가?" 하면서 자기 폄하까지 하고…. 게다가 "사람들은 나의 적이고 이해심이 없는 자기중심적 인간이다"라는 말은 "세상이 싫다"라는 말로 들리는구먼. 그런데 지금 직장 다닌다고 했는데, 어떤 회사인가?

청 년 네, 저는 생명보험회사에 다니고 있습니다. 입사한 지 4년 6개월 되었습니다. 관리직이라고 해서 입사했는데 영업직에 보직을 받았습니다. 물론 이 회사에 입사하기 전에는 중소기업에 취직해서 사무직 사원으로 근무했습니다. 인사, 총무 업무인데 사원의 인적자원관리, 회사의 자금관리 담당자로 근무했습니다. 인원 배치 문제로 어떤 사원과 말싸움 끝에 사표를 내고 말았습니다. 지금 다니고 있는 회사는 영업직이라 아직도 경험도 많이 부족하고 실적도 미미합니다. 지난달 영업팀의 실적이 많이 떨어졌는데 팀장님이 저에게 "입사한 지 언제인데 아직도 헤매고 있냐?" 하면서 심한 질책을 하셨어요. 겉으로는 "죄송합니다"라고 했지만, 마음속으로 "아직 경험이 없어 그러니 나무라지 마세요"라고 말하고 싶었습니다. 팀원들도 좀 배려심을 발휘해서 위로해 주면 좋을 텐데 모두 "네가 잘못한 거니까 네 책임이야"라고 말하는데 참, 사표를 던지고 싶었습니다. 내가 능력이 많이 부족한 것 같고 여기 이 회사에 적응하지 못하는 것 같기도 하고요. 다른 한편으로는 무엇을 위해 여기서 이렇게 욕먹어 가며 일해야 하는지도 모르겠다는 생각이 들기도 합니다. 게다가 사람들이 왜 그렇게 자기 생각만 하고 자기중심적 생각만 하는지 도대체 이해가 안 됩니다. 내 편은 아무도 없고 모두 적인 것 같은 마음이 들어요.

선지자   그럼 지금 다니고 있는 회사도 그만두고 싶은가?

청 년   아니요. 또다시 회사를 그만 두고 싶지 않아요.

선지자   알겠네. 오늘은 긴 밤이 되겠군.

선지자의 암자 상담실은 별로 크지 않은 작은 규모다. 수십 년은 된 허름한 책상이 있고, 그 옆과 뒤로는 많은 서적이 꽂혀 있었다. 오래된 불교 경전과 해설집, 선사들의 선문답 등 불교에 관한 책을 얼마나 많이 읽었는지 책이 헤져 있어 선지자가 불교철학을 많이 익힌 분이라는 것을 지레짐작할 수 있었다. 그러나 한쪽에는 심리학에 관한 책들로 빼곡히 꽂혀 있어 심리학 분야에서도 조예가 깊은 분이라는 것을 알 수 있었다.

청년은 오늘 방문하기 전 몇 차례 여기 방문한 적이 있었다. 그때마다 여기를 들러서 선지자에게 인사를 나누고 가벼운 상담을 받곤 하였다. 절 입구를 지나 1킬로미터쯤 앞에는 큰 불당(대웅전)이 있고, 대웅전 우측에는 설법회장(지장전)이 있다.

선지자의 암자는 대웅전 뒤쪽으로 작은 오솔길로 약 1킬로미터 더 깊숙한 곳에 있다. 대웅전 좌측에 나 있는 작은 오솔길은 계곡을 따라 만들어져 있었다. 암자 건축물 입구에는 '세심정(洗心亭)'이라고 현판이 붙어 있다. 방 두 칸 중 한 칸은 신도들이 잠자는 방이고, 나머지 한 칸은 선지자가 기거하는 방이다.

청년은 자신의 무능함을 한탄하고, 자신의 정체성에 대한 혼란을 겪고 있다. 또한 세상을 원망하고, 타인을 이해할 수 없는 이기적인 존재라고 말할 정도로 마음속에 심리적 불안과 혼돈, 그리고 사회에 대한 분노 같은 느낌마저 있었다. 그러나 무엇인가를 해결하고자 하는 간절함이 있었다. 따지고 보면 이 시대에 사는 모든 청년의 너무나 일상적인 이야기인지도 모른다.

나쁜 너, 불행한 나,
그리고 앞으로 어떻게 할 것인가

선지자 지금 자네의 마음은 어떤가?

청 년 저 자신이 불행하다고 생각이 돼요. 조금 전 말씀 드린 대로 저 자신이 못난 것 같아요. 능력도 모자라고, 지혜도 모자라고, 그렇다 보니 상사로부터 인정도 못 받고. 게다가 주위의 동료로부터 따돌림받고, 집에 가서도 집사람이 조금만 건드려도 크게 화까지 내요. 짜증이 나니까요.

선지자 그러면 어떻게 되고 싶은가? 어떤 것이 변했으면 좋겠다고 생각하는가?

청 년 저는 능력이 있고 인정받는 사람이 되고 싶어요. 제 상사로부터 인정받고, 제 동료들과도 좋은 인간관계를 맺고 직장 생활이 즐거운 일터가 되었으면 합니다.

선지자 그런데 지금은 자네가 힘들어하고 있고, 아직 능력이 조금 부족해도 동료들이 위로도 해주고 격려해 주면 좋을 텐데 그들이 너무 이기적이고 자기중심적이어서 도움도 안 되고 괴롭다, 사람들과 관계하는 것이 싫어졌다 이 말이군. 게다가 사람들은 "경쟁도 심하고 모두 적으로 생각된다" 이런 뜻인가?

청 년 선생님은 오랫동안 깊은 산 속에 계셔서 잘 모르시겠지만 요즘 세상이 너무 많이 변해서 회사 생활을 하기가 너무 힘들어요. 도대체 인간미가 없어요.

선지자 자네 말처럼 요즘 시대가 많이 변했네. 현시대를 살고 있는 사람들의 생활태도, 소통 방법, 갈등 해소 방법 등 많은 것이 예전과 다르지. 사회의 구조, 규칙, 예의범절 등도 예전과 다르게 매우 복잡해졌네. 따라서 인간관계도 시대의 변화만큼 달라졌고. 예를 들어 인간관계에서 가장 기본이 되는 소통 방법만 보더라도, 예전에는 주로 사람과 사람이 만나 대화하거나 식사하면서 갈등을 해결하였네. 지금은 SNS나 전화 메시지, 이메일 등 미디어를 매개체로 대화하네. 엄청난 변화지. 그렇게 생각하지 않나?

청 년 네, 많은 변화는 인정합니다.

선지자 그러나 변하지 않는 것이 있네. 엄격히 말하면 시대가 변해도 '거의 변하지 않는 것' 또는 '변화가 무척 느린 것'이라고 표현하는 것이 맞겠지.

청 년 그것이 무엇인가요?

선지자 인간의 본성과 감정이네. 이 두 가지는 몇백 년을 통해 너무나 서서히 진화했기 때문이지. 게다가 인간이 추구하는 목표 즉 '행복의 추구'는 과거나 지금이나 동일하네. 다만 해결 방법에 대해서는 많은 연구자들의 도움으로 매우 다양해졌다는 것뿐이지.

청 년 그러면 현대인이 갖고 있는 여러 심리적, 정신적 문제 해결 방법도 달라졌나요?

선지자 기본적인 개념이나 접근 방법은 같네. 다만 구체적인 실행방법(도구)은 차이가 있을 수 있네.

청 년 선생님은 경험이 많으시니까 달라진 새로운 방법도 많이 적용해 보셨겠네요?

선지자 꼭 그렇지는 않네. 아직도 남을 가르치는 정도는 못되네.
대화를 통해 함께 풀어가는 것이지. 심리상담사가 체계적
으로 지도하는 그런 수준은 못되네. 이 시대를 함께 살아
가는 동료이자 친구로 생각하게. 나도 자네로부터 배워야
할 것이 많아. 이 세상에는 완벽한 인간은 어디에도 존재
하지 않기 때문이네.

청 년 무슨 겸손한 말씀을….

선지자 우선 여기를 보게나. 여기 종이로 만든 삼각형이 있네. 두
면이 자네 쪽에서 보면 보이지. 뭐라고 씌어져 있나?

청 년 '나쁜 너, 괴로운 나'라고 씌어 있네요.

선지자 그러면 지금까지 말한 자네의 불평, 불만은 요약하면 모
두 '나쁜 너, 괴로운 나'에 대한 이야기가 대부분 아닌가?
모두 '내가 잘못한 것이 없고 모두 네가 잘못되었다. 나는
바르게 하는데 네가 잘못하고 있어, 네가 바꾸어야 해'라
는 내용이 대부분이었지.

청 년 그런 것 같네요.

선지자 '괴로운 나'에 대한 이야기도 마찬가지네. '그래서 나는 지
금 불행하고 행복하지 못하다'라는 의미지. 대부분의 사
람은 이 두 가지를 열거하네, 자네처럼. 많은 이야기를 하
지만, 이 범위를 벗어나지 못하지. 그렇지 않나? 이 모든
불행은 그 사람, 외부적 상황이나 환경 때문이고 그래서
그것이 나를 불행하게 한다고 생각하지. 게다가 자네 자
신마저도 싫어졌고.

청 년 하지만 사실이지 않습니까? 상사가 나를 괴롭히듯, 동료

가 나를 따돌리듯 그 사람 즉 타인이 나를 괴롭힌 것은 사실이지 않습니까?

선지자 모두 사실이지. 하지만 그렇게 생각하면 자네의 불안, 괴로움이 사라지는가? 그가 잘못했으니 고치고 바꾸라고 하면 그가 바꾸어 주든가? 아무리 외쳐도 해결해 주지 않고 자네의 괴로움과 불행만 커지게 될 걸세. 전혀 효과가 없지.

청 년 그런 것 같네요. 효과가 전혀 없었어요. 사람들은 제 말을 잘 안 들어요. 점점 나만 더 괴롭고, 불행해지는 것 같아요.

선지자 그러면 삼각형의 세 번째 면에 적혀 있는 이것을 읽어보게.

청 년 '지금부터 어떻게 할 것인가'라고 되어 있네요. 이게 무슨 뜻인가요?

선지자 문제는 '앞으로 어떻게 할 것인가'하는 것일세. 자네는 인간의 행복한 삶에서 꼭 필요한 '행복한 느낌'이 많이 부족하네. 게다가 '자기 수용, 자기 사랑'이란 것이 부족해 자존감이 낮은 상태네. 쉽게 이야기하면 '지금 행복하지 않다'라는 의미지.

청 년 '행복한 느낌, 자기 수용, 자기 신뢰, 자기 사랑' 이것과 제가 상사로부터 인정받고 동료들과 좋은 관계를 맺는 것이 무슨 관계가 있나요?

선지자 그러면 하나 물어보지. 자네는 왜 그렇게 힘들게 사는가? 인간관계에 갈등을 느끼며, 심지어 스스로 무능하다고 자기 비하까지 하면서 사는 목적이 무엇인가?

청　년 행복하게 살고 싶어요. 앞에서 말한 것처럼 사람들에게 인정받고 좋은 인간관계를 맺어서 행복하게 살고 싶습니다.

선지자 그렇겠지, 행복하게 살고 싶은 것이 목적이겠지. 그런데 지금은 행복하지 않다는 말인데 그 원인이 무엇이라 생각하는가?

청　년 글쎄요…. 괴로움을 극복하고 행복해지려고 노력하지 않았기 때문인가요? 저에게 뭔가 문제가 있는 건가요? 아니면 다른 이유가 있는 건가요?

선지자 뭔지 모르지만, 대화하면서 찾아보기로 하세. 우선 조금 전에 보았던 '지금부터 어떻게 할 것인가'부터 시작해 보세. 이 말은 '행복하기 위해서 어떻게 할 것인가'라는 뜻으로, 앞으로의 구체적인 계획을 말하네. 계획은 목표가 있듯이 행복하기 위해 어떤 목표를 구체적으로 실행할 것인가가 관건이 되겠지. 이 계획에서 가장 밑바탕이 되는 것이 '자기 수용, 자기 신뢰, 자기 사랑'과 '행복한 느낌' 체험하기일세.

예를 들어 보세. 큰 가마솥이 하나 있다고 치세. 밑에서 장작불을 지피면 가마솥 안에 있는 물이 끓기 시작하겠지. 펄펄 끓어오를 때, 찬물을 다시 부어 넣으면 끓어오른 물은 사그라지네. 하지만 잠시 뒤 다시 끓어오르겠지. 따라서 펄펄 끓어오르는 물을 근본적으로 잠재우기 위해서는 어떻게 해야 할까? 결론은 장작불을 꺼내야 하네. 물을 더 붓지 말고. 따라서 그것을 있게 하는 원인을 제거해야 근본적인 치료가 되네. 자네는 지금 끓어오르는 물을 보고 왜 끓어 오르는지조차도 모르고 있네.

청 년 네, 저는 그 원인을 모르겠어요. 정체성의 혼돈도 되고요.

선지자 자네만 그런 것이 아니네. 대부분의 사람도 마찬가지네. 그러니 너무 상심하지 말게나.

청 년 그러면 선생님의 말씀은 그 원인의 근본이 되는 대상이 '자기 수용, 자기 신뢰, 자기 사랑'이 안된 상태라는 뜻인가요?

선지자 그렇네. 모든 심리적 개선의 기본이 되는 것이 '자기 수용, 자기 신뢰, 자기 사랑'일세. 이 부분에 대한 구체적인 의미, 구체적인 방법 등에 대해서는 다음에 논하기로 하세.

청 년 이보다 더 기본이 되는 것이 또 있나요?

선지자 모든 변화와 자기 개선, 성숙, 성장하는 과정에는 그것을 실행하는 '순서, 방법, 목표'를 단계별로 바르게 세우는 것이 중요하네. 예를 들어 초등학교, 중학교, 고등학교에서 배우는 내용과 과정이 각각 다르게 단계별, 체계적으로 준비되어 있네. 물론 초등학교에서 고등학교로 바로 건너 뛰는 경우도 있지만, 배우는 내용은 과정별로 차례차례 배워서 올라가네. 그 과정에서 배워야 할 내용과 목표가 있고 그것을 거치면 다음 단계별로 올라가는 거지. 이와 마찬가지로 나를 수용하고 변화시키고 궁극적으로 행복한 삶을 살기 위해서는 단계별 내용과 목표가 있네.

청 년 문제점만 바로 개선하면 되지 않나요? 무슨 단계별 과정이 필요합니까? 핵심 요점만 가르쳐 주면, 그것을 실행하면 되지 않나요?

선지자 그럴 수도 있겠지. 하지만 그것은 단순한 지식에 불과하네. 아는 것에서 끝나버리는, 그리고 실행이 없는 것이 되어 결국 아무것도 이루지 못하는 것이 되네. 예를 들어 '자기 수용'을 하라고 하면, 그 방법에서 "자신의 현재 있는 모습 그대로 받아들여라"라고 한다면, 말로는 이해가 될지 모르겠지만 의문이 생기네. 어떻게 받아들일지, 무엇 때문에 받아들여야 할지, 뭐가 좋아지는 걸까 등 수많은 의문이 생기면서 동기 부여가 안 되네. 인간의 심리적 변화는 물건을 뒤집듯이 쉽게 되지 않네. 습관이라는 것이 있어서 관성의 법칙에 따라 알아도 실행이 안 되네. 이것이 문제가 되네.

청　년 그러면 어떤 순서, 어떤 방법으로 하는 건가요?

선지자 그렇게 선급하게 구체적인 방법으로 넘어갈 수는 없네. 하나씩 해결해 가면 되네. 다음으로 이야기할 것은 실행 방법일세. 잠시 커피를 마시면서 쉬었다가 하세나.

　청년은 그 많은 불평, 불만, 자기 비하, 세상에 대한 비관적 사고 등이 종이로 된 삼각형에 '나쁜 너, 괴로운 나, 어떻게 할 것인가'로 집약되어 해석된다는 것을 이해했다. 지금까지 '나쁜 너, 괴로운 나'에 집중한 나머지 가장 중요한 '지금부터 어떻게 할 것인가'를 잊어버린 것이다. 그리고 단순한 이론적 이해보다 근본적인 원인을 이해하고 구체적인 목표에 집중해야 해결된다는 것을 알았다. 서두를 필요는 없다. 습관화된 정신적·심리적 문제는 완전히 이해돼도 개선이 어려운 것은 서두르지 않고 차근차근 실행하여 좋은 습관으로 바꾸는 것이다.

모든 불행과 행복은
인간관계에서부터 나온다

선지자   어떤 문제든 해결하고자 할 경우 기본적인 절차와 과정이 있어야 하네. 새로운 것을 발명할 경우 기본이 되는 것이 기초 지식과 개념과 원리를 바탕으로 해서 점진적으로 전개가 되듯이, 가장 먼저 인간에 대한 기본적인 이해에서 출발해서 최종적으로 행복을 위한 실천 방법까지 단계적으로 이해하고 실천하는 절차를 지켜가는 것이 중요하네.

청 년   선생님 말씀은 인간의 심리적 정신적인 문제의 개선을 위해서는 절차와 과정이 필요하다는 것이네요.

선지자   그렇다네. 예를 들어, 불교에 깨달음을 위한 4단계 수행 과정이란 것이 있네. 신(信), 해(解), 행(行), 증(證)이라고 하는 수행의 네 단계, 즉 깨달음으로 나아가는 과정을 설명하는 핵심 개념이지. 신(信)이란, 진리에 대한 믿음과 신심(信心)을 가지는 단계로 "부처님이 설하신 길을 따르면 고통에서 벗어날 수 있다"라는 확신을 갖는 것이라고 말할 수 있지. 해(解)란, 믿음을 바탕으로 불법의 뜻을 올바로 이해하는 단계로 "모든 것은 인연으로 생기고 사라진다

(緣起法)"라는 가르침을 지적으로 이해하는 것을 말하네. 행(行)이란, 이해한 가르침을 삶 속에서 실천하는 단계로 "탐욕을 줄이고 자비를 베푸는 행동을 꾸준히 실천하는 것"을 말하네. 마지막으로 증(證)이란, 수행의 결과로 진리를 직접 체험하고 깨닫는 단계로 "무상(無常), 무아(無我), 고(苦)의 진리를 마음 깊이 체험하여 집착에서 벗어남"을 말하네.

청 년 이 불교의 수행 4단계와 마음의 변화, 심리적 개선과는 무슨 관계가 있나요?

선지자 심리적 변화와 개선 절차는 위에서 말한 불교의 깨달음을 위한 4단계와 동일하네. 내가 강조하고 싶은 말은 과정별 단계일세. 먼저 본인 스스로 변하겠다, 개선하겠다는 믿음이 있어야 하네. 일종의 결심이지. 그다음에 이것을 해결하기 위한 기초적인 지식이네. 즉 인간에 대한 이해라고 말할 수 있지. 세 번째가 실천하는 것이지. 논리적으로 인정한 부분에 대해 실생활에 적용하고, 다시 수정 보완하는 과정이라고 보면 되네. 마지막으로 증명된 부분은 확신하는 마음을 갖고 흔들림 없이 지속하는 것일세.
지금 자네가 겪고 있고 느끼는 심리적 고통은 보통의 일반 범부중생과 다름없네. 정말 자네는 지금과 다른 행복한 사람으로 바뀌고 싶은가?

청 년 네, 저는 지금의 나를 보다 더 성숙한 나로 만들고 싶습니다. 그리고 행복한 삶을 살고 싶습니다.

선지자 나도 자네가 지금보다 더 나은 모습으로 성장하고 성숙할 수 있는 능력은 있다고 확신하네. 그렇게 믿고 있네.

선지자 조금 전 자네는 많은 갈등과 고민에 대해 말했네. 삶의 여정에서 인간은 이러한 고민을 피할 수 방법이 없네. 즉 이런 문제는 자네에게만 해당하는 특별한 문제가 아니라는 이야기일세. 심리학의 3대 거장 중 한 명인 알프레드 아들러는 "인간 생활의 모든 고민은 인간관계에서 비롯된다"라고 말했네. 아마 대다수의 인간에게 해당하는 보편적인 인간관계에서 발생하는 고민이라고 생각되네. 하지만 인간관계는 단순히 수학적으로 풀어지는 문제와는 다르다는 것을 이해해야 하네. 즉 해법은 있지만 정답이 없다는 말일세. 아주 쉬운 문제지만 어렵게 해석하거나 어렵게 보이는 문제도 쉽게 풀릴 수 있다는 뜻이지.

청 년 인간관계가 모든 갈등의 기본이다. 이것을 이해하고 좋은 방향으로 개선해야 한다. 이 뜻인가요?

선지자 그렇네. 인간관계로 인해 갈등이 생기기도 하지만 우리의 행복도 인간관계로 인해 생기게 되네. 그러면 앞에서 말한 절차와 과정에서 인간 이해라는 측면에서 가장 기초가 되는 '인간'이란 어떤 본성이 있는가를 알아야 하네. 즉 인간의 본성을 말하는 것이네.

인간의 본성을 이해하라

청 년   인간의 본성이라면 무엇을 말하는 건가요?

이것과 제가 현재 느끼고 있는 '나는 누구인가?' 하는 자아의 문제, 회사 생활, 가정생활에서 마주치는 여러 가지 대인관계 문제와 관련이 있나요?

선지자   자신의 문제도 마찬가지지만 모든 문제의 원인과 이해의 출발점은 인간 본성의 이해에서 출발이 되네. 과거 심리학이나 인문학, 사회학이 발단하기 전에는 철학과 종교를 인간 세상을 통치하는 도구로 삼아 왔네. 또한 철학과 종교만이 과학이고 진리라고 생각하였고, 이것으로 집단 부족, 국가를 통치하는 도구로도 사용하였네. 인간에 대한 현대적인 인문학적 연구와 과학의 연구가 없었기 때문이기는 하지만 지금은 과학 특히 뇌과학이 상상할 수 없을 정도로 발달했네. 인간에 관한 연구 특히 심리학과 같은 인문학이 과학의 발전과 함께 엄청나게 발전되었다는 뜻이지.

문제는 이렇게 과학과 인문학, 심리학이 발전되었음에도 과거와 비교해 보면 인간의 행복은 문명이 발전된 그만큼 나아지지 않았다는 것이지. 다만 문제 해결을 위한 방법이 많이 발전되었다는 것은 인정해야 하네. 다르게 말하면 '인간관계도 그만큼 복잡하고 고민이 많다, 그러나 해결할 방법도 있다'라는 뜻이지.

청 년   단순히 100년 전과 비교하면 인간의 부(가진 것)나, 산업
생산성, 과학, 의학, 인문학 등 엄청나게 발전한 것이 사실
이지만 반대로 왜 인간의 행복, 만족감 등은 나아지지 않
았나요?

선지자   그것은 인간의 생물학적 진화에서 그 이유를 찾아야 하
네. 인간은 수억 년에 걸쳐서 서서히 진화해 왔네. 그런데
인류 문명은 그보다 빨리 진화 발전했고, 특히 19세기 산
업혁명시대와 근대, 현대의 시기를 거치면서 급속히 발전
해 인간의 생물학적 진화 속도를 수십 배 추월해 버렸지.
쉽게 말하면 인간의 마음은 아직도 수천 년 전 그대로의
뇌와 본성을 갖고 있는 셈이지. 그렇다고 "그때가 좋았다",
"아니다 지금이 더 행복하고 만족감이 높았다"라고 어느 한
쪽이 우월하다고는 말할 수는 없지만 분명한 것은 인간의
고민은 지금이나 그때나 별다를 것이 없다는 것이지. 다만
평균적으로 가진 것(개인의 일 인당 소득으로 보면) 하나만으
로 비교하면 우리 모두 과거에 비해 엄청나게 부자이고 행
복해야겠지. 그러나 문명의 발달이 낳은 심리적 부작용이
문제지. 부작용에 대해서, 인간관계에 한정해서 열거해 보
면 첫째, 과거와 다르게 이제는 수많은 사람과 관계 유지를
해야 하네. 이에 따라 복잡하고 많은 기준과 규칙이 우리를
제약하는 시대지. 이게 스트레스가 되는 셈이지. 둘째, 이
제는 수많은 사람과 함께 사는 지구공동체를 생각해야 하
는 시대지. 비교해야 하는 상대가 내 이웃이 아니고 전 세
계인이고, 이루어야 할 목표, 성취감도 상대적으로 커야 그

만큼 성취감도 커지겠지. 셋째, 과거에는 공동체 위주의 생
각, 성공, 성취감이라면 지금은 '개인'의 자유와 행복을 추구
하는 시대이므로 행복이나 성취감도 개인에 따라 달라 그
만큼 스트레스로 작용할 수 있겠지. 한마디로 요약하면 과
거보다 현대는 매우 복잡한 시스템을 갖고 있어 이것이 스
트레스로 작용한다고 볼 수 있지.

청 년　현대의 복잡한 시스템, 개인주의 이런 것들이 스트레스로
작용한다는 뜻인데, 그러면 이러한 것이 개인의 행복과
만족도를 떨어뜨린다는 뜻인가요?

선지자　꼭 행복이나 만족도를 떨어뜨린다고 말할 수 없어도 스트
레스를 주고 있는 것만은 분명하네. 인간관계 문제를 원
활하게 해결하고 잘 대처만 한다면 과거 어느 때보다 더
행복하다고 말할 수 있으나 대부분의 사람은 그렇지 못하
는 것이 문제가 되네. 자네처럼 말이야.

청 년　네, 그 말씀에 공감합니다.

선지자　다음으로 인간의 본성에 대해 항목별로 구분해서 설명해
주겠네.

　청년은 복잡하게 살아가는 현대적인 삶 속에서 자신은 누구인가 생
각하고, 인간관계 속에서 절망을 느끼며 상대를 적이라는 감정까지
가지게 되었다고 했다. 그러나 선지자는 이러한 문제의 가장 기본적
인 것이 '인간관계'에서 비롯 된다고 이야기하면서, 이러한 문제의 이면
에 인간의 생물학적 진화와 그에 따른 필연적인 인간관계에 근본적인

원인과 문제가 있다고 했다. 따라서 시대적으로 현대에 살고 있지만 문명의 속도에 비해 우리의 뇌는 지적으로는 우수하지만, 본성의 뇌는 수천 년 전의 원시적인 뇌를 그대로 갖고 있어 이러한 고민과 인간관계 문제는 피할 수 없는 과제라고 했다. 아직 청년이 제기하는 문제점에 대한 설명은 없었으나, 선지자는 우선 '인간의 본성'에 대한 이해가 우선이라고 하면서 다음 대화로 이어가기로 했다.

내 안의 나의 편향을 자각하라

청 년 인간의 본성은 수천 년 전 그대로 갖고 있다고 하셨는데, 그러면 인간의 본성이란 무엇인가요?

선지자 우선, 우리 인간은 자네가 생각하는 그런 사람이 아닐 수 있다는 논리를 받아들여야 하네. 인간의 본성에는 스스로 생존할 수 있도록 해주는 가장 기본적인 프로그램이 깔려 있다네. 말과 행위는 겉으로 보이는 행동이지만 그 행위를 일으키는 실체는 인간의 본질(본성)이지. 이 본성은 부모로부터 받은 유전인자라고 말할 수도 있지. 다르게 말하면 인간이면 공통으로 갖고 있는 특징이라고도 말할 수 있지. 인간의 본성에는 스스로 생존하도록 하는 생존 본능의 유전자와 심리적으로 '쾌락추구원칙'이 무의식 내부에 깊이 프로그램되어 있네. 생존 본능이란 인간이 어떤 대상과 상황에 반응할 때 그 개체가 생존에 유리한 방법으로 반응한다는 것이지. 선과 악, 옳고 그름을 떠나 개체가 존재할 수 있는 방법을 선택한다는 뜻이지. 생존을 위해서라며 책임까지도 전가해 버리지. 책임을 전가한다고 말했는데 그 목적은 '이 책임을 피해 내가 생존해야 한다'는 생존 본능의 무의식이 작용하고 있는 것이지. 이 모든 본능에는 '생존'이라는 본능을 목적으로 하네.

심리적 쾌락추구는 생존이 보장된 후에 발생하는 인간의 기본 욕구인 셈이지. 쾌락이란 간단히 말해 즐거운 기분, 느낌이라고 말할 수 있다네. 따라서 이 쾌락은 목적을 위한 심리적 욕망인 셈이지. 포괄적인 의미에서 인간의 행복 추구도 이 쾌락 욕망의 범주에 있네. 쾌락추구의 방법은 개인마다 다르고 심리적 본능이기 때문에 없애는 것은 불가하고 적절하게 추구되지 않으면 욕구 불만이라는 심리적 이상현상이 발생하게 되네. 통제되고 제어되지 않은 욕망은 '욕심'으로 변질이 되어 타인의 입장에서는 보통 비이성적으로 보인다네. 생존 본능과 심리적 쾌락추구는 자기중심주의, 이기주의 등 비이성적인 행동으로 보는 사람도 있지만 실제로는 인간의 본능이며 자기방어의 한 방법일 뿐이지.

청 년 선생님이 말씀하신 기본 본능에는 '생존 본능'과 '쾌락주의'를 지향하는 타고난 인간의 기본적 프로그램을 바탕으로 한다는 말씀인데, 인간과 구분이 되는 동물도 해당이 되나요?

선지자 그렇네. 인간은 진화론적 측면에서 파충류의 뇌를 가진 비이성적 동물임을 이해해야 하네. 그러나 인간에게 뇌의

전두엽이 없다면 이성적인 생각과 행동이 불가능하지. 다
행히 우리는 인간만이 가진 전두엽의 이성적인 뇌를 갖고
있다네. 파충류, 포유류는 이성적인 뇌가 거의 없어 인간
만큼 합리적인 생각과 윤리적인 사고를 할 수가 없다는
것이지. 본성에 입각한 인간 행동을 이해하는데 끊임없이
작용하고 있는 다음의 편향들은 이러한 '생존 본능'과 '쾌
락'을 위한 것이기 때문에 합리적이고 이성적이라고 말할
수가 없지. 그렇다고 비이성적이라고 말할 수도 없지만,
대체로 비이성적인 성향이 많아서 비이성적이라고 하네.
이러한 본성이 내 안에서 어떻게 작용하고 있는지 살펴보
고, 인간의 비이성적인 성향을 통제하고 제어할 수 있는
능력을 학습하고 배울 필요가 있는 것도 다 이유가 있네.

청 년 비이성적인 본능을 통제하고 제어하는 방법을 배워야 한
다는 말은 이성으로 통제해야 한다는 의미인가요?

선지자 그렇네. 실제로 우리는 이성으로 많은 것을 통제하네. 각
종 법, 규정, 규칙으로 통제하기도 하지만 이것은 질서를
유지하고 공정한 게임의 규칙을 만들기 위한 방법이기도
하며 비이성적인 것을 이성으로 통제하는 것도 포함되네.
그래서 인간은 교육이라는 도구를 사용하여 통제하도록
가르치고 있지.

청 년 그러면 선생님이 말씀해 주실 인간의 본성에는 어떤 것이
있나요?

선지자 인간의 본성은 대체로 7가지 정도로 요약할 수 있네. 이
중에서 '편향'이라는 부분을 주목해서 생각해 봐야 하네.

'편향'이란 한쪽으로 치우쳐져 있다는 뜻이지. 다르게 해석하면 '반드시 논리적, 이성적인 것으로 해석되지 않는다'라고도 말할 수 있네.

확증 편향

선지자 사람들은 어떤 믿음이나 가설을 품고 있을 때, 그것을 뒷받침해 주는 정보에 주목하고, 반대되는 정보는 무시하거나 평가절하하는 경향이 있다는 본능적·심리학적 현상을 말하는 거지. 자기 생각과 일치하는 정보만 받아들이고, 다른 정보는 외면하고, 과거의 경험도 자신의 믿음에 유리하게 해석하거나 기억하며, 동일한 정보를 보더라도 자신의 신념에 맞게 해석한다는 뜻이지. 인지 편향의 한 부분으로 분류하지만, 인지 편향의 대표적인 요소라고 말할 수가 있지. 대표적인 사례를 들어보면 다음과 같네.

1) **정치적 성향:** 진보 성향의 사람은 진보 언론의 기사만 신뢰하고, 보수 언론은 왜곡되었다고 생각하는 경향(혹은 그 반대).

2) **투자 판단:** 어떤 주식이 좋다고 믿는 투자자는 그 기업에 유리한 정보만 찾아보고 불리한 위험성은 무시하는 경향.

3) **건강 정보:** 백신에 대해 부정적인 신념을 가진 사람은 백신 부작용 관련 기사만 집중하고 수많은 긍정적 데이터는 외면하는 경향.

4) **시험 성적 분석:** 어떤 학생이 자신은 수학에 약하다고 믿는 경우,

수학 성적이 나빠졌을 때 "역시 난 수학이 약해"라고 하며 그것을 강화하는 반면 잘 본 시험은 "운이 좋았다며 무시하는 경향.

청　년　저는 지금의 이념적인 정치적 편향이 이런 것이라고 생각이 되네요. 회사에서도 처음부터 좋은 관계로 시작한 동료는 지금까지도 좋은데 첫인상이 좋지 못한 동료는 아직도 싫어하거든요.

선지자　한마디로 말하면 '보고 싶은 것만 보고, 듣고 싶은 것만 듣는다' 이 뜻인 것이지. 왜 이런 편향이 생길까? 하고 의문이 생길 수 있겠지. 인간의 뇌는 인지적 부하를 줄이기 위해 모든 정보를 객관적으로 처리하려면 큰 에너지가 필요하네. 그래서 기존 신념에 부합하는 정보만 받아들여 인지적 에너지를 아끼는 방향으로 인간이 진화했기 때문이지. 단 몇 마디 말만 듣고 주관적 판단을 해 버린다는 뜻이지. 예를 들어 옛날 우리 조상 중 어느 한 사람이 숲 속을 걷고 있다고 해 보세. 앞에 보이는 검을 물체가 곰인지 바위인지 얼른 판단이 안 될 경우, 진짜로 곰인지 머릿속에서 한참을 생각하고 곰의 형상, 성질, 행동 등을 논리적으로 생각하고 분석해 보고 대처하는 사람은 없네. 직감적으로 곰이라고 판단하여 공격에 대비하거나 아니면 오던 길을 빠르게 뒤돌아 도망가는 것을 선택하겠지. 이처럼 인간의 뇌는 사람을 빠르게 심리적, 감정적으로 대처하도록 훈련이 되어 있고, 단 몇 가지 단서로 판단하고 행동을 취하도록 명령을 내린다네. 그 결과 인지적 착오,

인지적 편향이 생기는 거지.

청　년　그렇지만 그 빠른 판단이 맞을 수도 있지 않나요? 올바른 판단이 될 수도 있다고 생각하는데요.

선지자　확증편향이라는 말에 '편향'이라는 단어는 '한쪽으로 치우친다'라는 의미인데 이 확증편향의 특성이 '맞다, 틀렸다,' 옳다, 그러다'라고 말하는 것보다, 인식의 차원에서 보면 '그 사람만의 독특한 생각 또는 의견이다'라고 해석하는 것이 더 객관적이지 않을까? 즉 본성인 거지. 옳다, 그러다 등의 판단의 기준이 아니라는 뜻일세. 자네는 회사에 다니고 있다고 했네. 많은 동료도 있고, 상사도 있고, 자네보다 직급이 낮은 부하도 있을 것일세. 그중에 어떤 이유인지 모르지만, 자네가 무척 호감이 가는 사람도 있을 수 있고, 또 싫어하는 사람도 있을 수 있을 것일세. 한 번 호감이 가면 계속 더 호감이 가고, 반대로 한 번 싫어했던 사람은 그 사람이 무슨 짓을 해도 싫은 그런 감정을 느껴보지 않았나? 확증편향이 인지적 편향의 범주 속에 있어, 이 모든 것은 인지적 착오, 인지적 편향에서 비롯된 것이라고 말할 수 있지. 다시 말하면 그 판단이 모두에게 보편화된 객관적인 판단이 아니라 지극히 개인적이고 주관적인 판단이라는 거지.

청　년　저는 제 상사가 싫어요. 농담을 해도 농담 같지 않고 어떤 말을 해도 저를 비난한다는 생각이 들어요. 그리고 항상 말이나 행동이 내 마음에 안 들어요. 왜 그런 건가요?

선지자　잘 생각해 보면 그 사람의 행동이나 말에서 본인이 싫어하는 행동이나 말은 10개 중에 1개 정도밖에 안 될 것일세. 그런데 괜찮은 행동이나 말 9개는 보이지 않거나 들리지 않는 거지. 심지어 자네에게 한 말이 아니고 다른 사람에게 한 말조차 무심코 엿들었다면 본인에게 한 말로 착각한다네. 그 사람은 그 사람 생각대로 말한 것이고, 내가 듣고 싶은 말, 내게 호감이 가는 말을 그 사람이 어떻게 알고 내게 해줄 수가 있겠는가? 반대로 지금의 상사가 내 부하라고 생각해 보세. 그러면 상사는 어떻게 하든 마음에 드는 말을 골라 자네에게 할 것일세. 즉 내가 듣고 싶은 말을 상대가 찾아서 내게 말하려고 노력한다는 뜻이지. 인지적 편향은 이미 내 두뇌 속에 세상을 사는 생활방식 즉 성격적 경향이 만들어져 있어 그 성향대로 판단해 버리는 것이지. 예를 들어 어떤 사람은 아무렇지도 않은 말이 나에게는 불쾌하게 들리면 그 말에 내가 '불쾌하게 반응하는 성향'이 이미 프로그램 되어 있다는 뜻이지.

청　년　그러면 이런 성향은 언제쯤 형성된 것인가요?

선지자　심리학자마다 조금씩 다르긴 해도 대략 10세 전후로 보는 견해가 많네. 즉 이때쯤 평생을 살아가는 데 필요한 성격이 완성된다고 보면 되네.

청　년　하지만 조금 전 제가 말한 상사에 대한 불쾌한 느낌은 어떻게 해야 하나요? 싫은 느낌, 불쾌한 감정을 없앨 수 없나요?

선지자　느끼는 감정은 없앨 수는 없네. 특정 상황에 자기만이 느끼는 감정은 타고난 유전적 요소가 더 많이 작용하고 있네. 여기에 추가로 형성된 인지적 편향까지 더해져서 다르게 반응할 수 있지만 근본적으로 느낌을 없애는 것은 불가능하네. 다음에 얘기하겠지만 싫은 느낌은 감정이기 때문일세. 다만 내가 느끼는 그 감정이 내게 영향을 주는 것을 최소화할 방법은 있지. '긍정적인 반응'이라고 하는데, 그 방법은 다음에 논의하기로 하세. 인간의 감정은 매우 중요하기 때문에 제법 많은 토론 시간이 필요하네.

청　년　네, 알겠습니다. 그러면 이런 인지적 편향이 세상을 살아가는데 인간관계에서 많은 영향을 주겠군요. 세상에 '나'라는 정체성을 가진 인간은 오직 나 혼자 밖에 없으니까요.

선지자　그렇네. 이 세상에 똑같은 성격에 똑같은 외모를 가진 사람은 단 한 사람도 없네. 그래서 인간관계 개선에서 반복해서 하는 말, 즉 "모두가 다르다는 것을 인정하라"라는 말은 보편적인 진리네. 다음은 '확신 편향'에 대해 이야기해 보세.

확신편향

선지자　확신편향(Overconfidence Bias)은 자신의 지식, 판단, 능력, 예측의 정확성을 실제보다 지나치게 높게 평가하는 경향을 말하네. 즉, "내가 옳다"라는 확신이 과도하게 강한 심리적 편향이지. 확신편향의 주요 특징은 첫째, 지식이나 예측의 신뢰도를 과대평가해 "나는 이 시장의 흐름을 잘 안다", "내 선택은 틀리지 않을 것이다" 등 확신을 과도하게 갖는 경향이네. 둘째는 오차 범위를 작게 추정하거나, 예측이나 추정 시 '오차 범위가 작을 것'이라고 잘못 판단하는 경향이고, 셋째는 자신의 능력을 과신하여 실제 능력보다 자신감을 크게 부풀려 평가하는 경향이네. 왜 이런 편향이 생기는가? 원인으로는 자존감 유지를 위한 것으로 자신감을 가지면 불안과 두려움을 줄일 수 있지. 또한 그렇게 함으로써 심리적으로 위안을 삼거나, 과거에 성공한 경험을 과도하게 일반화해 '이번에도 잘될 것'이라고 생각하는 거지. 그리고 사회적 인정 욕구로 확신에 차 있는 태도가 리더십이나 신뢰감을 주는 것으로 여겨져 더 강화되는 효과를 얻기 위함이지. 대표적인 사례는 다음과 같네.

1) **투자 판단**: 투자자가 "이 주식은 무조건 오른다"라고 강하게 확신해 위험 분산 없이 투자. 실제로 주식·부동산 투자 실패 사례의 상당수가 과신에서 비롯됨.

2) **스포츠 예측**: 스포츠 팬이 자신이 응원하는 팀의 승리를 과도하게 확신.

3) **시험 예상 점수**: 학생들이 시험 성적을 실제보다 높게 예상. 연구에 따르면 예상 점수가 실제 점수보다 평균적으로 더 높게 나옴.

4) **프로젝트 일정**: 프로젝트 소요 시간을 지나치게 낙관적으로 예측

해 마감일을 지키지 못하는 경우(계획의 오류와도 연관)

5) 의사결정: 기업 경영자가 "우리 전략은 반드시 통할 것"이라 믿고 위험 요소를 충분히 검토하지 않는 경우. 특히 판매원이나 선동가, 사이비 종교 지도자, 가짜 약을 판매하는 사람에게 취약한 이유는 이 때문. 그들은 우리를 설득하고 기만하기 위해 확신을 보여주고 그렇게 하도록 하거나 그것을 구매하게 만듦.

선지자 심리학에서 '우월성 추구'라는 말은 지금의 상태보다 더 좋은 것으로 발전, 성숙·성장하는 것을 말하는데 이것은 인간의 보편적인 욕구에 해당하네. 확신편향과는 다른 의미네. 다음에 이것에 관해 이야기 할 것일세.

청 년 다단계 판매 업자나 사이비 선동가에 의해 자신도 모르게 속는 것이 이런 확신편향 때문이라면 우리가 모두 피해자가 될 수 있다는 말인가요? 그렇지 않은 사람도 많이 있습니다. 속지 않는 사람은 어떻게 봐야 하나요?

선지자 우리의 의식에는 '이성'이라는 분별력을 발휘할 수 있는 능력이 있네. 우리의 뇌는 우리의 본성을 거슬러서 이성적으로 행동할 수 있도록 해 주는 작용도 한다네. 이것에 대해서 다음에 논의할 시간이 있을 걸세.

청 년 그러면 '확증편향'과 '확신편향'의 차이는 무엇인가요?

선지자 '확신편향'과 '확증편향'은 밀접한 관계가 있네. 확증편향은 인지적 착오에 원인이 있고, 확신편향은 그 착오(편향)에서 오는 결과를 오판하는 것으로 봐야 하네. 여기서 오판한다는 것은 지극히 '자기위주의 주관적' 생각으로 이해

하면 되네. 게다가 '인간의 자존심'이 가세하면 우쭐대는
마음이 '확신편향'을 증폭시키게 되는 거지. 결과적으로
지나치게 치우친 좁은 견해, 편협한 지혜라고 보는 것이
차이네. 다른 말로 하면 '객관적 근거 없이 자기 생각과
판단을 지나치게 높게 평가한다'라는 것이지.

청 년　자신을 높게 평가하거나 좋게 보거나 낙관적으로 보는 것
은 좋은 게 아닌가요?

선지자　그렇지 않네. 위에서 말한 '객관적인 증거'라고 말한 것이
중요하네. 객관적인 증거가 없어도 되는 것도 있지만, 여
기에는 지금의 상태를 정확히 인지하고 현실을 받아들이
는 '실현할 수 있는', '합리적인' 생각, 판단이 더 중요하다
는 뜻이지.

청 년　이 편향도 '확증편향'과 같이 본성이라면 피할 수가 없다
는 뜻인데, 실제로는 잘 극복하는 사람이 많이 있지 않
나요?

선지자　그렇다네. 인간의 감정과 같이 이 편향은 없앨 수는 없
네. 다만 이런 본성을 알아차린다면 상당한 수준으로 극
복하는 것이 가능하네. '알아차린다'라는 의미는 다음에
대화할 시간이 있을 것일세.

청 년　네. 기억해 두겠습니다. 그다음 본성은 무엇인가요?

선지자　우월성 편향이네.

우월성 편향

선지자　우월성 편향(Superiority Bias)은 사람들이 자신이 평균 이상이라고 과대평가하는 경향을 말한 다네. 이를 평균 이상 효과(Better-Than-Average Effect)라고도 하지. 간단히 말해, "나는 보통 사람들보다 더 똑똑하고, 도덕적이고, 유능하다"라고 믿는 본능적·심리적 편향이라고 보면 되네. 이런 편향이 생기는 원인으로 첫째, 자존감 유지와 자기 보호를 하고, 자신이 무능하거나 보잘것없는 존재라고 느끼면 자존감이 떨어지므로, 이를 방어하기 위해 자신을 긍정적으로 평가함으로써 생기는 편향이지. 둘째, 자기중심적 정보 처리를 하며 자신의 장점과 성공은 쉽게 떠올리지만, 타인의 정보나 실패는 상대적으로 덜 고려하지. 셋째, 모호한 기준 즉 '유능하다', '도덕적이다' 등 평가 기준이 명확하지 않은 영역일수록 자신에게 유리하게 해석한다는 것이지. 넷째, 사회적 비교로서 대부분의 사람은 비교 대상을 '평균적인 사람'으로 상정하며, 자신은 그보다 낮다고 느끼는 것이 자존심이 덜 상한다고 생각한 데서 비롯되었네. 대표적인 사례는 다음과 같네.

1) **운전 실력:** 연구에 따르면 90% 이상의 운전자가 "나는 평균 운전자보다 운전을 더 잘한다"라고 대답함. 통계적으로 불가능하지만 대부분 그렇게 느낌.

2) **지능과 업무 역량:** 직장에서 직원 대부분이 스스로 "평균 이상의

성과를 내고 있다"라고 평가하는 경우가 많음.

3) 도덕적 평판: 사람들은 자신이 평균보다 더 정직하고 윤리적이라고 생각함.

4) 학교 성적: 학생들이 자신의 학업 능력을 과대평가하며, 특히 어려운 과제일수록 자신이 더 잘할 거라고 생각하는 경향이 있음.

청　년　사람은 모두 스스로 잘났다고 생각하지 않나요. 그러나 저는 '내가 잘났다, 능력 있다, 우월하다'와 같은 생각을 해본 적이 없어요. 사실 잘난 것이 없거든요.

선지자　여기서 말하는 우월성편향은 "내가 너보다 뛰어나다, 잘났다, 능력 있다"라는 의미와 다르네. 자네가 말한 "잘났다, 능력 있다"는 '우월 콤플렉스'라고 말하는 것이 적절한 말이지. "보통 사람들보다 우월하다"라는 말로 스스로 자존감을 지키기 위해서 하는 본능인 것이지, '특별하다, 우수하다'라는 뜻이 아닐세. 우월성 편향이 없으면 나아지려는 노력이나 발전이 없으므로 인간관계에서 부정적으로 작용한다고 말할 수는 없네. '우월성 추구'와 '우월성 콤플렉스'에 대해서는 다음에 상세하게 이야기할 것일세.

청　년　우월성 편향이 인간의 본성에는 긍정적인 작용을 하는 것도 있군요.

선지자　그러나 우월성 편향이 지나치게 낮거나 반대로 높으면 문제가 될 수 있음을 인지해야 하네.

지나치게 낮으면 열등감을 가지기 쉽고 또 지나치게 높으면 우월성 콤플렉스를 가질 수도 있기 때문이네. 다음은

‘부정 편향’에 대해 알아보세.

부정 편향

선지자 부정 편향(Negativity Bias)은 인간의 인지적·심리적 특성 중 하나로, 사물이나 현상에 대해 부정적인 생각이 긍정적인 생각보다 우선하거나, 긍정적인 정보보다 부정적인 정보에 더 강하게 더 민감하게 반응하고 더 오래 기억하는 경향을 말한다네. 인간은 경험을 기억이라는 형태로 뇌에 저장하네. 기억이라는 데이터 덕분에 뇌는 항상 어떤 상황에서 자극이 들어왔을 때 이를 예측하고 판단하는 상당히 효율적으로 수행할 수 있지. 그런데 이 기억을 사용하여 상황을 판단할 때 합리적인 판단보다 부정적이고 직관적인 판단을 먼저 사용하도록 진화했지. 오래전 원시시대부터 직감에 의존해서 빠르고 효율적으로 판단을 내리는 것이 생존에 유리했기 때문이라고 생각된다네. 인간을 공격하는 맹수들에게 당하지 않으려면 대충 보고도 순식간에 판단을 내리고 재빨리 몸을 피해야 생존이 가능 했겠지. 생존을 우선시하는 뇌가 위험하고 부정적인 것을 먼저 인식하기 때문에 이런 편향이 발생했다고 보는 게 정론이지. 조금 더 풀어 설명하자면 같은 강도의 긍정적 사건과 부정적 사건이 있으면, 부정적 사건이 더 크게 느껴지고 더 중요하게 다가오는 것을 알 수 있을 것일세. 예를 들어, 10명이 당신을 칭찬했는데 1명이 비난하면, 대체로 그 1명의 비난이 머릿속에서 더 크게 맴돌게 되는 기억이 자네도 있을 것일세. 진화 심리학에서는 이 편향이 생존에 유리했을 거라고 본다네. 긍정적인 정보 "이 열매 맛있네"보다 부정적인 정보 "저기 가면 죽을 수 있다"를 더 민감하게 처리해야 생존 가능성이 높았기 때문이지.

핵심 특징은 다음과 같네.

1) 부정적 자극이 더 빠르고 강하게 주의를 끌고, 더 오래 기억에 남고 의사결정과 감정에 큰 영향을 줌.

2) 뉴스의 부정적인 사건(사고, 범죄, 스캔들)이 더 큰 관심을 끄는 이유. 그래서 뉴스는 대개 주목받기 위해 감각적이고 자극적인 제목으로 보도함.

3) 관계에서 사소한 비판이 여러 칭찬보다 더 큰 상처를 남기는 현상.

4) 투자에서 손실을 더 크게 두려워하는 '손실 회피(loss aversion)' 경향처럼 부정 편향은 인간이 본능적으로 가지고 있는 자연스러운 성향. 다만 이것 때문에 스트레스가 과도하게 쌓이거나 균형 잡힌 판단이 어려워질 수 있으므로, 의식적으로 긍정적 정보를 재조명하려는 연습이 도움 됨.

청 년 제가 남의 말에 쉽게 상처받고 또 오래 기억하는 것도 이 때문인가요? 저와 다르게 그렇지 않은 사람도 많이 있어요. 제 동료 중 A는 어지간한 것에 끄떡도 안 해요.

선지자 더 오래 기억하고 마음에 또 되새기고 하는 것은 위에서 말하는 '부정편향'에 속한다고 말할 수 있네. 그러나 자네가 쉽게 "상처받았다"라고 하는데 이것은 인지적 편향에 속하네. 이것을 분석해 보면 "그가 나를 심적으로 아픈 말을 했다"라고 생각하고 연이어 "나는 마음이 상했고, 그 기억이 오랫동안 떠나지 않고 나를 괴롭혔다"라고 말할 수 있겠지. 여기에 부정적 편향이라는 본성을 넣어 다시 해석해 보면, '인간은 부정적 편향이 있어 그의 말을 부정적으로 받아들였고, 그 결과 그 말이 나를 비난하는 뜻으로 내가 받아들였다'라고 할 수 있지. 다르게 말하면 '그는 자네를 비난하거나 마음 아프게 할 의도가 없었는데 자네가 그렇게 인지하고 받아 들였다'라고 말할 수도 있지. 물론 자네를 마음 아프게 하려고 비난했을 수도 있네. 정확히 어느 것이 진실인지 모르지만, 자네가 느끼는 현실은 상처받았다는 느낌이지.

청 년 그러면 제가 잘못 인식해서 화를 냈을 수도 있다는 뜻도 되네요. 상대는 그런 의도가 없었는데 내가 화를 냈을 수도 있네요. 아니면 그 반대일 수도 있고요.

선지자 그렇네. 어느 것이 진실인지 모르지만, 자네가 인지적 착오를 했을 수도 있지. '어떻게 대응하느냐'에 대해서는 다음에 이야기하세나. 그리고 인간의 인지적 착오는 그것만이 아닐세. 겉모습 편향이라는 본성도 있네.

청 년 '겉모습 편향'이라고요?

겉모습 편향

선지자   겉모습 편향(Appearance Bias)은 사람이 타인을 평가하거나 판단할 때, 그 사람의 외모, 옷차림, 첫인상 등 '겉모습'에 과도하게 의존해 판단하는 경향을 말한다네. 즉, 외모나 표면적 단서에 기초해 상대방의 성격·능력·도덕성 등을 추측하고 평가하는 본성적·심리적 오류인데, 이 편향은 후광 효과(Halo Effect)와 관련이 있다네. 한 가지 긍정적 특징(예: 잘생김)이 다른 모든 특성도 긍정적일 거라고 일반화하는 것을 뜻한 다네. 또 한 가지는 각인 효과(Primacy Effect)인데 첫인상이 과도하게 큰 영향을 받는 것을 말하네. 왜 이런 편향이 생기는가? 원인으로는 첫째, 진화적 생존 메커니즘으로 과거 생존에 유리했던 빠른 판단(위협/우호 구분)을 현대에도 자동으로 사용하고 있고, 둘째, 인지적 단순화로 짧은 시간에 많은 정보를 처리해야 할 때, 외모 같은 쉽게 관찰되는 단서에 의존해 판단을 단순화해 버리는 경향 때문이네. 셋째는, 문화적 영향으로 미디어, 광고, 사회적 규범에서 '잘생긴 사람 = 똑똑하고 성공적'이라는 인식을 끊임없이 학습한 결과지. 대표적인 사례는 다음과 같네.

1) **채용 및 승진**: 면접관이 외모나 옷차림이 깔끔한 지원자를 더 유능하다고 평가.

2) **법정 판결**: 연구에 따르면, 범죄자의 외모가 매력적일수록 더 관대하게 처벌하는 경향이 있음.

3) 정치 선호: 후보자의 얼굴이 '신뢰감 있어 보인다'라는 이유로 더 많은 표를 받는 사례.

4) 교육 현장: 교사가 옷을 깔끔하게 입는 학생을 더 성실하거나 똑똑하다고 평가.

5) 연애·대인관계: 외모가 매력적인 사람에게 호의적 태도를 보이고 성격도 긍정적으로 추측.

청 년   저도 외모나 옷차림이 깔끔한 사람을 보면 더 똑똑해 보이고 더 좋은 사람으로 보는 것 같아요. 그런데 여기에 문제가 있나요? 모두 그렇게 생각하는 게 정상 아닌가요?

선지자   실제로 맞을 수도 있고 틀릴 수도 있네. 본성에 대해서는 재차 말하지만, 문제가 있고 없고, 옳고 틀림으로 판단하면 안 되네. 우리가 지금 토론하는 것도 이것이 맞고 저것은 틀렸다가 아니라 본성을 이해하는 것이네. 이것을 맞다 틀렸다 하며 심하게 주장하거나 화를 내면서까지 설득하려고 하는 사람이 있다면 심리적 이상증세로 발달할 가능성이 크네. 다만 "그는 그렇게 생각하구나"라고 인정하고 존중해 주는 것이 우선이라는 것이네. 따라서 인간의 본성은 수용의 자세로 받아 주는 훈련이 필요하다는 뜻이네.

청 년   인정해 준다, 존중해 준다는 것이 수용과 매우 관련이 있는 것 같네요.

선지자   본성을 이해하면 인간의 행동에 대해 쉽게 이해하게 되네. 이해가 되면 수용이 되는 것도 가능하네.

집단편향

선지자 다음은 '집단편향'에 대해 말하겠네. 대부분의 사람은 "내가 가진 생각은 내 생각이야. 나는 우리 집단의 말을 듣는 게 아니야. 나는 무조건 동조하는 사람이 아니야"라고 말하네. 우리는 태생적으로 사회적 동물이네. 무리와 다르게 고립되었다는 느낌은 사람을 우울하게 만들 뿐만 아니라 겁먹게 만들기도 하지. 우리는 나와 같은 방식으로 생각하는 사람을 발견하면 어마어마한 안도감을 느끼네. 실제로 우리가 어떤 아이디어나 의견을 수용할 때는 집단적 생각이 안도감을 주기 때문인데, 우리는 이런 끌림을 자각하지 못하기 때문에 온전히 내 힘으로 어떤 결론에 도달했다고 생각하네. 특정 집단이나 이데올로기를 지지하는 사람들을 한번 살펴보면 쉽게 이해할 수 있을 것일세. 누가 아무 말 하지 않아도, 대놓고 압력을 행사하지 않아도, 다들 따르는 기조나 방침이 있다는 뜻이지. 누군가 좌파나 우파에 속해 있다면 문제가 수십 가지 있어도 마법처럼 그의 의견은 한 방향으로 흐르는 것을 보면 알 수 있다네. 특히 같은 문화권에 있는 사람의 집단, 같은 식구나 친족, 같은 회사에 다니는 집단 등 어떤 집단에 속해 있으면 자연적으로 집단이 지향하는 문화, 습관 등을 따라 하므로 생각이나 결정도 그렇게 된다고 봐야 하네. 이것은 일종의 인지적 편향과도 관련이 있네. 함께 물들어 버리기 때문에 인식도 동일하게 인지해 버리네. 속담에도 있지 않은가. "까마귀 노는 곳에 백로야 가지 마라"라는 속담 말일세.

청 년 실제로 집단의 습관, 이념, 규정 등이 개인의 감정과 결정에 많은 영향을 주는 것은 사실인 것은 분명합니다. 하지만 알고 있으면서 억지로 집단의 의견에 동조하는 때도 있지만 실제로는 자신도 모르게 인지적 편향으로 되어 무조건 동조해 버리는 경우가 많다고 생각합니다. 이럴 경우 집단의 의견을 따르면 자존심이 상하고 따르지 않으면 소외될 것 같아 고민도 되겠지요. 이럴 경우는 어떻게 하나요?

선지자 자네가 그런 경우라면 어떻게 하겠는가? 아마 선택하기가 어려울 것일세. 하지만 간단하네. 본인의 가치관에 따라 선택하면 되네. 내 삶에 의미가 있고 중요한 것을 선택하면 되네. 상세 내용은 이 책의 6장('삶의 의미를 찾아 실행하라') 부분을 참고하면 될 것일세.

청 년 선생님께서 여섯 가지 인간의 본성에 관해 설명해 주셨는데요. 본성이라고 하면 타고난 것으로 본래부터 갖고 있으며, 바꿀 수 없는 것이라 해야 하지 않나요?

선지자 실제로는 본성에 의한 각종 편향의 형태로 반응하는 사람이 대부분이지만, 이를 잘 극복하는 사람도 많이 있네. 그렇다고 없는 것이 아니라 현명하게 극복한 사람도 많다는 뜻이네. 심리학은 1900년 이후 본격적인 연구가 시작되었네. 프로이트나 알프레드 아들러 같은 심리학자들이 그 기초를 다진 셈이지. 지금은 심리학 분야에서 이런 기초적인 본성을 연구하는 사람은 드무네. 왜냐하면 현대에 들어와서는 심리학 분야에도 엄청나게 많은 연구와 발전이 있었네. 내용이나 치료면에서 구체적이고 세분화되어 의학의 발전만큼 많은 성장을 했네.

인간은 본래부터 자기중심적이고 이기적이다

청　년　그러면 이러한 본성의 특징은 인간관계에 어떤 영향을 줄 수 있습니까? 많은 부분에서 부정적인 요소가 많아 인간관계에서 오해와 왜곡으로 인해 갈등이 많을 것으로 생각되네요. 긍정적인 요소는 이러한 기본적인 본성의 특징을 이해하고 개선하는 데에도 많은 영향을 미치고 있는 것 같기도 하고요.

선지자　확실히 부정적인 요소가 많네. 우선 이게 자네와 나를 비롯한 모든 인간의 본성임을 받아들이는 것이 우선일세. 앞에서 열거한 인간의 확증편향(인지적 편향의 한 종류), 우월성 편향 등 이러한 편향들이 한 사람의 성격 또는 생활양식으로 만들어지겠지. 그래서 각자의 유전적 특성과 각기 다른 경험으로 서로 다른 편향이 생기게 되네. 이것을 '우리는 모두 다르다'라고 말할 수 있는 이유네. 실제로 모두 다르지 않은가? 우리가 자주 언급하는 자기중심적 사고, 자기중심적 인간이라는 말은 자기를 중심으로 놓고 생각해 보면 상대가 다르므로 생겨난 말이지. 본인이 하나의 우주이고 세상을 살아가는 주체라고 생각하는 거지. 따라서 관점을 바꾸지 않는 한 인간은 자기중심적이고 이기적인 인간으로 살아간다는 것은 피할 수가 없네. 실제로 자네가 세계의 중심이고 세상의 주체라는 것은 맞는 말 아닌가? 이렇게 말하는 나도 여기에서 벗어날 수 없지 않나? 예외는 없는 거지.

청 년 나를 포함한 모든 사람은 불안한 마음이나 불쾌한 상황을 싫어한다고 생각이 됩니다. 살다 보면 좋을 때도 있고, 불안하거나 초조하거나 분노할 때도 있습니다. 대상에 따라 상황에 따라 다르지만 대부분 인간관계에서 발생하는 갈등 때문에 이런 문제가 발생합니다. 그런데 이런 확증 편향, 우월성 편향이 인간의 본성이라면 이런 인간관계의 갈등도 피할 수 없다, 운명이다, 이런 뜻인데, 없애거나 줄일 수는 없나요?

선지자 인간의 본성은 없앨 수는 없네. 우리가 할 수 있는 것은 인간의 본성을 수용할 수밖에 없다는 것이네. 실제로 서로가 다른 성격, 다른 생활태도에도 불구하고 갈등을 잘 조정하고 조율하면서 슬기롭게 해결해 가는 사람도 많이 있네. 문제는 이런 편향이 지나치게 심하다든지, 본인의 대인관계 생활에 지장을 주는 정도가 되면 문제가 되겠지. 이럴 때는 노력을 통해 고통을 줄이는 방법을 찾아야겠지. 현대에 와서는 많은 정신과 의사, 심리학자들이 여러 가지 실험과 연구를 해왔고 또 연구하고 있겠지만, 대부분 완전히 없애는 것보다 완화하는 방법으로 치료하네.

실제로는 본성에서 파생된 구체적인 심리적 문제가 많이 있네. 예를 들면 강박관념, 우울증, 공황장애, 소시오패스와 같이 아주 세분화되어 있네. 이것은 본성과 관련은 있지만 파생된 것으로 치료 방법도 다르지. 지금의 대화는 그 정도까지가 아닌 기본적인 본성 정도라는 것을 이해했으면 하네.

청　년　말씀하신 편향이 인간의 본성이라면, 다른 사람이 말하고 행동하는 것이 모두 동일하고 내가 받아들이는 것도 동일해야 의사소통도 쉽게 될 수 있는데, 왜 인간관계에서 마찰이 생기나요? 인간은 똑같은 본성을 갖고 있으니 똑같이 반응해야 맞지 않나요?

선지자　좋은 질문이네. 인간의 본성은 대부분 동일할 수 있지만 태어나서 경험하는 것과 학습·관습 등 성장환경이 다르고, 그에 따라 자극에 대한 그 반응은 모두가 다르다는 것이 특징일세. 또한 이러한 본성에 '경험과 성격'이라는 것이 더해지면 상대에 대한 반응은 모두 제각각이 되는 셈이지. 여기에서 '인간의 감정'을 추가하면 본성에서 말하는 것과 완전히 다른 성격의 소유자가 돼버리네. 인간의 감정은 생존을 위해 생겨난 것이 근본 목적이지만 인간 행동을 대부분 지배해 버리기 때문에 자란 환경, 받았던 교육 등의 영향으로 모든 인간은 인식 방법과 감정이 복합되어 각각 다른 성격의 소유자가 되는 셈이지. 따라서 개개인은 어떠한 대상이나 상황에 대한 인식이나 반응이 모두 다르게 나타난다는 것이지. 따라서 인간관계의 마찰과 갈등은 피할 수 없는 과제라고 봐야 하네.

청 년　인간의 본성과 성격(심리학자 알프레드 아들러는 이것을 '생활 태도'라고 정의함), 감정의 작용 등이 복합되어 사람마다 각각 사물을 인식하는 방법, 반응하는 방법도 모두 다르다는 것은 사실 맞는 말 아닌가요? 얼굴이 다르고 피부색도 다른 것처럼 인간의 성격도 모두 다르잖아요.

선지자　그렇네. 우리는 사물을 객관적으로 보고, 현상(사건)을 합리적이고 논리적으로 해석한다고 하나 이러한 복합한 논리로 인해 자기만의 논리와 해석을 두고 말하고 행동하는 것이네. 우리는 이것을 인식의 틀, 인지적 편향, '자기만의 논리로 해석하는 그믈망'이라고 할 수 있는 것을 가지고 있는 셈이지.

청 년　"인간은 인지적 틀(그믈망)을 갖고 있어 사람마다 대상이나 상황에 따라 다르게 해석하고 행동한다"라고 하셨는데 '인지적 틀'이란 무슨 의미 인가요? 구체적으로 설명해 주세요.

선지자　우선 위에 열거한 편향이라는 개념은 보편적인 인간의 특성으로 보면 되네. 우리의 무의식에는 나도 모르는 인식 방법(받아들이는 방식)과 반응(대응하는 방식)의 틀(기준)이 이미 존재한다고 말할 수 있네. 인간이란 모두 '색깔이 다른 안경렌즈'를 통해 세상을 보고 있다고 생각하면 쉽게 이해가 될 것일세. 보통 인간의 성격을 설명할 때, 또는 그 성격에 따라 사물을 다르게 해석한다고 할 때, 이런 예를 들어 설명하는데, 인간의 인식작용도 동일한 원리로 보면 되네. 분홍색 렌즈 안경을 쓴 사람은 세상이 분홍색이라고 생각하네. 자신이 안경을 쓰고 있다는 것을 깨닫지 못한 채 말이지. 예를 들어 자네가 복도를 걷고 있다고 상상해 보세. 그 순간, 자네가 좋아하는 사람이 반대편에서 걸어와 자네를 지나쳐 간다고 가정해 보세. 그 순간, 그 사람이 자네를 보고 가볍게 웃는다면 자네는 어떤 기분일까? '그가 나를 비웃었다'라고 생각할까, 아니면 '그도 나를 좋아해서 웃었다'라고 생각할까? 각각의 사람은 같은 상황도 다르게 인식하지. 같은 경험이어도 기뻐하는 사람이 있고, 슬퍼하는 사람도 있는 것처럼. 그것은 마음 한가운데 있는 인식 방식 또는 성격에 따라 결정된다네. 사람들이 나를 좋아할 수 없다는 자기 관념(인식 또는 성격)의 소유자인 사람은 '그들이 나를 비웃었다'라고 생각할 것이고, 사람들이 나를 좋아한다는 자기 관념(인식 또는 성격)을 가진 사람은 '나에게 좋은 감정을 갖고 있어 웃었다'라고 생각할 것이네. 무의식적으로 반응하기 때문에 자신의 인지방식을 깨닫지 못하는 것이고, '세계가 분홍색이니까'라고 생각하는 것이지. 하지만 사실은 그렇지 않네. 자신이 분홍색 안경을 쓰고 있을 뿐이지. 이처럼 세상을 바라볼 때 사람의 인지방식(또는 성격)은 색안경과 같은 것이지. 우리는 인지편향을 통해서 세상을 바라볼 수밖에 없어. 완벽하게 객관적 시선으로 보는 것은 불가능하다는 뜻이기도 하네. 이러한 인지적 편향도 인간본성의 여러 원칙에서 파생된 것으로 모두 '생존'과 '뇌의 효율적 사용'이라는 기본적인 목적을 이루기 위해 생겨난 것으로 보면 되네.

청 년 그러면 인지적 편향은 '인간이 유전적으로 생존을 지속하기 위해 스스로 만들어낸 인간 본능이다, 어쩔 수 없다' 이런 의미인가요?

선지자 확실히 그렇네. 인지적 차이가 확실히 인간의 성격 차이, 생활 습관 차이 등 많은 부분에 직접적인 영향을 주네. 따라서 한 인간의 뇌에 들어가 보지 않은 이상 "인간 개개인을 정확히 이해한다는 것은 불가능하다"라고 말할 수 있지. 상대의 의도와 내가 받아들이는 해석의 차이가 있기 때문이지. 다만 얼마나 정확하게 인지하는가 하는 문제가 중요한 사항인 셈이지. 상대의 본심을 정확히 안다는 것은 불가능에 가까우므로 그에 따른 대응에도 정확하게 대응이 안 된다고 이해하는 것 외에 방법이 없을 수도 있네. 이것은 상대의 문제도 본인의 문제도 아닌 인간이라는 문제로 받아들이는 것이 중요하다는 의미로도 해석되네. 이런 측면에서 우리를 보면 우리 스스로 상대에 대해 많은 오해를 할 수 있고, 상대 또한 오해로 인해 갈등이 생길 수밖에 없는 것이 인간이라 것을 이해해야 하네.

청 년 저는 부모님으로부터 칭찬이나 인정 같은 것을 받아 본 적이 없어요. 학교에서도 친구들로부터 따돌림받기도 했고요. 정말 힘들었습니다. 부모가 원망스럽기도 하고 친구가 밉기도 했습니다. 저는 자존감도 낮고 능력도 모자

라고 가치가 없는 사람이라고 스스로 생각했습니다. 그때
는 사실이었으니까요. 그러면 제가 그들이 나에게 한 말
이나 행동을 듣고 '나는 가치 없는 사람이야'라고 생각한
것은 잘못 받아들인 오해였을 수도 있다는 뜻인가요?

선지자　그렇네. 중요한 것은 내가 어떻게 받아들이느냐, 어떻게
인지하느냐 문제지 상대가 어떻게 말하고 어떻게 행동했
느냐에 큰 의미를 두면 내가 불행해진다는 뜻이지. 어린
시절 자란 환경이 대부분 이런 인지적 편향을 강화시켜
심리적 문제로 변화하는 경우가 일반적인 현상이지. 자네
의 그런 자아에 대해 "나는 가치가 없는, 쓸모없는 사람"
이란 정의를 내린 것은 그때의 자란 환경이 영향을 주었
다고 말할 수 있네. 대부분 자신도 알아채지 못한 상태에
생겨난 성격이기 때문에 스스로 깨우쳐 개선하기까지 많
은 성찰과 노력이 필요하겠지.

청　년　저도 마찬가지입니다만 겉모습 편향은 아주 일반화된 본
성 같아요. 저도 타인을 평가할 때 겉모습만 보고 쉽게
평가하곤 하거든요.

선지자　특히 가장 흔히 범하는 인간의 실수에서 '겉모습 편향'을
들 수 있네. 예를 들어 처음 만난 사람이 있다고 치세. 첫
인상에서 그 사람을 평가하는데 단 3초면 끝나지. 3초의
첫인상을 바꿔서 그 사람에 대한 평가를 다시 하려면 40
번은 만나야 한다고까지 말하지. 자신의 경험을 기준으
로 그런 인상, 모습, 걸음걸이, 옷매무새 등에 대한 기준이
있어서 보는 순간 판단해 버리는 것이지. 사실과는 많이

다를 수 있는데도 한번 박혀버린 인지의 틀이 여간해서는 바뀌지 않는 것이 인간 본성이지.

아마 자네의 동료나 상사도 이와 마찬가지로 자네에 대한 모든 평가의 틀을 갖고 있어서 어떤 일을 해도 그 평가는 바로 바뀌지 않겠지. 하나의 작은 단점, 어쩌다 발생한 한 번의 실수 등을 기준으로 그 사람의 모든 것을 평가해 버리는 실수를 하는 게 인간이기 때문이지. 회사 생활이 저러니 가정에서도 그렇겠지, 저것을 보니 다른 것도 그렇겠지, 저 사람이 속해 있는 회사가 그러니 그도 그렇겠지 등 수많은 인지적 착각을 밥 먹듯이 하는 게 겉모습 편향의 본성이지.

청 년　이런 편향도 고치거나 개선할 수가 있나요?

선지자　앞에서 말한 것과 동일하네. 인간은 '이성'이라는 것이 있어서 그렇게 판단하는 순간 '다를 수도 있다'라고 개입할 수가 있네. 방법은 다음에 이야기해 주겠네.

청 년　처음에 말씀드렸습니다만 "사람들 모두가 너무 이기적이고 자기중심적이다. 도무지 이해심이나 배려심이 없는 것 같다"라는 말도 열등 콤플렉스나 우월 콤플렉스와 관계가 있나요?

선지자　우선 '콤플렉스'라는 단어를 잘 이해해야 하네. 다음에 구체적으로 설명할 때가 있을지도 모르겠네. 우선 '콤플렉스'라는 용어는 독립적으로 사용되지 않고 '열등 콤플렉스'처럼 앞에 '열등'이나 '우월'과 같은 단어와 함께 사용되는데 이는 지나치게 많거나 어떤 한계 범위를 넘었을 때

콤플렉스라는 단어를 붙여 사용하네. 즉 열등 콤플렉스란 열등감을 심하게 느끼거나 보통의 정도를 넘어 심리적 이상으로 가버리면 '열등 콤플렉스'라고 하네. 우월콤플렉스도 이와 같이 이해하면 되네. 그러나 인간이 이기적이고 자기중심적인 것은 본성으로 봐야 하네. 그 한도를 넘으면 우월 콤플렉스와 같은 심리적 이상 증세가 있을 수 있으나, 나를 포함한 평범한 우리는 모두 이기적이고 자기중심적인 인간이지. 부정할 수 없는 본성이네. 열등감이나 우월감, 열등 콤플렉스, 우월 콤플렉스에 대해서는 다음 장에서 상세히 설명하겠네.

청 년   그러면 제가 말한 회사 동료, 직장 상사 할 것 없이 모두 이기적이고 자기중심적 인간이란 말인가요? 그리고 저도 그중 한사람이고요.

선지자   그렇네. 나도 자네도 예외는 없네.

청 년   그렇지 않은 사람도 많이 있는데 이건 어떻게 이해해야 하나요?

선지자   조금 전에 설명했듯이 인간의 의식에는 '이성'이라는 것이 있네. 뇌의 전두엽이 이 역할을 담당하는데 주로 인간의 이성과 판단을 담당하는 뇌라고 보면 되네. 하지만 왜 인간은 이기적이고 자기중심적인 동물일 수밖에 없는지가 중요하네. 이것을 설명하기 위해서는 우선 인간의 뇌는 "생존을 가장 우선시한다"라는 진화론적 설명을 이해해야 하네. 즉 자신의 생존을 위해 모든 감각(감정)과 의식, 생각은 항상 '자기'를 우선시하는 태도가 있어야 생존이 가능하기 때문이지. 심리적으로 항상 '자기 합리화'를 하는 것도 생존에 필수적인 마음 작용이자 방어기제인 셈이지. 즉 '인간은 항상 자기를 중심에 놓고 세상을 본다'라고 생각하면 된다네. 게다가 인지적 편향, 우월성 편향이 겹치면 더더욱 이기적이고 자기중심적 사고를 할 수밖에 없는 진화론적, 심리적 본성을 갖고 있는 셈이지.

청　년　그러면 인간의 본성이란 인간의 뇌가 진화적으로 자기중심적이고 부정적인 편향으로 작용하고 있다는 말씀인데, 그런가요?

선지자　그렇네. 생존을 최우선으로 두고 진화했기 때문에 생기는 현상이라고 볼 수 있지. 다음으로 이어지는 얘기가 되겠지만 인간의 부정 편향도 그 이유는 동일하네.

청　년　사람들이 자기중심적 행동을 하는 것도, 사람들이 모두 이기적이고 자기밖에 모르는 몰지각한 인간인 것도 이런 이유가 있다면, 저는 왜 그것에서 상처받는가요? 제가 인지적 편향을 지니고 있어서 사람들을 오해하는 건가요?

선지자　본인의 인지적 편향으로 생긴 오해일 수 있네. 잘못된 인지로 인해 생긴 상처로 보는 것이 일반적인 이론이네. 다만 그 반대로, 실제로 상대의 지나친 자기중심적 행동으로 인해 자네가 상처받을 수도 있네. 보통은 이렇게 이야기하네. "내가 언제 너한테 상처를 주었냐?"라고. 나는 그것을 상처라고 인식하고 있는데 상대는 상처를 줄 마음이 없었다고 말하는 것과 같네. 답은 간단하네. 주는 것을 받지 않으면 되네.

청 년　주는데 안 받을 수 있나요? 말하지 않는 것이 주지 않는 것이죠?

선지자　그렇지 않네. 받지 않으면 되네. "그건 네 생각이고 실제로는 그렇지 않아"라고 하면 받지 않은 것이 되네.

청 년　실제로 그렇게 생각하는 사람이 얼마나 되겠습니까?

선지자　이에 대해서는 다음에 대화할 '수용'이라는 부분에서 상세히 대화할 것이네.

청 년　네, 그때 상세히 말씀해 주세요.

선지자　그보다 우선 개선의 방법을 논하기 전에 인지적 편향, 자기중심적 사고, 우월 편향 등이 언제 형성되었으며 왜 생겼는지, 이런 편향이 심리적으로 어떤 문제를 일으키는지가 중요하지. 그래야 방법을 찾을 것이 아닌가.

청 년　본성이니까 태어날 때부터 생긴 것이 아닌가요? 뭐 운명이다, 사주팔자다, 숙명이다, 이렇게 말하는 것을 보면 태어날 때부터 생긴 것 같은데 그런가요?

선지자　우선 인간의 성격은 언제 만들어져서 그것이 어떻게 우리의 일상생활에 인생 대본처럼 작동하는지 이해해야 하네. 자네의 말처럼 숙명처럼 유전적인 것으로, 인지적 특성을 갖고 태어난 경우가 없다고 말할 수는 없지. 다만 성격의 어디에, 얼마만큼 유전적 특성이 적용되는지는 사람마다 차이가 있으나 유전적 특성의 영향이 있는 것만은 분명하다고 말할 수가 있다네. "태어날 때부터 어느 정도 갖고 태어났다"라고도 말할 수 있지. 다음의 대화에서 논의하겠지만 불교의 근본 교리 중에 '유식론'이란 것은 인간은 태어날 때부터 업(인간의 본성이나 습관)을 지고 태어났기 때문에 그 업을 '깨달음'이라는 수행을 통해 지워야 한다고 하네. 업이란 비이성적이고 완전하지 못한 인간의 생활태도 또는 성격을 말하는 것으로 보통 이성적이지 못한 고정관념, 생활 습관 등으로 말하기도 하네. 결국 인간이 행복하게 살아가는데 줄이거나 없애야 하는 좋지 못한 습관, 행동을 말하는 것이지. 이에 대한 것은 다음에 논하기로 하세.

청　년　네, 기억해 두겠습니다.

인간의 성격형성은 10세 전후다

선지자　우선 인간의 성격형성은 언제인가 하는 문제네.
　　　　성격은 아기가 말을 배우기 전, 한 살 무렵부터 형성되기 시작한다고 대부분의 심리학자가 주장하네. 그리고 대개 열 살 전후쯤 완성된다고 하는 주장이 보편적일세. 어린 시절 우리는 가족을 중심으로 한 사회에서 자신이 원하는 것을 얻으려고 노력하지. 그러기 위해 다른 사람들의 관심이나 사랑을 얻기 위해 시행착오를 거듭하네. 처음에는 부모의 애정을 얻으려고 노력하지만, 잘되지 않으면 관심을 얻기 위해 떼를 쓰기도 하고, 또는 자신의 약점을 드러내고 보호 본능을 강화하려고 하거나 지나치게 밝은 행동으로 관심을 끌려고 할 수도 있지. 이렇게 시행착오

를 반복하며 '내가 이렇게 하면 상대방은 이렇게 반응한
다, 이건 좋다, 이건 나쁘다'라고 배우게 된다네. 그리고 자
기 행동 결과에 따라 방법을 조금씩 바꿔 가지. 예를 들
어, 그들은 '나는 밝게 행동할 수 없으니 울면서 내가 약
하다는 것을 보여주겠어' 또는 '나는 보호받아야 해'와 같
은 생각을 하게 되고, 이것이 계속되면 습관이 되고, 이러
한 생각과 확신이 삶의 중심이 되어 자아 개념, 자아 세계
관, 그리고 자기 이상이 형성된다고 보는 것이 일반적인
논리일세.

청 년 열 살 전후는 아직 어린아이인데 시행착오를 겪으면서 성
격형성을 한다는 건가요?

선지자 그렇지 않네. 열 살이면 충분하네. 지식과 경험은 부족하
다고 할 수 있으나 인지력은 어른이나 다름없지. 심리학
자 에릭 에릭슨(Erik Erikson)은 심리사회적 발달 이론을
바탕으로 성격 형성 과정을 설명했네. 인간의 발달을 평
생에 걸쳐 8단계로 나누었으며, 각 단계에서 중요한 '심리
사회적 과업'이 있다고 했네. 이 과업을 얼마나 잘 해결하
느냐가 성격과 자아 정체감에 큰 영향을 준다고 주장하
고 있지. 에릭슨에 따르면 기본적 성격의 틀은 청소년기
에 형성되고, 이후 단계(성인 이후)는 그 틀 위에 더 풍부
한 정서·사회적 측면을 쌓아가며 '성격의 완성과 성숙'이
일어난다고 했네. 즉 성격은 청소년기에 뼈대를 세우고 성
인기에 다듬어져 가는 과정으로 평생 발달한다고 본다
네. 이때 가치관, 목표, 사회적 역할을 확립하고, 때로는

실패하면 정체성 혼란과 불안정한 성격이 나타난다고 보네. 따라서 에릭슨은 이 단계가 성격 형성에서 가장 중요하다고 강조했네.

청　년　그러면 사람들의 모든 이성적 또는 비이성적인 행동은 이미 청소년 시절에 완성이 된다는 말인가요?

선지자　그렇네. 앞에서 말한 인간의 본성은 유전적 요인이든 외부적 요인이든 대부분 청소년 시기를 지나면서 고정화, 습관화되어 버린 것이지. 사람들이 지나치게 이기적이고 자기중심적인 것도 이미 그렇게 되어 있는 것을 지금 알게 된 것이지. 이기적이라고 말하는 자네도 나도 예외가 아닌 것처럼. 이미 자기만의 색깔을 가진 '성격이라는 색안경을 끼고 세상을 본다'라고 생각하면 틀림없는 말이겠지. 문제는 '이기적, 비이성적' 인격은 인간의 본성에 가까우므로 크게 문제가 될 것이 없으나 '지나친 이기적 성격, 지나친 자기중심적 사고'가 문제가 되겠지. '지나친'이라는 단어는 일정 수준 이상의 말과 행동으로 해석하면 되네.

청　년　그러면 나와 다른 타인을 어떻게 보고, 어떻게 판단하고, 어떻게 대응하면 되나요?

　　　　제가 느끼는 마음은 진심입니다. 사람들은 자기밖에 모르는 이기심으로 똘똘 뭉쳤다는 생각이 자주 들고, 그래서 마음의 상처도 많이 받아요.

선지자　지금 이 단계에서 자네에게 어떤 대안을 제시하더라도 별 도움이 안 될 것일세. 이 부분에 대해서는 다음에 상세히 그 해결 방법을 찾아봐야 하네. 우선 앞에서 말한 부분에 대해 정리가 필요하네. 일단, 인간에 대해 지금까지 이해한 부분을 정리하면 다음과 같네.

첫째, 우리 각자는 인간으로서 타인이나 세상을 완전히 이해하는 것은 불가능하다는 것이네. 이는 앞에서 설명한 여섯 가지 인간의 본성 때문으로 자기 자신과 인간 세상, 나와 다른 타인을 보는 시각이 다르기 때문일세. 즉 인간은 각자 다른 자기 자신만의 색안경을 끼고 세상을 보기 때문에 자기가 보는 세계가 옳다, 바르다, 맞다 생각하기 때문이지. 따라서 남(타인)을 올바르게 알고 사물을 있는 그대로 이해하는 것은 불가능하다는 뜻이지.

둘째, 절대적인 옳고 그르다, 하는 논리는 성립되지 않는다는 것이네. 동일한 어떤 사건과 상황에 대해 내가 인지하여 믿는 것과 상대(타인)가 인지하고 믿는 것이 다르므로 이는 생각이 다른 것이지 내가 옳은 것이 아니라는 것이네. 또한 과학적 논리에 의해 정의되는 부분조차도 절대적인 선(또는 진리라고 말할 수 있는)은 없다는 뜻이지.

셋째, 사람은 '불완전한 존재'라는 것이지. 그 어떤 사람도 완전하다고 말할 수도 없고 또 그렇게 될 수도 없다는 것이지. 만약에 모두가 완전한 사람이라고 하면 세상은 지금처럼 조화롭게 되지 못하고 벌써 파멸이 되었겠지.

청 년   그러면 제가 생각하는 이 모든 것, 즉 인간은 이기적이고 자기밖에 모르고, 나는 쉽게 상처받는다는 생각은 인간이라는 불완전한 요인(특성) 때문에 생겨난 것인가요?

즉 내 생각이 사실이 아닐 수 있다, 잘못된 생각일 수 있다, 틀릴 생각일 수 있다, 이런 뜻인가요?

선지자 안타깝지만 그렇네. 인간의 착각도 여기에서 시작되네. 즉 대부분의 사람은 자기는 타인을 잘 알고, 잘 이해하고, 잘 대처하고 있다고 착각하는 것이지. 특히 오랜 세월 함께 살아온 부부는 상대를 매우 잘 안다고 착각하지. 사실은 그저 몇 가지 상대의 오래된 습관 정도만 알고 있는 것이지, 그 사람의 생각은 절대로 알 수가 없네. 세계적인 물리학자 스티븐 호킹 박사는 우주에 대해서는 타의 추종을 불허할 정도로 잘 알지만, 이런 말을 했지. "나는 우주에 대해서는 대부분 알고 있다. 그러나 여자의 마음은 아무리 노력해도 알 수 없다"라고. 인간관계의 갈등도 옳다(맞다), 틀렸다, 하는 각자의 주장 차이에서 시작된다네. 즉 자기가 맞다(옳다)는 확신이 있기 때문에 온갖 논리로 설득하는 것이지. 이 또한 착각일세. 특히 불완전한 존재임에도 불구하고 완전을 추구하려는 심리적 방어기제로 인해 많은 사람이 심리적 이상증상을 겪고 있다네. 우울증, 조현병, 공황장애, 강박증, 심지어 발달장애(ADHD)와 같은 것도 뇌의 인지적 이상(착각)에서 시작된다고 보는 심리학자도 있네.

청 년 선생님 말씀은 "인간은 불완전하다. 갈등은 불가피하다. 옳다 그르다는 이치에 맞지 않다"인데, 그러면 어떻게 인간관계를 맺고 살아간다는 말인가요? 도대체 서로가 통하지 않을 것 같은데요.

선지자 그렇지 않네. 인간만이 가지고 있는 것이 뭔지 아는가?

청 년 이성적 사고, 동물이나 유인원과 비교해 생각한다는 것이
다르지 않나요?

선지자 맞네. 자네 말처럼 어떤 것을 계획하고 생각하고 판단하
는 이성적 작용이 있지. 특히 인간만이 지닌 '미래 지향적
사고와 이성적 판단'은 유인원과 큰 차이가 있지. 하지만
앞에서 설명했듯이 왜 이러한 인지적 착각이 정상적인 범
위를 넘어 심리적 문제로 발생하게 되었는지 원인을 파악
하고 해부하는 것도 해결의 열쇠가 될 수도 있겠지. 또 외
부에서 오는 자극에 대해 내가 어떻게 반응할 것인가, 어
떻게 받아들인 것인가에 대한 나의 태도(반응)도 중요한
요소가 될 것일세. 이 부분에 대해서는 다음에 별도 논의
가 필요하네. 다음으로 생각해야 하는 것은 인간의 감정
일세.

청 년 다음에 논의하는 것으로 메모해 두겠습니다.

나의 감정을 자각하라

선지자 자네는 감정이란 어떤 것인지 개략적으로는 알고 있겠지.

청 년 인간의 감정이란 '슬픔, 기쁨, 분노' 등 사람이 느끼는 감정
을 말하는 것 아닌가요? 이 감정이 인간의 본능과 관련이
있나요?

선지자 밀접한 연관이 있네. 감정에도 앞에서 살펴본 본능의 기
능과 같은 기능이 있지.

청 년 본능의 기능이란 공통으로 적용되는 어떤 마음의 작용 같은 것을 말하는 건가요?

선지자 그렇네. 감정이란 무엇인가를 생존의 관점에서 보면 감정은 획기적인 경고 시스템이라고 말할 수 있네. 인간은 감정을 통해 스스로 보호할 수 있으며 생존할 수 있지. 특히 공포는 그러한 역할에 특화되어 있다고 볼 수 있지. 인간은 생존의 위협을 느낄 때 공포를 느낀다네. 어떤 사람이 밤에 숲길을 걷다 바스락 소리를 들었을 때, 그는 엄청난 긴장에 휩싸이거나 불안을 느끼면서 바짝 경계 자세를 취하는 것도 위협으로부터 자신을 보호하기 위한 메커니즘이지. 또한 진화 생물학적으로 설명할 수도 있네. 인간은 5만 년 전으로 거슬러 올라가 수렵채취 사회였을 당시를 생각해 보면 될 것일세. 주위는 온통 야생 곰, 독초 등 온갖 위협으로 둘러싸여 있었을 거라고 상상이 되겠지. 이 모든 위협으로부터 살아남고자 감정 체계를 발전, 진화시켜 온 것이 인간의 감정 체계라고 보면 되네. 그렇다면 인간의 이성과 과학은 빠르게 변하는 시대에 맞게 적응됐지만, 감정은 왜 지금까지 그 시절의 영향에서 벗어나지 못했는가 하는 것이 문제가 되겠지. 이는 문화와 과학의 발전 속도가 너무 빨라 감정 진화의 속도가 상대적으로 뒤처진 탓이라고 본다네. 하지만 감정은 현대를 살아가는 인간에게 꼭 필요한 기능일세. 공포는 인간을 위협으로부터 보호해 주고, 분노는 자신을 방어해 줄 에너지를 주며, 슬픔은 상실을 극복하게 하고, 호기심과 즐거움은 새로운 것에 기꺼이 다가가게 해 주고 있는 거지. 좋은 기능도 많이 있네.

청 년 감정을 느끼는 것은 생존을 위해 꼭 있어야 하는 거네요. 그런데 감정을 느끼면 몸과 마음이 그 감정에 따라 반응하고, 사람마다 다르게 반응할 수도 있는데 이것은 무슨 이유인가요?

선지자 우선 감정의 작용에 대해 먼저 이해해야 하네. 학자 간에 의견 차이는 있지만 감정에 대해 공통으로 동의하는 것으로, 다음 3가지 작용을 하는 것을 '감정'이라고 말할 수 있네.

1) 감정은 뇌의 중간에 있는 변연계에서 생긴다.
2) 모든 감정은 신체 전반에 걸친 물리적인 반응을 일으킨다.
3) 이 신체의 물리적 변화는 우리가 행동하도록 준비시킨다.

선지자 즉 감정이 생길 때 신체의 물리적 변화가 생긴다는 것은 신경계의 여러 부분을 활성화하거나 심장 박동, 혈압, 근긴장도, 순환과 호르몬 수치 등이 변하는 것이네. 그 결과 가슴이 두근두근하거나 목의 응어리, 눈물, 땀 등으로 끈적끈적해지는데, 이것을 우리의 오감 즉 감각기관을 통해 알아차리네. 그 결과 다른 방식으로 행동하도록 영향을 주는데 흔히 목소리와 표정, 몸짓, 행동을 변하게 한다고 할 수 있지. 인간의 경험에는 반드시 그 배경에는 감정이 함께 붙어 있네. 즉 경험과 감정은 함께 기억된다는 것이지. 이때 특별한 감정에 특별한 방식으로 행동할 가능성을 행동 경향이라고 하네. 자네가 앞에서 질문한 사람마다 각각 다르게 반응하는 것은 그 사람의 경험이 다른 사람과 다르기 때문이네.

청 년 감정 경험이 다르다고요?

선지자 그렇네. 사람마다 살아온 과정과 감정 경험이 달라서 그 반응도 다르게 나타나는 거지. 그래서 감정은 과거의 생각과 기억, 이미지 즉 경험과 아주 밀접하게 연결되어 있다고 봐야겠지. 경험의 기억 회상이 감정과 함께 온다는 것이지. 가령 두려움을 느끼고 있을 때는 잘못될지도 모른다는 생각이나 언젠가 두려움을 느꼈던 과거의 기억이나 자동차 사고, 심장발작에 이르기까지 온갖 마음속의 영상이 떠오를 수 있지. 특정한 유형의 사건이 특정한 감정을 일으킬 때 이 사건은 이 감정과 매우 밀접하게 연결되는데, 이런 사고(생각) 과정은 바로 경험 이해하기 혹은 경험에 의미 부여하기 과정이라고 볼 수 있지. 그 사건에 어떤 의미를 부여했는지가 주요 핵심이 되네.

청 년 어떤 감정을 가지고 경험했느냐가 어떤 반응을 결정한다는 말이군요. 생존을 위한 감정 작용에 경험을 추가하여 어떤 반응을 한다는 의미 같은데요.

선지자 그렇다네. 그 작용의 과정을 단계별로 설명할 수 있지. 이것을 설명하기 전에 감정의 속성을 이해해야 하네. 감정의 속성을 쉽게 예를 들어 설명하면 감정은 그 사람의 날씨와 같다고 보면 되네. 감정은 언제나 현재와 과거의 경험과 관계되어 있고, 계속해서 변화되고 있다는 점에서 날씨와 같다고 말할 수 있지. 화가 나거나 불안한 느낌은 폭풍이 부는 날씨와 같고, 나쁜 기분은 구름이 덮인 날과 같다고 볼 수 있지. 어떤 사람은 감정을 파도에 비유하더군. 바람이 불면 파도의 너울이 위아래로 울렁거리다가 바람이 잦으면 가라앉고 또다시 바람이 불면 파도의 너울이 울렁거리듯 인간의 감정도 생겼다가 사라지고 생겼다가 사라지고를 반복하네.

청　년　감정이란 어딘가에 숨어 있다가 나타나고 다시 숨었다가 나타난다는 의미 같은데, 어디에 있다가 나오는 건가요?

선지자　앞에서 말했듯이 뇌의 변연계에서 통제와 제어를 하네. 다섯 가지 감각기관(눈, 코, 입, 귀, 촉)으로 정보가 들어오면 변연계에서 어떻게 반응하라고 통제하는 것이지.

청　년　그러면 어떤 사람은 잘 통제하고 어떤 사람은 잘 통제하지 못하는 경우가 있는데 이유가 뭔가요?

선지자　자신의 감정과 소통이 끊긴 사람들이 있는 반면에 시시각각 변화하는 자신의 감정과 매우 민감하게 소통하고 있는 사람들도 있네. 마찬가지로 자신의 감정을 잘 이야기하는 사람들이 있는 반면에 자신의 감정을 말하는 데 어려움을 느끼고 그저 "기분 좋다", "기분이 나쁘다", "재미있다" 같이 단순한 표현만 하는 사람도 있다네. 자신의 감정과 얼마나 소통하고 있는지, 감정을 말로 표현할 수 있는지와 관계가 있네. 자기 자신과 어떻게 소통하고 느끼는 감정을 어떻게 처리하는가는 매우 주요한 문제네. 이

부분에 대해서는 구체적인 감정 처리 방법을 이야기할 것
일세.

청 년 그러면 그 감정이 생기고, 역할 작용을 하고, 그 결과 어
떻게 행동하게 하는지 단계별로 설명해 주실 수 있나요?

선지자 감정 작용을 3단계로 설명할 수 있네. 이 3단계는 감정이
작동하는 순서로 보면 되네. 이 과정이 순식간에 본인도
모르게 빠르게 작동하기 때문에 마음 챙김이란 훈련을 하
지 못하면 대부분 인식하지 못하네. 이 '마음 챙김'에 대해
서 메모해 두게. 다음에 이것을 주제로 대화할 것일세. 감
정이 생기는 3단계는 다음과 같이 설명할 수 있네.

제1단계로는 '중요한 사건'이네. 감정은 의미 있는 사건에
의해 유발되네. 이 사건은 비참한 기억이나 고통스러운
감각, 혼란스러운 생각 등 신체 내부에서 생길 수도 있고,
보고 듣고 냄새 맡거나 만질 수 있는 주변 환경에 의해 생
길 수도 있네. 인간의 뇌는 이 사건을 인지하고 그것이 중
요하다는 사실을 알리네. 제2단계는 '행동 준비'라고 말할
수 있네. 뇌는 이 사건이 좋은지 나쁜지, 유익한지 해로운
지 평가하기 시작하는 단계를 말하네. 동시에 그 사건에
접근하든 피하든 뇌는 행동하도록 몸을 자극한다네. 뇌
가 사건이 해롭다고 판정하면 투쟁-도피 반응이 일어나고
우리 몸은 공격하거나 달아날 준비를 하지. 뇌가 잠정적
으로 유익한 것으로 판단할 경우 탐색할 준비를 하네. 그
리고 우리 몸이 행동할 준비가 되면 다음으로 갖가지 감
각과 충동을 경험하게 되네.

청 년　그러니까 사건이 생기고, 어떤 행동을 하도록 자극한다고 하셨는데요. 사건은 감정을 유발하는 사건 즉 분노, 슬픔, 기쁨 등을 유발하는 사건이 되겠네요. 사건 행동 준비에서 투쟁-도피 반응이라 하셨는데 이것은 투쟁할 것인가, 도망갈 것인가, 그냥 있을 것인가를 말하는 것 같은데요. 이 반응은 부정적인 상황에서 생기는 과정이 아닌가요?

선지자　그렇네. 부정적인 상황에서 묘사한 것이네. 이 사건이 긍정적인 사건 즉 웃음이나 기쁨을 유발하는 사건이면 함께 반응할 것인지, 반응하지 않을 것인지, 또는 다른 반응을 할 것인지 등 그 어떤 행동을 하도록 자극하는 것은 동일하네. 이것을 '탐색 작용'이라고 하네.

청 년　그러면 그 이후 행동은 어떻게 되나요?

선지자　'투쟁-도피' 반응은 '위험하다'라는 자극이 들어오면 어떻게 반응할 것인지를 결정하고 이에 따라 행동을 어떻게 할 것인지를 선택한다는 뜻이네. 이 반응은 뇌가 '위험하다'라고 느낄 때 반응하네. 뇌가 '위험하다'라고 느끼지 않은 상황은 탐색 작용으로 넘어간다고 보면 되네. 투쟁-도피 반응은 중뇌에서 생기는 본능적인 생존 반응이네. 이 반응은 뭔가 당신을 위협하면 생존을 위한 최고의 기회는 도망가거나(도피), 물러서지 않고 자신을 방어하는(투쟁) 것이라는 근거에서 진화했지. 이때의 상황은 심장 박동수가 빨라지고 몸속에는 아드레날린이 솟구치고 팔, 다리, 근육에 피가 몰리고 산소를 더 많이 공급하기 위해 호흡이 가빠지는 등 모든 반응은 당신이 도망가거나 멈춰

서 싸우도록 준비하는 것이네. 그래서 위협을 감지하면 언제나 투쟁-도피 반응이 즉각적으로 촉진된다네.

청 년 현대 시대에는 과거와 다르게 물리적인 위협이 별로 없는 것 같은데요?

선지자 물리적으로 별 위협이 없는 현대 사회는 변덕스러운 배우자, 잔소리하는 상사, 주차 위반 스티커, 교통지옥, 창구 앞의 긴 줄, 거액의 대출에서 오는 스트레스 등, 이 모든 것을 잠재적인 위협으로 생각하네. 내용만 변화했지, 심리적 위협은 동일하네. 뇌가 어떤 사건을 해로운 것으로 판단하면 투쟁-도피 반응이 유발되고 이 반응은 재빨리 공포, 분노, 충격, 혐오, 죄의식 같은 불쾌한 감정으로 발전해 버린다네. 또한 뇌가 사건을 좋은 것이나 유익한 것으로 판단하고 탐색 작용이 끝나면 재빨리 평온함이나 호기심, 행복과 같은 유쾌한 감정으로 발전시키기도 한다네. 대부분 전자를 부정적 감정, 후자를 긍정적 감정이라고 하지만 실제로는 긍정적이지도 부정적이지도 않은 단지 감정일 뿐이네.

청 년 현대적인 위협으로 방금 선생님이 말씀하신 것 외에도 출근 교통지옥, 성과 위주로 몰아세우는 회사, 느닷없이 끼어드는 자동차 등 감정을 폭발시키는 사건이 수없이 많아요.

선지자 이미 말했듯이 그래서 현대 시대가 과거보다 심리적 이상자가 더 많다고 하지 않았나. 앞으로 갈수록 더 많은 심리적 이상자가 있을 것일세.

청 년 행동하도록 자극한 후 그다음 단계는 어떻게 되나요?

선지자 제3단계로 ‘마음의 개입’이지. 인간의 마음은 우리 몸에
일어나는 변화에 말이나 생각, 의미를 부여하기 시작하
네. 감정에 대해 마음이 우리에게 하는 말은 우리가 그 감
정을 어떻게 대우할 것인가에 지대한 영향을 끼친다네.
가령 롤러코스터를 타고 있는 두 사람을 상상해 보세. 한
사람은 두려워하고 다른 사람은 기분이 들떠 있다고 치
세. 두 사람 모두 똑같이 신체적 변화(아드레날린이 증가하
고 혈압이 높아진다)를 경험하고 있지만, 마음의 표현에 따
르면 그 두 사람은 주관적인 경험은 너무나 다르네. 한 사
람은 “정말 재미있다!”라고 말하고 다른 사람은 “너무 위
험해!”라고 말이야. 똑같은 감각을 경험하지만, 두 사람의
마음에서 느끼는 감각을 매우 다르게 표현하고 판단한다
네. 이게 마음이 개입하여 판단한 결과네.

청 년 그러니까 마음이 개입한다는 것은 결과나 과정을 ‘판단’
한다는 말과 같은 건가요? 그리고 왜 어떤 사람은 부정적
인 느낌으로 받아들이고 어떤 사람은 긍정적인 느낌으로
받아들이는 건가요?

선지자 마음의 개입이란 ‘판단’한다고 하지만 실제로는 인지적 틀
을 기준으로 ‘좋다, 싫다’를 판단하고, 그것을 말이나 표정
으로 표현하고, 그 결과를 다시 기억으로 저장하네. 그래
서 물론 앞에서 설명했듯이 각자의 경험이 다르므로 다르
게 느끼는 것은 당연하지. 그 결과를 기억하고 또다시 강
화하는 효과가 있어 다음에도 똑같은 반응을 할 가능성

이 크겠지. 따라서 들어오는 자극은 동일한데 그 반응이 다른 것은 문제가 없으나 반복되어 강화된다는 것이네. 이것은 심리적으로 편향되는 것을 말하고, 더 강화되면 심리적 이상 현상으로 발전하네. 안타깝게도 감정에 대해 호불호(좋은 감정이다, 나쁜 감정이다 분별하는 것)에 지나치게 집착하면 공황장애, 강박증, 우울증 같은 심각한 심리적 문제를 일으키게 된다는 것이네.

청 년   어떤 한쪽의 감정에 지나치게 집착하면 심리적으로 문제가 발생한다는 의미네요. 그런데 좋아하는 것을 계속 좋아하고 싫어하는 것을 계속 싫어한다면 심리적 문제가 발생한다고요?

선지자   모두가 그렇다는 것이 아니네. 구별해야 하네. 본인의 가치관, 선의의 목표 등 자신과 타인에게 이롭다고 하는 것은 그렇게 해도 되네. 욕심 또는 타인이나 자신에게 해로운 것을 그렇게 하면 미움을 사게 되면서 '집착'으로 변하게 되는 것을 경계하는 것이네. 예를 들어 칭찬받으면 기분이 좋아지고 인정받는 느낌이 들어 그 사람이 좋아지는 감정을 느꼈다고 치세. 그러면 자꾸자꾸 칭찬과 인정을 받고 싶어하는 마음이 생기지. 집착한다는 의미는 그 강도가 세지거나 세다는 의미지. 반대로 누군가로부터 꾸지람을 듣거나 불쾌한 말을 들으면 몹시 언짢아지면서 싫어지겠지. 아니, 증오심을 느낄 거야. "나는 그가 정말 싫어, 없애 버리고 싶어" 등 이와 같이 한쪽의 감정만 인정하고 나머지 감정을 인정하지 않는 결과로 된다는 것이지. 이렇게 되면 흔히 말하는 우울증, 강박증, 공황장애 같은 심리적 이상 현상을 더욱 가중하는 작용으로 발전해 버리네.

청　년　사람이라면 똑같지 않은가요? 좋은 것만 추구하는 습관 같은 거 있지 않나요?

선지자　문제는 좋은 감정만 취하려고 하고 나쁜 감정은 피하려고만 하는 것이 마음속에서 계속 싸운다는 거지. 좋은 감정이든 나쁜 감정이든 그 감정과 싸우려고 애를 쓰면 쓸수록 그 감정은 우리를 더욱 숨 막히게 한다는 것이네. 이것을 "투쟁스위치가 켜져 있다"라고 말하는데, 우리가 앞에서 말한 물리적, 감정적 고통에 맞서 싸울 준비가 되어 있다는 것을 의미한다네. 가령 원하는 감정이 아닌 불안한 감정이 나타났다고 가정해 보세. 투쟁스위치가 켜져 있는 상태라면 이 감정은 도저히 막을 수 없다는 뜻이지. 이미 싸우려고 준비하고 있기 때문이지. 투쟁스위치는 감정 증폭기와 같아서 투쟁스위치가 켜져 있으면 우리는 불안에 대해 분노하게 되고, 반대로 분노에 대해 불안해지고, 우울함에 대해 우울해지는 결과를 가져오게 되네. 따라서 감정 때문에 더 감정에 시달리게 된다는 뜻이지.

청　년　선생님 말씀은 좋은 감정이든 나쁜 감정이든 한쪽으로 치우쳐 지나치게 집착하면 나쁜 감정은 점점 피하려고 하고 좋은 감정은 더더욱 취하려고 한다, 이건가요? 또한 한쪽으로 치우쳐 집착하면 심리적 문제가 발생한다, 그러니 감정은 그냥 있는 그대로 받아들이라는 말씀인 것이고요.

선지자 　그렇다네. 중요한 것은 판단하지 말고 있는 그대로 받아
들여야 하네. 여기서 중요한 것은 '판단하지 않고 받아들
이는 것'이네.

청　년 　본성적으로 느끼는 감정인데 어떻게 판단하지 않을 수 있
나요? 특별한 방법이 있나요?

선지자 　있네. 그냥 알아차리는 걸세. '아, 내 마음이 불안해하고
있구나, 내 마음이 짜증을 내고 있구나, 내 마음이 화를
내고 있구나' 등 알아차리는 방법일세. 이것에 대해서는
다음에 상세히 대화할 것 일세.

청　년 　네, 구체적인 방법까지 알려 주세요.

선지자 　감정은 우리 생활에 많은 영향을 주고 있네. 어떻게 활용
하느냐가 관건이지.

청　년 　활용한다는 것은 어떤 의미인가요? 일어나는 감정을 활용
할 수도 있다는 뜻인가요?

선지자 　그렇다네. 3대 심리학 거장 알프레드 아들러는 감정을 이
렇게 표현했네. "감정은 인간이 허리 옆에 차고 있는 칼과
같다"라고. 즉 잘 사용하면 음식을 썰거나 숲을 베거나
여러 가지 필요한 부분에 유용하게 사용할 수 있지만, 잘
못 사용하면 상대를 다치게 하거나 해치게 할 수도 있다
는 뜻이지. 모순되지만 두 가지 기능을 모두 갖고 있는 셈
이지. 양면의 칼날과 같다는 뜻이지.

청　년 　상황이 어찌 되었든 감정을 느끼는 당사자는 엄연히 현실
이고 어쩔 수는 없겠죠. 하지만 마음이 개입하여 그 감정
에 어떤 의미를 부여하는 가는 선택할 수 있다는 것이죠.

선지자　그렇네. 어떤 감정을 느끼는 것은 막을 수가 없네. 그리고 이것은 인간의 본능이고 생존을 위해 유전적으로 진화되었으니까 막을 수는 없네. 즉 마음속에서 작동하는 3단계는 인간이면 모두 가진 자연스러운 작용이란 뜻이지. 그러나 여러 번 말하지지 않았나. 자극에 대해 '어떻게 반응할 것이냐'라는 선택할 수가 있다는 것을. 여기서 '선택'이라는 단어에 집중해야 하네. 다음에 논의하겠지만 이것이 가장 중요한 핵심이네.

청　년　자연스럽게 이어지는 문제지만, 결국 어떻게 반응하느냐, 어떻게 행동하느냐 문제가 되겠네요. 어떻게 반응해야 하나요? 어려울 것 같은데요.

선지자　어려울 것이 없네. 한마디로 말하면 "긍정적인 반응을해라"라고 말하고 싶네.

청　년　아니, 경험이 각기 다른데 다르게 반응하는 것이 당연하지 않나요? 어떻게 모든 것에 긍정적인 반응을 한다는 것이죠?

선지자　가능하네. 자극과 반응 사이에 통찰할 수 있는 여유 공간이 있기 때문이지.

청　년　자극과 반응 사이? 여유 공간? 이것은 무슨 의미인가요?

선지자　이 부분에 대해서는 다음에 상세히 대화하기로 하고 잠깐 쉬었다 하세.

청년은 지금까지 한 번도 깊이 생각해 보지 못한 인간의 본성을 들고 이 대화에 깊이 빠져 들었다. 지금까지 무엇인가를 성취하려고 정신없이 살아온 것만 생각했기에 어쩌면 잠시나마 브레이크를 잡고 뒤돌아볼 기회가 아닌가 싶어 이 대화가 더 의미 있었다. 인간의 본성과 성격을 이해한다고 뭐가 달라질까? 구체적인 방법이 필요하다고 생각했다. 처음으로 들어보는 심리학적 용어에 이해가 잘되지 않는 부분도 있었지만, 그래도 많은 부분에서 이해가 되어 기뻤다. 그는 생각했다. 앞으로 남은 시간이 지금까지보다 더 많다고, 그리고 지금의 자신을 더 행복한 모습으로 바꾸고 싶다고. 그는 성장하고 성숙하고 싶었다. 청년의 가슴속에 또아리를 틀고 남아 있는 심한 열등감, 이것을 없애고 싶었다. 부친이 일찍 돌아가시고 홀어머니 밑에서 나름대로 성실하게 살아왔다고는 자부하고 있으나 쉽게 상처받고 쉽게 짜증고 쉽게 화내는 자신 습관이 몹시 싫기도 했기 때문이다. 어떻게 하면 자신을 바꿀 수 있을지, 다음은 그 방법에 관해 물어보고 구체적인 실행방법까지 묻고 싶었다.

제2장

수용, 나는 이대로 괜찮은 사람

수용, 있는 그대로 받아들여라

청 년 그런데 왜 인간의 본성에 대해 길게 설명해 주셨나요? 이 것이 제가 행복하게 사는 데 어떤 관계가 있죠?

선지자 좋은 질문이네. 긴 시간에 걸쳐 인간의 본성과 감정에 관해 설명했네. 그런데 자네는 왜 그랬다고 생각하나?

청 년 글쎄요? 자세히 알 수는 없으나 인간을 이해하는 데 도움이 됐습니다. 특히 인간의 본성 즉 확증편향(인지적 편향), 확신편향, 우월성편향, 부정성편향, 집단편향 중에 인지적 편향에 대해서는 한마디로 요약 표현하면 "인간은 모두 다르다, 인간관계에서 갈등은 필연적이다, 피할 수가 없다, 그래서 다른 그것을 인정하고 존중해줘야 한다"라는 결론을 갖게 되었습니다. 특히 우월성 편향이나 부정성 편향은 인간 진화 과정과 밀접한 관계가 있어 "그렇게 될 수밖에 없구나"라고 알게 되었습니다.

선지자 또 다른 느낌은 없는가?

청 년 특히 인간의 감정에 관한 것인데, 그 작용 원리를 알게 되어 나와 타인 간에 어떻게 소통하고, 어떻게 반응해야 하는지 많은 도움이 되었습니다. 하지만 자신의 감정과 대화하고 소통하는 방법에 대해서는 아직 잘 모르겠습니다.

선지자 대부분의 사람은 위에서 말한 여러 편향을 어느 특정한 한 사람만의 특징이나 특성이라고 생각하기 쉽네. 그러나 이런 편향이 인간의 보편적 진실이라는 것을 이해하고 인정하는 것은 공동체로 살아가는 우리 모두에게 꼭 필요

한 것이네. 이렇게 말하는 나도 인간의 본성에서 벗어나
지 못하네. 자네도 마찬가지겠지만. 인간관계에서 발생하
는 대부분의 갈등은 그 기본 바탕에 인간의 본성을 이해하
고 수용하지 못하는 데 있네. 예를 들어, 자네의 상사가 자
네의 보고서를 보고 심하게 질타했다고 하세. 그러면 자네
는 "내가 실력이 부족했나, 뭔가 실수했나, 아니면 그 사람
이 나를 싫어하나" 등 온갖 추측을 하겠지. 그러나 인간의
본성을 이해하고 자네 상사의 의견을 수용한다면 그 의미
를 긍정적으로 다르게 해석할 수 있겠지. "그 사람은 그렇
게 생각했구나, 이런저런 부분을 조금 더 조사해서 다시 보
고하라는 뜻이구나"라고 말이지. 그의 말을 있는 그대로 받
아들이고, 그다음으로 어떻게 할 것인가를 생각하면 되는
것이지. 굳이 자기 폄하나 비하 등 온갖 비난을 하지 않아
도 되고 말이야. 아주 간단하지 않나? 본성을 이해하지 못
하면 이유를 모르고 어떤 것을 실행하는 것과 같은 것일
세. 이해하게 되면 "그래서 이렇게 해야 하구나"를 알게 되
는 거지. 따라서 인간의 본성을 이해하고 수용하는 것이
인간관계에서 생기는 갈등을 해소하는 출발점이라고 보네.
그리고 해결방법을 찾으면 되네. 물론 '수용한다' 같은 부분
은 생소하겠지만, 지금부터 이 주제에 관해 대화할 걸세.

청 년 선생님의 말씀은 "인간의 본성을 이해하는 것은 인간의
본성은 수용할 수밖에 없다, 다른 해결방법은 없다, 이것
을 문제 삼으면 고통과 갈등만 일으킨다"라는 의미인가
요? 그리고 "있는 그대로 왜곡하지 말고 받아들이고, 대책

을 세우면 된다"라는 말씀이고요.

선지자 그렇네. 앞에서 내가 자네에게 말했지. 자네에게 지금 먼저
      필요한 것은 '자기 수용'과 '타자 수용'이라고. 그리고 이 '수
      용'을 설명하기 위해 인간의 본성에 대해 길게 설명했네.

청 년 그러면 '수용'은 무슨 의미이며, 왜 해야 하는지 조금 더
      자세히 설명해 주세요.

선지자 그러세. 먼저 수용이라는 의미와 정의를 이해해야 하네.
      서두에 말했지만, 그 정의와 범위도 '인간관계'라는 범위
      내에서 이해되어야 하네. 수용이란, 스스로 판단하지 않
      고 있는 그대로 인정하고 허용하는 것이네. 능동적인 긍
      정인 셈이지. 능동적인 긍정이란 무슨 일이 벌어지든 좋
      게 생각하며 힘을 내는 것이 아니라 '벌어진 일을 그대로
      받아들이며 인정하는 것'이네. 여기서 핵심적인 단어는
      '판단과 비판을 하지 않고, 현재 있는 그대로 인정한다'라
      는 것이네.

청 년 판단과 비판을 하지 말고 수용하라? 사람은 대응하기
      위해 판단하고 비판하는 것은 당연한데 왜 이렇게 수
      용해야 하나요?

선지자 인간으로 살아가는 한 우리는 절대로 고통을 피할 수 없
      네. 사람마다 저마다의 타고난 능력이 다르고, 또한 원하
      는 목표를 세운다고 모두가 뜻한 바를 이룰 수 있는 것은
      아니지. 예를 들어 사고로 다리를 잃는 것은 분명히 고통
      스럽지. 이처럼 예기치 못한 사고 같은 상황으로 꿈을 접
      을 수밖에 없는 경우도 있지. 특히 공동체로 살아가는 인

간이라는 개체는 혼자서는 살 수가 없네. 따라서 갈등은 분명히 생기네. 하지만 인간에게는 고통을 딛고 일어나 좋은 삶을 향해 전진할 힘이 있어. 생각과 이성이 있는 거지. 아주 간단하지. 지금의 현실을 인정하고 그때부터 '어떻게 할 것인가'를 생각하면 되네. 판단과 비판을 넣으면 일시적으로 자기만족은 할 수 있네. 그러나 그 뒤의 문제는 복잡해지네. 앞에서 인간관계의 삼각형을 보여주지 않았나? 삼각형의 두 면에 '나쁜 너, 괴로운 나'라고 적혀 있는 것을. 중요한 것은 '지금부터 어떻게 할 것인가'네. 나쁜 너, 괴로운 나에 초점을 맞추면 얻는 것이 아무것도 없네. 우리는 살면서 고통이라는 첫 번째 화살은 피할 수 없어도 고통으로 인한 괴로움이라는 두 번째 화살은 피할 수 있네. 이 두 번째 화살을 피하기 위해 필요한 것이 수용이네.

청 년 두 번째 화살을 피하기 위해서라고요?

선지자 그래, 두 번째 화살. 첫 번째 화살은 인간관계에서 발생하는 갈등이고, 두 번째 화살은 그 갈등으로 생기는 괴로움이라는 것이네.

청 년 그러면 수용에도 모든 것을 다 수용할 수는 없지 않나요?

선지자 '자기 수용'에서 즉 현재의 나를 수용한다는 건 지금까지 내려온 과거의 선택과 판단들마저 수용한다는 의미네. 모두를 수용한다는 의미지. 살면서 매 순간 내렸던 선택과 판단들이 모여 지금의 내가 존재하는데, 거기에 집착하면 번뇌(갈등)가 되고 수용하면 성숙과 성장으로 발전하네.

진정한 수용은 잘못된 선택을 한 나 자신에게 '그래도 괜찮다'라고 말하는 것이네. 스스로 만족스럽지 않더라도 최선을 다한 결과임을 인정하고 지금의 내 삶에 '예스'라고 말하는 것이지. 이것을 '진정한 수용'이라고 하네.

청　년　그러면 지금의 내 성격인 짜증 잘 내고, 독선적이며 자기중심적인 이 성격마저 있는 그대로 수용하라는 말인가요? 저는 바꾸고 싶은데 수용하라고요?

선지자　변화는 수용 후에 일어나는 특성이 있네. 즉, 수용해야 변화로 이어진다는 뜻이지. 변화는 현재의 상태에서 더 성숙한 단계로 가는 것을 말하네. 지금 자네가 말하는 짜증 잘 내고, 독선적이며 자기중심적인 모습을 없애겠다고 아무리 결심해도 바뀌지 않네. 오히려 더 심해질 걸세. 결국 그 끝에는 자기를 버리는 문제까지 갈 수가 있지. 이것을 자살이라고 하네. 대부분은 거기까지 가기 전에 자신과 화해하지만, 시간적 손실은 엄청 크네.

청　년　선생님 말씀은 자기 자신에 대해서는 무조건 긍정적으로 봐줘라 이 말씀이네요.

선지자　그렇네. 위에서 말했듯이 '맘에 들지 않는 나, 무능하다고 판단하는 나 자신' 등에 대해서도 '그래도 괜찮다, 나는 최선을 다한 결과다'라고 말하고 수용하면 되네. 조금 전 자네의 상사, 즉 타인의 비판에 대해서도 '있는 그대로 수용'하면 되네. 심리학자 알프레드 아들러는 '수용'을 '자신과 타인에 대한 존경'이라고 했네. 그리고 '이해할 수 없는 존재'로서 타인을 믿는 것'을 신뢰라고 하면서 수용을 신뢰로 풀어야 한다고 했네. 이 '신뢰'에 대해서는 다음에 구체적으로 대화할 걸세. 그리고 자네, 지금 바꾸고 싶다고 했지?

청　년　네, 바꾸고 싶습니다. 짜증도 내지 않고, 사소한 일에 상처받지 않고, 조금은 더 너그러운 사람으로 말입니다. 그리고 지금보다 조금 더 행복하고 싶습니다.

선지자　행복한 삶의 가장 기본이 '자기 수용과 자기 사랑'일세. 변화를 위해 성장해 가는 것도 그 바탕에는 자기수용이 있어야 가능할 걸세. 즉 인간관계를 더 좋게 할 수 있는 가장 기본적인 변화는 자기 수용과 자기 사랑에서 시작된다고 보면 되네. 자네가 조금 전 여러 가지 단점을 말했네. 그리고 바꾸고 싶다고 했네. 행복하고 싶다고 했네. 그러면 자기수용부터 출발해야 하네.

청　년　자기 수용이 안 되면 어떤 인간관계적 문제가 발생하나요?

선지자　지금의 자네처럼 살면 되겠지. 자기를 미워하고 짜증을 내고 분노하며 단점만 있는 사람으로 말이야. 하지만 싫겠지. 바꾸고 싶겠지. 인간의 변화만큼 어려운 것이 자기수용이지. 지금까지의 삶을 부정해야 가능할지도 모르네. 그만큼 어렵다는 뜻이지. 하지만 진정으로 수용해야 하네. 이것만은 분명하네. 지금 바로 결심만 하면 자기수용을 할 수도 있다는 것을. 그 방법을 배우고 실행할 용기만 있다면 말이야.

수용은 능동적 긍정이다

청 년 진정으로 자기자신을 수용해야 한다고 하셨는데, 무엇을 진실되게 수용해야 하나요? 저는 저 자신을 미워합니다. 아니, 미워하기보다 못났다고 생각합니다. 어떨 때는 "이 바보야, 왜 그것도 몰라" 하면서 질책하기도 하죠. 한 번은 출근하면서 지갑과 휴대폰을 집에 놓고 왔어요. 버스를 타는데 버스카드가 없어서 다시 집으로 돌아가 갖고 오기도 했는데 이런 일이 있을 때마다 "이 바보야 잊어버릴 것을 잊어야지" 하면서 질책해요. 상사로부터 질책받으면 "내가 좀 멍청한 바보인가 봐, 그것도 못해서 또 꾸지람을 듣다니" 하는 말까지도 합니다.

선지자 그래서 자기 자신이 싫다는 말인가? 못난 놈이라고?

청 년 네, 저는 제가 싫어요. 잘난 데가 없거든요.

선지자 그러면 못났다, 잘났다 하는 것을 나의 장점과 단점이라고 생각하고 자신의 단점은 무엇인지 말해 줄 수 있나?

청 년 단점은 변덕이 좀 심하고, 짜증을 잘 내고, 내 의견에 토를 달면 심하게 화를 내요. 독선적인 것도 있는 것 같네요. 내 스스로 나를 별 볼 일 없는 사람이라고 생각하는 것 같아 자존감이 많이 부족한 것 같네요. 다른 사람은 그렇지 않은데 유독 저만 단점이 많은 것 같네요.

선지자 자네는 어떻게 그렇게 상세히 자신의 단점을 잘 알고 있지? 그러면 장점도 많이 있겠지? 그렇지 않나?

청 년 아니요. 장점은 별로 없는 것 같아요. 굳이 찾는다면, 모

르는 사람과도 친하게 지내는 사교성이 많은 것 같고, 약
속을 잘 지킨다든지, 또는 어떤 일을 하면 꼼꼼히 챙기는
섬세함 같은 것도 있는 것 같고….

선지자 생각해 보면 장점도 분명히 많이 있을 걸세. 단점이 더 많
다는 것도 자네의 주관적인 생각에 불과하네. 자네가 그
렇게 생각하는 거지. 객관적인 사실이라고 할 만한 근거
가 없는 거지. 자네는 왜 그렇게 생각하는지 따져본 적이
있는가? 아마 없을 걸세.

청 년 그 단점에 대해 구체적으로 따져본 적은 없습니다. 종종
팀 회의 중에 상대가 나의 주장에 대해 이의를 제기하거
나 토를 달면 화가 나고 그 사람이 나를 싫어한다는 생각
에 감정적으로 대응하거든요. 심지어 작은 토론이 인간적
인 모독으로 확대되는 상황으로 갑니다. 이런 것을 보면
상대를 받아 주지 못하는 내 성격이 단점으로 생각되기도
하네요.

선지자 그렇다고 그게 단점이라고 말할 수는 없네. 본인의 성격적
특성이고 습관적인 대응 방안인 거지. 주관적으로 스스로
평가하기에 '그렇지 않을까'라고 생각하고 있는 거지.

청 년 아니, 저는 스스로 내 습관대로 대응한다는 것을 알고는
있는데 고쳐지지 않습니다.

선지자 그렇겠지. 습관이란 속성은 고치는 것이 무척 어렵다는
것이네. 자극에 대해 자동으로 반응하기 때문이지. 하지
만 자극과 반응 사이에 공간(틈)이 있다는 사실을 이해하
고, 마음 챙김을 통해 수용을 생활화한다면 많은 부분을

개선할 수 있을 것이네. 이것에 대해 다음에 또 대화할
수 있을 것이네.

청　년　마음 챙김? 이것으로 개선할 수 있다고요?

선지자　그렇네. 마음 챙김에 대해서는 다음에 상세히 대화할 시간
이 있을 걸세. 앞에서 말한 진정한 수용에서, 어쨌든 중요
한 것은 우리는 '나'라는 내용물이 담긴 그릇을 버릴 수도,
교환할 수도 없네. 하지만 중요한 것은 '주어진 것을 어떻게
활용하느냐' 하는 것이지. 쉽게 말해 자신에게 주어진 부정
적인 요소든 긍정적인 요소든 그것이 필요한 것으로 용도
를 바꾸는 것이지.

청　년　그러면 부정적인 단점도 용도를 바꾸면 긍정적인 요소가
되는가요?

선지자　그렇네. 자네 조금 전에 단점으로 변덕이 좀 심하다고 했
지. 구체적으로 어떤 상황에서 그런지 설명해 주겠나?

청　년　옷이나 물건을 구매할 때 이것으로 했다가 저것으로 했다
가 선택을 못 하고 마음이 왔다 갔다 하는 편이고, 어디를
갈 때도 이곳으로 했다가 저곳으로 했다가 자주 바꾸는 편
이거든요.

선지자　무엇인가 선택하거나 결정할 때 혼돈을 느낀다는 거네.
조금 심하게 말하면 '결정 장애가 있는 것 같다' 이 말이
고. 이것을 다른 말로 바꿔서 다르게 표현해 보면 "조금
더 효과적이고 좋은 것을 선택하기 위해 깊이 생각하는
편이다"라고 말할 수 있네. 앞에 말한 것과 어떤 차이가
있나? 내용은 동일하네. 주관적인 해석만 다르게 한 것뿐

이지. 그리고 자네와 같이 선택을 잘 못 하고 혼란스러워하는 사람의 성격을 누구보다 더 잘 이해할 수도 있지. 자네 고객 중에도 이런 사람이 있을 때 "고객님, 정말 신중하시네요, 이럴 때 이렇게 하면 됩니다"라고 조언도 해 줄 수가 있지. 결과적으로 자네가 단점이라고 말하는 것은 단점이 아니라 장점으로 용도 변경이 되는 셈이지. 그렇지 않나?

청　년　그렇네요. 자기 수용적 해석이라는 것도 이런 것이네요. 그러면 적극적으로 자기 자신을 긍정하는 마음을 갖고 어떤 일도 진취적으로 생각하라는 뜻인가요?

선지자　자기 긍정이 아니라 자기 수용을 해야 하네. 자기 긍정이란 일종의 낙천주의적 생각을 말한다네. 무조건 좋게 보는 거지. 자기 수용이란 '하지 못하는 나'를 있는 그대로 받아들이고, 할 수 있을 때까지 앞으로 나아가는 걸세. 더 쉽게 설명하면, 60점짜리 자신에게 "이번은 운이 나빴던 것뿐이야, 진정한 나는 100점짜리야"라는 말은 자기 긍정이네. 반면에 60점짜리 자신을 그대로 60점으로 받아들이고 "100점에 가까워지려면 어떻게 해야 좋을까"라고 방법을 찾는 것이 자기수용일세.

청　년　그러면 변덕이 심하고, 짜증을 잘 내고, 자기중심적이고, 독선적 성격의 나를 진정으로 수용한다는 것은 "그래도 괜찮다" 이 말인가요? 그리고 무엇이 문제인지 생각해 보고 개선하면 된다, 이 말씀인 것이고요.

선지자　앞에서 설명한 그대로네. 그래도 괜찮네. 하지만 지금 이런 성격이 자네나 타인에게 고통을 주거나 상처를 주지 않는지는 반드시 관찰해야 하네. 자기에게 고통을 주거나 타인에게 상처를 주는 자기 수용은 개선이 필요하네. 그 절차에서도 우선 자기 수용이고 다음으로 자기 개선을 해야 변화가 된다는 것이네. 방법을 찾는 것이 수용의 목표일세. 수용의 기법을 이해하고 실천하기 전에, 생각에서 행동으로 연결되는 마음의 작용을 이해해야 하네.

청　년　마음의 작용이요?

선지자　우리는 모두 '뇌'라는 것을 가지고 있네. 특히 인간은 생각하고, 판단하고, 창조하는 능력을 지니고 있네. 흔히 마음이라고 하는 것은 몸과 마음, 정신과 육체라는 말을 할 때 물질적인 몸과 나머지 정신 작용을 마음이라고 하는데 이것을 다시 의식과 무의식으로 구분하면 보통 무의식을 마음이라고 하네. 이 마음 안에는 생각, 습관, 성격, 감정 등 모두가 혼합되어 있어 마음의 작용이 실제적인 행동으로 나타난다고 보면 되네. 이 작용에 대한 논리적 배경과 이해가 없이 "진정으로 수용하라"라고 한다면 허공에 내지르는 목소리에 불과하지. 마음의 본질을 직시하고 그것을 수정하거나 고치면 자동으로 수용이 이루어진다는 논리지. 또한 진정한 수용이란 생각을 객관적으로 분석한다는 의미이기도 하네. 앞에서 자네가 말한 단점에 대해서 말이야.

생각과 감정의 속성을 이해하라

선지자 먼저 물어보겠네. 자네가 생각하는 세상은 어떤 세상인가? 즉 '세상은 … 이다'라고 할 때 자네의 대답은 어떤가 하는 것이네.

청 년 저는 "세상은 위험한 곳이고 살아가기 힘든 경쟁의 여정이다'라고 말하고 싶네요. 물론 좋은 사람도 있고 다정하고 친한 친구들도 많이 있지만 이들은 모두 저와 가까운 사이의 사람들이고 대부분은 모르는 사람들이기 때문입니다. 직장에서도 경쟁과 성과가 우선이고 인간미, 배려와 같은 것은 늘 후 순위가 되었습니다.

선지자 자네의 대답은 한마디로 상당히 부정적인 자아정체성을 갖고 있다는 의미로 해석되네. 생활방식이나 사고에서 부정적인 요소가 많다는 의미지.

청 년 부정적인 자아 정체성을 갖고 있다고요?

선지자 그렇네. 자아 정체성이란 어떤 개인이 자기와 타인, 세상을 바라보는 생각, 관점이라고 보면 되네. 심리학에서 자신의 정체성에 대해 질문할 때 세 가지 질문을 하네. 그 대답을 보고 어떤 사람인지 정체성을 파악하는 방법이지. 첫째는 '나는 ~ 한 사람이다', 둘째는 '타인은 ~ 하다', 셋째는 '세상은 ~ 하다'라는 질문이네. 그 대답은 각자가 모두 다를 수도 있고 일부 같을 수도 있지.

청 년 저는 아직 자아정체성에 대해 생각해 본 적이 없는데요. 그런데 이게 수용과는 무슨 관계가 있나요?

선지자   개인이 타인이나 세상을 보는 방식을 말하고자 하네. 인
          간의 인지적 착오나 부정편향으로 인해 인간의 생각과 세
          상을 보는 방식은 매우 자기중심적이고 주관적이라는 것
          이네. 또한 우리는 모두 예외 없이 주관적인 세계에 살고
          있지. 즉 나에 관한 생각이나 타인, 세상에 대해 내 마음
          대로 생각하고 해석한다는 뜻이지. 생각과 판단은 객관성
          이 없는 주관성, 즉 추론에 불과하다는 말일세. 이 말은
          조금 전에 말한 인지적 착오와 연결되네. 그래서 인생을
          말할 때 조금 과장되게 표현하면 '인생은 연극과 같다', '한
          바탕 꿈이다'라는 말과 같네. 연극의 대본, 각본을 자기가
          만들고 그 주인공도 자기이며, 무대 위에서 연극을 하는
          것도 자기이고, 장소도 자기가 정하며, 엑스트라도 자기
          가 불러 세우는 연극. 그만큼 우리는 '자기'를 세계의 중심
          에 세우고 자기만의 세상을 만들어 간다는 것이지.

청 년   선생님은 지금 무슨 말씀을 하려고 하는 거죠? 인생이 연
          극과 같다고요?

선지자   '모든 생각과 감정은 자기 스스로 만들어 낸 것이다'라는
          것을 설명하려고 하네. 그것도 주관적인 자기 생각과 감
          정을. 우리는 이런 주관적인 생각에 대해 객관적으로 바
          라보는 눈이 있어야 하네. 껍데기 즉 생각의 허상을 통찰
          하고 가장 깊은 본질을 보는 능력이야말로 수용의 깨달음
          이라고 말할 수 있네.

청 년   객관적으로 보는 눈? 수용의 깨달음?

선지자   '객관적으로 보는 눈'이라는 의미도 따지고 보면 '생각과 감

정의 의미를 주관적으로 해석한다'라는 뜻이기 때문에 엄격히 객관적이라고 말할 수가 없네. 하지만 여기서는 긍정적으로 재해석한다는 의미로 객관적이라고 말하는 것이네.

청 년 "긍정적으로 재해석한다"를 '객관적'이라고요? 무슨 말씀인지….

선지자 생각과 감정의 속성을 말하고 있네. 우리는 많은 부분에서 착각하면서 살고 있다는 의미지. 앞에서 말하지 않았나. 인생은 연극이라고. 그것에 관해 해체하는 법에 대해 말하려고 하네.

청 년 생각과 감정을 해체한다는 의미는 분석해 보고 맞는지 따져본다는 의미인가요?

선지자 그렇네. 해체란 자기 생각과 감정의 본질을 분석해 보고, 그것에 새로운 관점을 부여하여 다르게 해석하게 함으로써 그에게 가해지는 충격과 영향을 없애거나 미약하게 하는 것을 의미하네. 이것을 '인지적 탈융합'이라고 하네. 고통스럽고 불쾌한 생각과 감정을 해체하는 법을 배우면, 그런 것들로 인해 두렵거나 성가시거나 스트레스를 받는 일이 줄어들 것이네. 특히 자기제한적 믿음이나 가혹한 자기비판 같은 쓸데없는 생각을 해체하는 법을 배우면, 그런 것들로 인해 행동에 영향받는 일이 줄어들 것이네. 즉 생각을 객관적으로 보고 긍정적으로 개입하여 자네에게 유리하게 해석하는 거지.

청 년 생각과 감정을 객관적으로 보기 위해 인지적 융합을 인지적 탈융합으로 해체한다는 말은 이해하기가 어렵습니다.

구체적으로 설명해 주세요.

선지자 인지적 융합에서 인식(인지)은 생각이나 이미지, 기억 같은 마음이 만들어낸 산물들을 어떻게 받아들이는지를 결정한다고 했네. 융합이란, 섞거나 혼합한다는 의미네. 따라서 인지적 융합은 생각과 그 생각이 지칭하는 사물, 즉 이야기와 사건이 서로 섞이는 것을 의미하네. 인지적 융합상태는 생각이 사실로, 진실로, 명령으로 보이네. "나는 구제 불능이야", "나는 형편없는 엄마야", "아무도 날 좋아하지 않아" 같은 부질없는 생각 때문에 괴로워하지 않았는가? 이것이 인지적 융합상태라면 이런 생각은 절대 진리, 사실인 것처럼 보이네. 즉 사실이 아닌 것을 사실 또는 진실로 믿는다는 뜻이네. 과거의 경험이 현재 직면하고 있는 사건과 융합하여 지금 어떻게 할 것인가를 결정하네.

청 년 과거의 경험에 관한 이야기 즉 생각, 이미지, 기억 같은 것이 현재 직면하고 있는 사건과 섞여서 지금 어떻게 받아들이는가를 결정한다고요? 과거의 경험이 현재에 영향을 미쳐 현재를 조종한다, 착각을 일으키게 한다, 이 말씀인가요?

선지자 예를 들어 위에서 말한 "나는 형편없는 엄마야"를 분석해 보세. 이 사람은 과거에 어떤 성인 엄마가 행동이나 말을 지나치게 하는 장면을 보고 "저런 사람은 형편없는 사람이다"라고 생각했거나 단 한 번만 보고 그런 생각을 했을 수도 있고 여러 번 생각했을 수도 있지. 아니면 본인의 엄마가 어떤 행동이나 말을 하여 본인이 매우 불쾌한 감정을 가지는 계기가 있었을 수 있지. 자란 환경에서 그렇게 생각했건, 아니면 누군가의 가르침에 의해 그렇게 생각했건, 본인의 인식의 틀(체계)은 그렇게 형성되었다고 추정되네. 이런 인식의 틀을 가진 상태에서 과거 경험한 유사한 상황이 현재의 본인에게 발생했다면 "나는 형편없는 엄마다"라고 단정해 버린다는 것이지. 즉 인식하고 있는 생각은 이야기이고 일어난 상황은 현재의 사건으로, 이 두 가지가 융합되면 인지적 융합인 상태로 되네. 즉 '그 사건이 과거의 경험과 일치되어(융합되어) 지금 생각하는 것이 사실이다'라고 단정해 버리는 것이지.

청　년　지금 일어나고 있는 실제의 상황이 착각일 수도 있다는 의미네요. 그러한 행동을 '형편없는 사람'으로 인식하고 있는 상태에서 이와 유사한 사건이 일어나면 '형편없는 사람'으로 인식해 버린다는 의미네요. 이 인식의 착오를 어떻게 해체한다는 건가요?

선지자　이것을 해체한다는 것은, 인식하게 된 그때의 상황으로 돌아가 다르게 해석해 보는 것이네. 그때 그 성인 엄마의 행동, 그때 본인의 엄마가 한 행동, 그때 누군가가 내게 가르쳐준 그 사람의 상황을 다르게 해석할 수 있네. 어쩔 수 없이 한 행동일 수도 있고, 심한 상실감으로 이성적 감각이 없는 상태일 수도 있고, 실수하여 잘못 행동하거나 말했을 수도 있네. 그것이 "형편없는 엄마다"라고 해석할 필요가 없는 상황이었을 수도 있지. 하지만 본인은 그때 생각한 그것이 성인인 지금까지 진리이고 옳은 것으로 생각한 것뿐이네. 인간의 뇌는 부정적인 사건을 더 오래 더 뚜렷이 기억하고 인지하네. 이것을 심리학적 용어로 부정성 편향이라고 했네. 인간의 뇌가 착각을 일으켜 진실인 것으로 포장해 버린 결과지.

청 년 그러면 지금의 생각과 감정, 판단 같은 것은 주관적인 인지적 착오일 수가 있고, 다르게 해석할 수 있다는 의미네요. 즉 인지적 융합으로 잘못 생각하고 있다는 의미이기도 하고요. 하지만 오랜 시간 동안 습관화된 이런 생각을 쉽게 바꾼다는 것은 불가능하다고 생각하는데요.

자극과 반응 사이 간극이 있다

선지자 물론 어렵지. 그러나 앞에서도 말했듯이, 자극과 반응 사이에 간극(틈)이 있다는 것을 알고 이 간격을 이용하면 '마음 챙김'이라는 기법을 사용할 수 있지. "자극과 반응 사이 간격이 있다"라는 말은 내가 한 말이 아니네. 유명한 빅터 프랭클(Viktor Frankl)이 말한 "자극과 반응 사이에는 간극이 있다(In between stimulus and response, there is a space)"라는 말은 그의 대표 저서 『죽음의 수용소에서(Man's Search for Meaning)』에 담긴 핵심 사상 중 하나지. 이 문장의 의미를 단계적으로 풀어보면 다음과 같네. '자극(stimulus)'은 외부에서 우리에게 일어나는 사건이나 상황, 즉 누군가가 나를 비난함, 어려운 일이 생김, 실패함 등을 말하고, '반응(response)'은 그 자극에 대해 우리가 보이는 감정, 말, 행동이네. 즉 화를 내기, 포기하기, 침착하게 대응하기 등을 말하네. 프랭클은 이 둘 사이에 '간극(space)', 즉 선택할 수 있는 여지가 존재한다는 것이네. 사람은 단순히 자극에 자동으로 반응하는 기계가 아니라 자극과 반응 사이에서 '어떻게 반응할지 선택할 자유'를 가진 존재라는 의미지.

청 년 어떻게 반응할지를 선택할 자유? 그것이 자극과 반응 사이의 간격에 틈이 있다고요?

선지자 그렇네. 반응하기 전에 '어떻게 반응할 것인가'를 선택하는 순간이기도 하지. 시간상으로는 매우 짧을 수도 길 수도 있겠지. 조금 전 감정에 관해 대화할 때 '알아차리기'란 용어에 대해 말한 적이 있네. 기억하고 있나?

청 년 네, 기억합니다.

선지자 '알아차리기'에 수용과 선택을 합쳐 '마음챙김'이라고 하네. 많이 사용하는 용어라 이해하기 쉬울 걸세. 마음챙김은 수용하기 위해 가장 핵심적인 훈련이므로 꼭 숙지하고 반복 훈련을 해야 하네. '마음 챙김'에 대해 대화하기 전에 '관찰하는 자아'와 '생각하는 자아'에 대한 이해가 필요하네.

청 년 관찰하는 자아, 생각하는 자아? 이것은 또 무슨 말인가요?

선지자　예를 들어 설명하면 이해하기가 쉬울 걸세. 자네가 지금 여기에서 명상하고 있다고 하세. 기본적인 앉은 자세에 대한 부분은 생략하고 우선 눈을 지그시 감고 숨을 들이쉬고 내쉬면서 자네의 의식을 숨이 들고 나가는 코끝에 집중해 보게.

청　년　네, 알겠습니다.

선지자　어떤가? 느낌을 얘기해 보게.

청　년　집중이 안 되네요. 갑자기 어제 있었던 동료들과 다툰 생각부터 수십 가지 생각, 이미지 등이 주마등처럼 생겼다가 사라지고 또 생겼다가 사라지고….

선지자　갑자기 마음을 어지럽히는 과거의 생각, 이미지가 머릿속에 떠올라 "왜 이런 생각이 났지?"라고 의아해했겠지. 그러면서 주의를 기울이지 않았다고 자책하면서 "미안해, 잠시 다른 생각을 하고 있었나 봐"라고 말하면서 다시 호흡에 집중하려고 했을 것이네. "잠시 다른 생각을 하고 있었네"와 같은 그런 생각은 어디에서 온 걸일까? 그리고 어디로 가는 것일까? 그 생각이 어딘가에 있었다면, 거기는 어디인가? 그때 그 생각은 어디에 있었는가? 그리고 그곳에서 어떻게 돌아왔는가? 우리는 이것을 "관찰하는 자아(약자로 관찰자라고 함)"라고 이름 붙였네.

청　년　지금 오감(다섯 가지 감각)으로 인식하고 생각하는, 소위 '의식작용'이라고 하는 이것이 관찰하는 자아인가요?

선지자　방금 자네가 말하는 인식작용에 의한 의식 활동을 주관
하는 것은 '생각하는 자아'라고 하네. '생각하는 자아'는 생
각하고 판단하고 비교하며 창조하고 상상하고 시각화하
고 기억하고 공상에 잠기는 흔히 '마음' 또는 '의식'이라고
일컫는 것이네. '관찰하는 자아'는 생각하는 자아와 근본
적으로 다르네. 관찰하는 자아는 생각하지 않네. 관찰하
는 자아는 집중하고 주의를 기울이고 깨어 있는 일에 관
계되는 자아네. 관찰하는 자아는 생각을 관찰하거나 생
각에 주의를 기울일 수는 있지만 생각을 만들어 낼 수는
없다. 생각하는 자아는 경험을 판단하고, 관찰하는 자아
는 우리의 경험을 곧바로 받아들이네. 예를 들어 "나는
지금 내가 불안해하고 있다는 것을 안다"라고 했을 때 앞
부분의 '나'는 관찰하는 자아고, 뒷부분의 '내가'는 생각하
는 자아인 거지. 다시 한번 예를 들면 흔히 "내 정신 좀
봐, 왜 이러고 있지?", "나는 내가 숨을 쉬고 맥박이 뛰고
심장이 뛰는 것을 보고 있다"와 같이 지금의 상태를 판단
이나 평가를 하지 않고 나를 지켜보는 것을 '관찰하는 자
아'라고 하네. 감정에 관해 대화할 때 감정을 알아차리는
방법과 같지 않나?

청　년　네, 그때 그렇게 말씀하셨죠. 감정을 알아차리는 말에서.

선지자　또 다른 관찰하는 자아는 집중할 때 생기지. 예를 들어
보세. 자네가 장엄한 일몰을 보고 있다고 가정해 보세.
오로지 그 광경을 바라보는 데 집중하는 순간이 있겠지.
마음이 고요해지면서 머릿속에 아무런 생각도 떠오르지

않고, 오직 눈 앞에 펼쳐지는 찬란한 향연을 알아차릴 뿐이지. 집중하고 있으면서 아무 생각도 하지 않고 단지 관찰하는 순간. 이때 작용하는 것이 바로 관찰하는 자아네. 이때 생각이 끼어들면 "야, 저 색깔 좀 봐! 이걸 보니 작년 휴가 때 본 일몰이 기억나는군. 카메라가 있으면 좋을 텐데" 하는 것처럼 관찰하는 자아가 생각하는 자아의 끊임없는 해설에 주의를 빼앗길수록 우리는 일몰과 직접 교감할 수 있는 기회를 놓치게 되겠지. 집중, 인식, 관찰하기, 지켜보기, 직접적 경험 같은 말은 관찰하는 자아의 다양한 측면을 보여주는 것이네.

청 년 그런데 이 두 가지를 구분하는 것이 불가능하지 않나요?

선지자 물론 어렵네. 상당한 노력과 훈련이 필요하네. 마음챙김 훈련을 해야 하네. 이것을 완전히 통달하면 불교에서 말하는 '깨달음'에 이를 수가 있네. 그러나 전문적으로 수행 연습을 하지 않은 자네와 나 같은 범부중생(보통사람)은 '알아차림'만 해도 충분하네. 너무 스트레스 받지 말게나.

청 년 그런데 왜 관찰하는 자아, 생각하는 자아를 설명하셨나요?

선지자 중요하네. 마음챙김에서 반드시 이 관찰하는 자아가 작용하기 때문이네. 심지어 이것을 '하나님', '부처님'으로 신격화하여 종교화할 때도 있네. 그 실체도 관찰하는 자아를 말하기 때문이네. 더 깊이 있는 내용은 생략하네.

청 년 조금 더 쉽게 이해하기 위해 또 다른 예를 들어 설명해 주실 수 있습니까?

생각하기 대 관찰하기

선지자 다시 한번 잠시 눈을 감고 그냥 마음이 무엇을 말하는지 관찰해보게. 마음속에 어제 일어난 자동차 접촉 사고나 중요한 사건에 대해 생각이나 이미지가 나타났다고 가정해 보세. 그 생각과 이미지가 어디에 있는지 주의를 기울여 보게. 어디에 있는가? 다시 눈을 뜨고, 먼저 생각하기 과정, 즉 생각이나 이미지가 나타나는 과정을 관찰해보게. 그리고 관찰하기 과정, 즉 생각이나 이미지를 떠올리고 있는 나를 깨닫거나 관찰하는 과정이네. 달리 설명하면 생각하는 자아는 생각을 만들어 내고 관찰하는 자아는 그 생각과 이미지를 떠올리는 나를 관찰했다는 말이네. 쉽게 말하면 "내가 사건의 이미지를 떠올리고 있는 것을 알아차리고 있구나"에서 그 사건의 이미지를 떠올리는 나를 보고 있는 그 사람이 관찰하는 자아네.

청 년 무슨 생각을 하고, 이미지를 떠올리고, 기억하는지 그를 지켜보고 있는 나, 이것이 관찰하는 자아네요. 반면 생각하는 자아는 지금의 의식 작용이고요.

선지자 그렇네. 생각하는 자아는 24시간 동안 흘러나오는 라디오 방송과 비슷하네. 24시간 내내 어두운 뉴스만 전하는, 되는 것도 없고 안되는 것도 없는 우울한 라디오 쇼. 안타깝게도 이 라디오를 꺼버릴 방법이 없네. 알코올 중독 등 머리가 어떻게 되지 않는 한 저절로 멈출 수는 없네. 하지만 다른 방법이 있지. 라디오 소리가 배경음악으로 계속 켜져 있지만 일에 너무 집중한 나머지 실제로 라디오 방송이 들리지 않았던 적이 있는가? 소리를 들을 수도 있지만 그 소리에 귀를 기울이지 않았기 때문에 들리지 않았던 것이지. 불쾌한 생각이 떠오르지만, 그것에 주의를 기울이는 대신 단순히 생각의 존재를 인정하고, 현재하는 일에 집중하고 관심을 쏟는 방식이 가장 좋은 본보기가 될 것이네. 관찰하는 자아는 태어나서 지금까지 변함없이 늘 그 자리에 있었네. 다만 우리는 그 존재를 알아차릴 수 없어 자각하고 있지 못했을 뿐이지.

청 년 머릿속에 정리가 되네요. 하지만 다른 어떤 훈련 방법이 있어야겠다는 생각이 듭니다.

선지자 이 훈련법에 대해서는 '마음챙김'에 대화에서 상세히 토론하세.

생각과 감정을 관찰하라

청 년 지금까지 생각과 감정의 속성, 자극과 반응 사이 간격, 마음챙김까지 대화한 것 같네요.

선지자 '진정한 수용'이라는 것을 실행하기 위해 먼 길을 왔네. 왜 해야 하는지, 방해되는 요소가 무엇인지 또 그것을 실행하기 위한 도구는 어떤 것이 있는지까지 왔네. 이제는 구체적인 수용의 방법에 관해 대화할 차례네.

청 년 수용의 방법은 어떤 것이 있나요?

선지자 수용하는 방법은 간단하네. 첫째, 자극과 반응 사이에 다음의 생각을 집어넣으면 되네. "나는 내가 ~ 라는 생각을 하고 있어"라고. 즉 "나는 형편없는 엄마다 하고 내 마음이 생각하고 있군"이라고. 이 말의 의미는 '내 마음이 그렇게 생각하고 있는 것을 내가 알고 있다'라는 의미네. 이것을 자극과 반응 사이에 끼워 넣는 것이네. 어떤 불쾌한 생각이든 이 기법을 사용할 수 있네. 어떤 상황에서도 "나는 내가 ~ 라는 생각을 하고 있어"를 반복하면, 생각이란 단지 머릿속을 통과해 지나가는 단어일 뿐, 그 이상 아무것도 아니라는 사실을 알게 될 것이네. 생각은 단어일 뿐이며 믿지 않아도 되는 것일 수도 있고, 중요하지 않을 수도 있고, 복종할 필요가 없을 수도 있네. 인생이 연극과 같듯이 이 모든 생각에는 객관적인 진실이 없네. 주관적인 긍정적 해석만 하면 되네.

청 년 간단하네요. 그러나 방금 말씀하신 '생각이란 머릿속을 통과하는 단어이고 사실이 아닐 수도 있고 중요하지 않을 수도 있다'라는 말씀은 그 반대일 수도 있지 않나요?

선지자 객관적 사실을 제외하고는 모두 주관적인 해석과 생각에 불과하네. 대부분 쓸모없는 것들이지. 자네가 지금 행복하게 사는 데는 도움이 안 되네. 무시해도 상관없지.

청 년 그럴 수도 있겠네요. 그러면 다음 방법은요?

선지자 둘째, 다르게 해석하기네. "왜 이런 생각이 들었을까, 과거의 무엇이 이런 생각을 하게 만든 것일까, 어떤 상황이 이런 생각을 하게 만드는가, 객관적으로 이게 맞는지 근거가 있는 것인가"를 생각하는 단계네. 한 마디로 본질을 보는 단계네. 좀 전에 말했듯이 우리는 주관적인 세계에 살고 있네. 인식체계가 그렇게 되어 있지. 이것을 해체하여 수용하고 재해석하면 소위 말하는 '지혜'가 되네.

청 년 자기 제한적 믿음 즉 "나는 능력이 없어, 자격이 없어", 또는 자기 비판 즉 "나는 바보야, 멍청이야"와 같은 말도 해체하여 수용할 수 있다고 하셨는데, 이것을 해체하면 "나는 내가 능력이 없다고 생각하고 있네"라고 해체하고 그 다음으로 "왜 이렇게 생각할까, 무엇 때문에 이런 생각이 들까"를 생각해 보라는 말이죠.

선지자 그렇네. 모든 불쾌한 생각이나 감정도 이렇게 해체하고 수용하면 되네.

청 년 결과는 어떻게 되나요?

선지자 해 보면 알게 되겠지만, 그 생각과 감정이 근거 없는 단지 생각에 불과하다는 것을 깨닫게 되네. 그리고 짧은 시간이지만 '이성'이라는 것이 개입되어 올바른 선택을 하게 도와주는 거지. 이성적 판단이 마음을 편안하게 하고 행복감을 높여 주겠지. 이 방법은 불쾌한 생각과 감정으로 인해 자네의 인간관계에 문제가 있다고 생각할 때 적용하는 것이 가장 효과적이네. 주제도 명확하고 해결해야 할 목적도 명확하므로 효과가 큰 것이지. 하지만 생각과 감정은 순식간에 일어나 행동으로 연결되기 때문에 '알아차림'이라는 연습이 필요하네.

청 년 그 외에 수용에 도움이 되는 방법도 있나요?

선지자　　있네. 다음에 이야기하는 방법은 보편적으로 적용되는 '자기 수용'과 '자기애'에 대한 방법일세. 이 방법은 누구나 일상적인 생활 속에서 실천할 수 있네. 이것은 자기 신념과 같은 것으로 '뇌의 작용을 긍정적'으로 바꾸는 것이네.

청　년　　신념으로 뇌의 작용을 바꾼다고요?

뇌의 작동을 긍정적으로 바꿔라

선지자　　과거에는 뇌를 '한번 만들어지면 변하지 않는 기관'으로 생각했지. 하지만 지금은 '신경가소성(Neuroplasticity)' 개념이 확립되어, 뇌는 평생 변화할 수 있는 유연한 시스템임이 밝혀졌네. 즉 우리가 무엇을 '생각하고 믿고 반복하느냐'에 따라 신경 연결망이 실제로 새롭게 만들어지거나 강화될 수 있다는 뜻이지. 우리의 신념은 뇌가 세상을 해석하는 방식을 결정한다고 하네. 예를 들어 "나는 할 수 있다"라는 신념을 가진 사람은 실패 상황에서도 도전과 학습의 신호로 해석하지만, "나는 안 된다"라는 신념을 가진 사람은 위협과 좌절의 신호로 받아들인다는 것이지. 즉, 같은 생각이나 감정을 반복하면 그 경로가 자동화된 신경회로로 굳어진다는 것이네. 이 때문에 "나는 가치 있는 사람이다"라는 확신을 지속하면, 자기비하보다 자기수용에 관련된 회로가 더 강해진다고 하네. 반대로 "나는 부족하다"라는 생각을 계속하면 그 회로가 강화되어, 실제로 자신감이 떨어지고 우울 반응이 일어나지.

청 년 말과 행동으로 뇌의 신경회로를 바꿀 수 있다는 뜻이군요.

선지자 최근 유행하고 있는 행동심리학도 이것을 이용한 것이네. 예를 들어보면 보험회사 외판원 교육 같은 곳에 가서 보면 '웃음 교육'이라는 것이 있지. 웃음 교육은 웃음이 가진 심리적·생리적·사회적 효과를 활용하여 개인과 집단의 정서적 안정, 긍정적 태도, 사회적 소통 능력을 향상하는 교육 활동이네. 웃음 교육의 목적은 정서적 안정 즉 스트레스, 불안, 긴장을 완화시켜 마음의 평온을 얻도록 하고, 건강 증진, 대인관계 향상, 자기 긍정감 형성 등을 하는데 그 방법은 웃음을 통해 뇌의 신경회로를 긍정적으로 바꾸는 것이네. 보통은 생각을 바꾸어 행동을 바꾸는데 반대로 행동을 바꾸어 생각을 바꾸는 것이지.

청 년 수용에서 생각의 전환을 갖고 올 수 있는 또 다른 방법은 무엇인가요?

선지자 최근에 긍정심리학에서 적극 활용하는 방법이네. 조금 전 설명한 뇌의 신경회로를 바꾸는 것으로 사고체계를 긍정적 수용으로 바꾸는 것이네. 외부의 자극을 긍정적으로 해석하여 받아들이고, 긍정적으로 반응하게 하는 것이지. 이를 '인지행동치료'라고도 하는데 실제로 심리치료에 많이 이용되고 있네. 그 방법으로 첫 번째는 '타당화'로, 다른 사람은 어떤지 모르지만 적어도 나는 이럴 수 있다고 인정하는 것이네. 두 번째는 '정상화'로, 사람은 누구나 실수나 잘못을 저지르며, 따라서 내가 이런 것이 이상한

것이 아니라 지극히 정상적이라는 사실을 인정하는 것이
네. 세 번째는 '자기 확신'으로, 조금 부족하고 힘겹고 무
엇 하나 뜻대로 되는 것이 없더라도 자기 자신이 그 자체
로 소중한 존재임을 받아들이는 것이지.

청　년　사람의 뇌 작동을 긍정적으로 바꾸는 방법으로 보이네
요. 근거가 부족해도 주관적으로 그렇게 생각하고 믿으
라는 말이군요.

선지자　근거가 없는 것이 아니네. 앞부분의 '인간의 본성'에서 말
했듯이 인지적 착오를 인정하고 다시 바르게 있는 그대로
보는 것이지. 누구라도 해석은 주관적으로 다르게 할 것
이기 때문에 자네도 주관적으로 해석하는 거지. 그리고
내가 나를 평가하는 데 좋게 평가하는 것이 더 지혜로운
판단이지. 그렇지 않나? 그러면 조금 전에 말한 세 가지
에 대해 구체적으로 설명해 보겠네.

첫 번째는 "나를 괜찮은 사람으로 믿으라"라는 타
당화일세. 타당화는 "다른 사람이 이러는 것은 이상할
수 있지만, 적어도 나는 이렇게 행동하고 이렇게 느끼고
생각할 수 있어, 그래도 괜찮아"라고 말하는 것이네. 이유
가 무엇이든 간에 "나는 이럴 수 있어"라는 것을 인정하는
것이지. '타당화'의 핵심은 부드럽고 온화한 받아들임이네.
인간은 본능적으로 자기나 타인을 평가하고 판단하네. 자
기를 평가할 때 부정성이 강한 사람은 어떤 상황에서도
자기를 부정적으로 평가할 가능성이 높고, 반대로 긍정적
이거나 적극적인 사람은 어떤 상황에서도 자기를 긍정적

으로 평가할 가능성이 높지.

청 년 저 같은 경우 제가 생각해도 부정적인 데가 많은데 괜찮다고 생각한다고 괜찮아지나요?

선지자 그렇겠지. 몇 번 마음속으로 외쳐보다가 금세 포기하겠지. 게다가, 어떤 문제가 생기면 피하거나 제거하려고 하지. 하지만 우울이나 불안, 분노처럼 늘 찾아오는 손님을 문제로 인식하고 제거하거나 피하면 더 깊은 늪으로 빠져들게 되네. 온화한 받아들임은 이러한 것을 문제로 인식하는 불편하고 부정적인 마음을 내려놓는 것이네. 그냥 받아들여 그들이 머물도록 마음속에 머무는 방을 마련해 둬야 하네. 그렇게 생각하는 마음을 수용하는 거지. '그래, 힘들지, 그래도 너무 괴로워하지 말고 잘 이겨 냈으면 좋겠다'라고 자신을 사랑스럽게 바라보고 친절하게 대하는 것이네. 자기 자신을 온화하고 사랑스럽게 받아들이면, 타인에 대해서도 쉽게 받아들일 수 있게 되네. 받아들임의 가치는 사람 간에 긍정적인 정서를 공유하게 함으로써 호의와 애정 그리고 '연결감'을 느끼도록 해주네. 자기 자신에게 어린아이 달래듯 토닥거려 주고 위로하고, 타인에 대해서도 "그럴 수도 있겠네" 하고 받아 주는 거지.

청 년 저는 앞에서 말씀드렸듯이 한 번도 저 자신이 괜찮은 사람이라고 생각해 보지 못했어요. 아버지가 일찍 돌아가시고 나서 어머니가 생계를 책임지고 맡아 왔기 때문에 생활이 거의 전쟁이나 다름이 없었어요. 혼자 있는 시간이 많아 늘 외롭다고 생각했죠. 어머니의 사랑을 받았다는 생각은 전혀 들지 않고요.

선지자 어린 시절에 부모로부터 느끼는 연결감을 심리학에서는 '애착(Attachment)'이라고 하네. 이러한 연결감이 중요한 이유는 그것이 심리적 안전감을 주기 때문이네. "내가 무언가 실수하거나 잘못해도 우리 부모님은 미워하지 않고 이해해 주실 거야"라는 심리적 안정감을 느끼는 아이는 자기 자신에 대해서도 안전감을 느낄 수 있지. 부모에게 "넌 구제 불능이야"라는 소리를 내내 듣고 자란 아이는 자기 자신에 대해서도 안정감을 느끼기 어렵고, 작은 실수나 잘못에 대해서도 스스로 가혹해지기 쉽지. 자기 스스로에게 "이 바보야 이것도 못 해? 나는 이래서 안 된다니까"라고 말하면서 비난한다면, 이러한 엄격함이나 비난하는 습관이 타인을 대하는 태도에 그대로 반영되네. 타인의 실수나 잘못에 대해 심하게 지적하거나 비난하거나 이해할 수 없다고 냉대하는 심리적 이상현상이 발생하지.

청 년 저는 저 자신에게도 엄격해야 한다고 생각해요. 그러다 보니 제가 조금이라도 틀리거나 어리석은 행동을 하면 저 자신에게 '이 바보야 그것도 못해'라고 비난하거든요. 게다가 상대가 조금이라도 실수를 하거나 상처 주는 말을 하면 분노 같은 것이 올라오고 통제가 잘 안 돼요. 이것은 방금 선생님이 말씀하신 '애착'에 문제가 있다는 뜻인가요.

선지자 단정은 할 수 없지만, 어느 정도는 애착문제로 인한 심리적 방어기제라고 볼 수 있네.

청 년 심리적 방어기제라고요?

선지자 그렇네. 심리적 방어기제는 자신을 심리적으로 보호하기 위해 무의식적으로 사용하는 마음의 전략이라고 말할 수 있네. 사람이 불안, 갈등, 스트레스, 죄책감 같은 감정적 위협으로부터 자아(Ego)를 지키기 위해 자동으로 작동하는 심리적 과정이지. 무의식적으로 작동하기 때문에 우리는 방어기제를 사용할 때 대부분 자신이 그것을 사용하고 있다는 사실을 모르네. 누구나 심리적 방어기제를 사용하네. 정상적인 사람이든, 스트레스를 많이 받는 사람이든 모두 일상에서 방어기제를 사용하네. 다만 지나치면 현실 회피나 문제 악화로 이어질 수 있고, 적절하면 정서 안정과 적응에 도움이 되네. 자네의 경우는 어렸을 때 받지 못한 부모님의 사랑에 대해 '엄격함'이란 것으로 자기 합리화를 한다고 볼 수 있네. 더구나 사랑받지 못했다는 것을 인정할 수가 없어 그 방어기제로 '엄격함'이란 방어기제로 나타난다고 볼 수도 있고.

청 년 그러면 어떻게 해야 하나요?

선지자 자신을 있는 그대로 수용하고 "괜찮다"라고 받아들이면 되네. 따지고 보면 사랑받지 못했다는 것도 틀릴 수도 있네. 사실이 아닐 수도 있지. 그 힘든 상황에서도 입혀주고 챙겨주고 해서 대학까지 나왔지 않았는가? 그때 어머니의 생활을 생각하면 정말 힘들었을 것일세. 자네에게 말은 하지 않았지만 말일세.

청 년 아마 힘들었을 겁니다. 객관적으로 따지고 보니 사랑받지 못했다는 것도 제 주관적인 생각이었네요. 어쨌든 자기 자신을 온화하게 받아들이라는 말이군요.

선지자　심리학에서 말하는 '거울효과(Mirror Effect)'라는 용어가 있네. 사람이 타인이나 외부 상황을 자신의 내면 상태나 신념을 반영하는 거울처럼 해석하는 현상을 말하네. 즉 우리가 타인을 바라보는 방식은 실제 그 사람의 모습이라기보다 우리 마음속 신념, 감정, 욕구, 상처가 비친 결과일 가능성이 크다는 의미지. 예를 들어, 누군가의 '자신감'을 보고 불쾌하거나 위축된다면, 내 안에는 "나도 자신감을 지니고 싶다"라는 욕구나 열등감이 반영된 것일 수 있지. 또 누군가의 친절함에 감동 받는다면, 내 안에도 그와 같은 따뜻함이 존재하기 때문이라는 뜻이지. 따라서, 타인에게서 느끼는 감정은 내면의 거울에 비친 '나 자신'인 셈이지. 대인관계 심리학에서 인간관계는 단순히 상호작용이 아니라 자신을 투영하고 피드백 받는 과정으로 보네. 예를 들어 "나는 사랑받을 가치가 없다"라는 신념이 있는 사람은 실제로 타인에게서 거부당하거나 무시당하는 반응을 더 자주 경험하게 되지. 즉, 신념이 현실을 거울처럼 반영된다네. 위에서 말하는 자기 자신에게 엄하게 하든가 비난하는 것은 반대로 남들로부터 엄하게 대접받거나 비난받을 가능성이 높다는 의미로 해석이 되지.

청 년　결국 타인(상대)의 비난적인 말이나 행동은 반대로 내가 남을 비난하거나 무시하는 행동을 하고 있을 가능성이 크다는 의미이기도 하네요.

선지자　그렇네. 자극과 반응은 뗄 수 없는 연결고리로 묶여 있는 셈이지.

두 번째는 "누구나 그럴 수 있다"라고 인정하는 것(정상화)이네. 사람은 살면서 인간관계에서 반드시 갈등이 생기고 고통을 겪네. 이렇게 고통당하고 힘든 일이 생기는 건 지극히 정상이지. 자네가 무언가 잘못해서 결정을 제대로 못 한 것도 있지만 대부분은 자연스러운 현상에 불과하네. 설사 자네가 잘못해서 생긴 결과라 하더라도 우리 인간은 결코 완전한 존재가 아니며 언제 어디서든 실수하고 잘못할 수밖에 없는 존재네. 그렇다고 완전한 존재를 삶의 목표가 되어서도 안 되네. 불가능하기 때문이지. 우리의 삶은 매 순간의 선택으로 형성되는데, 언제나 올바른 판단만을 내릴 수 있는 사람은 이 세상에는 아무도 없다는 사실을 알아야 하네. 진리이지. 그때 선택할 순간에 내가 그렇게 믿고 선택했다면 자네는 최선을 다한 것이네. 따라서 "누구나 그럴 수 있다"라고 인정하게. 그리고 자신에게 말하게. "나는 그때 그 상황에서 최선을 다했다"라고.

청　년　이건 자기합리화잖아요. 다르게 해석하면 자기 이기주의인 것이고요.

선지자　인간은 언제 어디서든 자기합리화 하는 동물이네. 그렇다면 긍정적으로 하면 되지. 굳이 부정적으로 할 이유가 없지 않나. 선택의 문제지. 그러나 객관적으로 분석해 보면 '그 상황에서 최선을 다한 것'은 맞는 말 아닌가? 그리고 "누구도 그럴 수 있다, 나도 예외가 아니다. 그러니 잘못해도 앞으로 잘하면 된다" 이러면 되는 거지.

청 년 매번 동일한 실수를 반성이나 개선도 없이 반복해도 "그래도 괜찮다"라고 할 수 있나요?

선지자 그래도 괜찮네. 아무리 어리석은 행동을 했더라도 "그래도 괜찮다"라고 말하면 실수는 했지만 그래서 손해를 보거나 비난받을지 모르지만, 심리적 안정은 유지할 수 있네. 더 악화하는 것을 방지할 수 있지. 중요한 것은 이것을 알아차리는 것일세. 그러면 개선하려고 노력하는 행동이 자동으로 이루어지게 되어 있네.

청 년 그렇게 생각하면 되겠네요. 어차피 성장하면서 행복하게 삶을 사는 게 목적이니까요.

선지자 세 번째는, 어차피 피할 수 없다면 "그럴 수 있다"라고 존중하고 인정하는 것이네. 우리는 판단하고 평가하는 사회시스템 속에서 살고 있네. 저 사람은 이게 부족하고, 이 사람은 이게 문제고, 이 여자는 이런 것이 싫고, 저 여자는 저런 습관이 마음에 안 들고 등. 수없이 평가하고 판단하며 살고 있네. 너무나 다양한 인간의 개성(성격)에 대해 모두를 만족시키는 유일한 대응 방법은 없네. 이 다양한 평가와 판단이 우리의 뇌를 피곤하게 하지. 복합한 인간관계를 가장 간단하게 해결하는 방법, 유일한 대안은 상대에 대한 존중과 인정이네. 도대체 이해할 수 없는 타인, 나도 모르게 행동해 버리는 어리석은 행위, 이 모든 것을 수용하는 말이 존중이네. 존중이라는 것은 상대나 나에 대해 있는 그대로 인정하는 것이네. 그런 수 있다고 이해하는 것이네. 따지고 분석해 보면 가장 적합한 말이네. 심리학 거장 알프레드 아들러는 "수용은 상대에 대한 존중과 인정이다"라고 했네. 나 자신 또는 상대에게도 조금이라도 존중하고 인정하는 마음만 있다면 수용은 쉽게 받아지네. 그리고 마음이 편안해지네. 존중과 인정을 잘하려면, 인간은 완전한 존재가 아니며, 남을 완전히 이해하는 것은 불가능하다, 이해할 수 없는 인간을 수용하는 것이 존중이지. 인생에는 우리가 피할 수도 바꿀 수도 없는 일이 반드시 있고, 그런 일이 일어나는 것은 정상이라는 점을 받아들여야 하네. 존중하는 거지.

청 년 선생님께서 "이해할 수 없는 수 없는 인간을 수용해야 한다", 그리고 존중해야 한다고 하셨는데. 인간의 비난, 굴욕적인 비판, 행동까지도 존중해야 한다는 말인가요? 이치에 맞지 않는 것 같네요.

선지자 그렇지 않네. 우리는 이해할 수 없는 인간의 어떤 말, 행동도 존중하고 수용해야 하네. 이해할 수 없는 인간을 받아들이고 수용해야 한다"라는 말은, 단순히 타인의 행동을 '좋게 봐라'라는 뜻이 아니라 인간관계의 한계를 인정하고, 그럼에도 불구하고 존중과 평화를 선택하라는 깊은 철학적 의미를 담고 있네. "이해할 수 없다"라는 말의 진짜 의미는 우리는 인간관계 속에서 "저 사람은 왜 저렇게 말할까?", "논리적으로 이해가 안 돼.", "나는 절대 저런 행동 못 해" 이런 순간에 우리는 '이해'라는 틀로 상대를 판단하려 드네. 하지만 인간은 각자 살아온 경험, 가치관,

두려움, 환경이 전혀 다르므로 완전히 이해하는 것은 애
초부터 불가능하네. 많은 사람이 '수용'이라는 말을 "그 사
람의 행동을 인정하거나 찬성하라"라는 의미로 오해하지
만, 심리학적·철학적으로 수용(Acceptance)은 전혀 다른
뜻이지. 수용이란, "있는 그대로 존재하도록 허락하는 것"
이네. 즉, 판단·통제하려는 마음을 내려놓고, "그 사람은
나와 다른 존재로 그렇게 존재할 권리가 있다"라고 인정
하는 것이지. 수용(Acceptance)은 "그럴 수도 있다"라는
이해의 태도라는 것을 잊어서는 안 되네. 따라서 '이해할
수 없는 인간을 수용한다'라는 것은 그 사람의 행동에 찬
성하는 것이 아니라 "내가 그를 바꾸지 않아도 괜찮다"라
는 심리적 평정의 선택이고, 이런 태도를 '비판단적 수용
(Non-judgmental acceptance)'이라고 하네. 이는 마음챙김
이나 인간중심 치료의 핵심적인 태도이기도 하지. 인간은
타인을 완전히 이해하거나 통제할 수 없는 존재임을 받아
들이는 순간, 내적 긴장이 줄어들고, 자기와 타인을 있는
그대로 바라보는 여유가 생기기 시작하네. 반대로 "왜 저
래야만 하지?"라는 저항이 클수록 타인뿐 아니라 자신도
괴롭게 되네. 따라서 '수용'은 상대를 위한 것이 아니라, 결
국 자기 내면의 평화를 위한 선택임을 이해해야 하네.

청 년 "그럴 수도 있겠다"라는 말이 참 좋게 느껴지네요. 모두
포용하는 말도 되고요.

선지자 네 번째는 '나는 괜찮은 사람이라고 믿는 것(자기
확신)'이네. 현재 자신의 감정이나 삶의 모습이 어떻든

‘나는 소중한 존재이고 괜찮은 사람이다’라고 믿는 것이네. 앞에서 설명한 타당화는 자기 합리화라고 한다면, 자기확신은 뇌의 작동을 긍정적으로 바꾸는 것이네. 인간의 본성에서 말했듯이 인간은 본래부터 부정적 편향이 강하네. 최근 뇌과학의 발달로 이러한 것이 사실로 밝혀지고 있지. 게다가 어린 시절 애착의 문제로 불안, 분노, 패배감, 결핍감 등과 같은 부정적 감정이나 생각이 겹치면 이러한 감정과 생각을 자기 자신과 동일시하는 문제로 전개되어 심리적 장애로 발전되네. 이런 부정적인 감정과 생각을 자기 자신이라고 여기지 않고, 그 모습이 어떻든 긍정하고 사랑해 주는 것이 바로 ‘자기 확신’이네. 나는 정상적이고 괜찮은 사람이라고 믿는 거지.

청 년   자기 암시와 같은 것이네요.

선지자   심리학자 다릴 뱀(Daryl Bem)의 자기지각 이론은 사람의 신념 형성 방식을 매우 현실적으로 설명하고 있지. 그는 이렇게 말했네. “사람은 자신의 행동을 보고, 그 행동에 맞춰 자신이 어떤 사람인지 판단한다”라고. 다른 말로 자신을 괜찮은 사람이라고 꾸준히 말하면 뇌는 자신을 괜찮은 사람으로 정의한다는 의미지. 또 다른 예로 꾸준히 운동하는 사람은 ‘나는 건강을 신경 쓰는 사람’이라고 자신을 정의하거나, 매일 목표를 실천하는 사람은 ‘나는 실행력이 있는 사람’이라고 느끼게 하는 경우를 말하는 거지. 또한 친절한 행동을 계속하는 사람은 ‘나는 배려심 있는 사람’이라고 생각한다는 거지. 즉 행동이 뇌의 인식을 바꾼다는 것이지. 암시효과와 같은 말이지. 우리는 매 순간 자신의 의지로 생각하고 판단하며 행동하는 것 같지만, 사실은 무의식적으로 뇌가 인식하고 해석한 대로 움직이네. 부정적인 편향에서 벗어나지 못하는 이유도 그것이 자신의 선택이 아닌 뇌가 꾸며낸 것에 속아 넘어간 결과이기 때문이지. 부정적 편향에 빠진 사람들은 자존감을 '자아도취'와 동의어로 해석하며 절대로 자기 자신에게 관대해서는 안 된다고 다짐하네. 반면에 자존감을 '자기애'로 해석하면 자기에게 이로운 것이 무엇인지가 선택의 기준이 되네.

청　년　이런 부정적인 생각에서 빠져나오는 방법은 없나요?

선지자　이때 우리가 필요로 하는 것은 생각과 거리를 두고 관점을 전환하려는 노력이네. 거리를 둔다는 것은 생각에서 빠져나온다는 의미로 흔히 '알아차림 또는 마음 챙김'이라는 단어로 대체되는데, 이것에 대해서는 다음 장에서 살펴보기로 하세.

청　년　결국 '자기 확신'이란 스스로 주관적으로 그렇게 암시하라는 말이네요.

선지자　그렇지. 과거에 무슨 일이 있었는지는 중요하지 않네. 대부분 부정 편향으로 부정적인 사건, 경험이 기억의 대부분을 차지하고 있겠지만 '나는 괜찮은 사람'이라고 항상 암시하는 것이 뇌의 작동을 긍정적으로 하게 하는 방법일세. 지금까지 설명한 자기 자신에 대한 수용과 자기애에 관한 내용이 많지만, 타인에게도 동일하게 적용이 되네.

순서대로 '자기 수용'이 먼저 된 후에 '타자 수용(타인 수용)'이 되네. 반대로, '타자수용(타인 수용)'이 안 된다면 '자기 수용'이 안 되었다고 볼 수 있네. 그래서 먼저 자기수용이 되어야 하네.

청　년　선생님이 말씀하신 수용방법에 대해서는 이해가 됩니다. 물론 이것을 기억하고 실천에 옮기려고 노력해야겠죠. 즉 알고만 있고 실천하지 않으면 소용이 없겠죠.

선지자　그렇네. '수용'의 다음 단계는 수용의 순서와 목적과도 관련이 있네. '자극과 반응 사이에 선택의 공간'이 있다고 했네. 바로 '선택의 공간'이 수용의 공간이 될 수도 있고, 수용과 알아차림의 공간이 되기도 하네. 순서로 보면 알아차림이 먼저고 수용이 뒤에 일어난다고 보면 맞을 것일세. 알아차림의 공간이란 '그 생각과 감정이 마음에서 일어나고 있음'을 알아차리는 것이네. 즉 알아차리고, 수용하고, 관찰한다고 보면 맞을 것일세.

청　년　구체적으로 무엇을 알아차린다는 말인가요?

선지자　현재 일어나고 있는 생각과 감정을 알아차린다는 것이지. 예를 들면, 자네의 경우 "나는 열등감도 심하고, 자기중심적이며, 화를 자주 내는 편이다"라고 했네. 이때 수용의 태도로 "그래도 괜찮아, 사람은 모두가 자기중심적인 사람이야, 세상의 누구보다 내가 더 소중해" 등으로 자기 수용이나 자기 신념의 태도를 보이기 전에 현재 일어나고 있는 이 생각과 감정을 알아차려야겠지. 그리고 수용하고, 다음 단계로 관찰한다는 의미는 이 감정과 생각이 언제, 왜 생겼는지를 깊이 있게 관찰하는 단계를 말하는 것이지.

청 년 그러면 알아차리고, 수용하고, 관찰하는 단계가 순식간에 동시에 일어나는데 이것을 어떻게 짧은 시간에 다 할 수 있나요?

선지자 가능하네. 자기수용의 경우 스스로에게 하는 말이므로 시간상 긴 여유를 가질 수 있어 문제가 없겠지만, 타자 수용의 경우 반응을 늦게 할 수 없는 상황에서는 알아차리고 수용만 하고 관찰은 좀 여유를 가지고 해도 되네.

청 년 선생님, '마음 챙김' 즉 알아차리기, 수용, 관찰에 대해 구체적으로 설명해 주세요.

선지자 알겠네. 이것은 수용에 있어서 중요한 개념이네. 이 세 부분을 모두 합쳐 '마음 챙김'이라고 했네. 이것은 이론으로 지식만으로는 습득이 안 되는 부분이네. 즉 훈련과 반복하는 노력이 필요하고 수용을 위한 필수적 행동 요소라고 말할 수 있지.

마음 챙김, 지금 여기에 머무르는 훈련

선지자 우선 이 세 가지 개념과 연관성에 대해 말해 보겠네. '알아차리기'는 인지과정이네. 즉 감정, 생각, 신체감각을 객관적으로 인식하는 단계를 말하네. 예를 들어 "지금 내 어깨가 긴장되어 있다"와 같이 현재의 상태를 그대로 인식하는 단계네. 수용 전념치료에서는 알아차리기를 '인지적 거리두기'의 시작으로 보네. 즉, 자기 생각이나 감정이 '사실'이 아니라 '지나가는 현상'임을 인식하는 것 즉, "지금 나는 화가 나고 있다", "가슴이 답답하고 얼굴이 뜨겁다" 등 감정과 신체 반응을 즉시 인식하는 단계네. 핵심은 감정이 나를 지배하기 전에 내가 감정을 본다는 것이네. 이것에 대한 효과는 감정의 '자동반응' 이전에 감정을 인식할 수 있는 '의식적 간격(공간)'을 이용하여 내가 나를 인식한다는 것이지.

청 년 내가 나를 알아차린다고요? 이게 무슨 말인가요? 내가 두 명이나 존재하나요?

선지자 조금 전에 말하지 않았나. 생각하는 자아와 관찰하는 자아가 있다고. 여기서 관찰하는 자아는 있는 그대로 나를 보는 것. 즉 "나는 내 어깨가 긴장하고 있다는 것을 알고 있다"에서 긴장하고 있는 나를 관찰하는 것이 '관찰하는 자아'네.

청 년 그럼 마음 챙김과는 어떤 차이가 있나요?

선지자 반면에 마음 챙김은 알아차림을 유지하고 확장하는 태도적 훈련으로, 인식된 내용을 판단하지 않고, 열린 마음으로 수용하는 '지속적 주의상태'를 말하네. 예를 들면 "내 어깨가 긴장되어 있다. 그래도 괜찮아, 그냥 그렇게 있자."와 같이 알아차리고 수용을 지속하는 상태를 말하지. 즉, 단순히 인식하는 데서 멈추지 않고, 그 인식을 판단하지 않고 수용적인 태도로 이어가는 것이지. 다시 말해 "이런 상태도 괜찮다"라는 열린 마음으로 현재를 받아들이는 것이지. 또한 알아차리고 난 후에 생각과 감정을 억누르지 않고 수용하며, 자신의 가치에 따라 전념 행동을 취하는 과정이라고 말할 수 있네. "화가 나는구나. 이 감정을 억누르지 말고 그냥 느껴보자", "이 감정도 사라질 것이다" 등 감정을 '좋다, 나쁘다'로 판단하지 않고 그대로 수용하고 지켜보는 것이네. 요약하면 '알아차림 + 수용+ 관찰 = 마음 챙김'이라고 말할 수 있네.

청 년 선생님, 알아차리고 수용한다고 해서 뭐가 달라지나요?

선지자 중요한 질문이네. '알아차림'의 핵심은 지금 자네 마음에서 무슨 일이 일어나고 있는지를 인지하는 것이 핵심이지. 짜증이 올라오고 있는지, 기쁨의 마음이 올라오고 있는지, 화가 나는지 등 지금 마음이 일으키는 감정상태를 알아차리는 거지.

청 년 자신도 모르게, 무의식적으로 그것도 순식간에 올라오는 감정을 어떻게 재빨리 알아차린다는 말씀인가요?

선지자 그렇네. 알아차리기가 어려울 거야. '마음 챙김'에 대해 다음으로 연결되는 부분은 잠시 뒤로 하고 인간의 마음, 즉 무의식에 관한 이야기를 조금 하겠네. 인간의 마음을 이해하는 데 도움이 될 것일세. 인간에게는 무의식이라는 것이 있네. 불교 유식(有識) 사상에서는 무의식을 잠재의식(말라아식)과 심층 무의식(아뢰아식)으로 나누어 설명하네. 하지만 심리학에서는 합쳐서 무의식이라고 부르네. 예를 들어 흔히 '사람을 가려서는 안 된다', '사람을 차별해서는 안 된다'라는 것은 대부분 배워서 알지만 실제로는 잘 안되네. 안 된다고 생각하면서도 만난 순간 그 사람을 '좋다', '싫다'라고 느껴버린다네. 즉 사람을 가리는 것이지. 옷차림, 외모, 직함, 지위 등으로 상대방에 대한 태도를 바꾸는 것은 좋지 않다고 생각하면서도 무심코 차별하게 되네. 이런 식으로 왠지, 무심코, 아무래도, 엉겁결에, 무의식중에, 이유도 없이, '하면 안 되는데, 해버린다'라거나 '해야만 하는데, 할 수 없다'라는 경험은 누구나 있지. 그렇지 않나? 즉 이것은 인간의 마음에 바람직하지 않다거나 해서는 안 된다고 이유를 아는 부분과 생각 없이 해버리는 부분이 있다는 것을 보여 주고 있지. 심층심리학에서는 스스로 알고 있는 마음의 부분을 '의식'이라고 부르고, 자신도 알지 못하는 마음의 부분을 '무의식'이라고 하네. '알다', '생각하다'라는 말이 보여주듯이 의식은 이성, 사고(思考)에 관련된 부분이고, 그와 달리 무심코 느껴버리는 무의식은 욕망, 기분, 감정과 관련되는 부분이네.

청 년 그러면 인간의 무의식은 어떤 역할을 하며 기능은 무엇인가요?

선지자 인간의 무의식은 보통 '기억의 저장소'라고 하는데 불교 용어로 말하면 '업(業)'의 저장소라도 하네. 쉽게 설명하면 밭에 식물, 즉 예를 들어 콩을 심으면 콩이 올라오지. 이 콩 씨앗을 업이라고 하네. 무수히 많은 씨앗이 자네의 무의식에 저장되어 있네. 좋은 씨앗은 좋은 열매를 맺으며 이롭게 하는 반면, 독초와 같은 나쁜 씨앗은 자네 자신에게도 사회에도 나쁜 영향을 미치겠지. 과거에 무슨 씨앗을

심어 놓았는가는 자네만이 알 것이고 지금 그 씨앗이 의
식을 통해 올라오고 있네. 무의식의 공간은 의식의 수천
배에 달하는 크기를 갖고 있어 무수히 많은 씨앗이 있어
계속 의식을 통해 올라오고 있네. 인간은 불완전한 존재
라고 했네. 실수도 했을 것이고 의도치 않게 나쁜 짓도 했
을 것이네. 이 씨앗이 무차별적으로 올라오면 자네는 어
떻게 해야겠나?

청　년　당연히 의식적인 노력으로 나쁘다고 생각되는 것은 통제
하거나 자제 해야겠죠.

선지자　의식은 오감을 통해 들어오는 대상물을 인지하고, 자신이
누구인지, 무엇인지, 또 외부의 것이 누구이며, 무엇인지
를 안다고 하는 행위일세. 그러나 무의식은 그렇게 배우
고, 알고 있어도 자기 자신이나 자신이 중요하다고 하는
것에 집착하고 얽매이게 하는 생각을 불러일으켜 버리네.
즉 생존 반응을 일으켜 자신의 의도와는 다른 충동적,
동물적 감정 반응을 일으켜 버리는 것이지. 결과적으로
지금 자네가 말한 대로 의식이 알아차리고 통제하고 절제
하는 것이 있어야 하네.

청　년　그렇다면 인간의 잠재의식과 무의식에는 충동적이거나
동물적 감정이 내재해 있어 '알아차림'으로 그것이 무엇인
지를 인지해야 한다는 것이네요.

선지자　그렇네. 앞서 설명했듯이 인간의 감정에는 생존을 전제조
건으로 생존 본능이 잠재되어 있다고 봐야 하겠지. 또한
불교 유식사상에서는 '의식'을 분별지라고 하여 모든 대상

을 구분하고 판단한다고 보네. 즉 대상을 인식하는 순간 '좋다', '싫다'를 구분한다는 것이지. 이것은 무의식의 영향을 받아 무의식이 시키는 대로 의식이 행동을 하는 거지. 더 이상 깊은 설명은 생략하겠네.

청 년 마음에서 올라오는 감정은 의식으로 표출되지만, 사실은 '무의식'에서 올라온 것이고, 인간의 본성에서 말씀하신 정제되지 않은 감정, 충동 등이 있어 의식이 알아차려야 한다는 말씀이고요.

선지자 그렇네. 인간이 무의식에서 올라오는 대로 행동하면 어떻게 되겠는가. 정제되지 않은 감정이 쏟아진다면 인간관계는 엉망이 되겠지. 아프리카 사바나에서 일어나는 야생 동물처럼 오직 생존을 위한 경쟁의 장이 되겠지. 어느 유명한 스님이 이런 말을 했지. "자네 마음이 마음대로 하지 못하게 자네가 단단히 붙들고 있어야 하네"라고. 자신의 마음이 자기 멋대로 하지 못하게 잘 관찰하고 통제하라는 뜻이지. 특히 생각은 무의식 즉 마음의 영향을 받아 온갖 이야기를 갖고 오네. 10년,20년 전 이야기로부터 아직 오지도 않았는 미래 이야기까지 수다쟁이처럼 재잘거리지. 현재 집중해서 해야 할 일을 방해하고 있는 셈이지. 자네도 잘 알고 있겠지. "인생은 과거에 있는 것도 아니고 아직 오지 않은 미래에 있는 것도 아니다. 시간적으로 지금, 공간적으로 여기에 있다"따라서 "지금 여기에 최선을 다하고 몰입하라'는 것을. 살아온 과거는 지나간 것으로 중요하지 않다. 미래는 아직 오지 않았으니 걱정할 필요가 없다. 따라서 지금 어떻게 하고 있는가가 자네의 미래가 된다 뭐 이런 뜻이지. 그러나 이렇게 사는 것을 방해하는 것이 생각이지. "어차피 안될 건데 뭐 하러 하니", "지난번에도 실패했는데 이번에도 마찬가지일거야" 등 온갖 생각이 집중을 방해하고 가치관에 따라 선택하고 사는 것을 방해하네.

청　년　그래서 지금을 알아차려야 한다. 지금 여기에 최선을 다하라 이 말씀이네요.

선지자　그렇네. 특히, 부정적인 생각과 거리를 두고 마음을 긍정적인 방향으로 전환하려면 지금의 생각에서 빠져나와 '현재'에 집중해야 하네. "내가 그때 왜 그랬을까, 내가 그때 그렇게 선택하지 않았더라면" 등 '그때 거기'의 생각에서 빠져나와 '지금 여기'의 현재에 머무르는 훈련이 바로 '마음 챙김'이지. 마음 챙김은 아무런 판단도 저항도 하지 않으면서 현재 순간을 객관적으로 관찰하며 자각하는 것이지, 자각한 경험에 대해서도 그냥 깨어 있어서 알아차리기만 할 뿐 좋다거나 싫다거나 하는 감정적 개입을 하지 않는 것이네. 기분장애나 불안장애의 치료에서도 마음 챙김이 매우 강력한 수용을 가져올 수 있다는 점은 이미 여러 임상 현장에서 증명되고 있네. 물론 현재에 대한 알아차림을 지속하지 못하고 자꾸 감정이나 생각으로 끌려가는 것은 자연스러운 현상이지. 마음 챙김 훈련을 할 때 중요한 것 중 하나가 알아차림을 지속하는 힘이네. '방황하는 주의력'을 지금 여기로 되돌리는 힘이 강해지고 알아차림을 지속하는 시간이 점점 더 길어지는 것을 경험하는 것이 중요하네.

청 년 지금 여기를 알아차리고 수용하고 통찰하면 무슨 효과를 얻을 수 있나요? 행복한 삶을 살 수 있나요?

선지자 마음 챙김만으로 행복하다고는 말할 수는 없지. 그러나 마음 챙김이 되어야 지혜로운 판단을 할 수가 있네. 마음 챙김을 하면 행복할 수 있는 가장 기본적인 터가 마련된다는 셈이지.

청 년 마음 챙김에 대한 구체적인 실행 방법은 어떤 것이 있나요?

선지자 마음 챙김은 특별한 도구가 아니라 지속적인 훈련과 실천을 통해서만 이루어지는 과정일세. 앞에서 설명했듯이 진정한 자신의 수용, 보다 성숙하고 성장하는 변화, 행복을 실천하기 위한 방법 등에는 마음 챙김이 필수적으로 있어야 하네.

청 년 이 방법은 스님이 수행하는 '참선'이나 '명상'같은 기법이 아닌가요.

선지자 스님들이 수행할 때는 '참선'이라는 것을 하네. 보통 '화두'라는 것을 두고 깊게 파고들어 성찰하는 방법인데, 참선의 목적은 깨달음(見性) 즉 본래 마음의 자각이라는 것일세. 참선은 불교 선(禪) 수행의 핵심으로, 생각·분별의 근원을 꿰뚫어 '참 나(本性)'를 깨닫는 것을 목표로 하네. 즉 '누가 생각하는가?', '나란 무엇인가?' 같은 근원적 자성(自性) 탐구가 중심이지. 그 수행의 목표가 해탈, 자유, 깨달음이라는 철학적·종교적 성격을 가진 다네. 마음 챙김의 목적은 심리적 안정, 현재 순간의 명료함, 즉 지금 이 순간의 경험을 알아차려 스트레스·감정 조절을 돕는 심리적 기술을 말하네. 불교의 사띠(sati)에서 왔지만, 종교적 목표는 배제하고 치료·복지·삶의 질 향상을 중심으로 하네. 마음 챙김의 현대 심리학적 핵심 목표는 자기 관찰 → 스트레스 감소, 현상 파악 → 감정 조절 또는 지혜로운 선택이네.

청 년 　그러면 그 방법도 현실적으로 적용할 수 있는 방법들이겠네요.

선지자 　그렇지. 다음에 설명하는 모든 방법은 실생활에서 실행할 수 있는 방법이네. 절에 들어가 참선하듯 가부좌를 틀고 앉아서 하는 방법과는 다른 것일세. 그 목적도 앞에서 설명한 심리적 안정, 지혜로운 선택을 위한 것이지. 대표적인 첫 번째 방법은 호흡 명상(Breathing Meditation)이네. 명상이나 마음 챙김에서 호흡을 앵커(anchor, 주의의 고정점)로 사용하는 이유로 호흡은 모든 사람에게 항상 일어나고, 의식적으로도 조절할 수 있으며(의식적·무의식적 통합) 순간마다 변하지 않는 성질(현재성)을 갖고 있기 때문이네. 신체의 다른 어떤 기관도 의식적으로 조절할 수 있는 것이 없지. 예를 들어 심장이 뛰고 있으면 내 의지대로 "좀 천천히 뛰어"라고 말한다고 해서 천천히 뛰지 않는다는 거지. 이 세 가지 특성 때문에 마음 챙김, 명상에서 호흡이 가장 널리 사용되는 앵커(주의의 고정점)가 되네.

청 년　즉, 호흡을 조절함으로써 내부의 감정, 생각 등을 조절할 수 있다는 이야기군요.

선지자　그렇지. 호흡을 통해 생리적 연결을 할 수 있다는 거지. 호흡은 자율신경계(교감·부교감)에 직접 영향을 주어 긴장·불안·과거·미래 중심의 사고를 안정시키는 역할을 하네. 더구나 비판단적으로 대상을 관찰할 때, 호흡이 '올라오고 사라지는 경험'의 좋은 예라서 마음의 변화를 관찰하기가 쉽네. 또한 감정 규제를 할 수 있는데, 호흡 조절은 심박, 혈압, 스트레스 호르몬 분비에 영향을 주어 정서 조절을 돕는다네. 그래서 호흡을 명상이나 마음 챙김에 적극 활용하는 거네.

청 년　그러면 어떤 목적 즉, 효과가 있나요.

선지자　이 호흡명상의 목적은 여러 가지가 있네. 가장 큰 목적은 주의력 집중이네. 생각이 흩어지지 않고 집중되게 하는 방법이지. 두 번째는 충동적 행동, 스트레스 저감과 같은 효과가 있지. 세 번째가 과거·미래에 머무르는 생각에서 벗어나 현재로 복귀해 지금 여기에 생각을 머무르게 하네. 특히 반복적인 부정적 사고에 집착하는 것에서 벗어나게 하면서 신체감각에 대한 민감도와 통찰력을 증가시키는 역할을 하네.

청 년　구체적인 호흡 방법에 관해 설명해 주세요.

선지자　방법은 간단하네. 지금 말하는 6단계는 일반적인 방법이므로 다른 많은 방법이 있으니 참조하여 실시하면 되네.

1. 편안한 자세로 앉거나 눕는다.(의자에 앉아도 좋다)

2. 눈을 감거나 반쯤 뜬다.

3. 코로 자연스럽게 호흡한다. 들어 마시고(들숨), 내시기(날숨) 모두
   자연스럽게 관찰한다.

4. 호흡의 감각은 코끝의 공기 흐름, 가슴·배의 움직임, 갈비뼈 확장
   등 이중 하나를 선택해 주의한다.

5. 주의가 떠오르면(생각·감정·소음) 친절하게 알아차리고 다시 호흡으
   로 돌아온다. "지금 생각이 있다 — 다시 호흡으로"(판단하지 않음)

6. 끝낼 때는 몇 번의 깊은 호흡으로 마무리하고 주변 감각을 확장
   한 뒤 천천히 일상으로 돌아온다.

선지자　가장 기본적인 마음 챙김 훈련이네. 호흡의 들고남을 느끼며
"지금 숨 쉬고 있구나"를 알아차리면 되네. 잡생각이 떠오르
면, 그것을 판단하지 않고 다시 호흡으로 돌아오면 되네.

청　년　호흡명상의 실시 장소와 유지 시간은 어떻게 되나요?

선지자　초보자의 경우 경험상 하루 세 번 정도가 가장 적당하다
고 생각이 되네. 개인에 따라 다르게 해도 되네. 첫째는
아침에 일어나서 의자에 앉아 3분 정도. 둘째는 점심 후
(정서조절) 의자에 앉아 10분, 셋째는 정식 좌선 30분(심화)
을 하면 되네. 30분 중의 5분은 신체 스캔(긴장 영역 감지),
20분은 호흡명상(코끝이나 복부 중 선택), 5분은 복식호흡
순서로 하면 되네. 상세한 것은 명상에 관한 여러 책을 구
매해 참고해 보게. 중요한 것은 지속적으로 계속하면 자
네 스스로가 뭔가를 깨닫게 될 것일세.

청　년　그 외에 마음 챙김 훈련으로 어떤 것이 있나요?

선지자　호흡명상을 지속하면서 다음에 말하는 네 가지를 지속해서 실시하면 마음 챙김이 완성된다네. 첫 번째는 신체 알아차림(Body Scan)이네. 이것은 발끝에서 머리까지 신체 각 부위의 감각을 차례로 느껴보는 것이네. 긴장이나 불편함을 판단하지 않고 "그냥 그렇게 있구나" 하고 관찰하는 것이지. 두 번째는 감정·생각 관찰하기네. 이것은 감정이 올라올 때 "화가 났다", "불안이 느껴진다" 등으로 알아차리기지. 감정이나 생각을 밀어내지 않고 하늘에 떠가는 구름처럼 흘려보내면 되네. 세 번째는 일상 속 마음 챙김이네. 걷기, 식사, 대화 등 일상 활동 중에도 그 순간의 움직임·맛·소리·감각에 주의를 기울이는 것으로 "지금 내가 무엇을 하고 있는가?"를 자주 되물으면 지금 하고 있는 것에 집중할 수 있지. 네 번째는 비판단적 태도를 유지하기네. 이것은 "좋다, 나쁘다"의 평가 대신 "이것도 경험의 일부"라고 받아들이는 것이네. 스스로에게 친절하게 자비로운 마음으로 수용하면 되네.

청　년　위의 네 가지는 호흡명상을 하면 자연스럽게 이어지는 데 의식을 집중해서 의도적으로 노력하지 않으면 안 되네. 효과가 떨어진다는 것이지.

선지자　나는 오랜 세월 동안 습관처럼 실행해 왔지만 아직도 미흡한 부분이 많아 계속 노력하고 있네. 쉽지 않다는 이야기지. 자네도 쉽지는 않을 것일세. 그러나 노력한 만큼 성장하네.

청년은 스스로 괜찮은 사람으로 합리화하는 것에 대해 선뜻 실행하기가 어색했다. 오랜 세월 동안 자기 자신을 부정적으로 본 습관이 있어서 자기 정상화, 자기 타당화에 익숙하지 않았다. 하지만, 뇌의 작동원리를 이해하면 충분히 가능하다고 생각했다. 마음 챙김에 대해서 새로운 방법으로 자신에게 꼭 필요한 것이라는 생각을 했다. 더 이상 스스로 비난하거나 마음속에서 올라오는 나쁜 감정을 조절하지 못하는 것에 대해 어떻게라도 해 봐야겠다는 마음이 오래전부터 있었기 때문인지도 모른다.

열등감과 열등 콤플렉스를 극복하라

선지자   조금 전에 자네의 단점에 대해 자네는 "변덕이 심하고, 짜증을 잘 내고, 자네 의견에 토를 달면 심하게 화를 내고, 독선적인 것도 있는 것 같고, 스스로 별 볼 일 없는 사람인 것 같아 자존감이 많이 부족한 것 같다"라고 말했네. 그러면서 다른 사람은 그렇지 않은데 유독 본인만 단점이 많은 것 같다고 말이야. 기억나는가?

청 년   네, 기억이 납니다. 그런데 왜 다시 물어보시는 거죠?

선지자   지금까지 생각과 감정의 본질을 분석해 보고 이것을 알아차리기 위해 '마음 챙김'이라는 것까지 대화했네. 자네는 자네를 부족한 사람, 즉 열등감이 심한 사람으로 평가하고 있네. 그래서 '열등감'에 대해서 대화하고자 하네.

청 년   열등감에 대해서요?

선지자   그렇네. 우선 열등감이란 무엇인지 대화해 보세. 자네는
열등감이란 무엇이라고 생각하는가?

청 년   타인과 비교해서 낮은 평가? 자신의 장점보다 단점이 많
으면 열등감이 높다고 말하는 것 아닌가요?

선지자   틀린 말은 아닐세. 열등감이란 무엇을 말하는지 정의해
보면, 개인이 타인 또는 이상적 자기상(Ideal Self)과 자신
을 비교할 때 느끼는 부족감, 열위 의식, 낮아진 자기평가
를 의미하네. 그러나 심리학자 알프레드 아들러(Adler)는
인간이 성장 과정에서 누구나 경험하는 자연스러운 감정
이며, 그것이 과도해질 때 문제적 성격 구조가 형성된다고
설명했네. 그리고 열등감은 결함 자체가 아니라 '결함에
대한 해석'에서 비롯되는 '주관적인 심리 경험이다'라고 말
했네.

청 년   주관적인 심리적 경험? 이 말은 객관적인 사실이 아니라
스스로 지어낸 말이라는 뜻이지 않습니까?

선지자   그렇네. 스스로 못난 사람으로 규정하고 지어낸 말이지.
근거가 없는 말이라는 뜻이지.

청 년   아니. 왜 스스로 못난 사람으로 규정하고 지어낸다는 것
인가요? 사실 아닌가요?

선지자   앞에서도 설명하지 않았나. 심리적 방어기제라고, 그리고
인지적 착각으로 잘못 생각한 것이라고. 자네는 누구와
비교했느냐에 달렸지. 정보화 시대를 사는 현대인들에게
는 더더욱 비교 대상이 많아지고 비교 정도 또한 크겠지.
바꿔 말하면 그 비교 대상을 자네보다 훨씬 못한 사람과

비교하면 열등감이 없는 거지. 그렇지 않나? 누군가 상담실에 찾아왔네. 그 사람은 우울감에 젖어 자신의 부족한 부분을 계속 열거했지. "능력도 부족하고, 잘하는 것도 없고, 그러니 남들처럼 많은 돈을 버는 것도 아니고, 게다가 신체도 건강하지 못해 힘들고 심한 일도 못 한다"라고 하면서 심한 열등감에 빠져 이것으로 인해 우울증 증세가 있다고 했네. 그래서 물었지. 부인은 있나요? 그러자 "네, 있어요. 부지런하고 착해서 가정에 성실하고 애들에게도 잘해요."라고 했지. 자식들은 있는지 물어보니 "네, 대학 졸업하고 취직해서 잘 살고 있어요"라고 대답하더군. 그리고 직장에는 다니고 있는지 물었는데 "네, 잘 다니고 있어요"라고 대답하더군. 그러면 뭐가 부족하냐고 물으니 이렇게 대답하더군. "애들이 분가할 때 돈이라도 좀 보태 주고 싶은데 돈이 부족하고, 일주일에 한 번 정도 외식하고, 일 년에 한 번 정도 해외여행은 못 해도 국내여행이라도 가고 싶은데 시간도 없고 여유가 없어서 안 된다"라는 것이었네. 그러면서 비교 대상을 아주 높은 이상적인 대상으로 하여 자신의 단점만 열거하고 게다가 특별히 잘하는 것도 없다고 하더군. 자네가 보기에 어떻게 생각하는가?

청　년　가진 것이 더 많네요. 다만 비교 대상을 너무 높게 보고 그 기준으로 비교하다 보니 본인은 부족한 것이 많다고 느낀 것 같네요.

선지자　그렇네. 열등감이란 이처럼 비교 대상을 높게 잡거나 능

력 이상을 기대할 때 생기네. 그러나 열등감은 부정적 정
서지만 반드시 나쁜 것만은 아니며, 적절한 열등감은 인
간이 성장·발전하는 원동력이 되기도 하네. 다만 열등감
이 지나치면 자신을 과도하게 방어하거나 회피 행동을 낳
고, 관계적 문제로 확장될 수 있네. 물론 다른 이유에서
발생할 수도 있네.

청 년 다른 이유라고요?

선지자 그 외에 성장 과정에서 상처를 경험할 때가 해당하네. 어
린 시절 경험은 자존감의 토대를 형성하는데, 과도한 비
난과 비교가 잦았던 가정 환경, 칭찬 없이 성취만 요구하
는 부모, 형제자매 간 비교, 또래 관계에서의 조롱, 배제,
따돌림, 그리고 학업, 외모, 능력에 대한 반복적 비교와
같은 것이 열등감을 발달시키는 원인이 될 수도 있네. 이
와 같이 부정적 메시지가 누적되면 '나는 부족한 존재'라
는 핵심 신념이 자리 잡게 되네. 특히 사회·문화적 기준
의 획일성 같은 특정 사회는 외모, 학력, 직업, 소득 등
특정한 기준을 '성공'의 유일한 기준으로 제시하는 경우가
많네. 이때 그 기준에 부합하지 못한다고 느끼면 열등감
이 강화되네. 특히 한국 사회는 경쟁 중심 구조와 비교
문화가 강해 열등감이 쉽게 강화되는 경향이 있지.

청 년 그 사람이 자란 가정환경이나 경험으로 열등감이 생길 수
가 있다는 말이네요. 선생님 말씀에서 '성공'의 기준에 대
해서는 동감합니다. 무슨 대학을 나와 무슨 대기업 어디
에 들어간다든지, 의사, 박사 등 전문직을 얻어야 성공한

사람으로 본다든지 하는 엄마들의 성공 기준이 사실은 팽배해 있거든요. 이것에 미치지 못하면 자식을 못난 사람, 열등한 사람으로 스스로 규정해 버리는 부모가 많은 것 같아요.

선지자 성공에 대한 기준이 높은 것은 인정할 수 있지만, 그것을 달성하지 못했다고 열등한 사람이 아닌 것은 틀림이 없네. 부모의 역할이 열등감에 많은 영향을 주네.

청 년 저는 완벽주의적 성향이 강해요. 이것도 열등감의 원인에 해당하나요?

선지자 그렇네. 비합리적 신념과 완벽주의가 열등감의 강력한 원인이 되네. "나는 모든 면에서 뛰어나야 한다", "한 번의 실패는 전부 실패다", "남보다 못하면 무가치하다" 등 이런 신념은 현실과 기대의 간극을 극대화하고, 그 결과 자기 비난과 열등감이 반복되네. 이와 비슷하지만 자기 이미지와 이상적 자기의 과도한 괴리감이 열등감의 원인이 되기도 하네. 인간은 누구나 '이상적 자아'를 갖고 있지. 하지만, 이 이상적인 자기상에 지나치게 자기를 동일시하거나 완벽한 모습을 목표로 삼을 때, 실제 나는 항상 부족하다고 느끼게 되네.

청 년 그러면 신체적으로 또는 정신적으로 부족한 상태로 태어난 경우는 어떻게 되나요? 다른 사람보다 태어날 때부터 부족한 것이 많은데 열등감이 생기는 것은 당연하지 않나요?

선지자 자네 말처럼 태어나 보니 정상적인 상태가 아닌 경우 또는 어린아이 때의 신체적·정신적 이상으로 소위 말하는 정상적인 사람과 차이가 있는 경우가 많이 있네. 보통의 다른 사람보다 어린 시절부터 열등감에 빠질 가능성이 크겠지. 이때는 보호자(대부분 부모)의 역할이 매우 중요하네. 다음에 인간의 존재 가치에 관해서 대화하겠지만, 인간의 존재 자체가 존중받아야 하고 가치가 있음을 일깨워 주어야 하네. 부모가 이 역할을 하지 못하면 아이는 심한 열등감으로 될 가능성이 크네.

청 년 어떻게 일깨워 주어야 하나요? 부모로서도 힘들 것으로 생각되는데요.

선지자 지속적인 관심과 사랑이네. 불편할 뿐이지 그것이 행복하게 사는 데 아무 지장이 없다는 것을 확신시켜 주는 것이네.

청 년 그러면 열등감을 심하게 느끼는 사람들의 행동특성 같은 것이 있나요?

선지자 열등감은 단순한 감정이 아니라 인지, 정서, 행동에 지대한 영향을 미친다네. 특히 인지적 왜곡 현상이 보통 사람과 확연히 차이가 나게 다르네. 열등감이 강한 사람은 동일한 사건을 왜곡된 사고 패턴으로 보네. 예를 들어 흑백논리(내 편 아니면 적으로 보는 견해)로 말하거나 과도한 일반화(단편을 보고 전체를 규정해 버린다), 선택적 주의 집착(자신의 부족한 면만 주목), 자신의 부정적 측면만 보거나 남의 시선을 과장해서 해석(또는 다르게 해석)하는 등 이는 실제보다 자신을 더 부족한 사람으로 보도록 만드는 것이 특징이네. 자신을 심하게 낮추는 경향이 있지만, 자존심에 상처받으면 폭발적으로 반응하기 때문에 사소한 것에 과도하게 반응하는 심리적 문제가 있네.

청 년 정서적 반응에도 차이가 있나요?

선지자 정서적 반응에서 열등감으로 인해 수치심, 불안, 우울, 위축, 경쟁심, 타인에 대한 질투, 분노 등 정서적 반응을 민감하게 받아들이고, 그 결과 자기 평가를 떨어뜨리는 열등감의 악순환을 만들어 버리네.

청 년 행동적 패턴에도 영향이 있나요?

선지자 열등감은 보통 두 방향 중 하나의 행동으로 나타나는데 회피적 행동이 첫 번째네. 즉 도전을 피하거나 관계 회피, 무기력, 의견을 말하지 않기, 자기표현 억제 등의 행동을 하거나 과잉 보상 행동 즉 과도한 경쟁, 공격적 태도, 성취를 과시, 남을 깎아내려 자신을 높이려는 행동, 특정 영역에서 집착적으로 완벽주의를 지향하는 등 이는 모두 열등감을 감추기 위한 심리적 방어기제에 해당하네. 결국은 자존감 저하로 이어져 열등감은 "내가 부족하다"라는 신념을 굳게 만들고 자존감을 장기적으로 손상시킨다네.

청 년 조금 전에 말씀드렸습니다만 저는 완벽주의적 성향이 강하고 인정욕구가 강한 편입니다. 그러다 보니 질투심도 강해 타인을 경쟁자로 보는 경향도 있는데 이것도 열등감과 관계가 있나요?

선지자 관계가 있네. 가장 큰 어려움이 인간관계적 어려움이네. 즉 과도한 비교로 인해 타인을 경쟁자로 보거나 인정 욕구가 강해진다든지, 시기, 질투, 의심이 증가한다든지, 친밀감 유지에 장애가 생긴다든지 하네. 결국 만족스러운 인간관계를 맺기 어렵다는 의미지. 게다가 회피 행동으로 기회의 포착을 놓치고 새로운 도전을 하지 않아 잠재력이 발휘되지 못하네. 자기실현을 막는 심리적 장벽이 되기도 하네. 더구나 우울·불안 등 심리 문제 악화로 인해 '열등감 → 부정적 사고 → 실패 경험 증가 → 더 큰 열등감' 순서로 악순환이 반복되고 그 결과 정신적, 신체적 건강을 해칠 수도 있네.

청　년　그러면 열등 콤플렉스란 무엇인가요? 이것도 열등감의 종류에 들어가나요?

선지자　열등 콤플렉스란 단순한 '열등감'이 아니라, 특정 영역에서 느끼는 부족감이 지나치게 확대되고 굳어져, 개인의 자존감, 행동, 인간관계 전반에 부정적 영향을 미치는 심리 구조를 말하네. 심리학자 알프레드 아들러가 제시한 개념으로, 열등감이 지속적이고 과장된 형태로 발전한 상태를 말하네. 단순히 "나는 부족하다"라고 느끼는 수준을 넘어 "나는 근본적으로 가치가 없고 타인보다 뒤처진 존재다"라는 신념으로 굳어지면 열등 콤플렉스가 되는 거지. 열등 콤플렉스의 특징으로, 자신을 타인보다 낮다고 단정하며, 과도하게 자기 비난하거나 실패를 극도로 두려워하고 도전을 피하는 행위, 타인의 시선에 과도하게 예민하거나 관계에서 위축되거나 반대로 과잉 방어적 태도로 나타나기도 하네. 또한 현실보다 자신의 결점을 크게 과장하고 스스로 성장 기회를 제한하는 문제가 발생하

네. 즉, 열등감으로 인해 과도하게 자기를 동일시하여 부
정적 삶의 태도로 굳어졌을 때를 말하는 거지.

청 년 선생님이 말씀하셨듯이 모든 사람은 모두 열등감을 지니
고 있다, 열등감을 자기 성장의 촉매제로 보면 좋은 것이
지만 지나치면 열등 콤플렉스가 된다, 이 말씀인 거죠?
열등 콤플렉스 정도면 정서적으로 상당히 여러 가지 장애
가 있다고 보는가요?

선지자 열등 콤플렉스 정도가 되어도 사회생활에는 큰 문제가 없
네. 다만 위에서 말한 부정적인 생활 방식으로 인해 여러
가지 제약사항이 많다고 할 수 있네.

청 년 우월감, 우월 콤플렉스도 열등감과 관계가 있나요?

선지자 우월성이 지나친 것을 우월성 콤플렉스라고 말하네. 이
말은 자신의 열등감을 감추기 위해 과장된 우월성, 과한
자신감, 공격적 행위로 보상받으려는 심리적 구조네. 중요
한 특성을 보면 자신을 과장해 보이거나 우월한 척하거나
타인을 깎아내리며 상하 관계를 만들려고 하지. 과도한
경쟁심을 보이고, 지나치게 자존심이 강하거나 인정 욕구
가 매우 크네. 또한 자신의 약점을 인정하지 않거나 때로
는 거만하거나 과장된 태도를 보이면서 공격적 행동으로
나타나지. 겉으로는 강해 보이나 실제로는 상처받기 쉬운
자존감을 지니고 있지. 정서적으로 매우 불안하고 두려
운 열등감을 숨기고 싶어 하지. 따라서 열등 콤플렉스와
우월 콤플렉스는 나타나는 현상만 조금 다를 뿐 근본은
심한 열등감이 원인이네.

청 년 그러면 열등감을 줄이거나 없애는 방법도 있을 것 같은데
요. 어떤 방법이 있나요?

선지자 여러 방법이 있네. 첫 번째 방법은 비교의 구조를 바꾸는
것이네. 타인과의 비교를 '과거의 나'와 '지금의 나'를 비교
하는 비교 관점을 바꾸는 것이네. 성장은 타인과의 경쟁
이 아니라 자기 자신과의 장기적 게임이라는 것을 명심해
야 하네. 두 번째는 자기의 인식을 확장하는 것으로 자신
의 강점을 발견하고 그곳에 초점을 맞추어 성장시키는 것
이네. 열등감이 강한 사람은 자신의 '결함'만 보는 경향이
강하기 때문에 잘하는 부분을 재발견하는 과정은 열등감
의 잣대를 낮추는 좋은 방법이지. 세 번째는 자기 수용
(Self-Acceptance) 훈련이네. 앞에서 말한 것처럼 열등감
극복의 본질은 "있는 그대로의 나를 받아들이는 능력"이
네. 불완전함을 인정하고, 상대적 단점이 있음에도 가치
있는 존재 즉 '나는 괜찮은 사람'으로 받아들이는 것이네.
그러나 열등감은 '없애는 것'이 아니라 건강한 방식으로
다루고 성장의 에너지로 변환하는 것이 더 중요한 목표가
되어야 한다는 점이네.

청 년 선생님이 말씀하신 세 가지 모두 내용을 이해하고 숙지해
도 이미 습관화되었기 때문에 쉽지 않다고 생각됩니다.
저 같은 경우에는 아버지가 일찍 돌아가시고 홀어머니 밑
에서 자라다 보니 자연스럽게 열등감이라는 것이 생겼다
고 생각합니다. 학교행사가 있었던 날 부모와 함께 손잡
고 나란히 웃고 있는 친구를 보면서 많이 부러워했습니

다. 어머니는 때때로 다른 친구를 빗대어 내가 조금만 뒤떨어지면 심하게 나무라기도 했죠. 집안 살림도 넉넉지 않아 잘 사는 아이들을 보면 은근히 질투심 같은 것도 있었습니다. 비교당하고 꾸지람을 듣고 자라다 보니 "나는 잘난 것이 하나도 없구나"라고 자연히 생각이 들었습니다. 때로는 화가 나기도 해서 어머니에게 대들기도 했던 기억이 있습니다.

선지자 자네가 생각하는 것보다 많은 사람이 자신도 모르게 심한 열등감으로 행복한 인생을 놓치곤 하네. 어린아이이기 때문에 자각하여 개선하는 것이 불가능하지. 그때는 아직 경험도 부족하고 자각 능력도 부족하기 때문이네. 하지만 지금이라도 자기수용 훈련을 지속하면 대부분 열등감에서 어느 정도는 벗어날 수가 있네.

청 년 잘 알겠습니다. 마음 챙김 훈련을 매일매일 해 보겠습니다.

내 안의 화를 수용하라

선지자 또 하나 놓칠 수 없는 대화 주제가 있네. 인간관계에서 가장 나쁜 상태를 만들어 버리는 '화' 즉 성냄에 대해 대화해 보세.

청 년 저는 상대가 조금이라도 상처 주는 말을 하면 마음속에 화가 치밀어 올라와요. 심할 때는 화를 내기도 합니다. 저 자신도 모르게 갑자기 올라오면 통제가 안 됩니다. 이때

는 상대의 약점을 폭로해 버리거나 말도 안 되는 말로 공
격해 버리는 경우가 종종 있어 후회한 적이 한두 번이 아
니에요. 게다가 상처받은 상대는 아예 절교해 버리거나
나의 적이 되어 버려 곤란한 경우도 많았습니다.

선지자 그러면 방금 자네가 한 말을 한 번 체크해 보세. "화를 왜
냈다고 생각하는가?"라고 물으면 보통 이렇게 대답하지.
"그 사람이 나를 화나게 했다"라고. 그러면 "같은 상황인
데 화를 내지 않는 사람은 왜 화를 내지 않을까?"라고 반
문해 볼 수 있지 않겠나?

청 년 그 사람은 화가 나지만 내지 않고 참는 것이겠죠? 아니면
화를 낼 상황이 아니라고 생각할 수도 있을 것이고요.

선지자 물론 그렇게 생각할 수도 있네. 그러나 화를 내는 근본
목적을 생각해 봐야 하네. 심리학자 알프레드 아들러의
주장에 따르면, 화는 그 근본 본심에 깔린 무의식에서
"내가 옳다, 네가 틀렸다"라는 생각이 들면 화를 낸다고
하네. 즉 "네가 틀렸으니 내가 바로잡아야 한다" 이렇게
생각하는 거지. 그래서 상대를 제압하기 위해 화를 이용
한다고 하네. 즉 큰 소리를 지르거나 손짓발짓하거나 얼
굴을 붉히면서 "내가 화가 났으니 네가 잘못했다고, 틀렸
다고, 사과하라" 하는 등 압박을 가하면서 협박하는 거
지. 즉 "화를 내기 위해 그 수단으로 큰 소리로 말하고
손, 발짓으로 위협하는 것이다"라고 말했네. 즉 화를 내
는 것이 목적이고 수단으로 큰소리치고 손, 발짓한다는
것이지.

청　년　하지만 인간은 감정적 동물인데 순간적으로 올라오는 화
　　　　는 선생님이 말씀하신 '화를 내는 목적'만으로 설명이 부
　　　　족한 것 같아요. 해결 방법이 모호하기도 하고요.

선지자　그런 면이 조금 있네. 현대 심리학의 분석을 보면 조금 더
　　　　이해하기가 쉬울 것일세. 먼저 인간의 본능인 생존을 위
　　　　한 생물학적인 관점에서 보면 인간의 뇌는 위험을 감지하
　　　　면 편도체(위협 감지 센서)가 빠르게 활성화되고, 위협에 맞
　　　　서거나 도망치기 위해 에너지를 빠르게 끌어올리는 투쟁-
　　　　도피 반응의 일종이라고 보면 되네. 그래서 화가 나면 심
　　　　박수가 빨라지고, 몸이 긴장하고, 목소리가 커지는 것이
　　　　지. 따라서 화는 원래 '생존을 위한 빠른 반응이다'라고
　　　　말할 수 있겠지. 중요한 것은 심리적 이유네. 화를 내기
　　　　전 이미 마음이 상했기 때문이지. 화는 2차 감정, 즉 화
　　　　이전에 더 근본적인 1차 감정이 존재하여 화를 일으킨다
　　　　는 것이네. 1차 감정이란 마음속에 상처 즉 상처받음, 무
　　　　시당함, 억울함, 불안, 두려움, 좌절 등 이런 감정이 화를
　　　　내기 전에 이미 존재하고, 이 화를 불러일으키는 어떤 조
　　　　건이나 말을 들었을 경우 더 이상 참기 어렵다고 생각이
　　　　될 때, 표출할 수 있는 감정이 '화'라고 말하네. 마음에 상
　　　　처가 있을 때 '상황 자체'보다 내가 그 상황을 어떻게 해석
　　　　했는가에 따라 화가 일어난다는 거지. 즉 그 말은 "나를
　　　　무시한 것 같다"라고 느끼면 분노 즉 화가 올라온다는 것
　　　　이지. 때로는 화를 통해 영향력을 행사해 상대를 통제하
　　　　려고 시도한다든지, 자신의 권리를 주장하거나 관계에서

열세가 되지 않기 위한 방어기제로 이용하는 것도 있네.

청　년　선생님의 말씀 중 심리적 이유에서 이미 1차 감정이 발생하고 감정의 손쉬운 표출 방법으로 '화'를 낸다고 말씀하셨는데, 그러면 그 1차 감정이 순식간에 올라오는데 어떻게 화를 내지 않는다는 말인가요?

선지자　여기서 1차 감정은 '이런 상황에서는 화를 내야 한다'라는 것이 무의식 속에 있어 그런 상황이 되면 자동으로 화가 올라온다는 것이네. 앞에서도 설명했듯이 동일 상황인데 어떤 사람은 화를 내지 않고 어떤 사람은 왜 화를 내는지는 '화를 내는 상황'이 다른 것이지.

청　년　감정의 표출에서 참는 것보다 화를 내는 것은 자연적인 현상이라고 생각이 되는데요.

선지자　감정이 시키는 대로 그냥 따라 하면 자네가 말하는 화는 자연적인 현상이 되겠지. 그리고 그 결과로 얻어지는 인간관계는 엉망이 되겠지. 싸움이 커지거나 서로 심한 욕설을 하면서 서로에게 더 큰 상처를 남기면서 말이야. 심리학자 알프레드 아들러가 말한 화를 내는 수단을 바꾸면 되네. 화를 내기 위한 수단으로 큰 소리로 말하거나 손짓 몸짓하거나 욕설한다고 했네. 수단을 바꾼다는 것은 작은 소리로 차근차근 설명하거나 설득력 있게 논리적으로 설득하는 방법도 있다는 뜻이지. 예를 들어 자네가 운전하고 가다가 정지신호에서 신호대기 중이었다고 치세. 그런데 갑자기 뒤에서 오는 차가 실수로 들이받았네. 그러면 자네는 운전자에게 다가가서 큰 소리로 화를 내면

서 "제 정신입니까, 눈이 없어요" 등 큰 소리로 상대를 제
압하겠지. 덧붙여 "운전도 잘하지 못하면서 차는 왜 운전
하고 있어요" 등 자존심을 깎아 버리는 말까지 한다면 상
대는 접촉 사고보다 감정이 많이 상해서 자네의 말에 트
집을 잡을 것일세. 한마디로 접촉 사고는 온데간데없고
감정싸움으로 확대되는 거지. 화를 내는 수단을 바꾸면
서로가 상처받지 않고 쉽게 해결이 되네.

청 년 상대가 잘못했으니, 욕먹는 것이 당연하지 않나요?

선지자 틀린 말은 아니네. 그러나 수단을 바꾸어서 화내지 않고
침착하게 말하면 상대는 미안한 마음으로 몇 번이고 사
과하고 차량 수리비까지 모두 변상해 주겠다고 말할 것일
세. 굳이 화를 내지 않고 마음 상하지 않고 상처받지 않
고 해결할 수도 있네.

화를 내지 않고 차근차근 설명해도 상대가 오히려 더 큰 소
리를 내면서 화내는 경우도 있겠지. 더구나 인간은 본능적
으로 자기방어를 하는 존재이기 때문에 화를 내지 않고 차
근차근 설명하는 것이 불가능하다고 생각할 수도 있네.

청 년 부처님이나 예수님이 아닌 이상 어떻게 그렇게 할 수가 있
겠어요?

선지자 인간의 감정은 날것이네. 가공하지 않은 그대로의 생존
본능이지. 그러나 인간관계에서 본능 그대로의 감정은 관
계를 더 악화시킨다는 것이네. 인간에게는 이성과 '관찰
하는 자아'가 있네. 자기의 감정을 순간적으로 알아차리
는 능력이 있다는 의미지.

청 년 선생님 말씀처럼 본능적으로 튀어나오는데 어떻게 그 화
내는 수단을 바꿀 수 있나요?

선지자 조금 전 그 짧은 시간에 어떻게 수단을 바꾸고 1차 감정
을 알아차리는가는 마음 챙김의 방법으로 가능하네. 알
아차리기만 해도 올라오는 화를 대부분 막을 수 있네.
"지금 화가 올라오고 있구나"라고 알아차리는 것이 중요
하네.

청 년 그 짧은 시간에 알아차린다고요? 그러면 쉽게 알아차리
는 방법은 무엇인가요?

선지자 내가 사용하는 방법은 심호흡이네. 이 심호흡에 대해서는
심리학적으로도 과학적으로도 효과가 입증된 것으로, 내
가 해보니 심한 스트레스나 분노 같은 감정이 올라올 때
효과적이더군.

청 년 어떻게 하는지 가르쳐 주실 수 있나요?

선지자 물론이지. 하버드대학에서 연구한 결과를 보면 "인간은
스트레스를 관리할 수 있는 능력을 갖고 있다"라고 분명
히 말하고 있지. 일단 스트레스 자극을 받으면 감정은 얼
마만큼 빨리 생기느냐 하면, 0.2초 만에 생긴다고 하네.
0.2초 만에 인간이 이성적으로 대응할 수 있는 것이 아무
것도 없겠지. 그래서 감정은 자연스러운 반사 반응일 뿐
인데 그 감정이 그냥 튀어나오도록 두면 행동으로 이어진
다네. 즉, 이모션(emotion)이 모션(motion)이 되어 버린다
는 거지. 그러나 자극받아 행동이 나올 때까지 간격 즉
짧지만, 얼마간의 시간이 있지. 예를 들어서 누군가가 이

유도 없이 욕설하고 손가락질한다고 치세. 그러면 감정이 확 올라오지. 이때 놀라서 욕설하는 사람도 있을 거고, 어떤 사람은 멱살을 잡거나 손이나 발로 차는 사람도 있 겠지. 하지만 행동하기까지 시간이 걸리고 약간의 간격이 있지. 그래서 크고 작은 반응이 행동적 반응으로 전환되 는 데 시간이 대략 6초라고 말하더군. 따라서 감정은 느 끼되 행동이 나오기 전에 내가 무언가를 해서 바람직한 행동이 나오도록 컨트롤 관리할 줄 아는 사람이 인생에 서 더 행복하고 성공도 한다는 것이 이 연구 보고서의 핵 심이네. 그래서 우리가 인생에서 성공하려면 아무리 똑똑 하고 돈이 많아도 그 6초의 여유를 누리지 못하면 스트레 스 관리가 안 된다고 했네. 여기서 중요한 것은 화내는 수 단을 슬기롭게 사용해야 행복하고 성공한다는 것이네.

청　년　앞에서 설명한 1차 감정은 짧은 시간 즉 0.2초 만에 일어 나고 자극과 반응 사이의 간격, 즉 행동으로 진행되기까 지 시간은 6초 정도 된다면, 이 6초라는 시간을 어떻게 관리하느냐가 대단히 중요하다는 의미네요.

선지자　그런데 이 연구소에서 발견한 놀라운 것은 그 6초에 무엇 을 해야 하는지 봤더니 실망스럽게도 단순히 심호흡이라 는 것이 밝혀졌네. 그러면 심호흡이 수천 년 동안 내려온 민법인데 왜 그것이 효과가 있느냐? 그 과학적 이유는 최 근에 밝혀졌는데, 뇌가 위기를 만나면 스트레스를 받아 몸이 위기라고 생각한다는 거야, 그러면 나는 이제 살기 위해서 그 스트레스 대상을 공격해서 내가 이기거나 아니면 스트레스 대상으로부터 도망가서 살아남거나 둘 중 하나를 해야 하는데 이 둘 다 생존 반응일 뿐이지. 그렇게 하기 위해서는 내 몸 오장육부가 다 각성이 되어야 하겠지. 근육도 마찬가지일세. 그러나 6초 안에 심장을 조금 다독거리고 부탁한다고 말을 듣지 않고, 위장도 내 말을 안 듣고, 소장·대장 등 아무것도 내 말을 안 듣지. 요구를 들어주는 것은 폐뿐이네. 폐(폐장)는 내 마음대로 컨트롤할 수가 있거든 심지어 숨을 안 쉴 수도 있고, 아주 서서히 1분, 2분 동안 쉴 수도 있지. 내 몸에서 내가 컨트롤 할 수 있는 유일한 것, 이것마저 컨트롤하지 않는다면 자기를 조율할 도리가 없네. 6초의 여유시간 내에 자기 조율이 가능하게 하는 것이 심호흡이네.

청 년　하지만 심호흡해야 한다는 것을 알아차려야 하는데 어떻게 그 짧은 시간에 알아차리나요?

선지자　심호흡해야지 하는 순간 모두 각성해서 가라앉히지 못하네. 심호흡 효과가 있으려면 감정이 올라오기 시작할 때 이미 알아차려서 몸이 자동으로 심호흡에 들어가 줘야만 심호흡의 과정을 거치면서 효과를 얻을 수가 있네. 몸이 기억하게 만드는 방법은 오로지 하나, 스트레스받지 않을 때 평상시 심호흡 연습을 하는 거지. 수시로 숨을 천천히 길게 들이쉬고 천천히 오래 내쉬는 연습을 해야 하네.

청 년　심호흡한다고 해서 알아차려지는 것이 아니지 않습니까?

선지자　그렇네. 감정이 올라오는 것을 알아차리는 것이 필요하지. 그런데 인간은 살아오면서 그런 좋은 것만 있었던 것이 아니라 진짜로 좋지 않은 것도 수없이 많이 경험하네. 그래서 인간의 마음 안에는 그런 마음의 씨앗들이 수천 개 수만 개가 들어가 있네. 어떨 때는 부정적인 것이 툭 튀어 올라오고, 어떨 때는 불안감·초조함 이런 것들에 의해 불안해하기도 하네. 인간의 마음 안에는 과거만 있는 것이 아니라 미래도 들어가 있네. 부정적인 감정을 억누르면 차곡차곡 쌓이고 억눌러져 있다가 어느 순간 한꺼번에 터져 나온다네. 그때는 대체 불가한 상황이 되는데 이때 이 감정이 무엇인지 일단 알아차려야 되네.

청 년 　이 감정이 무엇인지 어떤 신호 같은 것이 있나요?

선지자 　감정은 시그널(신호)이네. 먼저 얼굴에 나타나고 그 표출의 움직임이 표정이지. 표정에서 시작되고, 그다음으로 큰 근육의 움직임으로 전이되고 연이어 행동으로 이어지게 되어 있네. 예를 들어 나쁜 자극을 받아서 짜증이 나고 분노가 올라온다고 치세. 올라오는 것, 이것은 아무 문제가 되지 않겠지. 뭐가 문제냐 하면 짜증 난다고 짜증 내는 것, 화가 난다고 화를 내는 것이 문제네. 짜증 나고 화가 나는 것은 어쩔 수가 없다고 하면, 짜증이 난다고 짜증을 내는 것, 화가 난다고 화를 내는 것은 통제할 수가 있다는 것이지. 그것을 내가 알아차리고 커지기 전에 소화할 수 있는 능력을 발휘하는 것이 중요하지. 행동으로 이어지지 않도록 하는 것. 그리고 이때 긍정적 감정을 불러일으켜서 부정적 감정이 사라지게 하는 것이 아니라, 긍정적 감정이 상황을 지배하도록 내가 만들어줘야 하네.

“어 감정이 올라오네”, “저 사람은 그냥 무심코 했던 말인
데 내가 무시당했다고 생각하는구나”, “저 사람이 모르고
했거나 사정이 있겠지” 등 긍정적인 생각으로 전환하면,
즉 알아차리면 심호흡할 시간이 주어지는 것이지. 결국
마음 챙김 훈련을 하여 알아차리는 것밖에 다른 방법이
없네.

청 년 　그다음은 어떻게 하나요?

선지자 　알아차림 후 지혜로운 통찰, 지혜로운 선택을 하면 되네.
즉 어떻게 할 것인가를 말하는 거지. 이 심호흡 방법은
강한 스트레스 상황이나 분노와 같은 감정이 올라올 때
가장 효과적인 방법이네.

청 년 　또 다른 방법은 없나요?

선지자 　가장 기본적인 것이 ‘알아차림’이네. 심호흡하지 않고 알
아차림만 해도 쉽게 제어가 되는 사람도 있네. 또 다른 방
법은 화를 내는 원인을 외부에서 찾지 않고 내부에서 찾
아 점검해 보는 것이네.

청 년 　내부에서 찾는다는 말씀은 화내는 원인이 나에게 있다는
말인가요?

선지자 　그렇네. 자네가 어떤 말을 들었을 때 화를 내는지, 어떤 상
황일 때 화를 내는지, 어떤 사람이 자네에게 말할 때 화를
내는지 체크해 보는 것이네. 그 이유는 1차 감정에서 이미
화를 내게 하는 씨앗 즉 좋지 않은 말, 상황, 대상이 있었기
때문에 2차 감정으로 화를 내는 상황에 해당하는 말이네.
예를 들어 “내가 이런 말을 들으면 화를 내는구나” 하고 알

아차리면 그 원인을 알 수 있네. 원인을 알면 "이게 내 착오였구나" 하고 자각할 수 있네. 부부 사이에서 화를 내는 경우가 대부분 여기에 해당하는데 반복이 되기 때문에 쉽게 찾을 수 있네.

청년은 오랜 시간 동안 열등감에 사로잡혀 자신을 괴롭혀온 그 실체를 이해하게 되었다. 세상 사람들 모두는 정상적으로 보이고 나만 그런 것 같은 생각에 괴로움은 더 심했던 것 같다. 하지만 어찌 자기뿐이겠는가? 강한 스트레스, 분노와 같은 감정의 본질과 작동 과정에 대해서 이해가 되었다. '마음 챙김' 아주 익숙한 단어지만 실제로 한 번도 해보지 못한 방법이 아니던가. 게다가 오랜 습관 속에서 반복해 온 화내는 습관이 심호흡과 마음 챙김 같은 방법만이 해결할 수 있다는 이야기를 듣고, 깊은 감명을 받았다. 청년은 실천하기로 결심하였다. "좋다, 한번 해보자"라고.

수용에서 긍정적인 경험이 중요하다

선지자　이제 '수용'에 대한 대화는 마무리해야 하는 단계까지 왔네. 지금까지 수용에 대한 이유, 배경, 효과, 방법에 관해 대화했네. 이제부터는 실제로 도움이 되는 수용의 생활화, 습관화에 관해 이야기하겠네. 수용을 더 빠르게 습관화하기 위한 보조 행동으로 보면 되네.

청 년 선생님이 말씀하신 대부분의 대화 초점이 자기 수용에 관한 내용으로 생각되는데 '타인' 즉 상대에 대한 수용은 어떻게 되나요? 같은 원리인가요?

선지자 인간의 본성에서 말했듯이 인간관계는 타인과 별도로 떨어져서 생각할 수가 없네. '나'라는 개념도 대상 즉 타인이 있어야 내가 존재한다는 논리와 같은 것이지. 그리고 이 두 가지 즉 나와 대상을 모두 수용해야 하네. 다만 순서에 따라 수용은 자신을 먼저 수용하고 타인을 수용하는 순서로 되어야 하네. 자기 자신을 '괜찮은 사람'으로 먼저 수용이 되어야 상대를 있는 그대로 받아들일 수 있다는 뜻이네. 따라서 지금까지 자기 자신을 있는 그대로 받아들이는 방법과 내용이 대부분이었네. 자기수용이 되면 타인을 받아들이는 것은 서로 깊은 연관이 있어서 거의 자동으로 되기 때문에 타인에 대한 수용은 별도 대화하지 않았다는 점을 이해해 주게.

청 년 네, 알겠습니다. 그리고 조금 전 수용을 생활화하고 습관화한다는 의미는 무슨 뜻인가요?

선지자 일상에서 일어나는 모든 현상을 긍정적인 경험으로 바꾸는 것이네. 즉, 생각의 관점을 바꾸는 것이라고 봐야 하겠지. 사건과 현상에 대해 긍정적 관점으로 세상을 다르게 보는 것이지. 어느 청년 직장인의 경험을 예로 들어 보겠네. 청년은 여느 사람처럼 하루하루를 너무나 평범한 일상의 모습으로 살아가네. 아침에 조금 덜 깬 눈을 비비고 일어나면 언제나 그런 것처럼 서둘러 잠자리를 정리하고,

세수하고, 밥 먹고, 애들 학교 보낼 준비를 하고, 입고 나
갈 옷을 입고, 가방을 챙겨 출근하지. 때로는 전철을 놓치
기도 하고, 비가 오면 우산을 준비하지 못해 비를 맞기도
하고, 교통이 복잡하면 초조해져 짜증을 내기도 했네. 때
로는 전투하듯 출근 전쟁을 치르기도 하지만, 가끔은 여
유롭게 출근하기도 했지. 청년은 겨우 회사에 도착했어도
바쁘고 정신없기는 마찬가지일 것이고, 어둑해진 밤이 되
어서야 피곤해 지친 상태로 퇴근했네. 그리고 잠자리에
누워 "힘든 하루였어"라고 흥얼거리며 마무리했네. 어느
날 "긴장과 걱정, 불안하고 초조한 일상 때문에 볼 수 없
었던 세상의 아름다움을 제대로 보는 연습을 해보라"라
는 아버지의 조언대로 순간순간 세상의 모든 모습을 긍정
적인 모습으로 바라보려고 애를 썼네. 아침에 눈을 뜨면
아직도 살아 있다는 느낌으로 또 새로운 하루가 나를 위
해 펼쳐지리라 생각하니 기분이 좋았지. 출근할 수 있는
직장이 있어서 이렇게 바쁘게 출근 준비하는 것도 이 얼
마나 좋은 일인가 생각했지. 모두 일어나 함께 밥을 먹고,
함께 웃으며, 나와 함께 해주는 이 모든 것, 애들이며 아
내가 고맙다는 생각이 들었다네. 그들이 자기에게 주는
기쁨을 생각하면 더 힘껏 노력하고 일해야 한다는 생각이
들었지. 출근 시 모두가 다른 모습, 옷차림, 걷는 모습을
보고 이렇게 다양한 사람이 있다고 느끼면서 어울려 사
는 모습이 아름답게 느껴지기도 했네. 잔소리 심한 상사
덕분에 동료와 유쾌한 농담을 주고받고, 샌드위치 살 때

그 직원의 상냥한 미소, 길거리며 건물이며 인간이 만들
어 놓은 예술품 같은 형태와 진열된 모습, 회사 입구에 우
뚝 선 그 아름다운 조형물, 오늘 과장으로 승진했다는 그
짜릿한 소식 등. 주말에는 둘레길을 걸어가면서 느끼는
자연의 향기, 눈이 시리도록 푸른 녹음, 수십 가지의 나무
모양, 진하게 풍기는 풀 냄새, 매미 소리, 바람 소리, 구석
바위틈에 피어 있는 제비꽃, 자연은 나의 걱정도 불안도
아무 상관이 없다는 듯 그저 거기에서 마음껏 자유를 누
리고 있다. 그리고 너무나 아름다운 모습, 소리, 향기, 느
낌을 우리에게 주고 있다. 마치 우리를 보고 행복하게 살
라고 하는 듯 말이다. 이렇게 살아가는 청년에게 누군가
오늘 하루가 어땠냐고 물었고 "아주 즐겁고 좋은 하루였
습니다"라고 말했네. 이렇게 똑같은 세상을 살면서 다른
삶을 살 수 있게 만들어 준 것은 단지 세상의 아름다움
을 '알아차리는 것' 뿐이었네. 세상은 과거에도 지금도 똑
같이 변한 것도 없는데, 매 순간 세상의 아름다움을 제대
로 보면서 살 때와 그렇지 않을 때 삶을 받아들이는 태도
와 기분은 이렇게 완전히 달라진다는 것이네. 사실, 삶 자
체를 바꾸는 것은 거의 불가능하네. 일상적인 생활을 하
면서, 자신에게 주어진 환경이나 조건에서 긍정적인 요소
를 찾아 기쁨을 느끼면서 살도록, 긍정적인 요소를 스스
로 찾아내는 노력을 한 덕분일 뿐이네.

청 년 선생님의 말씀은 일상에서 일어나는 모든 사건, 현상에
대해 긍정적으로 재해석해 보라는 말 같은데요. "수용이

곧 행복이다"라는 의미 같네요.

선지자   그렇네. 우리는 100살까지 사는 것이 목적이 아니네. 인생은 살아 있는 모든 순간이 포함되어야 하네. 시간적·공간적으로 여기가 내 인생이고 행복을 만들 수 있는 유일한 시간이고 공간일세. 과거는 이미 지나갔고, 미래는 아직 모르네. 긍정적인 재해석이 수용이고, 수용이 즉 행복으로 가는 출입문임을 잊어서는 안 되네. 이제 수용에 관한 대화는 다음과 같이 정리하면서 마무리하려고 하네. 수용에 대해 다음의 다섯 가지로 요약해서 기억하기를 바라네. 초전도체처럼 저항하지 않고 무엇이든 있는 그대로 받아들이는 것이 수용의 기본 전제라는 것을 염두에 두어야 하네.

첫째, 자기 자신을 수용한다. 지금의 시간으로 보면 내가 행한 모든 것이 후회될 수도 있지만, 그때는 그럴 수밖에 없었고 그럴 만한 이유가 있었다는 것을 수용하는 것이네. 나의 성품, 환경, 삶 등 나를 이루는 모든 것을 받아들이는 것에서부터 시작해야 하네.

둘째, 타인을 수용한다. 비록 내 마음에는 들지 않지만 지금 그 사람이 이러는 것은 다 이유가 있다는 것을 수용하는 것이네. 그를 위해서가 아니라 나를 위해 수용하는 것이네.

셋째, 죽음을 수용한다. 인간은 누구나 죽을 수밖에 없는 존재네. 영원히 살 것처럼 살고 있다는 사실을 알아차리고 유한한 삶 속에서 할 수 있는 것을 하면 되네.

넷째, 일상의 모든 스트레스를 수용한다. 스트레스가 없는 삶은 죽은 삶이네. 살다 보면 누구라도 스트레스를 겪을 수밖에 없네. 그렇다면 어떤 스트레스라도 받아들이는 편이 현명하네.

다섯째, 지금 이 순간을 수용한다. 어떤 경험이든 오직 이 순간에만 집중하는 것이네. 부정적이든 긍정적이든 모두 받아들이고 그 안에서 좋을 것을 찾아 누려야 한다는 것이네.

청 년 죽음을 수용하는 부분도 지금까지 말씀하신 수용의 내용과 관계가 있나요?

선지자 관계가 있네. 지금까지 말한 수용의 방법을 실행하면 죽음을 두려워하지 않게 되네. 이게 진정한 수용이지. 이 부분은 또 다른 영역이네. 여기에서는 생략하네.

나는 괜찮은 사람이다

선지자 불경에 이런 말이 있네. '모든 중생에게 불성(佛性)이 본래부터 갖추어져 있다. 즉 본래부터 부처이다'라는 말이네. 이 말은 부처가 되는 능력 즉 지혜·자비·깨달음의 가능성 등이 이미 완전하게 갖추어져 있다는 의미이지. 그러나 단지 '무지(無知, 무명), 번뇌, 집착 때문에 그 사실을 보지 못할 뿐이다'라고 말했네. 비유하자면 '거울은 항상 맑지만 먼지 때문에 본래 모습을 못 볼 뿐이다, 먼지를 닦으면 원래의 밝음이 그냥 드러난다'라는 의미와 같네. 따라서 우리 인간은 자신을 본래의 모습을 찾아서 돌아갈 수 있는 능력을 갖추고 있다는 것이네. 불경에 우리가 사는 세상도 이미 완성되어 있다 즉 '있는 그대로 완전'하다고 했네. 이 표현은 세상 자체가 완벽하다는 뜻이 아니라, "깨달은 눈으로 보면, 모든 것이 이미 연기(緣起)의 법칙 속에 온전하게 존재하고 있다"라는 뜻이네. 모든 것은 그 자체로 '이유와 조건'을 갖추고 존재한다는 의미이지. 불교의 핵심 사상인 연기(因緣, 조건으로 존재하는 것)에 따르면, 지금 여기의 세상은 우연히 만들어진 것이 아니라, 무수한 인연의 조합으로 이루어진 자연스러운 '완성형'이라고 볼 수 있지. 따라서 세상을 바꾸기 전에 먼저 내가 세상을 보는 마음을 바꾸는 것이 본질이라는 의미도 되네. 그러나 부족하다고 느끼는 것은 '마음이 만들어낸 평가'이네. 따라서 '고통'의 상당 부분이 세상 그 자체의 결함이 아니라 내 마음의 집착·판단·기대에서 나온다고 하네.

청　년　선생님 말씀의 주요 요지는 '세상을 바꾸는 것은 불가능하다, 반대로 내가 세상을 보는 눈을 바꾼다'라는 말씀인가요? 앞에서 말씀하신 대로 나의 거울에 먼지가 앉아 세상을 있는 대로 보지 못한다, 이 먼지를 지우는 것이 수용이라는 의미이기도 하고요.

선지자　그렇네. 자네와 나를 비롯한 세상의 모든 사람은 이미 '괜찮은 사람'이지. 나름대로 다 이유가 있을 뿐이지. 내 마음속에 세상과 나를 있는 그대로 보지 못하게 먼지가 앉아 있을 뿐이지. 그 먼지가 집착하는 마음인 것이고.

청 년 그 말씀을 듣고 보니 저도 희망이 보이네요.

선지자 자네는 성경에 나오는 '네 이웃을 사랑하라'라는 말을 알
고 있나?

청 년 네, 물론입니다. 이웃에 대한 사랑 이야기이죠?

선지자 이 말은 중요한 부분이 빠진 채로 널리 알려졌지. 신약성
서의 '누가복음'에는 이렇게 적혀 있네. "네 이웃을 네 몸
과 같이 사랑하라"

청 년 네 몸과 같이 사랑하라?

선지자 그래, 이웃을 그냥 사랑하지 말고, 나를 사랑하는 것 같
이 사랑하라고 말하고 있네. 자신을 수용하지 못하면 자
신을 사랑하지 못하고, 남을 사랑할 수가 없네. 반드시 자
기 수용이 우선되어야 이웃을 사랑할 수 있다는 뜻이네.

청 년 지금까지의 대화는 최종적으로 '이웃사랑'으로 연결되네
요.

선지자 그렇네. 이 부분에 대해서는 마지막 장에서 대화할 시간
이 있을 것일세.

청 년 오랜 시간 감사드립니다. 다음에 또 들리면 행복으로 가
기 위해 제가 어떻게 해야 하는지 여쭤 보고 싶습니다.

선지자 그렇게 하세. 오늘은 이만하고 다음에 또 대화하세.

청년은 자신이 살아온 지난날을 되돌아보면서 이제야 '행복'이라
는 것을 잡을 수 있겠다고 생각했다. 이유도 모르고 화내고 짜증 내

고 비난하면서 살아온 수많은 나날이 떠올랐다. 최종 목적지인 행복을 위해서 수용의 방법은 꼭 실천해야 할 생활의 일부가 되어야 한다는 것을 마음 깊이 깨달았다. 실천해 볼 것이다. 그리고 한발 더 나아가 다음에는 수용 후에 더 성숙하고 성장하는 자신이 되기 위해 어떻게 해야 하는지에 관해 물어볼 것이다.

제3장

변화하지 않으면 아무것도 얻는 것이 없다

봄기운이 온 세상을 덮고 있었다. 여기 '세심정'에도 봄이 왔다. 5월 초 웅크렸던 나뭇가지에 새싹이 돋아나고 봄의 아지랑이가 가물거리며 온 산과 들을 누비고 있다. 마당을 쓸고 화단을 정리하고 있었다. 벌써 수선화, 튤립 새싹이 올라오고 있다. 바람은 따스하고 햇볕은 온화하다. 이렇게 아름다운 봄이 처음인 것처럼 신비롭다. 암자 앞 나무 사이 연결된 전깃줄에 수십 마리 참새며 산까치가 마구잡이로 짖어댄다. 뭐가 그리 좋은지…. 머리에 깃 모양을 한 후투티 새도 보인다. 참 특이하고 아름다운 모습이다. 오후 해 질 무렵 청년이 찾아왔다. 대략 6개월 전에 여기에서 오랜 시간 대화한 청년이다. 이젠 제법 활기가 있어 보인다. 그때 가을이 끝나갈 무렵에는 수심이 가득하던 얼굴이 지금은 환해 보인다. '수용'이라는 화두를 들고 얼마만큼 이해하고 연습했는지는 몰라도 나름대로 최선을 다해 노력한 것처럼 보였다.

변하지 않으면 내 삶은 도태된다

청 년 선생님의 말씀을 듣고 알아차림을 열심히 연습하였습니다. 아직은 완전한 단계라고는 말할 수 없으나 종종 자극과 반응 사이를 활용하는 단계까지 왔습니다. 가장 도움이 되었던 것은 명상 전문 단체에 입회하여 집중적으로 명상을 한 것이 많이 도움이 되었습니다. 지금은 과거와는 조금 다르게 있는 그대로 수용하는 것이 조금 익숙해졌습니다. 화내고 짜증 내고 좀 독선적인 것도 좀 누그러진 것 같이도 합니다.

선지자 서두르지 말게. 조급해질 이유가 조금도 없네. 작은 것부터 시작하여 성취감을 느끼는 것이 중요하네. 한 번에 용기를 내어 단번에 하는 방법도 있지만 습관이란 관성의 법칙이 있어 절대로 한 번에 고치는 것은 불가능하네. 오늘 자네와 내가 토론할 주제는 '변하지 않으면 내 삶은 도태된다'라는 주제네.

청 년 선생님께서 인간은 변화해야 한다고 말씀하셨습니다. 그러나 성격이나 기질은 변화할 수 없다고 알고 있습니다. 그러면 선생님이 말씀하시는 '변화'란 무엇을 말하는 것인가요?

선지자 그렇게 말했지. 타고난 성격이나 기질은 변하기가 매우 힘드네. 사실은 불가능에 가깝네. 하지만 인간은 변화해야 하네. 아니, 변화하지 않으면 도태가 되네. 즉 '발전과 성장'이 없는 상태가 되네. 더구나 삶의 의미를 잃게 되고 인간관계에서도 문제가 발생하네.

청 년 성격이나 기질은 변화가 어려운데 어떻게 변화한단 말씀인가요?

선지자 우선 변화에 대한 의미와 개념을 정리해 보세. '변화'란 한마디로 정리하면 현재보다 더 나는 방향으로 성장, 성숙하는 것이라고 말할 수 있네. 삶이 더 나은 방향으로 나아가기를 원할 때 왜 반드시 변화가 필요할까? 그것은 달리는 기차를 따라잡으려면 그보다 빨리 달려야 하는 것과 비슷한 이치이네. 달리지 않고 서 있으면 결국 뒤에 남겨지네. 주변 환경과 조건의 변화에 보폭을 맞추지 않으면 우리 삶은 정체되는 것이 아니라 '도태된다'라고 할 수 있지. 따라서 "변화(change)"를 인간 존재의 본질적 특성으로 보거나, 삶의 성장과 성숙을 위한 필수 과정으로 보는 관점을 담고 있네. 그만큼 중요하다는 의미지. 변화해야 하는 것이 꼭 성격이나 기질만 있는 것이 아니지. 살아가는 생활태도, 습관, 말하는 태도 등 타고난 기질이나 성격을 제외하고도 많은 부분이 있네.

청 년 그러면 변화하기 어려운 성격이나 기질만을 말하는 것이 아니라 삶에 대한 태도, 생활방식 등 성장과 성숙을 위한 모든 것을 변화의 대상을 포함한다는 것인가요?

선지자 보통 성격이나 기질은 개인이 일관되게 보이는 감정, 사고, 행동의 경향성, 즉, 상황이 달라져도 비교적 일정하게 나타나는 심리적 패턴을 말하네. 쉽게 말하면 유전적이거나 어릴 때의 환경 등으로 굳어진 심리적 특성이라고 보면 되지. 흔히 성격을 외향적이다, 성실하다, 안정지향성이다 등으로 표현하는데, 대부분 바뀌지 않는다고 말하지만 그렇지 않네. 변할 수 있지. 이와 유사한 단어로 '성품'이라는 말이 있네. 성품은 인간의 도덕적 품질, 즉 선한 인격과 가치관의 깊이를 뜻한다네. "그 사람의 품격" 또는 "사람 됨됨이"라고 말할 수 있겠지. 성품은 타고난 것이 아니라 삶의 경험, 선택, 훈련, 자기반성을 통해 만들어진다고 보면 되네. 예를 들어 누군가가 남을 잘 도와주는 사람을 "따뜻하고 배려심 있는 성품이다"(도덕적 평가)라고 표현하지. 한 줄로 요약하면 성격은 '사람이 어떤 사람인가'를 말하고, 성품은 '그 사람이 어떤 사람답게 사는가'를 말하지. 따라서 변화의 범위는 그 사람의 성격이나 기질, 성품을 포함하여 사회 적응, 생각의 유연성, 자기성찰 등 인간관계와 성장, 성숙과 관련된 모든 부분까지 포함한다네. 변화에 대한 언급은 고대 수많은 철학자에서부터 현대 심리학자까지 많은 말을 남겼지. 소크라테스의 "너 자신을 알라" 말은 단순한 자기 인식의 명령이 아니라, 자기 변화를 위한 출발점을 말하는 것으로 자신을 아는 것은 곧, 자신이 어떤 점에서 잘못 생각하고 행동하는지를 깨닫고 그걸 바꾸려는 용기를 의미하지. 즉 '자기성찰 → 인식 → 변화'의 과정이 곧 인간의 성장이라는 의미네. 장 폴 사르트르, 키에르케고르 등 실존주의자들은 인간을 '스스로를 만들어가는 존재'로 보고, 인간의 본질은 주어진 존재가 아니라, 선택과 결단을 통해 자신을 새롭게 창조해야 하는 존재이기에 "인간은 변해야 한다"라고 했네. 이 말은 "자신을 끊임없이 새로 만들어야 한다"라는 의미와 같지. 즉 변화를 거부하는 것은 자기 존재를 부정하는 것과 같다는 의미지. 인본주의 심리학자 칼 로저스(Carl Rogers)는 "인간은 자기실현(self-actualization)의 방향으로 변화하려는 경향을 지닌 존재"라고 했네. 즉, 인간 내면에

는 본래 성장하고자 하는 힘이 있으며, 자신을 더 깊이 이
해하고 환경에 더 성숙하게 적응하기 위해 끊임없이 변해
야 한다는 의미네. 요약하면 "변하지 않는 인간은 살아
있으면서도 멈춰 있는 존재다"라고 말할 수 있네.

청　년　위 내용을 정리하면 변하지 않으면 안 된다, 도태된다, 이
뜻이군요. 인간은 변화를 통해 성장과 성숙한다는 뜻이
기도 하고요. 저는 한 번도 변화에 대해 생각해 본 적이
없어요. 선생님이 '인간의 본성', '수용, 감정'을 상세히 설명
해 주셨지만 "변하면 죽는다"라는 고정관념이 제 생각에
깊숙이 자리 잡고 있었던 것 같네요. 옛말에 그런 말이 있
지 않았나요?

선지자　인간은 변할 수밖에 없는 존재이네. 다만 개인에 따라 정
도의 차이는 있을 수 있어도 누구나 변화를 시도하고 변
화를 하고 있네.

청　년　그런데, 변해야 한다는 사실은 알아도 좀처럼 변하지 않
죠. 저도 제 성격을 고치려고 여러 번 시도해 봤는데 그때
마다 작심삼일로 끝나버리거든요. 왜 변하는 것이 안 되
나요? 말하는 태도나 습관은 정말로 바뀌지 않아요.

선지자　그렇게 느끼는 자네를 이해하네. 누구나 간단한 방법 하나
로 쉽게 변하면 행복해지기도 쉽겠지. 자네 주위를 둘러보
게. 자네가 '수용'을 배우고 나서 타인을 보니 어떤 생각이
드는가?

청　년　저 사람도 나처럼 조금이라도 변했으면 좋겠다는 생각을
많이 했습니다.

선지자　그럴 것이네. 자네처럼 기본 논리를 이해하고 몇 개월을 열심히 실행하는 사람이 얼마나 될 것 같나?

청　년　거의 없는 것 같아요.

선지자　그만큼 스스로 자각해서 변화로 가기 위해서는 꾸준히 지속적인 열정과 노력을 해야하네. 변화를 위한 노력은 한 만큼 성과를 이루네.

청　년　선생님, 그러면 변화에 장애를 주는 요소는 무엇인가요?

무엇이 변화를 방해하는가

선지자　인간의 습성과도 관계가 있네. 앞에서 말한 본성만큼이나 힘들지. 행동 심리학자 브라이언 트레이시는 "인생이 바뀌지 않는 이유는 단 하나, 행동하지 않기 때문이다. 많은 사람들이 변화를 원하지만 실제로는 지금의 상태에 머무는 편안함을 선택한다. 그 이유는 인간이 본능적으로 안전과 익숙함을 선호하기 때문이다. 새로운 일, 도전, 변화는 늘 불확실성을 동반하고, 불확실성은 곧 두려움을 자극한다"라고 말했네. 트레이시는 이 두려움이 사람을 '심리적 안락지대(Comfort Zone)'에 가두어 둔다고 설명하네. 그 안락지대는 처음에는 안전하게 느껴지지만, 시간이 갈수록 우리의 성장 가능성을 마비시키는 감옥으로 변하지. 안주는 단순한 나태가 아닌, 그것은 자신의 잠재력을 억압하고, 더 큰 가능성을 포기하는 무의식적 자기

보호기제라고 말할 수 있네. 즉, "나는 괜찮아, 바꾸지 않을 거야"라는 말 뒤에는 "새로운 시도를 하기엔 두렵다"라는 마음이 숨어 있다고 트레이시는 강조했네. "안주는 실패보다 무섭다. 실패는 교훈을 주지만, 안주는 아무것도 남기지 않는다"라고도 했네.

청　년　한마디로 위험한 것은 싫다, 두렵다, 그래서 지금 하던 대로 하겠다, 이 뜻이네요. 그래도 하는 게 좋은데…. 두려움을 느끼는 것은 인간의 본성인데 이 본성을 바꾸는 것 아닌가요?

선지자　안주의 근본 원인은 두려움과 변명이라고 보네. 트레이시는 사람들이 안주하게 되는 핵심 이유로 세 가지를 제시했지. 첫째는 실패에 대한 두려움이네. 사람들은 "만약 실패하면 어쩌지?"라는 생각 때문에 도전을 미루네. 그러나 그는 이렇게 말했네. "실패는 끝이 아니라 과정이다. 실패하지 않는 사람은 아무것도 시도하지 않은 사람일 뿐이고, 실패는 피해야 할 대상이 아니라 학습과 성장의 증거다"라고 했네. 두 번째는 비판에 대한 두려움이네. 타인의 시선과 평가를 지나치게 의식하면, 우리는 자기 자신이 아닌 타인의 기대에 맞춘 삶을 살게 된다고 하면서 트레이시는 이렇게 말했네. "비판을 두려워하지 마라. 아무것도 하지 않는 사람만이 비판을 피할 수 있다."라고. 세 번째는 변화에 대한 두려움이네. 변화는 익숙한 것을 잃게 만들지만, 동시에 새로운 기회를 가져온다고 했네. 트레이시는 "변화는 고통스러운 성장의 징후"라며, 이를 피하면 결국 퇴보하게 된다고 경고하고 있네. 그리고 이 모든 두려움은 결국 변명으로 변한다고 했네. "지금은 시기가 아니야.", "돈이 없어서 못해", "환경이 안 좋아" 등, 이런 변명은 우리를 현상 유지의 덫에 가두며, 행동의 동기를 마비시킨다고 했네. 그리고 그는 단호히 말했지. "당신이 만들어내는 모든 변명은 잠재력의 일부를 버리는 것이다."라고. 자네 말처럼 변화에 대한 저항은 본성과도 가깝네. 하지만 바꿀 수 있다는 것이네.

청 년 하지만 실제로 변화의 시기, 상황, 조건이 맞지 않을 수도 있지 않나요? 모두가 변명이라고 말할 수 없는 것 같은데요.

선지자 자네 말처럼 어쩔 수 없는 상황이 생겼는데 변명으로 들릴 수 있지. 자기합리화는 스스로에게 이렇게 말하게 만드네. "지금도 충분히 잘하고 있어", "나보다 더 어려운 사람도 많은데", "다음에 하면 되지." 이러한 생각은 일시적인 안도감을 주지만, 성장을 영원히 멈추게 만든다고 했네. 이때 "지금 이 순간, 내가 할 수 있는 최선은 무엇인가?"를 스스로에게 묻기를 권하네. 그러면 그 상황에서 최고의 방법을 찾을 수 있겠지.

청 년 "지금 이 순간에 내가 할 수 있는 최선의 것"이라는 말은 변화를 위해 마음가짐을 어떻게 해야 하는가에 대한 각오 같은 것 같네요. 하지만 마음대로 안 되는 것이 인생사잖아요. 쉽게 될 수는 없겠죠.

선지자 아니 쉽네. 어렵지 않지. 그냥, 지금 변하겠다고 결심만 하면 되네. 결국 용기의 문제지. 어차피 자네의 인생이지 않는

가? 대부분의 사람은 용기 앞에서 주저하네. 앞에서 말한
세 가지 두려움과 변명하고 자기합리화해 버리지. 이대로
괜찮다고.

청　년　그렇네요, 제 인생이네요. 그러면 어떻게 바꾸어야 하는
지 설명해 주세요.

선지자　트레이시는 변화를 실천하는 단계를 상세히 설명하고 있
네. 트레이시는 안주의 반대말은 '모험'이나 '도전'이 아니
라 '책임 있는 행동'이라고 말하면서 "행동하지 않으면 인
생은 절대 바뀌지 않는다"라고 했네. 앞에서도 말했듯이
"한 번의 용기 있는 행동이 당신의 인생 전체를 바꾼다.
행동은 단순한 실행이 아니라, 자기 신뢰의 선언이다"라고
했네. 그리고 한 걸음 내디딜 때마다 스스로에게 이렇게
말하라고 했네. "나는 내 삶의 주인이다"라고. 행동의 중
요성을 거듭 강조한 거지.

청　년　변화는 책임 있는 행동이 중요하다, 용기가 중요하다, 이
말씀이네요.

선지자　그렇네. 그리고 트레이시는 인생의 변화를 다섯 단계의
순환 구조로 설명했지. 첫 단계는 변화를 결심하는 것이
네, 두 번째는 작게라도 실천하고, 세 번째는 작지만 눈에
보이는 성과를 보고, 네 번째는 성공 경험으로 자신감을
갖는 것이네. 마지막으로 다섯 번째는 더 큰 행동을 실행
하는 것이네. 그리고 강조했지. 이 선순환이 시작되면 인
간은 더 이상 안주하지 않는다고. 이것을 실천하기 위해
세 가지 단계로 정리했네. 1단계는 명확한 목표 설정이네.

“행동은 목표가 있을 때 의미가 있다”라고 했지. 구체적인 목표가 없으면 인간은 방향을 잃고, 자연스럽게 현재 상태에 안주하게 된다고 했네. 2단계는 작게 시작하라네. 변화는 거대한 결단이 아니라 작은 행동의 누적에서 시작된다고 말하면서 “매일 1%의 행동 변화가 1년 후 37배의 성장으로 돌아온다”라고 했지. 작은 습관 하나, 즉 10분 독서, 30분 운동, 감사 일기 등이 안주를 깨는 첫걸음이라고 했네. 3단계는 꾸준함을 유지하는 것이네. 트레이시는 “꾸준함은 천재성을 이긴다”라고 강조했네. 잠시의 열정보다 중요한 것은 매일의 행동을 습관화해야 하는 것이네. 꾸준히 행동하면 두려움은 줄고 자신감이 자라네.

청　년　변화를 위한 명확한 목표 설정 그리고 작게 시작하라, 꾸준하게 하라, 이 3단계를 준수하여 시작하라는 것이네요. 변화의 실행은 작게라도 꾸준함을 유지하여 습관화해야 한다는 것이네요.

선지자　그렇네. 그리고 무엇보다도 변화의 목표가 처음부터 거창하거나 완벽함을 추구하면 실패하기가 쉽네. 따라서 변화의 목표는 ‘최고가 되는 것이 아니라 매일 조금씩 나아지는 것이다’라는 것을 잊어서는 안 되네. 또한 성장을 위해 매일 조금씩 자기 능력의 최대치를 발휘하라는 것이네. 운동 해부학에서 흔히 사용하는 ‘가동 범위’라는 말이 있네. 움직일 수 있는 범위를 뜻하는 말로, 가동 범위가 좋으면 어떤 움직임도 쉽게 수행할 수 있지. 운동할 때 움직이는 범위 내에서 최대한 몸을 움직여 자기 몸의 가동 범위를 최대치로 넓혀야 한다고 말하네. 이때 아프고 힘들어도 계속 움직여야 하는 이유가 여기에 있네. 최대치를 한다는 것은 어떤 일을 할 때 자기 능력을 최대치로 발휘한다는 의미지만, 매일 조금씩 더 나아지는 것을 목표로 살아간다면 최고가 될 수는 없어도 최고에 가까워질 수 있네. 심리적 궤도에 있는 수용, 변화, 인간관계, 행복 이 네 가지는 기본적으로 멈추지 않고 계속 돌아가는 수레바퀴와 같다고 보면 되네. 오늘 했으니까 내일 안 해도 되는 것이 아니고, 돌아가지 않고 멈추면 그때부터 녹슬고 정체되기 시작하네.

청　년　변화를 위한 방법을 말씀해 주셨습니다. 그러면 무엇을 바꾸어야 하나요?

선지자　바꾸어야 할 대상이 있겠지. 크게 세 가지로 구분할 수 있네. 첫째는 말(言)이네, 두 번째는 생각(思), 세 번째는 습(習), 네 번째는 신(身)이네. 이 네 가지를 구분해서 대화해 보세.

청　년　그러면 첫 번째, 말을 어떻게 바꾸라는 것인가요?

태도에서 말투를 바꿔라

선지자　태도에서 말투를 바꾸는 것이네.

청　년　'말투'란 사용하는 말의 내용, 목소리 톤을 말하는 건가요?

선지자 말이란 정보 전달만이 아니라 감정, 관계, 신뢰, 정체성, 사회적 지위 등을 형성하고 조절하는 도구라고 말할 수 있지. 말을 통해 서로의 감정을 나누고 공감하며, 갈등 발생 시 조정하고 해결하는 매개 역할을 하고, 신뢰와 친밀감을 쌓는 데 기여도 하고, 상처나 오해, 말실수와 같은 부적절한 표현으로부터도 올 수 있는 단어라고 말할 수 있네. 이런 맥락에서 언어의 선택(단어), 말하는 방식(톤, 말의 내용, 표현 빈도 등), 듣는 방식(표정, 경청, 피드백) 등이 관계의 질에 큰 영향을 미치네. 여기서 말(言)이 가장 중요하다는 것에 대해 구체적으로 분석한 것을 말해 보겠네. 미국 심리학자 앨버트 메라비언에 따르면 말의 영향력이 얼마쯤 되는지 분석했네. 이 분석에 따르면, 대화에 영향을 주는 것은 말(언어) 7%, 음성 톤(말투) 38%, 몸짓·표정 등 비언어 55%라고 하네. 몸말(body language)을 다시 세분화해 보면 표정(30%), 태도(20%), 몸짓(5%) 정도라고 했네. 따라서 대화와 소통에서 가장 중요한 말에서 말투(38%)와 표정(30%), 태도(20%)가 88%나 차지한다고 했지.

청 년 그러니까 대화에서 말의 영향력이 말투, 표정, 태도 이 세 가지가 가장 중요하다는 말씀이군요.

선지자 그렇네. 여기서 중요한 것은 말투를 단어와 말의 음성 톤(tone)이 조합된 상태로 이해해야 하네. 예를 들어 "미안합니다"라고 말할 때 화난 것처럼 큰 소리로 말하면 진심이 느껴지지 않듯이 단어와 목소리 톤은 짝이 되어 반응하는 것이지. 즉 "미안합니다"라고 말할 때는 작은 목소리로 표정까지 미안한 마음으로 작은 목소리로 말하는 거지. 말투가 중요한 것은 거기에는 감정이 들어 있기 때문이지. 인간의 행동·감정·생각은 외부 자극에 의해 자동으로 반응하는 경향이 매우 크네. 즉, 우리는 대부분 의식적으로 선택해서 반응하기보다는, 환경·상황·타인의 행동·감정 자극 등에 무의식적으로 반응하면서 살아가네. 거기에다 반응할 때 상대의 감정과 동일한 말투로 반응하는 것이 동물적 감정을 가진 인간이라는 것이네. 이 말은 상대가 큰 소리로 말하면 나도 큰소리로 반응하고, 작은 소리로 미안하다는고 말하면 나도 작은 소리로 반응한다는 뜻이지. 대부분 좋지 못한 욕이나 비방의 말은 말투가 거칠거나 크거나 비아냥거리는 말투고, 감사나 존경 등 좋은 말은 말투가 부드럽고 소리가 낮게 되네.

청 년 상대가 큰 소리로 말하면 저도 큰 소리로 반응하는 것이 당연하지 않나요? 선생님의 말씀처럼 자동으로 반응하는 것이죠.

선지자 목소리가 크면 말투가 거칠게 되는 것이 기본이네. 예를 들어 상대가 큰 소리를 내고 있다고 생각이 되면 이것은 싸움을 거는 말투로 보아야 하네. 이렇게 큰소리를 치며 시비를 걸어올 때는 이 싸움에서 재빨리 물러나야 하네. 순간적으로 알아차림이 필요하지. 이유는 간단하지. 싸움이 더 커질 가능성이 뻔히 보이거든. 즉 말투만 보면 현재 그 사람의 감정상태를 재빨리 파악할 수 있네. 이런 상황에 관한 이야기는 다음에 또 대화할 시간이 있을 것일세.

청　년　네. 알겠습니다. 다음에 이 부분에 관해 설명해 주시기를 바랍니다. 그러면 말투를 어떻게 바꾸어야 합니까?

선지자　세 부분으로 나누어 설명해 보겠네. 첫째, 공감형 말투이네. 즉 대표적으로 "네 마음을 이해해"라고 상대의 감정을 먼저 인정하고 수용하는 말투이지. 비판보다 공감 → 대화 → 해결 순으로 가는 것이 핵심이지. 예를 들어 가족이 힘들어할 때 "그 정도로 힘들어할 일은 아니잖아"보다 "많이 힘들었겠네, 내가 도와줄 일 있을까?"라든가, 직장에서 실수한 동료에게 "왜 그렇게 했어?"보다 "그 상황이 꽤 복잡했지?" 같은 말로 바꾸어 말하는 거지. "이해해요", "그럴 수 있죠", "힘들었겠어요" 같은 말은 상대의 감정을 수용하면서 상대는 존중받는 느낌을 받기 때문에 관계를 부드럽게 만드네. 공감형 말투는 말의 의미는 동일하지만 전달되는 느낌은 완전히 다르네.

청　년　상대는 존중받는다는 의미에서 관계가 더욱 좋아지겠네요. 이것은 '수용'에서 선생님 이 말씀하신 수용이 곧 존중이라는 말과 같네요. 저는 이 부분이 무척이나 어렵게 느껴집니다.

선지자　그럴 것이네. 이것은 정서적 지지와 같은 의미이네. 좀처럼 사용해 보지도 못했고 배워 본 적도 없는 이런 공감형 말투, 정서적 지지의 말투는 알아도 실행이 무척 어렵네. 나도 무척 바꿔보려고 노력했으나 아직도 안되는 것이 공감적 말투일세. 그래서 하루에 한마디라도 제대로 실행해 보자고 생각해서 꾸준히 했는데 이제는 하루에 두 마디

정도는 가능해졌네.

청 년 저도 아마 선생님처럼 하루에 한 마디 목표로 시작해야겠네요.

선지자 두 번째는 존중형 말투네. 즉 "당신의 생각도 소중하다고 생각해요"라는 의미로 상대의 의견을 존중하고, 말할 기회를 주는 말투이네. 예를 들어 회의 중 의견 충돌이 있을 때 "그건 아니죠."보다 "그 의견도 일리가 있네요. 제 생각은 조금 다릅니다"라든가, 부모님과 대화에서 "그건 옛날 방식이에요."보다 "그렇게 하셨던 이유가 있겠네요. 요즘은 이렇게도 하더라고요."라는 말로 바꾸면 상대를 존중하는 것이네. 핵심은 상대의 말에 먼저 "그럴 수도 있네요", "들어보니 이해돼요"를 덧붙이면 반대 의견도 부드럽게 전달할 수 있겠지. 이 두 가지 공감형 말투, 존중형 말투는 사람의 성품을 결정하는 아주 중요한 말이네. 연습하지 않으면 실행되지 않는다는 것이 특징이므로 반드시 연습으로 습관화하는 것이 필요하네.

청 년 그러면 공감형과 존중형은 어떤 차이가 있나요?

선지자 공감은 상대의 감정·생각·경험을 이해하려는 마음의 움직임이네. 즉 "당신의 감정을 느끼고 이해하려고 합니다"라는 뜻이고, 존중은 상대가 가진 의견·가치·경계·결정 등을 인정하고 대우하는 태도네. 즉 "당신의 존재·생각·경계·선택을 가치 있는 것으로 대합니다"라는 뜻이지. 세 번째는 긍정형 말투네. 즉 "함께 해결할 수 있어요"라는 의미로 비판보다 가능성·협력·감사를 강조하는 말투네. 예를 들어 실수했을 때 "또 틀렸네"보다 "괜찮아요. 이번엔 원인을 같이 찾아볼까요?"라든가, 부탁을 거절할 때 "안 돼요."보다 "이번에는 어려울 것 같아요. 대신 다음에 꼭 도와드릴게요"라든가, 대화 마무리할 때 "됐어요"보다 "오늘 이야기 나눠서 좋았어요. 덕분에 많이 배웠어요"라는 표면으로 바꾸면 인간관계가 훨씬 좋아지겠지. 넷째로 감사형 말투네. "당신 덕분이에요"라는 말로 대표되는 말이지. 작은 일에도 감사의 말을 표현하면 관계가 깊어지네. 도움받았을 때 "수고했어요"보다 "정말 도움이 많이 됐어요. 덕분에 일이 잘 끝났습니다"라든가, 사소한 배려를 받았을 때 "괜찮아요"보다 "이렇게 신경 써줘서 고마워요. 마음이 따뜻하네요"라는 말로 바꾸는 거지. 감사는 '결과'보다 상대의 마음을 칭찬하는 형태로 말하면 더 진심이 전해지네. 예를 들어 "시간 내줘서 고마워요"보다 "당신이 이렇게 시간 내준 게 정말 고마워요"라고 하면 진심이 느껴지겠지.

청　년　선생님의 말씀은 공간, 존중, 긍정, 감사, 배려의 말로 바꿔라, 그러면 관계는 더 좋아지고 소통은 쉽게 되고 고통은 줄어든다는 것이네요. 당연히 좋아지겠죠.

선지자　자네가 만약 앞에서 말한 공감, 존중, 배려의 말로 바꾼다면 인간관계는 상상할 수 없을 만큼 좋아질 것일세. 인간관계를 획기적으로 바꾸는 방법은 쉽지. 하지만 실행하기가 무척 어렵지. 꼭 실행해 보길 바라네. 마지막으로 몸말(body language)를 변화시키는 것이네. "몸말"은 말로 하지 않아도 감정, 태도, 의도를 전달하는 비언어적 표현인데, 사람이 의사소통할 때 언어보다 몸이 더 많은 정보를 준다는 연구도 있네. 몸말에서 가장 중요한 것이 표정이지. 인간의 표정은 감정을 그대로 드러내 보여주기 때문에 표정만 보면 그 사람의 감정을 알 수 있지. 표정에는 미소, 무표정, 찡그림, 인상 찌푸림, 얼굴 붉힘, 입꼬리 한쪽만 올림 등이 있는데, 자네가 알다시피 가장 좋은 표정은 미소, 웃는 표정이네.

청 년 선생님의 말씀대로 태도에서 말투가 중요하네요. 사실 저도 회사 생활을 해보면 방금 말씀하신 말투가 얼마나 중요한지를 잘 알 수 있거든요. 상대도 내가 하는 말투에 따라 반응도 달라지거든요.

선지자 그렇네. 인간의 본능에 '겉모습 편향'이라는 것이 있었네. 이때도 물론 입은 옷이나 얼굴 생김새 등 여러 가지가 있겠지만 그 사람이 말하는 말투와 거기에서 풍기는 성품이 첫인상을 결정하네. 안타깝게도 가장 중요한 말투에 대해서는 아무도 가르쳐 주는 사람이 없네. 자네는 아직 어린 아이가 있다고 했네. 어렸을 적부터 가르쳐야 하네. 잘못된 습관이 되어 버리면 고치기가 무척 어렵네.

선지자 그러나 제가 긍정적으로 반응해도 상대가 막무가내식으로 큰 소리로 말하거나 짜증을 내면서 대응할 수도 있는데 이때는 어떻게 하나요?

선지자 조금 전에 말했듯이 말투가 거칠어져서 시비나 비아냥거리는 말투로 말한다면 대부분 상대와 똑같이 큰소리나 짜증 섞인 반응을 하는 것이 일반적이지만 앞에서 말했듯이 이런 상황에서는 이 대화에서 재빨리 물러나야 하네. 대화의 주제를 바꾸든지 더 이상 할 말이 없다고 정중히 전달하고 자리를 물러나면 되네. 그러나 말에는 감정이 포함되어 있기 때문에 상대의 감정을 살피어 지혜로운 선택을 해야 하네.

청 년 저도 상대의 말과 표정을 보고 상대가 어떤 감정인지 파악하거든요. 말에 대한 기능, 작용, 영향에 대해서는 저도 많이 들어서 알고 있지만 바꿔보겠다는 생각을 못 했습니다. 이번 기회에 실행해 보겠습니다.

말투는 단순히 말을 어떻게 전달하느냐의 문제가 아니라, 그 사람의 태도·인격·관계의 질을 드러내는 핵심 요소이다. 같은 말이라도 말투에 따라 의미는 완전히 달라지고, 관계는 가까워지기도 멀어지기도 한다. 사람은 말의 내용보다 말투와 감정의 뉘앙스를 먼저 인식한다. 심리학 연구에서도 의사소통의 상당 부분은 단어 자체보다 어조, 속도, 강세, 표정에서 전달된다고 한다. 즉, "무엇을 말했는가"보다 "어떻게 말했는가"가 더 오래 기억된다. 부드러운 말투는 신뢰와 안정감을 만들고, 공격적인 말투는 방어와 갈등을 유발한다. 같은 지적도 존중의 말투는 성장의 계기가 되지만 비난의 말투는 자존감을 훼손하고 관계를 단절시킨다. 말투는 관계를 이어주는 다리가 되기도 하고, 무너뜨리는 벽이 되기도 한다.

말투는 순간적으로 만들어지지 않는다. 평소의 생각 습관, 감정 조절 능력, 타인을 대하는 태도가 자연스럽게 드러난다. 여유 있는 말투 → 안정된 내면, 날카로운 말투 → 불안과 긴장, 따뜻한 말투 → 공감과 배려의 능력, 따라서 말투는 그 사람 인격의 결과물이라 할 수 있다.

사람들은 논리보다 감정에 의해 움직인다. 아무리 옳은 말도 말투가 거칠면 거부당하고, 완벽하지 않은 말도 말투가 따뜻하면 받아들여진다. 리더, 부모, 교사, 상담자에게 말투는 권위보다 더 강한 영향력의 도구다. 말투는 타인뿐 아니라 자기 자신에게도 작용한다. 자신에게 쓰는 말이 부정적이면 자신감이 약해지고, 자신을 존중하는 말투는 회복력과 자존감을 높인다.

말투는 곧 자기대화(Self-talk)이며, 삶의 태도를 형성한다. 말투는 성격이 아니라 습관이다. 감정이 올라올 때 잠시 멈추기, '왜' 대신 '어떻게'를 사용하기, 명령 대신 제안의 말투 쓰기, 이러한 작은 훈련만으로도 말투는 충분히 변화한다. 말투는 인간관계, 일의 성과, 가정의 분위기, 자기 존중감까지 좌우한다. 말투를 바꾼다는 것은 삶을 대하는 태도를 바꾸는 일이며, 결국 인생의 방향을 바꾸는 선택이다.

습관을 바꿔야 성장한다

선지자　지금까지 변화에서 말투를 바꾸고 생각 즉 사고방식을 바꾸는 것까지 대화했네. 이제 습관을 바꾸는 것에 대해 말해 보겠네. 먼저 습관을 바꾸는 것이 왜 중요한지 말해 주겠네. "변화는 삶의 핵심 동력이다"라고 했네. 개인이든 조직이든 새로운 목표나 환경에 적응하고 성장을 이루기 위해서는 행동의 변화가 필요하지. 그러나 실제로 삶을 변화시키는 것은 단편적인 '의지'나 '결심'이 아니라 반복되는 습관의 시스템적 변화네. 습관은 무의식적으로 자동화된 행동이며, 우리의 하루 행동 중 40~60%가 습관에 의해 좌우된다는 연구도 있네. 그래서 습관을 바꾸는 것은 단순히 행동이 달라지는 것이 아니라 정체성, 감정 패턴, 사고 구조, 삶의 결과 전체를 바꾸는 과정이기 때문에 중요하네.

청 년 습관을 바꾼다는 것은 정말 어렵다고 생각합니다. 사실은 바꾸고 싶지 않은 것이죠. 굳이 바꿀 필요성을 못 느낀다, 뭐 이런 이야기 아닐까요?

선지자 하지만 우울증이나 인간관계 문제로 생활에 불편을 느끼거나 행복감이나 성취감 등을 느끼지 못한다면 바꾸어보는 것을 생각해 봐야 하네. 습관은 앞에서 말한 수용이나 변화를 정착화시키고 시스템화하여 삶의 의미를 찾도록 강화해 주는 기능을 하네. 굳이 특정한 어떤 사람이 습관을 바꾸어야 한다고 말할 수는 없네. 본인 스스로가 삶이 가치가 있는 방향으로 가기 위해 무엇을 바꾸어야 하는지 알아차리지 못하면 자네가 말한 것처럼 바꿀 필요를 느끼지 못하겠지. 더군다나 장애요인이 많아 쉽게 바꾼다는 것을 생각하지 못하네.

청 년 선생님 말씀처럼 습관을 바꾼다는 것은 특별한 어떤 게

기, 충격적 사건과 같은 것이 없으면 바꾸기가 어렵다고 생각합니다. 다만 지금 행복하지 않다든지 성취감을 느끼지 못하고 우울증 같은 증세가 있다면 바꾸는 것을 생각해 봐야겠죠. 그럼 습관을 바꾸는데 어떤 장애 요인이 있나요?

선지자 습관을 쉽게 바꾸기가 어렵다는 것은 인간의 기본적 특성과 관련이 있네. 우리의 뇌는 에너지를 절약하기 위해 반복 행동을 자동화하려는 자동화 시스템을 가지고 있네. 새로운 행동은 더 많은 에너지를 요구하고, 더 많은 인지를 필요로 하네. 따라서 뇌는 본능적으로 변화를 싫어하도록 설계되어 있네. 두 번째는 기존 습관은 편안함을 제공하지. 위험을 싫어하고, 노력을 최소화하며 감정적 안정을 추구하네. 따라서 새로운 습관은 뇌에 "위협"으로 인식되어 멀리하게 되네. 셋째, 새로운 습관은 즉각적인 보상을 주지 않네. 나쁜 습관은 즉각적 보상이 크고 장기적 손해가 크지. 예를 들어 새로운 습관으로 운동한다고 했을 때 지금 당장은 힘들어 피하는 것과 같은 거지. 사람은 본능적으로 즉각적 보상을 선호하고 현재의 위험을 싫어하네. 더군다나 지나친 목표를 설정하면 너무 큰 변화는 뇌가 감당하지 못하네. "하루 2시간 운동할 것", "책 100권 읽기 시작", "SNS 완전 금지" 등 크고 극단적인 변화는 지속성이 떨어지고 금세 포기를 하게 만드네. 넷째, 습관은 감정과 깊이 연결되어 있기 때문에 스트레스, 우울감, 피로, 불안이 높아지면 기존의 자동화 습관(식습관, 미루기, 회피)으로 되돌아갈 가능성이 커지네. 다섯째, 습관은 환경에 의해 쉽게 유지되거나 무너지네. 책상에 '스마트폰 → 공부 집중 불가, 주변의 방해 → 운동 습관 붕괴, 집안 환경 정리 안 됨 → 행동 흐름 깨짐' 등 습관을 바꾸는 데 장애를 주네. 게다가 "나는 원래 게을러", "나는 원래 계획을 못 지켜" 이와 같은 자기 인식이 습관 변화의 가장 강력한 방해 요소가 되기도 하네.

청　년　선생님의 말씀처럼 뇌는 기본적으로 변화를 싫어하고, 기존대로 하려는 편안함을 유지하려고 하고, 지금 당장 보상도 주어지지 않고, 감정이나 환경과 연결되어 있어 습관을 바꾸는 것 자체가 많은 제약을 갖고 있네요. 그러면 습관을 바꿔야 하는 이유는 구체적으로 무엇인가요?

선지자　습관은 그 사람의 정체성과 직접 연결되기 때문이네. 사람은 반복되는 행동을 통해 "나는 이런 사람이다"라는 정체성을 스스로 정의하네. 예를 들어 운동하는 사람은 "나는 건강을 챙기는 사람"이라는 정체성을 갖게 되고, 계획을 지키는 사람은 "나는 약속을 지키는 사람"이라는 정체성을 갖게 된다는 거지. 따라서 습관은 결과가 아니라 존재방식의 변화를 이끌어 주네. 이러한 자기 정체성이 올바른 자기 신념과 삶의 행복, 의미를 만들어 가는데 중요한 작용을 하네. 또다른 이유로는 작은 습관의 변화가 큰 결과를 만든다는 것이네. 습관은 복리의 법칙을 갖고 있네. 하루 1% 변화는 1년 후 37배 성장하고, 하루 1% 나쁜 습관은 1년 후 93%가 더 악화한다는 의미이지. 즉, 미세한 일상의 반복이 장기적으로 엄청난 차이를 만든 다네. 그뿐만 아니라 스트레스, 감정, 인간관계, 성과는 모두 습관의 결과로 이루어 지네. 습관은 행동뿐 아니라 정서, 사고, 대인관계 패턴에도 영향을 준다는 의미이지. 예를 들어 부정적 사고 습관은 불안 증가, 회피 행동을 유발하고, 늦잠 자는 습관은 시간 압박, 생산성 저하로 이어지며, 미루기 습관은 자기효능감 저하로 이어지네. 즉, 삶의 질 80%는 습관에서 나온다고 해도 과언이 아니지.

청 년 습관이 자기 정체성을 결정한다고요? 즉 "나는 어떤 사람이다"라는 정체성을 결정한다면 자기 자신에 대한 자존감이나 성취감과도 연결이 된다는 뜻이네요. 작은 변화가 큰 변화를 갖고 온다는 것도 장기적으로 세운 목표 같은 것도 작은 습관으로 달성할 수 있다는 뜻이기도 하네요. 우선 습관을 바꾸어야 한다고 하셨는데 습관에는 여러 가지가 있습니다. 주로 어떤 것을 바꾸어야 하는지 말씀해 주시겠습니까?

선지자 자네 말처럼 여러 부분이 있네. 요약하면 첫째, 심리적·정신적으로 문제가 있다고 생각이 되는 나쁜 습관을 바꾸어야 하네. 심해지면 사회생활이나 대인관계에 영향을 주어 결과적으로 본인에게 불이익이 발생할 수 있네. 인간관계도 나빠질 수도 있네. 둘째는 건강관리네. 건강에 해로운 습관을 버리고 좋은 습관으로 바꾸어야 하네. 이 부분은 구체적으로 설명하지 않아도 충분히 이해할 것일 셋째는 인간관계관리네. 좋은 인간관계를 위해 어떻게 해야 하는지는 스스로 잘 알고 있을 것일세. 넷째는 학습과 배움이네. 지속적으로 배우고 탐구하는 습관은 뇌 건강을 유지하는 것도 있지만 행복한 삶을 사는 데 필수적이네. 다섯째 지역사회에 대한 봉사와 공헌이네. 행복은 누군가에게 공헌한다는 느낌이 있어야 하네. 마지막으로 개인의 취미와 강점이네. 강점을 살리기 위해 어떤 습관을 바꾸어야 하는지 중요하네.

청 년 대부분 심리적 안정과 행복한 인생을 위한 좋은 방향으로 변화하는 것이네요. 그러니까 심리적 안정, 건강관리, 인간관계 개선, 학습과 배움, 봉사와 공헌, 자신의 강점 개발. 이 모두가 선생님과 대화하고 있는 주제에 해당하네요.

선지자 그렇네. 앞에서 말한 여섯 가지에 대해 분야별 목표를 정해 쉬운 것부터 하나씩 습관을 바꾸어 가면 되겠지. 인간이면 누구나 집중적으로 관리해야 하는 중요한 항목이네. 관리라는 것은 나빠지지 않게 좋은 방향으로 개선이 되도록 지속해서 관심을 두고 변화를 추구한다는 것이네. 하지만 장애 요인이 많이 있네.

청 년 문제는 많은 장애 요인이 있음에도 불구하고 어떻게 바꾸느냐가 중요하지 않습니까? 어떤 방법으로 바꾸나요?

선지자 보통 변화를 위해서는 자신의 '의지'를 강조하는데 습관의 변화는 의지만 가지면 되는 것이 아니고 '적절한 시스템의 구축'이 필요하네. 의지는 시간이 지나면 추진 동력이 축소되고 약해지지만, 시스템은 습관을 점점 더 강해지게 만든다는 거지. 먼저 습관 변화에는 과학적 원리와 단계가 있다는 것을 알아야 하네. 첫째, 정체성을 기반으로 하여 습관을 만드는 것이네. 나쁜 방식은 목표를 기반으로 하는 변화인데 예를 들어 단순히 "10kg 감량" 같은 목표는 좋지만, 결과적으로 지속성이 부족하네. 하지만 정체성 기반으로 목표를 정하면 "나는 건강을 돌보는 사람이다"라는 정체성을 먼저 각인하고 세부 목표로 "10kg 감량"을 한다고 하면 되네. "책 10권 읽기"보다는 "나는 꾸준히 배우는 사람이다"라는 정체성을 먼저 각인하고 세부 목표로 "1개월에 1권 읽기" 같은 목표를 세우라는 것이네. 이것이 반복되면 정체성이 확립되어 결국 자동화된 행동을 이끌고, 행동은 습관을 만든다는 논리지. 이때 이 목표는 작게 시작하고, 지속해서 할 수 있는 것이 중요하네.

청　년　선생님이 방금 정체성을 기반으로 한 시스템적 변화를 말씀하셨는데 정체성을 가진다는 의미는 '나는 ~ 한 사람이다'라는 말이잖아요.

선지자　그렇네. 이 말은 큰 틀을 먼저 만드는 것이네. 그림을 그릴 때 전체적인 구도를 먼저 생각하듯이 외곽을 먼저 잡는 것이지. 이 정체성은 성공, 행복 등 인생의 큰 그림이므로 습관의 변화도 여기에 맞추어 바꾼다는 뜻이네.

청　년　그러니까 변화의 목표를 정할 때 먼저 자기의 정체성을 먼저 세워라, 이 말씀이네요. 그리고 작게 시작하라는 말은 목표를 쉬운 것부터 시작하라는 말이고요.

선지자　그렇네. 두 번째 원리가 작게 시작하는 습관이네. 습관은

작고 쉽게, 그리고 매일매일 반복적으로 지속되어야 한다
는 것이네. 예를 들어 "1시간 공부"를 "5분 공부"로 축소하
거나, "30분 운동"을 "10분 스트레칭"으로 하거나, "책 30
쪽" 읽기를 "1쪽만 읽기"로 하는 것을 말하네. 목표가 작
을수록 실패 확률이 낮고 성공 경험이 쌓인다는 논리지.
그리고 이것을 지속해야 하네.

청　년　계속 작은 목표만 세우면 변화의 속도가 느리게 되지 않
나요?

선지자　어느 정도 적응이 되면 단계적으로 최대치를 올려야 하
네. 앞에서 말했듯이 한계치를 점차 키워가야 하네. 시간
이 지남에 따라 5분에서 10분, 20분, 1시간으로 올려야
하네.

청　년　이처럼 하려면 세부적인 계획과 매일매일 하는 근기와 인
내가 없으면 하기가 어려울 것 같은데요.

선지자　변화는 어렵네. 쉽지 않네. "말투를 바꿔라"라고 할 때도
마지막에는 이것을 하겠다고 결심하고 용기를 내야 한다
고 했네. 이것이 없으면 애초부터 불가능하네.

청　년　선생님이 이렇게 강조하시는데 저는 결심을 하고 해보겠
습니다. 그리고 또 다른 습관을 바꾸기가 있나요?

선지자　셋째는 환경 바꾸기네. '환경은 의지보다 더 강력하다'라
는 말이 있네. 예를 들어 좋은 습관을 돕는 환경으로 간
식 안 보이는 곳에 두기, 책상 정리하기, 스마트폰을 다른
방에 두기, 운동용품을 보이는 곳에 두기, 야식하지 않기
등 결심한 습관을 할 수 있게 의욕을 북돋우는 환경을 만

드는 것이네. 반대로 나쁜 습관을 하기 어렵게 만드는 환경인데, 예를 들어 SNS 앱 삭제하기, TV 리모컨 치우기, 침대에 휴대폰 금지하기 등인데 하기 어렵게 환경을 만드는 것이네. 환경의 변화는 습관 변화의 50%를 차지할 만큼 중요하네.

청 년 저도 그렇게 생각해요. 저도 시도 때도 없이 휴대폰만 보는 습관을 고쳐보려고 휴대폰을 일부러 제 책상에서 멀리 떨어진 다른 방에 두기도 했는데 불안해서 금방 다시 갖고 오더라고요. 환경 만들기는 쉽지만 지키기가 어렵더라고요.

선지자 자네가 서두에서 말했듯이 바꾸려는 결심과 용기도 부족하고 무의식에서 올라오는 데로 그냥 고치기가 싫은 거지. 그냥 편하게 살고 싶은 거지. 이때는 알아차려야 하네. "아, 내가 바꾸기를 싫어하는구나", "또 가지러 가라고 내 마음이 시키는구나" 이렇게 알아차리는 수 밖에 없네.

청 년 알아차리고 통제하고 또 알아차리고 통제하기를 반복하는 수밖에 다른 방법이 없겠네요. 그래도 안 되면 아예 전혀 불가능한 방법 즉 휴대폰을 아예 없애 버린다는 방법도 있겠네요. 극단적인 이야기지만요. 그러면 내 마음이 좋은 습관을 자동으로 실행하기 위해 뇌가 자동으로 좋은 습관을 지령하게 하는 방법은 없나요?

선지자 있네. 네 번째가 보상 설계네. 이 말은 습관은 뇌의 도파민 시스템과 연결되어 있네. 지속하려면 즉각적 작은 보상을 해줘야 뇌가 다음에 또 해야지 하는 감정을 불러일으킨다는 뜻이지. 예를 들어 운동 후 좋아하는 음악 듣기, 작은 휴식 취하기, 스스로 칭찬하기 같은 것인데 뇌는 즉각적 보상이 있을 때 다음에 또 행동을 반복하게 지령하네.

청　년　좋은 습관을 성취했을 때 자기 자신에게 보상을 주어 뇌의 작동 방식을 바꾼다는 뜻이네요.

선지자　그렇네. 새로 시도한 좋은 습관이 시스템이 될 때까지 뇌에 보상을 주는 거지. 시스템화되어 버리면 없어도 되겠지. 이것은 의도적으로 해야 하네. 어떤 좋은 습관을 하였을 때 어떻게 한다는 것을 미리 설계해 놓고 그렇게 하면 되네.

청　년　지금까지 습관을 바꾸는 네 가지 방법, '자기 정체성을 먼저 세워라', '작고 쉬운 것부터 시작하라', '통제적 환경으로 바꿔라', '좋은 습관을 실행한 후 즉각 보상하라'를 말씀하셨습니다. 이런 방법은 현재 상황이나 목표에 따라 다르게 선택하여 실행할 수 있는 것 같은데 맞나요?

선지자　그렇네. 어떤 상황에서 어떤 것이 좋은지는 스스로 판단해서 선택해야 하네. 예를 들어 집안에서 정리정돈을 전혀 하지 못하는 습관이 있다고 치세. 옷이나 가전제품, 먹다 남은 음식물 등 누가 봐도 위생적으로 좋지 않을 정도라고 하면, 바꾸려고 노력해 보겠지. 자네라면 어떻게 하겠나?

청　년　선생님 말씀처럼 먼저 정체성을 세워 보겠습니다. 예를 들어 "나는 정리정돈을 잘하는 사람이다"라고 말입니다.

그리고 여러 가지 중의 한 가지만 집중해서 정리정돈해 보겠다고 세부 계획을 세우고 그것만 먼저 실시해 보겠습니다.

선지자 이런 상황에서는 순서대로 네 가지를 차례로 하면 되겠지. 자네가 방금 말한 것처럼 말이네. 또 다른 예로 어떤 회사원이 있네. 그는 남이 말하면 무조건 부정적으로만 대답하네. "안 될걸", "어렵겠는데", "나는 못 해" 등. 이럴 경우 본인이 그런 부정적인 편향이 심하다고 알고 있어서 바꾸고 싶다면 어떻게 하면 되겠는가?

청 년 이럴 경우도 위에서 말한 네 가지 단계를 실행하면 될 것 같네요.

선지자 그렇네. 위에서 말한 네 가지 단계를 기본으로 하면 되네. 즉 변화를 도모하기 위해 네 가지 단계로 실시한다고 보면 되네.

청 년 그런데 습관을 변화시키기 위한 심리적 전략 같은 것도 있나요? 예를 들어 어떤 마음으로 해야 한다든지. 어떤 원칙을 지켜야 한다든지 같은 거 있나요?

선지자 습관을 변화시키는 과정에서 항상 장애가 있네. 앞에서 설명했듯이 습관은 고치기가 무척 어렵네. 따라서 심리적 장애가 되는 것이 목표한 대로 완벽하게 해야 한다는 것이 장애가 되네. 완벽주의 버리기는 '완벽한 습관은 존재하지 않는다'라는 것을 이해해야 하네. '완벽하게 하기'는 실패의 가장 큰 원인이 될 수 있네. 두 번째는 계획한 것에 대한 실행 미루기네. 새로운 습관을 2분 안에 시작할 수 있도록 만들어야 하네. 이 시간을 넘기면 실행할 가능성이 희박하네. 세 번째는 감정 조절 습관 만들기네, 습관 실행 실패의 80%는 감정 때문이므로 호흡, 짧은 휴식, 감정 기록, 같은 정서 관리가 필수적이지. 실행 전에는 생각과 감정을 최대한 안정시키고 실행 후는 그 느낌을 느껴 보는 것이네. 기분이 어떠했다든가, 어떤 느낌이 들었다든가 같은 것을 말하네. 특히 자기와의 대화를 통해 "나는 원래 못해"라는 생각이 떠오르면 "아직 익숙하지 않을 뿐이다"라는 식으로 자기 정체성 문장은 습관의 안정성을 높이지.

청　년　심리적으로 완벽하게 해야 한다는 것이 가장 큰 장애가 된다는 말이네요. 그리고 미루기는 하지 않을 가능성이 높다. 그러니 미루기하지 말라는 뜻이고요. 결론적으로 '습관 변화는 한순간의 결심이 아니라, 정체성 변화, 작은 행동의 반복, 환경설계, 보상 시스템을 포함한 전략적 시스템 구축 과정이다'라는 말이군요.

선지자　변화는 어렵지만, 올바른 방법으로 접근한다면 누구나 습관을 바꾸고 새로운 삶을 만들 수 있네. 습관이 바뀌면 행동이 바뀌고, 행동이 바뀌면 인생이 바뀐다는 말 꼭 명심해야 할 것일세. 그리고 좋은 습관을 자기 삶의 가치와 목표로 연결하는 것이 중요하네. 다음에 또 대화하겠지만 좋은 습관이 성공으로 가는 바른길이며 우리의 삶의 질을 최대로 높여 준다는 것을 명심해야 하네. 어떤 습관을 바꾸고 싶은지는 본인 스스로가 잘 아네.

청　년　저는 책 읽는 습관이 없습니다. 미디어와 SNS가 일반화되어 있는 현대인이 그렇듯 수많은 정보의 홍수 속에 책 읽는 것을 포기한 사람이 많은 것 같네요. 저는 이것을 목표로 해보겠습니다.

태도는 사실보다 더 중요하다

선지자　또 다른 생각의 변화 방법은 '태도'를 바꾸는 것이네. 노먼 필 박사는 "태도가 사실보다 중요하다"라는 말을 했지. 다시 말해 "태도가 인생의 방향을 결정한다"라고 말할 수 있지. 인생의 성패를 가르는 것은 외부의 환경이나 조건이 아니라 그 환경을 바라보는 태도라고 강조했네. 사실(fact)은 누구에게나 동일하지만, 그 사실을 해석하고 받아들이는 내면의 태도(attitude)가 각자의 삶을 완전히 다르게 만든다는 것이지. 같은 어려움을 겪어도 어떤 사람은 절망하고, 어떤 사람은 성장의 기회로 삼는다는 것 즉, 문제보다 그것을 대하는 태도가 더 중요하다는 것이네.

청　년　선생님이 말씀하시는 '태도'란 어떤 것을 말하는 것인가요?

선지자　"태도(Attitude)"란, 어떤 상황, 사람, 사건을 바라보는 내적 관점, 해석, 마음가짐을 말하네. '사실(Fact)'은 객관적으로 존재하는 현실적 조건이나 상황이네. 이 말의 핵심은 같은 사실이라도, 어떤 태도로 바라보느냐에 따라 삶의 경험, 감정, 행동, 결과가 완전히 달라진다는 것이네. 사실 (fact)은 변하지 않는 경우가 많지만, 태도(attitude)는 내가 선택할 수 있고, 그 선택이 삶의 방향, 인간관계, 성공, 행복, 실패를 좌우한다는 뜻이지. 즉, 인간의 운명은 사실보다 그 사실을 해석하는 태도가 더 큰 영향을 끼친다는 의미네.

청 년 조금 전 잠깐 말씀하셨는데 구체적으로 태도가 왜 중요한지 한 번 더 상세하게 설명해 주세요.

선지자 몇 가지로 구분해서 설명해 주지. 첫째, 사실은 외부에 있지만, 태도는 내 마음 안에 있기 때문이지. 현실의 조건(경제, 학력, 환경, 사람)은 내가 통제하기 어렵네. 그러나 태도는 내가 스스로 조절할 수 있고 선택할 수 있네. 따라서 태도는 가장 강력한 자기 자원인 셈이지. 둘째, 인간은 사실 그 자체가 아니라, 사실에 대한 '해석'에 반응하기 때문이네. 심리학자 데이비드 번스는 "인간은 사건 자체 때문에 괴로운 것이 아니라 그 사건에 대한 해석 때문에 괴롭다"라는 말을 했네. 예를 들어 "비가 온다"라는 것은 사실이네, 어떤 사람은 "짜증 나"라고 하고 어떤 사람은 "오히려 분위기 좋아"라고 한다면 비라는 사실은 같지만, 감정은 다른 거지. 셋째, 태도는 우리의 행동을 결정하고, 행동은 결과를 만들기 때문이네. 낙관적 태도 → 도전 → 성장으로 이어지지만, 비관적 태도 → 회피 → 정체로 연결되네. 즉, 태도는 결과의 씨앗인 셈이지. 넷째, 태도는 전염되기 때문이네. 태도는 말투, 표정, 상대에 대한 반응을 통해 주변 사람에게 강력하게 전달되네. 좋은 태도는 관계를 강화하고, 나쁜 태도는 관계를 파괴하기 때문이네. 다섯째, 태도는 '가능성'을 보게 만들고, 사실은 '현실만' 보기 때문이네. 사실만 보면 '지금 있는 것'만 보이지만 태도는 '될 가능성'을 보게 하지. 그래서 변화를 만드는 힘은 태도에서 나온다고 보네.

청 년 태도에 대한 본질과 특성에 대해 다섯 가지 말씀하셨습니다. '태도는 내가 통제하고 선택할 수 있다', '인간은 태도에 대한 해석에 반응한다', '태도는 행동의 결과를 만든다', '태도는 전념이 된다', '태도는 가능성을 보게 한다', 이 말은 개인의 태도가 자기의 성장과 변화, 인간관계까지 많은 부분에 지대한 영향을 미친다고 생각이 되네요. 그런데 태도는 자극과 반응 모두에 영향을 주는 중요 요소 같은데 맞나요?

선지자 자네가 상대를 대하는 태도는 자극이고, 상대의 말에 대응하는 태도는 반응이네. 위에서 말하는 다섯 가지는 양쪽 모두를 말하는 것이네.

청 년 인간관계를 결정한다고 봐야 할 정도로 영향력이 크네요.

선지자 긍정 심리학자 노먼 필 박사는 이렇게 말했네. "인간은 세상을 있는 그대로 보는 것이 아니라, 자신이 생각하는 대로 본다. 태도는 사고방식과 감정, 언행의 방향을 결정하고, 긍정적인 태도를 가진 사람은 어떤 사실도 이겨내는 힘을 지니고, 부정적인 태도를 가진 사람은 좋은 조건 속에서도 불행을 느낀다. 따라서 태도는 인생을 창조하는 보이지 않는 조각가와 같다"라고. 그러면서 세 가지 관점으로 설명하고 있네.

청 년　태도가 미치는 영향에 대해 세 가지 측면에서 설명했다는 말인가요?

선지자　그렇네. 세상을 보는 관점, 즉 마음의 관점으로, 태도가 미치는 부정적인 영향, 긍정적인 영향에 관해 설명하고 있네. 첫째는 현실보다 더 큰 힘, 마음의 관점에서 현실의 어려움 그 자체보다 그것을 "어떻게 해석하느냐"가 중요하다고 했네. 가난, 실패, 질병, 손실 등은 분명한 '사실'이지만, 그에 대한 마음의 해석은 전적으로 개인의 선택이라고 했네. 예를 들어, 실패를 "끝"이라고 생각하는 사람은 그대로 멈추지만, '새로운 시작'으로 보는 사람은 다시 도전하네. 그는 이 차이가 바로 인생을 바꾸는 힘이라고 했네. 즉, 사실은 고정되어 있어도, 태도는 언제나 선택할 수 있지. 이 태도의 전환이 바로 적극적 사고방식의 핵심이라고 했네. 그는 말했네. "태도를 바꾸면 인생이 바뀐다. 환경은 그대로여도, 그 안에서 느끼는 행복과 평화는 달라진다" 이처럼 태도는 현실을 바꾸는 '심리적 렌즈'이며, 마음의 각도를 조정함으로써 인생의 빛깔이 달라진다고 했네.

청 년　상황을 보고 반응할 때 관점을 바꾸라는 의미네요. 부정적인 태도보다 적극적인 태도로 바꾸는 선택이 적극적인 사고방식의 핵심이고 이것이 인생을 바꾸어 준다는 뜻이고요. 사실 관점 바꾸기 즉 '실패'를 '배움'으로 본다는 것

인데 인간은 감정적인 동물인데 어떻게 쉽게 이렇게 관점
을 바꿀 수가 있나요?

선지자　자네 말이 맞을 수도 있네. 어렵지. 여기서 관점을 바꾼
다는 의미를 알아야 하네. 흔히 사용하는 말로 '통찰'이라
는 용어는 한쪽 면만 보지 않고 사방, 팔방 모두를 본다
는 뜻이네. 위에서 아래로 모두 보고 판단한다는 것이지.
관점을 바꾼다는 것은 한쪽 면만 보지 않고 모든 쪽을 보
고 가장 이롭고 도움이 되는 것을 선택한다는 뜻이네. 한
마디로 말하면 지혜로운 선택이지. 실패를 실패로 생각하
면 무엇이 도움이 되는가? 이것을 배움으로 보면 자네에
게 도움이 되지. 어차피 사건은 일어났고 되돌릴 수 없다
면 도움이 되는 쪽으로 생각하는 것이 좋지 않은가?

청　년　관점을 바꾼다는 것은 통찰하여 이롭고 도움이 되는 쪽
을 선택한다는 의미네요.

선지자　두 번째가 부정적 태도가 만드는 내적 한계네. 노먼 필은
많은 사람들이 실패하는 이유를 외부 조건에서 찾지만,
실제로는 부정적인 태도가 더 큰 원인이라고 지적했네.
"나는 안 돼", "이건 너무 어렵다"라는 생각은 사실보다 먼
저 마음을 무너뜨리고, 이러한 태도는 두려움을 확대하
고, 자신감과 창의성을 마비시킨다고 했지. 그는 이를 '심
리적 자기 제한'이라고 부르며, 다음과 같이 설명했네. "삶
의 진짜 장애물은 외부의 돌이 아니라, 마음속의 두려움
이다" 즉 사실이 우리를 가두는 것이 아니라, 사실에 대한
비관적 해석과 부정적 태도가 우리를 멈추게 만든다고 말

했네. 따라서 인생을 바꾸려면 먼저 태도를 새롭게 해야 한다고 했지.

청 년 이 부분은 먼저 여러 번 설명이 있어서 이해가 쉽게 되네요.

선지자 세 번째가 긍정적 태도는 현실을 새롭게 창조하는 힘이라는 것이네. "태도는 단순한 감정이 아니라, 현실을 창조하는 에너지다"라고 하면서, 긍정적 태도를 지닌 사람은 문제를 기회로 바꾸고, 어려움 속에서도 배움을 찾는다고 했네. 그들의 시선은 '왜 안 되는가'보다 '어떻게 하면 되는가'를 향한다고 했네. 이러한 태도는 뇌의 사고 구조를 활성화해 창의적 해결책을 떠올리게 하며, 인간관계에서도 신뢰와 호감을 이끌어낸다고 했지. 노먼 필은 "태도는 전염된다. 밝은 태도는 주변 사람들의 마음을 끌어올리고, 어두운 태도는 그들을 낙담하게 만든다."라고 말했네. 결국 긍정적인 태도는 자신뿐 아니라 주변까지 변화시키는 사회적 힘이라는 것이지. 그는 일상에서 이를 기르는 실천법으로 다음 네 가지를 제안하였네.

- 하루를 시작하며 "오늘은 좋은 날이 될 것이다"라고 선언하라.
- 부정적인 말을 들으면 즉시 마음속에서 긍정적 언어로 바꿔라.
- 실패를 만나면 "이 안에는 배움이 있다"라고 되새겨라.
- 불평 대신 감사할 일을 찾아 언어로 표현하라.

이 작은 태도, 습관이 쌓여 결국 운명까지 바꾸는 힘이 된다고 그는 강조했네.

청　년　적극적인 사고방식, 긍정적 태도가 전념이 된다고 하는
　　　　것은 주위의 사람에게도 긍정적인 에너지를 전달해 준다
　　　　는 의미네요. 이 말에는 공감이 갑니다. 부정적인 사람과
　　　　함께 이야기하거나 대화하면 나도 모르게 짜증이 올라오
　　　　고 신경이 곤두서는 느낌을 받으면서 기분이 가라앉거든
　　　　요. 반대로 밝고 긍정적인 사람과 함께 하면 왠지 에너지
　　　　를 얻어가는 느낌이 오거든요.

선지자　그리고 실제 생활에서의 적용법에 대해서 말과 태도를 어
　　　　떻게 바꾸어야 하는지 몇 가지로 구분하여 구체적 방법
　　　　을 예시로 제시했네.

1) 사실과 해석을 분리하기: 사실이 "나는 면접에서 떨어졌다."라면
해석(태도)에서 "나는 역시 안 돼."라기 보다 "다음에 더 준비하면
된다."로 해석만 바뀌어도 감정과 행동이 180도 달라진다.

2) 가능성에 집중하기: 뇌는 찾는 것을 발견하네. 문제 찾기 → 문제
만 보임, 해결책 찾기 → 해결 방안이 보임, 의미 찾기 → 삶이 깊
어진다. 태도가 시야를 결정한다.

3) 감정보다 '선택'을 먼저 하기: 태도는 감정의 노예가 아니라 내가
의식적으로 선택할 수 있는 마음의 방향이다. 자신이 의미 있다고
생각하는 것 선택한다.

4) 실패를 "정보"로 보는 태도: "실패 = 끝"이 아니라, "실패 = 데이
터 → 다음 시도"로 바꾸면 두려움이 사라지고 성장 에너지가 생
긴다.

5) 감사 태도로 하루 시작하기: 감사는 뇌 회로 자체를 바꾸는 가장 강력한 태도다.

6) 가능성의 언어 사용하기: "어차피 안 돼"보다 "어떻게 하면 될까?" 태도는 언어를 통해 실체가 된다.

위에 말한 예시문은 별도로 적어 숙지할 필요가 있네. 적어서 책상 앞이나 벽에 붙여 두고 상황이 생길 때 사용해 보게. 도움이 될 것일세.

청　년　실천의 핵심은 생각의 관점을 바꾸고 적극적인 말로 바꾸는 것이네요.

선지자　그렇네. 앞에서 말한 것은 대표적인 예시문이지만 다양한 상황과 일상에서 실천하는 것은 개인의 지혜에 속하네. 실제로 처해있는 상황이 각자 다르므로 기본적인 의미를 숙지하고 이에 맞추어 응용하면 되네.

신념으로 뇌의 작동방식을 바꿔라

청　년　선생님이 지금까지 말씀하신 것은 실천하는 용기, 적극적이고 긍정적인 생각, 사고방식 같은 것인데 이렇게 실천하면 습관화가 된다. 뇌가 이것을 기억하고 이것을 하도록 지령한다는 것인데 이런 신념이 뇌의 작용에 어떻게 영향을 미치는지 설명해 주세요.

선지자　말투와 습관, 태도에서 설명한 실천 방법이 충분히 효과적인 이유는 뇌의 작용을 바꾸어 준다는 것이네. 이것이 가능한 이유에 대해서는 제2장 '수용'에서 말한 내용과 유사하지만 강조해서 다시 한번 요약하면 뇌의 '신경가소성(Neuroplasticity)' 개념이 확립되었기 때문이네. 뇌는 평생 변화할 수 있는 유연한 시스템임이 밝혀졌고 증명되었네. 우리가 무엇을 '생각하고 믿고 반복하느냐'에 따라 신경 연결망이 실제로 새롭게 만들어지거나 강화될 수 있다는 것이지. 즉 새로운 기술을 배우면 관련 뇌 영역의 연결이 강화되고, 부정적 사고를 반복하면 그 패턴이 더 자동화되며, 긍정적 사고를 반복하면 그에 맞는 신경 경로가 굳어진다는 뜻이지. 이것이 "생각이 뇌를 바꾼다"라는 말의 과학적 기반이 되네. 즉 생각과 행동이 뇌의 작동을 바꾼다는 것이지.

청 년 뇌의 신경 가소성 원리에 의해 신념이 뇌의 작동방식을 바꾼다는 것이네요.

선지자 그렇네. 이유는 신념이 인지적 필터로 작용하기 때문이지. 예를 들어 "나는 할 수 있다"라는 신념을 가진 사람은 실패 상황에서도 도전과 학습의 신호로 해석하지만, "나는 안 된다"라는 신념을 가진 사람은 위협과 좌절의 신호로 받아들인다는 것이네. 신념이 뇌의 작동 모드를 바꾸는 스위치처럼 작용한다는 뜻이지. 결국 반복된 생각과 신념이 신경회로를 재구성한다는 의미지. 즉, 같은 생각이나 감정을 반복하면 그 경로가 자동화된 신경회로로 굳어지게 되는 것이지. "나는 가치 있는 사람이다."라는 확신을 지속해서 강화하면, 자기비하보다 자기수용에 관련된 회로가 더 강해지고, 반대로 "나는 부족하다"라는 생각을 계속하면 그 회로가 강화되어, 실제로 자신감이 떨어지고 우울 반응이 쉬워지는 것이네.

청 년 알아차림, 마음 챙김, 명상, 자기 확언, 인지행동치료 등은 모두 '신념을 바꾸어 뇌를 재훈련하는 방법'인가요?

선지자 그렇네. 지금까지 수용부분에서 변화 부분까지 그 실천 방법은 뇌를 재훈련하여 뇌의 작동을 바꾸어 원하는 목적을 달성하는 것이네. 예를 들어 명상(Mindfulness)은 전두엽과 해마를 강화하고 편도체의 과잉활성을 낮추고, 자기 확언(Self-affirmation)은 자기개념과 관련한 신경회로를 활성화하여 스트레스 완화하고, 인지행동치료(CBT)는 왜곡된 신념을 수정하여 새로운 신경패턴 형성한다는 것이네. 즉 의식적인 신념의 재구성이 뇌 구조를 바꾸는 것이지.

청 년 그러면 신념으로 뇌의 작동방식을 바꾸는 과정은 '마음 챙김'과 같은 것인가요?

선지자 동일하네. 마음 챙김도 신념으로 뇌의 작동 방식을 바꾸는 거네. 조금 더 구체적인 설명하면 이해가 빠를 것일세. 신념으로 뇌를 바꾸는 5단계 실천법이 있네.
1단계는 인식하기네. 자동적인 생각을 알아차리는 것이네. 즉 알아차림이지. 변화는 '무의식적인 생각'을 의식의 영역으로 끌어올리는 데서 시작이 되네. 매일 반복되는 부정적이면서 자동으로 올라오는 사고를 기록해 보게.

예를 들어 "나는 실패자야.", "나는 항상 운이 없어."라는 생각이 자주 떠 올라온다고 해 보세. 이때 자네는 판단하지 말고, 단지 '내가 이런 생각을 하고 있구나' 하고 알아차리는 것이 핵심이지. 이렇게 인식하는 순간, 그 생각은 뇌의 자동 경로에서 벗어나 전두엽(이성적 조절 영역)으로 이동하게 되네.

2단계는 선택하기네. 새로운 신념을 의식적으로 결정하기네, 인간의 자유는 '반응 사이의 간극'에서 시작된다고 했네. 지금부터 어떤 신념으로 살지 스스로 선택하는 것이네. 예를 들어 기존의 부정적 믿음이 있었다면 이것을 대체할 새로운 신념을 만들면 되네. 예를 들어 "나는 부족하다"이면 "나는 성장 중이다"라고 신념을 바꾸는 것이네. 또 나는 "나는 늘 불행하다"라면 "나는 행복을 느낄 능력이 있다"라고 바꾸는 것이지. 이때 뇌는 반복되는 문장을 '사실'로 받아들이므로, 짧고 긍정적이며 현재형으로 설정하는 것이 중요하네.

청 년   2단계에서 어떤 신념을 선택할 때 어떤 기준이 있나요?

선지자   개인마다 신념이 다르므로 어떤 신념이 좋다고 말할 수는 없네. 이것은 지혜로운 판단을 하기 위해 어떤 것을 선택해야 할 경우에도 사용하는 질문이네. 참고로 사용하면 올바른 선택을 하는 데 도움이 될 것일세.

- 이 생각이 유용한가, 유익한가, 무익한가?
- 삶을 향상하는 효과적인 행동에 이 생각이 도움이 될까?

- 내가 되고자 하는 사람이 되는데 이 생각이 유익한가?

- 내가 진정으로 가치를 두는 일과의 연결에 유익한가?

선지자 여기에 "예"라고 대답한다면 그 생각은 유익한 것으로 신념으로 선택해도 되네.

3단계는 반복하기네. 이 단계는 신경회로를 새로 연결하기 훈련이지. 새로운 신념을 의식적으로 반복하면, 그 신념과 관련된 뉴런 연결이 강화된다고 했네. 뇌는 '반복'을 통해 현실과 상관없이 그 내용을 진실로 받아들이네. 즉, "믿는 대로 보게 되는" 뇌 구조가 형성되는 셈이지.

4단계는 감정과 연결하기네. '느낌'을 신념에 함께 넣는 훈련이지. 뇌는 논리보다 감정에 더 강하게 반응하지. 신념을 '감정적 체험'과 함께 각인하는 것이지. 따라서 단순히 문장을 외우는 것보다, 그 신념이 이미 이루어진 듯한 감정을 느껴보는 것이지. 예를 들어 "나는 평온하다."를 말할 때 실제로 가슴의 긴장이 풀리는 느낌을 느끼기네. 감정이 수반될 때, 도파민과 세로토닌이 분비되어 신경회로 형성이 훨씬 강하게 일어난다는 것이지.

4단계는 어떤 목표나 원하는 것이 있을 때 유용하네. 예를 들어 "나는 건강을 관리하는 사람이다"라는 정체성을 갖고 있다고 하면 구체적인 목표로 '하루에 만 보를 걷는다'라는 것을 세우면 만 보를 걸은 후에 따뜻한 물로 샤워를 한 후 개운한 느낌을 상상하는 것이지. 그리고 따뜻한 차를 마시면서 건강해졌다고 상상하는 것이네. 이 방법은 효과를 배가시키는 좋은 방법으로 목표를 세우고 노력하는 사람에게 효과적인 방법이네.

마지막 5단계는 행동으로 강화하기네. 신념을 현실에 실천하는 과정으로 뇌는 '행동'을 통해 신념을 현실로 검증하네. 작더라도 새 신념에 맞는 행동을 한가지 만들어 실천해 보게. 예를 들어"나는 자신 있다"라는 신념이 있는 경우 회의장에서 용기를 내어 한마디 발언해 보는 것이네. "나는 여유롭다.라는 신념이 있을 때 의식적으로 천천히 호흡을 해보는 것이네. "나는 행복하다"라는 신념을 가진 경우 행복할 때 그 느낌을 감정으로 느껴보는 것이네. 행동이 반복되면 뇌는 "이건 진짜구나"라고 인식하며 신념이 감정과 행동의 자동 패턴으로 굳어지게 되네. 여기에는 여러 번 말했지만 '용기'가 필요하네. 생각하지 말고 그냥 해버리는 용기 말일세.

청 년   실제로 행동으로 보여주는 것이네요.

선지자   이 다섯 단계를 몇 번만 연습해 보게. 처음에는 어렵게 느껴질 수 있네. 하지만 순간적으로 동시에 이루어 지기 때문에 훈련만 되면 자극과 반응에서 아주 자연스럽게 되어 마음이 편해지고 인간관계도 급속도로 좋아지네.

청 년   그런데 앞에서 말씀하신 4, 5단계는 의식적인 노력이 없으면 쉽지 않을 것 같은데요?

선지자   그렇네. 1~3단계는 '마음 챙김'이라는 방법으로 실행하면 되겠지. 하지만 더 빠르고 효과적으로 뇌 신경회로를 바꾸려는 방법으로 이것을 실행하면 효과는 2배 이상 올라

가네. 심리적 불안, 낮은 자존감, 우울증 등에 많이 사용
하는 아주 유효한 인지 치료 방법이네. 자네도 이 방법을
꼭 사용해 보게.

청 년 선생님 말씀 감사드립니다. 꼭 실행해 보겠습니다.

이길 수 있다고 믿는 자는 이긴다

선지자 이번 주제는 '신념으로 뇌의 작용을 바꿔라'와 연결되는
주제네. 자기 자신을 적극적이고 능동적으로 행동할 수
있도록 생각의 본질을 바꾸는 것이네. 바꾸어야 할 이유
는 이미 많은 설명이 있었기 때문에 별도 설명을 생략하
겠네.

청 년 어떻게 바꾼다는 것인가요?

선지자 '자기 신념'으로 뇌의 작동 방식을 바꾸는 것이네. 적극적
인 사고방식의 주창자 노먼 필 박사는 인간이 인생에서
성공하느냐 실패하느냐를 결정짓는 가장 근본적인 요인
은 '믿음'이라고 강조했네. 즉, "자신이 이길 수 있다고 믿
는 사람은 이미 절반은 이긴 것"이며, "질 것이라고 생각
하는 사람은 시작하기도 전에 진 것이다"라고 말했네. 그
는 믿음을 단순한 낙관주의가 아니라, 자신의 내면 깊숙
이 자리한 확신과 태도로 보았네. 이 믿음은 뇌와 신체,
행동에 실제적 변화를 일으켜 도전 의식과 창의적 에너지
를 끌어내는 힘이 된다고 했네. 또한 믿음이 있는 사람은

실패를 경험해도 그 안에서 배움을 찾고, 다시 일어설 용기를 얻는다고 했네. 반면 믿음을 잃은 사람은 작은 시련에도 좌절하며, 스스로 가능성을 제한한다고 했네. 따라서 "이긴다는 믿음은 단지 감정의 위로가 아니라, 성취를 이끄는 심리적 엔진이다"라고도 했네.

청　년　이 "자기 확신"에 대한 믿음은 단순히 "내가 그렇게 믿는다"라고 하면 실제로 뇌가 그렇게 인식해 버린다고 하는데 그렇게 되는지 의문이 드네요.

선지자　그렇게도 생각해 볼 수 있겠지. 실제로 이 믿음이 어떻게 뇌의 변화에 영향을 주는지는 조금 더 설명한 후에 말해 주겠네. 이어서 부정적 사고가 만드는 실패에 대해 노먼 필은 사람들이 실패하는 가장 큰 이유를 '능력 부족'이 아니라 '부정적 사고'에서 찾았네. "나는 안 될 거야", "너무 늦었어", "운이 없어"라는 생각은 마음속에 자기 제한의 벽을 세운 것과 같다고 했네. 그는 이를 "정신적 패배 선언"이라고 표현했지. 이 부정적 생각은 실제로 뇌의 창의적 기능을 위축시키고, 문제 해결 능력을 떨어뜨리며, 결국 그 생각대로 결과를 만드네. 즉, 생각이 현실을 조종한다는 것이지.

청　년　결국 '자기 신념'이나 '자기 확신'은 뇌의 작동 방식을 바꿔 주는 역할을 한다는 의미네요.

선지자　믿음이 뇌 생리 반응을 바꾼다는 명확한 증거로 자기 확신은 뇌의 신경화학 반응을 실제로 변화시킨다고 하네. 이것이 효과가 있다는 것이 신경 과학적으로 증명이 되고 있네. 심리학에서 기대 효과(Placebo Effect)라는 용어가 있네. 가짜 약이라도 "효과가 있다"라고 믿으면 실제로 신체 변화가 발생하네. 그리고 뇌에서 도파민·엔도르핀 분비, 통증 감소, 증상 호전이 관찰되었다고 하네, 또 한 가지는 뇌 가소성(Neuroplasticity)의 법칙이네. 반복적으로 믿고 생각한 내용은 관련 신경회로를 강화하여 "나는 할 수 있다"라는 신념을 가진 사람은 도전 행동 증가, 성공 경험 축적, 신념이 더 강화되는 신경적 순환을 형성하네. 신념은 단순한 생각이 아니라 뇌 구조를 바꾸는 경험의 누적인 거지.

청　년 말씀을 들으니 어릴 때 선생님이 반복해서 하신 말씀이 생각나네요. "애들아, 우리 모두 이것 할 수 있지", "자 이제 해보자", "너는 할 수 있을 거야" 등 생각은 쉽지만, 행동은 어떻게 해야 하는지 모르겠네요.

선지자 노먼 필 박사는 "믿음이란 단순히 머리로 믿는 것이 아니라, 행동으로 옮길 때 진짜 힘을 발휘한다"라고 강조했네. 그러면서 믿는 마음은 행동으로 나타나야 현실을 바꾸는 에너지가 된다고 했네. 두려움이 있어도 움직이고, 불안 속에서도 시도하는 사람은 결국 자신이 믿는 대로 성장한다고 했네. 이 믿음의 행동은 타인의 신뢰를 불러오고, 환경을 변화시키며, 새로운 기회를 만드는 작용을 한다는 의미지. "성공한 사람들은 모두 자신이 성공할 수 있다고 믿었던 사람들"이라는 그의 말은, 믿음이 곧 자아실현의 씨앗임을 뜻하네.

청 년 선생님, 이것을 구체적으로 실행 방법은 무엇인가요?

선지자 간단하네. 그는 구체적인 실천법으로 다음과 같은 연습
을 제시했네.

첫째, 부정적인 말을 입 밖에 내지 않기.

둘째, 하루에 세 번 이상 "나는 할 수 있는 능력이 있다"를 마음속으
로 반복하기.

셋째, 작은 성공을 축적해 자신감의 증거를 쌓기.

선지자 이러한 훈련이 반복되면 마음의 습관이 바뀌고, 결국 인
생의 방향이 긍정적으로 변한다고 말했네. 특히 자신이
이루고자 하는 목표를 위에 말한 형식에 넣어 바꾸어도
괜찮네.

청 년 실제로 이 방법은 기업체에서 변화를 위한 연수교육 시
많이 사용하지 않나요?

선지자 많이 사용하는 방법이네. 실제로 꾸준히 해보면 확실한
효과가 있네. 필 노먼 박사는 적극적인 사고방식을 주창
한 선구자이네. 실제로 많은 사람들이 실행하고 있는 방
법이네. 나는 이것을 '용기부여'라고 말하고 싶네. 내가 자
네에게 설명하고 구체적인 예를 들어 설명하지만, 사실 변
화는 무척 어렵네. 몇 번이고 말하지만 실행하지 않은 지
식은 필요가 없네. 반드시 행동으로 옮겨야 행복의 목표
가 이루어지네.

청 년 선생님이 저에게 용기를 주시는 것 같네요.

적극적인 사고 방식에서 신념은 기술보다 앞서는 '보이지 않는 설계도'다. 사람을 대하는 방식은 말이 아니라, 내가 무엇을 믿고 있는가에서 결정된다. 신념은 사교 행동의 출발점이다.

사교는 기술 이전에 내가 사람을 어떻게 보는가에서 시작된다. "사람들은 기본적으로 나를 거부할 것이다", "사람들은 존중받고 싶어 한다", "나는 충분히 가치 있는 사람이다" 이런 내적 신념이 표정, 시선, 말투, 접근 방식까지 자동으로 결정합니다. 즉 행동을 바꾸려면 생각보다 그 아래의 신념이 먼저 바뀌어야 한다. 적극적 사고는 '용기'가 아니라 '확신'에서 나온다.

많은 사람은 말한다. "용기가 없어서 말을 못 걸어요" 하지만 실제로는 용기 부족이 아니라 부정적인 신념이 만든 두려움 즉 "거절당하면 나는 가치 없는 사람이다", "실수하면 무시당할 것이다"라는 신념이 있다. 이 신념이 깨지면 자연스러운 표현으로 바뀐다.

인간은 죽을 때까지 배워야 한다

선지자   지금까지 변화해야 할 대상 즉 말(言), 생각(思), 습(習)에 관해서 대화했네. 세 번째 습관의 변화에서 배우고 탐구하고 학습하는 습관은 매우 중요하네. 이것에 대한 중요성은 진정한 행복과 삶의 의미를 찾기 위해 필요한 것이네.

청 년   진정한 행복과 삶의 의미라고요?

선지자   평생학습이라는 말을 들어보았는가?

청 년 지금 각 대학교에서 일반인들을 위한 교육 커리큘럼이 아
닌가요.

선지자 그렇네. 우리 인간은 죽을 때까지 배워야 하네. '죽을 때
까지 배운다'라는 말은 단순한 자기 계발의 슬로건이 아니
네. 인간은 새로운 경험을 통해서 의미를 해석하고, 관점
을 재구성하며, 삶을 더 깊게 이해하는 존재이네. 즉, 학
습은 인간 존재의 본질적 속성인 셈이지. 따라서 평생 학
습이란 늙는 순간까지 지식을 쌓으라는 의미가 아니라,
삶을 더 깊이 이해하고 변화하는 환경에 적응하며, 자기
자신을 확장하는 과정 그 자체를 말하네.

청 년 그러면 인간이 죽을 때까지 배워야 하는 이유에 대해 구
체적으로 설명해 주세요.

선지자 그 이유는 첫째, 인간은 '미완(未完)'의 존재이기 때문이네.
인간은 완성된 존재로 태어나는 것이 아니네. 자유의지, 습
관, 성격, 가치관은 시간이 지나면서 형성이 되네. 현재까지
완성되지 않았기에 끊임없이 배움으로 자신을 조정해야 한
다는 것이지. 루소는 "인간은 교육을 통해 참 인간이 된다"
라고 말했지. 나이가 들었다고 이 과정이 멈추는 것이 아니
라는 의미지.

청 년 배움의 범위도 넓고, 배워야 할 것이 많아 꼭 필요한 것만
배우고 나머지는 포기하는 거죠. 그래도 선생님의 말씀처
럼 나이가 들어도 배워야 한다는 것에는 동의합니다.

선지자 둘째는 환경과 사회는 끊임없이 변하기 때문이네. 기술
변화(디지털 전환, AI), 직업 구조 변화, 인간관계 방식 변

화, 사회 규범, 문화 변화 등이 지속이 되네. 과거 방식에 정지된 사람은 새로운 시대를 해석할 능력을 잃어버리지. 즉, 학습을 멈추는 순간 시대는 우리를 앞질러 버린다는 의미네.

청 년 새로운 기술이 하루가 다르게 진화해 가고 있는 것은 사실입니다. 당장 먹고사는 것과 관련된 직업적인 능력을 배우고 개발하는 데에도 시간이 부족합니다. 선택적으로 배우는 범위를 좁히는 것이 필요하다는 생각이 드네요.

선지자 그럴 것일세. 그 분야에 대해서는 조금 후 대화하기로 하세. 다음 이유로 셋째는 배움은 '삶의 해석력'을 넓혀 주기 때문이네. 학습의 가장 깊은 의미는 지식 축적이 아니라 해석력의 확장이네. 같은 사건을 보고도 더 넓고 깊게 이해할 수 있지. 타인의 감정과 행동을 더 정확히 읽고, 갈등을 다루는 방식도 성숙해지네. 해석력이란 곧 삶을 다루는 능력을 말하는 것이네. 평생학습은 이 능력을 지속적으로 확장하네. 넷째, 배움은 인간을 성장시키고, 성장은 곧 행복을 만드네. 긍정심리학에서 인간은 도전, 성취, 능력감(competence), 자율성을 느낄 때 행복을 경험한다고 말하네. 즉, 배우고 성장하는 것 자체가 인간에게 행복을 준다는 것이지. 특히, 새로운 취미를 익힐 때 느끼는 즐거움, 이해가 되지 않던 철학이나 심리학이 독해될 때의 성취감, 더 나은 인간관계를 만들게 하는 학습의 효과 등 이것들은 중년 이후의 삶의 질을 결정하네. 다섯째, 배움은 노화를 늦추고 정신적 건강을 지켜준다고 하네.

뇌는 '사용하지 않으면 기능이 퇴화하는 기관'이다 라는 말이 있네. 새로운 기술, 언어, 놀이, 사고방식 이런 것들을 학습하는 과정은 뇌세포 간 연결을 강화하고 인지능력 저하를 늦춘다고 했네. 그래서 의학, 신경과학 분야에서도 "평생학습은 최고의 두뇌 건강법"이라고 말하고 있네.

청 년 선생님의 배움에 대한 설명에서 요약하면 인간은 미완성 존재이기 때문에 배워야 한다. 환경과 사회는 끊임없이 변하기 때문에 배워야 한다. 배워야 이해하고 해석하는 능력이 확대된다. 배움은 성장이고 행복과 같다. 배움은 노화를 늦추고 신경세포 연결을 도와준다. 이 다섯 가지인데 사실 모두가 어렴풋이 알고는 있는데 실행이 안 되는 것이 문제라고 생각됩니다.

선지자 지금은 돈이 지배하는 황금 만능주의가 사실상 지배하고 있네. 직업적 필요에 의한 학습이 대부분이지. 대학 교육도 마찬가지지.

청 년 저도 배워야 한다는 것은 많이 들어서 알고 있습니다만 조금 전에 말했듯이 배워야 할 범위가 넓고, 당장의 먹고 사는 문제로 새로운 직업 능력을 배우는 것만으로도 시간이 부족합니다. 이런 측면에서 꼭 필요한 선택적 학습을 해야 하는데 무엇을 배워야 하나요?

선지자 중요한 질문이네. 자네 같은 경우 무엇을 배워야 하는지 정리를 해 본 적 적이 있나?

청 년 아니요 특별히 어떤 분야를 배워야 한다는 생각은 해보지 않았습니다.

선지자 대부분 그렇게 생각하네. 물론 먹고 살기가 바빠서 그렇
다고 하나 자기 합리화에 불과하네. 반드시 생각해 보고
선택적 학습을 해야 하네. 인생의 시간은 한정되어 있네.
무한하게 시간이 주어지는 것이 아니지. 또 원한다고 모
두 다 배울 수는 없네.

청 년 초등학교에서 대학교까지 많이 배우잖아요. 선생님의 말
씀은 이 범위 밖의 학습을 말씀하시는 건가요?

선지자 지금의 학교 학습 커리큘럼은 대부분 직업을 갖는 데 필
요한 지식의 습득이 목적이네. 게다가 그 지식은 시대의
흐름에 따라 새롭게 변화해 가네. 졸업하게 되면 지식마
저도 새로 배워야 하는 시대에 살고 있지.

청 년 그러면 배워야 할 부분은 지식 분야뿐만이 아니라 다른
분야라는 말씀인가요?

선지자 그렇네. 인간관계관리, 행복, 인간의 영성, 삶의 의미 같은
주제로 학습하거나 배워 본 적이 있나?

청 년 아니요. 배워 본 적이 없는데요.

선지자 지금 우리는 직업을 위한 지식 이외에 이런 인문학, 철
학, 영성, 금융 같은 부분에 대해 개인적으로 스스로 배
워야 하는데 실제로 학교생활을 하면서 배우기는 어렵게
되어 있지. 물론 스스로 하는 학생이 있기는 하겠지. 많
은 숫자는 아니지만.

청 년 그럼 우리 인간은 조금 전 말씀하신 큰 주제 범위에서 어
떤 것을 배워야 하는가요?

선지자 첫째는 '자기이해'에 관한 배움이네. 가장 중요하면서 기본

적인 학습은 '나'를 이해하는 학습이 우선이네. 나는 어떤
존재인지, 자신이 왜 그런 감정을 느끼는지, 무엇을 두려
워하는지, 어떤 신념을 가졌는지, 어떤 신념이 나를 막고
있는지, 내 삶의 패턴은 무엇인지 등 자기 이해는 곧 삶의
방향을 설정하는 나침반이다 라고 말할 수 있지. 여기에
대해 그리스 철학자 소크라테스는 '너 자신을 알라'라는
말로 설명이 되네.

청 년 이 말은 '너 자신의 무지를 알라'라는 의미가 아닌가요?

선지자 이 말은 원래 그리스 델포이 신전(아폴론 신전) 입구에 새
겨져 있던 문구로, 소크라테스가 이를 철학의 출발점으
로 삼았다고 하네. 다르게 말하면 "나는 내가 아무것도
모른다는 것을 안다"라는 말과 동일한 의미인데, 자신이
무엇을 모르는지를 아는 것이 진정한 지혜의 시작이라고
보았네. 또 하나의 의미는 진정한 자아를 성찰하라는 의
미네. 소크라테스는 인간을 육체보다 '영혼'이 더 본질적
인 존재로 보았네. 따라서 자신을 안다는 것은 단순히
외모나 사회적 지위를 아는 것이 아니라, 자기 영혼의 상
태, 욕망, 도덕성, 가치관을 성찰하는 것이지. 현대적 의
미로 오늘날 "너 자신을 알라"라는 말을 해석해 보면 자
기 자신을 객관적으로 바라보기, 감정과 욕망을 이해하
고 통제하기, 진정으로 원하는 삶의 방향을 찾기 등 이
런 자기 성찰과 자기 이해의 철학적 조언으로 받아들일
수 있네.

청 년 이것이 왜 중요한가요?

선지자   결국 '자기 자신을 돌아보는 것'이 인간의 자기 완성과 행
        복의 핵심이기 때문이지. 자기와 타인을 수용하고, 변화
        에 적응하면서 자기만의 삶의 가치를 찾아 자기를 완성해
        가는 것이지. 스스로 자기 인생을 만들어 가는 것으로 생
        각하면 되네.

선지자   배움의 두 번째 내용은 감정과 마음에 대한 학습이네. 많
        은 사람에 대한 삶의 갈등 문제는 '지식 부족' 때문이 아
        니라 '감정 조절 미숙' 때문이네. 학습해야 할 감정 영역으
        로 감정 인식, 분노 관리, 불안 심리 이해, 위기 대처 능
        력, 마음 챙김과 호흡, 상처 치유 방식 등 감정을 다루는
        배움은 인간관계, 직장, 가족, 모든 영역을 안정시키는 기
        반이 되네.

청 년   감정관리, 심리학, 명상과 같은 분야이네요.

선지자   그렇네. 인간 행동의 80%는 감정에서 나온다고 하네. 인
        간관계에서 감정과 심리적 문제는 실생활과 밀접한 관계
        가 있네. 그의 모두라고 해도 과언이 아니지.

선지자   배움의 세 번째 내용은 인간관계와 의사소통에 대한 배
        움이네. 평생학습 중 가장 실생활에 직접적 영향을 주는
        영역이네. 경청, 공감, 비폭력 대화(NVC), 갈등 조정, 상대
        의 관점 이해, 관계의 거리조절, 건강한 경계(boundary)
        설정과 원활한 인간관계를 위해서는 배워야 알 수가 있
        네. 행복의 대부분은 인간관계가 결정하기 때문이네.

청 년   배워야 하는 영역 즉 내용으로, 자기 이해에 대한 학습,
        인간의 감정과 마음에 대한 학습, 대인 관계 소통을 위한

방법, 이 세 가지 영역은 사실 어느 누가 가르쳐 주지 않
는 부분입니다. 스스로 경험을 통해 학습하거나 개인적으
로 배워야 하는 경우가 대부분입니다.

선지자　그렇게 생각하네. 대부분 부모가 가르쳐 주거나 교우관계
를 하면서 자연스럽게 터득하는 경우가 일반적이지만 올
바른 방법으로 배우는 것은 없네. 특히 인간의 일생에서
가장 중요한 행복의 요소임에도 불구하고 체계적으로 가
르쳐 주는 사람이 없네.

청　년　저는 선생님이 말씀하신 세 가지 부분에 대해 의식적으
로 배워본 경험이 없습니다. 특히 인간관계와 소통에 대
한 학습과 배움은 전혀 무지한 상태입니다.

선지자　그럴 수도 있네. 지금까지 강조한 '수용', '변화'에 관한 대
화는 인간관계의 소통에서 필수적이네.

선지자　넷째는 지적·문화적 배움이네. 철학은 사고의 깊이를, 역
사는 통찰을, 과학은 사실을, 문학은 감성을, 예술은 상상
력을 확장하네. 이는 단순한 지식이 아니라 삶을 바라보
는 시야를 넓히는 학습이라고 봐야 하네. 더 큰 성장을
위해 필요한 도구지.

청　년　상식을 넘어 조금 더 깊은 학습이 필요하다는 의미인가요?

선지자　많은 책을 읽으라는 것이 아니네. 전문 분야가 아니면 단
몇 권의 책으로도 충분하네. 다섯째, 직업적·기술적 배움
이네. 시대가 빠르게 변화하기 때문에 직업적 배움은 필
수이지. 디지털 기술, AI 활용, 데이터, 문해력, 변화한 경
제 구조 이해, 등 직업 능력은 단지 생계를 위한 것이 아

니라 "내가 유능하다고 느끼는 자기효능감"을 만들어 주
네. '나는 능력이 있다'라는 자신감도 키워주지.

청　년　선생님이 말씀하신 다섯 가지 배움에 대한 영역은 충분
히 이해가 갑니다. 하지만 저는 책을 별로 좋아하지 않습
니다. 그러다 보니 남의 말이나 경험을 통해 배우는 것이
대부분입니다. 이것도 나쁘지는 않지 않나요?

선지자　현대인들은 직업적 전문 분야에서 학습의 효과를 높이거
나 긴급성 때문에 대부분 직접 경험하거나 다른 사람을
모방하는 형태로 학습하는 경향이 있네. 말로 전해 듣거
나 직접 몸으로 부딪쳐서 짧은 시간에 가장 빠르게 배우
는 방법을 택하지. 나 또한 마찬가지였네. 하지만 창조,
성장에는 한계가 있네. 딱 거기까지만 아는 것이지. 그러
나 내 것이 없네. 쓰레기통을 뒤져서 찾아내는, 즉 남이
버린 지식을 찾는 것에 불과하네.

청　년　저도 직장에서 배운 것은 선배나 상사가 가르치는 그것
밖에 없었습니다. 별도로 추가할 것도 없어 보여 지금도
그렇게 하고 있습니다. 생각해 보니 발전이나 성장은 없
었던 것 같네요.

선지자　자네만 그런 것이 아니고 대부분 그렇네. 배움에서 한 발
앞으로 가기가 어려운 것도 '현재에 안주하는 마음', '현재
의 위험을 싫어하는 마음' 같은 인간의 심리가 원인이 되
네. 직업에서도 창조와 성장이 중요하듯 개인의 발전에도
도전과 용기가 필요한 것도 이 때문이지. 성공하는 사람,
행복한 사람이 되려면 여기에서 벗어나지 못하면 안 되네.

청 년　지속적인 변화를 위해 노력해야 한다는 말씀이군요.

선지자　그렇네. 마지막으로 영성, 삶의 의미에 대한 배움이네. 삶의 마지막 단계로 갈수록 점점 성숙해지므로 사람들은 결국 '삶의 의미'를 배우고 싶어 하네. 불교의 알아차림, 심리학의 의미 추구, 철학의 인간 이해, 죽음에 대한 성찰, 나와 타인의 연결감, 삶의 의미 등을 배운 사람은 살아가면서 생기는 인간관계 갈등, 고통, 상실감, 변화에도 견딜 수 있는 힘을 갖고 있는 셈이지.

청 년　선생님이 조금 전 여섯 가지 분야에서 말씀해 주셨는데 다른 분야에 대한 배움은 없나요?

선지자　있네. 현대 시대를 살아가고 있는 사람이라면 금융과 경제에 대한 학습은 필수적이지. 실제 생활에 필요한 돈에 대한 교육이지. 돈의 가치, 기능, 역할 등에 대한 교육은 이미 미국이나 유럽에서는 어린이 시절부터 가르치고 있네. 교과서 내용에 나와 있지. 동양인에게는 유교문화의 영향을 받아 돈은 선비가 관리하는 것이 아니라는 관념이 있지. 현대사회는 돈을 모르면 살아갈 수가 없네. 부모가 자식에게 꼭 가르쳐야 하는 부분이라고 생각이 되네.

청 년　저도 그렇게 생각합니다. 돈에 대한 교육은 피하고 숨길 것이 아니라 공개적으로 현실감 있게 교육해야 한다고 생각합니다. 저 또한 돈에 대한 교육을 한 번도 받아본 적이 없거든요. 저는 성장해 가면서 성장 단계별로 배워야 할 것이 다르다고 생각합니다. 어떻게 생각하시나요?

선지자 나이에 따라 학습의 초점도 다르게 하는 것이 좋네, 예
를 들어 청년기(20~40대)에는 기술적 능력, 인간관계, 자
기 계발, 직업적 성장. 중년기(40~60대)에는 감정, 마음의
안정, 관계의 재정립, 삶의 관점 재구성, 건강한 습관. 장
년기 이후(60대~말년)에는 의미의 발견, 지혜의 형성, 마
음의 평화, 삶의 통합 같은 것이 좋네. 나이가 들수록 "지
식을 배우는 것에서 지혜를 배우는 것"으로 전환하는 것
이 순리네.

청 년 배우는 것에도 순서가 있네요.

선지자 배움을 멈추면 생기는 문제는 사고의 유연성 상실, 관계
갈등 증가, 환경 변화 적응 실패, 감정 조절 어려움, '내가
구식이 되었다'라는 자기비하, 우울감, 무력감, 삶의 의미
상실 같은 것이 찾아올 수 있어 결국 배움을 멈추는 것은
성장을 멈추고, 자유를 잃고, 가능성을 스스로 닫는 것
과 같다고 말할 수 있네.

청 년 저도 마찬가지지만 현대인은 인간관계와 변화, 삶의 의미
와 같은 것에 관해 책을 읽어 보거나 상담을 받아보거나
관련된 강의에 참석하는 경우가 거의 없는 것 같네요. 바
쁘다는 핑계로 말입니다.

선지자 그렇네. 이 배움이라는 것도 습관이네. 죽을 때까지 배우
는 사람들의 특징을 보면 삶에 대한 호기심이 크고, 변화
앞에서 두려움보다 탐구심이 많네, 타인을 이해하는 폭도
넓고 감정이 안정되어 있어 실패를 거듭해도 이것을 학습
의 일부로 받아들인 다네, 나이와 상관없이 '젊은 정신'을

유지하는 것이지, 새로운 관계와 기회를 끌어당겨 이들은
결국 풍요롭고 건강한 삶을 오래 유지하지.

청 년   배움, 학습이라는 것이 우리 삶의 행복에 많은 영향을
주네요

선지자   그렇지. 배움은 '삶 자체를 확장하는 길', 즉 "죽을 때까지
배워야 한다"라는 말은 삶을 끝없는 향상과 깊이의 과정
으로 바라보라는 말이지. 배움은 존재를 확장하고, 관점
을 성숙시키며, 감정을 안정시키고, 인간관계를 풍요롭게
하고, 삶의 위기에서 나를 지켜 주는 것이지. 중요한 것은
습관화하는 것이 중요하네.

인간은 태어나는 순간부터 완성된 존재가 아니라 계속 형성되어
가는 존재다. 생물학적으로 인간의 뇌는 성인이 된 이후에도 끊임없
이 변화하며, 경험과 학습을 통해 신경회로가 재구성된다. 즉, 배움
은 특정 시기의 선택이 아니라 인간 존재의 구조적 조건이다.

첫째, 세상은 끊임없이 변화하기 때문이다. 사회·기술·관계·가치관
은 고정되어 있지 않다. 과거의 지식과 방식에 머물면 현실과의 괴
리가 커지고, 적응력은 급격히 떨어진다. 배움은 변화에 뒤처지지
않기 위한 수단이 아니라, 변화 속에서 자신을 잃지 않으려는 방법
이다.

둘째, 배움은 인간의 존엄과 자율성을 지킨다. 배우기를 멈춘 사
람은 타인의 생각, 관습, 권위에 쉽게 종속된다. 반대로 배우는 사람
은 스스로 판단하고 선택할 수 있다. 이는 단순한 지식 축적이 아니
라 자기 결정권을 유지하는 행위다.

셋째, 성장은 멈추지 않는 과제이기 때문이다. 인간은 나이가 들수록 육체는 쇠퇴하지만, 이해·통찰·지혜는 오히려 깊어질 수 있다. 배움이 없으면 나이는 경험이 아닌 고착된 습관이 된다. 배움이 있을 때 경험은 성찰로, 성찰은 지혜로 전환된다.

넷째, 관계와 삶의 질이 배움에 의해 달라진다. 타인을 이해하는 능력, 감정을 조절하는 힘, 갈등을 다루는 지혜는 모두 학습을 통해 확장된다. 배움 없는 삶은 반복과 충돌로 이어지지만, 배움 있는 삶은 성숙한 관계를 가능하게 한다.

마지막으로, 배움은 삶에 의미를 부여한다. 빅터 프랭클이 말했듯 인간은 의미를 추구하는 존재이다. 배우고 성장하는 과정 에서 인간은 '나는 아직 완성되지 않았다'라는 가능성을 발견하고, 그 가능성은 삶을 끝까지 살아갈 이유가 된다. 따라서 인간이 죽을 때까지 배워야 하는 이유는, 더 많이 알기 위해서가 아니라 끝까지 인간답게 살기 위해서다.

목적지를 정해야 출발할 수 있다

선지자　지금까지 변화의 강을 건너왔네. 이제는 목적지를 정해 출발해야 하네. 목표는 인생의 나침반이네. 목적지가 없으면 아무리 열심히 움직여도 제자리이거나 엉뚱한 곳으로 가기 쉽지. 목표가 있을 때 사람은 무엇을 선택해야 하는지, 무엇을 버려야 하는지를 판단할 기준을 갖게 되고, 방향이 명확할수록 삶은 흔들림 없이 갈 수 있네.

청 년 지금까지 말씀해 주신 변화에 대해서는 자기 스스로 알
     게 모르게 실천은 해 왔다고 생각합니다. 다만 계획하고,
     목표를 가졌는지는 모르겠지만 실천하고 있는 것은 사실
     아닌가요?

선지자 모두 어렴풋이 실천은 하고 있을 것일세. 자네가 말하는
     목표는 어떤 목적을 갖고 목적지로 가는 전 과정으로 보
     면 되네. 그러나 대부분의 사람은 대충일 것일세. 적당히
     변화의 물결에 자기를 맡기면서 그때그때 대충 적응하는
     것처럼 말이야. 바쁘다는 핑계, 그냥 충동이 요구하는 대
     로, 욕구가 움직이는 대로지. 하지만 목적지를 정해야 하
     네. 그 이유는 방향이 없으면 속도도 의미가 없고 성과도,
     성장도 큰 의미가 없네. 배가 도착할 항구를 정하지 않고
     출항하는 일은 없네. 아무리 빠르게 움직여도 목적지가
     불분명하면 노력은 공허해지네. 인간의 시간과 에너지는
     유한하기에, 방향이 없는 움직임은 결국 에너지 소모만
     될 뿐이네. 그 결과는 성과는 미미하고 의미 있는 삶은
     없네.

청 년 그럼 목적지는 왜 중요한지 구체적으로 말씀해 주세요.

선지자 목적지는 선택의 기준을 만들어 주네. 삶에서 중요한 순
     간마다 우리는 선택해야 하네. 직업, 인간관계, 투자, 배
     움, 습관 등은 방향이 있을 때 선명하게 선택할 수 있겠
     지. 목적지가 없으면 매 순간 외부 자극에 흔들리지만, 목
     적지(장기적 목표)가 있으면 무엇을 취하고 버릴지를 분명
     히 판단할 수 있지. 또한 목적지는 동기와 추진력을 만들

어 주네. 심리학에서 말하듯 인간은 '의미'가 있을 때 가장 강한 힘을 발휘하네. 목적지는 의미를 부여하며, 그 의미는 감정적 에너지(동기)를 만들어 내고, 목적지가 있는 사람은 어려움을 만나도 '왜 해야 하는가'를 알기에 쉽게 무너지지 않네. 결국 목적지는 지속적인 행동을 끌어내는 원동력인 셈이지.

청 년 목적지는 인생의 나침반과 같은 역할을 한다는 의미네요.

선지자 그렇네. 게다가 삶의 불확실성을 견디게 하네. 인생은 예측할 수 없는 사건들로 가득하지만, 목적지가 있는 사람은 혼란 속에서도 중심을 유지하네. 목적지가 '나침반'이라면, 계획은 파도에 흔들려도 목적지는 변하지 않기 때문이지. 불안과 혼란이 줄어드는 근거 또한 명확한 목적지가 제공한다는 것이지. 또한 목적지는 성장의 방향성을 결정하네. 사람은 목적지를 향해 움직일 때 자연스럽게 배우고 변화하네. 목적지는 어떤 능력을 키워야 하는지, 어떤 습관이 필요한지를 알려주는 '성장의 기준'이 된다는 것이지. 목적지를 정하는 순간, 성장 계획이 자동으로 따라오겠지. 그 목적지를 세우는 과정은 '내가 누구인지, 어디에 가고 싶은지, 무엇을 원하는지'를 깊이 들여다보는 자기 탐구의 과정이네. 방향이 분명한 삶은 흔들려도 무너지지 않으며, 속도가 느려도 결국 목표에 도달하네. 그러므로 인생의 여정에서 가장 먼저 해야 할 일은 "어디로 갈 것인가"를 정하는 일이네. 그 순간부터 진짜 출발이 시작되지.

청　년　실제로 저는 무엇을 목표로 해야 하는지 목적지를 어디
　　　　로 정해야 하는지 명확히 알 수가 없어서 그냥 시대의
　　　　물결에 맞추어 분위기에 휩쓸려 흘러가듯 그 물결과 함
　　　　께 흘러왔거든요. 이 목적지를 정하는 어떤 방법이 없을
　　　　까요?

선지자　목적지와 목표를 구별해서 이해할 필요가 있네. 조금 진
　　　　말했듯이 큰 방향이 목적지네. 목표는 그 큰 방향에서
　　　　중간중간에 달성해야 할 결과 즉 달성해야 할 성과를 목
　　　　표라고 보면 되네. 목표에 대해서는 잠시 후에 대화할 것
　　　　일세.

선지자　그러면 목적지를 설정하는 방법에 관해서는 주장하는 학
　　　　자에 따라 여러 가지가 있으나 내가 실천해 본 두 가지를
　　　　말해 주겠네. 첫째, 삶에서 가장 중요한 자신의 가치
　　　　(Value)를 먼저 찾기네. 목적지는 반드시 '나의 가치' 위에
　　　　서 세워져야 한다는 원칙이 중요하네. 다음 세 가지 질문
　　　　에 구체적으로 답을 해보게.

　　　　• 나는 무엇을 가장 중요하게 여기는가?
　　　　• 삶의 마지막 날, 어떤 삶이었기를 바라는가?
　　　　• 나에게 행복·보람·의미를 주는 것은 무엇인가?

　　　　이 질문을 통해 핵심 가치, 예를 들어 자유, 안정, 성취,
　　　　가족, 성장, 기여 등을 분명히 한 뒤에 목적지를 정하면
　　　　되네.

둘째, 10년 후 이상적 삶을 그려보기네. 미래를 구체적으로 상상하면 목적지는 자연스럽게 드러나네. 이때 다음의 영역을 기준으로 그리면 되네.

- 직업과 경력: 무엇을 하고 있는가? 어느 수준에 와 있는가?
- 관계: 어떤 사람들과 어떤 연결을 맺고 있는가?
- 경제·생활 수준은 어떤 수준인가?
- 건강·몸·습관은 어떠한가?
- 감정·정서·삶의 만족도는 어떠한가?

선지자 이렇게 10년 후 그림을 그린 후, 공통된 흐름에서 인생의 장기 목적지를 정하면 되네.

청 년 선생님의 경우를 예로 들어 구체적으로 설명해 주시겠습니까?

선지자 나의 경우 가장 중요하게 생각하는 가치는 성장과 공헌이네. 따라서 나의 목적지와 목표는 기업인으로서 사회와 국가에 도움이 되는 기업을 만들어 모든 사람이 오고 싶은 회사를 만들고, 심리적으로 도움이 필요한 사람에게는 상담사로 도움을 주며, 지역사회에 봉사하고 가족과 행복한 삶을 사는 것이네. 자네는 어떤 가치와 목표를 갖고 있는가?

청 년 아직 구체적으로 생각해 본 적이 없습니다. 다만 제가 중요하다고 생각하는 가치는 사랑입니다. 이것을 가치로 하여 목적지와 목표를 세워 보겠습니다.

선지자　그러게. 급하게 보여주기 위해 만들 필요는 없네. 자네의 인생은 자네 것이네.

청　년　선생님이 말씀하신 '목적지가 없으면 성과는 미미하고 의미 있는 삶은 없다'라는 것은 중요한 선택의 순간이 왔을 때 무엇을 선택할 것인가를 망설이게 되고 미래에 대한 삶의 불확실성을 제대로 헤쳐 나갈 동력을 잃어버린다는 의미인가요?

선지자　자기가 살아 보기로 한 인생을 살지 못한다는 의미네. 선택의 기준이 없는 것과 같네.

청　년　인생의 큰 그림이네요. 그러면 세부적인 실천 방안, 즉 목표 같은 것은 어떻게 설정해야 하나요?

선지자　목적지는 "방향"이고, 목표는 "단계"라고 말할 수 있네. 이때 목적지는 크고, 목표는 작게 나누어 세워야 하네. 예를 들어 목적지(큰 방향)가 "인생 후반부에는 남에게 도움이 되는 심리 상담가가 되고 싶다"이면, 세부 목표(작은 단계)는 자격증 준비 → 상담 실습 → 상담센터 활동 등 목적지는 추상적이어도 되지만, 목표는 구체적이고 측정할 수 있어야 하네. 따라서 목표는 명확하고 세부적으로 만들어야 하네. 구체적이어야 하고, 측정할 수 있으며, 현실적으로 달성할 수 있고, 내 가치와 관련이 있어야 하고, 기한이 있어야 하네. 이것을 실행하면 막연한 꿈이 실행할 수 있는 로드맵으로 변하지. 그리고 1년 또는 주기적으로 목표를 체크하고 보완, 수정하는 것도 중요하네. 따라서 자네가 말하는 세부적인 계획은 목표라고 말할 수 있는데 목표가 없으면 성취감이 없네.

목표가 없으면 성취감도 없다

청　년　목표가 없으면 성취감도 없다는 말의 의미는 무엇인가요?

선지자　인간은 본질적으로 성장하고 싶고, 의미 있는 결과를 이루고 싶어 하는 존재이네. 그러나 성취감은 '막연한 바람'에서 생기지 않네. 성취감은 반드시 '목표 → 도전 → 결과 → 확인'이라는 과정이 있을 때만 발생하네. 즉, 목표는 성취의 기준이고 성취감은 그 목표에 도달했을 때 느끼는 정서적 보상인 셈이지. 따라서 목표가 없으면 '이룬 것'도 존재하지 않으며, 자연스럽게 성취감 자체가 생겨날 수 없네. 이 말은 단순한 동기부여가 아니라, 심리학·뇌과학·행동경제학에서도 반복적으로 증명된 원리네.

청　년　그러면 목표 수립은 결국 성취감을 위한 것이라고 말할 수 있는데 이유가 무엇인가요?

선지자　첫째, 성취감은 '비교 기준'이 있어야 생기기 때문이네. 성취감은 결과가 아니라 기준과의 차이를 인식하는 감정이기 때문이지. 예를 들어 체중이 1kg 빠졌을 때 기쁘지 않은 이유는, 기준이 없었기 때문이네. 반대로 "2kg 감량"이라는 목표가 있다면 1kg 감량에도 성취감이 생기지. 즉, 기준이 있어야 성취감이 발생한다는 것이네. 둘째, 목표가 뇌의 보상회로를 활성화한다는 것이네. 뇌는 '해냈다!'

라고 인지할 때 도파민을 분비하네. 하지만 도파민은 성과 자체가 아니라 성과의 '의미'에서 분비가 되네. 목표가 선명해야 도파민 보상이 발생하며, 목표가 없으면 보상 체계가 작동하지 않는다네. 즉 목표는 뇌의 보상 시스템을 작동시키는 스위치인 셈이지. 셋째, 목표는 '집중'을 만들어 성취를 가능하게 하네. 심리학의 주의집중 이론에 따르면, 집중이 없으면 성취는 일어나지 않네. 그리고 집중은 방향(목표)이 있을 때만 생기는 특성이 있네. 목표가 없으면 행동은 산만해지고, 결과가 쌓이지 않고, 결과가 없으니 성취감도 없다는 것이지. 넷째, 목표는 '의미'를 만들어 정서적 만족을 높이네. 성취감은 단순히 결과의 기쁨이 아니라 "나는 성장하고 있다"라는 의미의 확신이지. 목표가 있으면 매일의 작은 행동도 의미를 갖지만, 목표가 없으면 아무리 바쁘게 살아도 의미가 쌓이지 않네. 의미 없는 일에는 성취감도 없다는 것이지. 다섯째, 목표는 자존감과 성취감을 연결하는 다리네. 자존감은 "나는 할 수 있는 사람이다"라는 자기 평가인데, 이것은 성취 경험에서 오네. 성취 경험은 목표가 있어야만 생기네. 자존감이 낮은 사람들이 공통으로 어려움을 겪는 이유 중 하나도 '목표 설정 실패'인 것이 대부분이네.

청 년 목표의 중요성에서 목표는 성취감을 느끼기 위해서이고, 뇌의 보상회로를 활성화하고, 집중하게 도와주며, 의미를 만들어 정서적 만족감을 높여주고, 결국 자존감을 높여준다는 말씀이네요. 그러면 목표를 세우는 방법도 있나요?

선지자 목표를 세우는 방법은 조금 전 목적지를 선정할 때 방법
        과 동일하네. 즉 나의 핵심 가치를 먼저 탐색하고, 10년
        후 나의 이상적인 모습 그려보기, 기억이 나는가?

청 년 네, 기억이 납니다. 결국 목적지와 목표는 관련이 없는 별
        개가 두 가지가 아니라 통합된 하나네요. 마치 몸과 마음
        이 둘이 아니라 하나인 것처럼 말입니다.

선지자 그렇네. 지금까지 변화에 관해 대화하였네. 결론적으로
        말하면 변화하지 않으면 삶은 도태되네. 그러나 누구나 변
        화는 하지만 분위기의 물결에 그냥 몸과 마음을 맡기는
        수준이라는 것이 현실이네. 인생은 한 번뿐이고 그것의
        주인은 자네이지 남이 아님을 자각한다면 지금 변화를 결
        심해야 하네. 그리고 변화는 '의지'나 '용기' 문제로 보는 것
        에서 시스템의 문제로 보고 해결한다면 더 쉽게 변화할
        수가 있다는 것도 중요하네. 또한 자기 신념과 자기 확신
        은 뇌의 작동 원리를 바꾸어 변화의 목표를 쉽게 달성할
        수 있게 해주네. 목표의 계획에서 실행, 성취감, 행복감, 삶
        의 의미는 그냥 무엇인가를 열심히 한다고 주어지는 것이
        아니네. 목적지를 정하고 각 단계별 목표가 있고 그것을
        마음으로 몸으로 느껴야 하네. 행복감 같은 것 말일세.

청 년 선생님이 '수용' 부분의 대화에서 말씀하신 "삶에서 긍정
        적인 경험이 중요하다"라는 내용에서 말씀하신 것처럼 실
        제로 체험하고 느끼는 것이 중요한 것 같네요.

선지자 실제로 느끼고 체험하면 변화를 더 가속화할 수 있고 습
        관화하는 가장 좋은 방법이네.

청 년　선생님의 지금까지 말씀하신 부분은 '인간의 본성', '수용'과 '변화'에 초점이 맞추어져 있었습니다. 마지막으로 말씀하신 목적지와 목표를 설정하고 실행하는 것에 대한 것으로 이것은 성취감, 자존감을 위한 것이라고 생각합니다.

선지자　그렇네. 지금까지 대화한 내용은 인간의 본성에서 시작하여, 수용을 거쳐 변화로 이어졌네. 이것은 인생 학교에서 배우는 기초 학습에 불과하네. 대학을 졸업하고 사회생활로 뛰어들면 이때부터 이것을 배우는 것이 일반적인 형태이지. 학교에서 배운 것과 현실의 실상은 다르게 느껴지듯이 자네와의 대화 내용은 실제 적용이 되고 활용이 되는 것이네.

청 년　저도 이제서야 배우는 것 같아 많이 아쉽고 후회가 됩니다. 조금이라도 빨리 배웠더라면 좋았을 텐데요.

선지자　이것을 기본으로 하여 '인간관계관리', '행복한 삶'에 대하여 깊은 이해를 더하면 '삶의 지혜'가 되네. 이 부분은 다음의 대화 주제가 될 것일세. 때로는 지금까지 대화한 여러 가지 방법이 실제 적용에는 효과가 없을 수도 있네. 온실에서 자란 식물이 야외로 바뀐 환경에 적응을 못 하듯 완전히 처음부터 새로 배워야 할 때에는 실패도 있을 것이네. 하지만 실패는 곧 배움이며 한 발 앞으로 가는 성장임을 받아들여야 하네. 지금까지 대화한 부분의 일부분이라도 성실히 지속해서 실행한다면 틀림없이 큰 변화가 있을 것일세.

청　년　네. 알겠습니다. 선생님과의 이 대화는 저에게 큰 충격이
　　　　있었습니다. 지금까지 한 번도 이런 주제로 대화나 토론, 학
　　　　습을 해본 적이 없었으니까요.
선지자　늦지 않았네. 지금부터 하면 되네. 그러면 다음 주제는
　　　　'삶의 지혜'에 대한 대화가 될 것일세. 잠시 쉬었다가 하
　　　　세나.

목표 설정은 삶의 선택에서 기준이 생기고, 이어지는 행동을 시작
하면 의미가 생기고, 그 결과 작은 성취를 경험하면 도파민이 분비
되고, 나는 할 수 있다는 믿음이 생긴다. 결국 성취감이 확대되고
다시 목표를 세우게 되고, 새로운 성장 루프가 진행된다는 원리이
다. 즉, 목표는 단순히 '이루기 위한 기준'이 아니라, 성취감 → 자존
감 → 동기 → 다시 성취감으로 이어지는 성장의 '심리 엔진'을 작동
시킨다는 것이다. 결론적으로 목표가 있어야 성취감이 생기고, 성취
감이 있어야 삶이 살아난다는 것이다. 따라서 목표는 삶의 방향을
구체적으로 실행하게 하는 성장 엔진이라고 할 수 있다.

제4장

인간관계를 관리하라

인간관계관리가 왜 필요한가

선지자　삶의 지혜에서 가장 으뜸이 되는 것이 인간관계관리네. 이것의 중요성에 대한 것은 아무리 강조해도 부족하네. 지금까지는 자기이해와 자기 관리에 초점이 맞추어져 있었다면 관심의 초점이 나로부터 나와 타인에게 두는 것으로 방향을 바꾸는 것이라고 보면 되네.

청　년　자기 자신으로부터 빠져나와 타인 즉 외부로 관심을 돌린다는 것이네요. 이것은 나와 타인 그리고 우리 모두의 공동체와의 관계를 생각한 삶의 기술에 관한 대화라고 생각이 되네요.

선지자　그렇네. 지금까지는 자기 자신에 대한 수용. 변화에 관한 대화가 대부분이었네. 이것이 실제 생활에는 타인과 공동체 사회를 배제하면 아무 소용이 없겠지. 인간관계관리를 '삶의 기술'이라고 했지만 '삶의 지혜'라고도 할 수 있네.

청　년　그러면 선생님은 제가 행복하고 의미 있는 삶을 살아가기 위해서 가장 중요한 삶의 지혜를 터득하기 위해 지금 필요한 것이 무엇인가요?

선지자　방금 말한 인간관계관리네. 이것에 대한 중요성에 대해 다시 한번 정리해 볼 필요가 있네. 반복되는 말이지만 인간은 사회적 존재이며, 삶의 모든 영역 즉 가정, 직장, 사회, 개인적 성장은 관계 속에서 이루어지네. 인간관계관리는 단순히 사람들과 잘 지내는 기술이 아니라, 타인과의 상호작용 속에서 자신의 삶을 지키고 발전시키는 핵심

역량이라고 말할 수 있네. 좋은 관계는 심리적 안정, 삶의 만족도, 성과, 건강, 정서적 회복력 등 거의 모든 영역에 긍정적 영향을 미치지만. 반면 미숙한 관계는 스트레스, 갈등, 정서적 소모, 성과 저하를 만드네. 따라서 인간관계 관리는 생존·적응·성장을 위해 필수적인 기본 기술이라고 말할 수 있네.

청　년　저도 동의합니다. 많은 연구와 심리학 서적에서도 이것을 강조하더군요. 그러면 '인간관계관리'란 어떤 의미인지 설명해 주세요.

선지자　인간관계란 나를 기준으로 하면 나와 타인, 즉 다른 사람이나 조직과의 관계, 타인을 기준으로 하면 타인과 나, 또는 타인과 타인과의 관계를 말하는 것으로, 인간관계관리라고 하면 상대와 어떤 관계를 맺고, 유지하고 조율하는가를 말하네. 때때로 상호 간에 갈등이 발생해도 원만하게 해결하는 능력도 관리범위에 포함되네.

청　년　관계를 맺는 것에서부터, 유지, 조율, 갈등 해결 능력까지를 말하는 것이네요.

선지자　그렇네. 인간관계에서 좋은 관계를 맺고, 지속적으로 유지 관리하고, 때때로 발생하는 갈등을 어떻게 잘 해결해 가느냐가 주요 핵심이네. 그러면 원만한 인간관계가 개인에게 어떤 영향을 미치는지 말해 보겠네.

첫째, 인간관계는 인간의 행복에 직접적인 영향을 주네. 하버드 성인발달연구(80년 연구)에서도 "가장 행복한 삶을 만든 요인은 좋은 인간관계"라고 결론지었네. 좋은 인간관계를 가질 때는 정서적 안정감이 높아지고, 외로움이 줄고, 스트레스 회복력이 강해지고, 삶의 의미감이 증가한다고 했네. 즉 인간관계관리는 단순한 사회적 스킬이 아니라 삶의 행복을 유지하는 심리적 기반이라고 말할 수 있지. 행복은 성취나 돈보다 더 지속적인 인간관계로부터 온다고 했네. 그러므로 인간관계관리 능력은 행복을 유지하기 위한 핵심 도구라고도 말할 수 있지.

둘째, 인간관계는 심리적 건강과 직접 연결되네. 관계가 건강하면 사람은 안정되고, 불안이 줄며, 자존감이 높아진다고 했네. 반대로 갈등이나 독성관계가 많으면 스트레스와 우울이 증가한다고 했지. 따라서 인간관계관리가 필요한 이유는 어려움을 나눌 사람이 있을 때 심리적 부담이 줄어드는 스트레스 감소 효과, 안정적인 관계는 마음의 안정판 역할을 해주는 정서적 지지 확보 효과, 인정, 존중 경험을 통해 자기 효능감을 증가시키는 자존감 강화 등 심리적으로 큰 안정을 주네.

셋째, 갈등 예방과 문제 해결 능력 향상이네. 모든 관계에는 갈등이 필연적으로 발생하네. 그러나 중요한 것은 "갈등이 일어나느냐"가 아니라 "어떻게 처리하느냐"이지. 잘 관리된 인간관계는 갈등을 줄이고, 발생하더라도 빠르게 회복하네. 인간관계관리가 필요한 이유로 불필요한 오해, 감정 소모 예방, 갈등을 생산적으로 전환, 관계 회복탄력성 증진, 더 건강한 커뮤니케이션 형성 즉, 인간관계관리 능력은 갈등을 줄이고 문제해결을 촉진하는 심리적 자산과 같네.

넷째, 개인적 성장과 자기이해를 촉진하네. 타인은 인간의 거울이라고 하지. 관계를 통해 우리는 자신의 장점과 약점을 발견하고, 감정 처리 방식을 점검하며, 더 나은 행동과 태도를 학습하네. 인간관계관리는 단순히 사람을 대하는 스킬이 아니라 자기 성장을 위한 핵심 과정이라고 말할 수 있네. 좋은 관계는 우리가 더 성숙한 방향으로 변화할 수 있는 피드백을 제공하네. 따라서 인간관계를 관리한다는 것은 결국 자기 자신을 관리하는 것과 동일하다는 셈이지. 그 외에 삶의 의미와 소속감을 강화해 주는 중요한 역할을 하네.

청 년 　결국 인간관계관리는 심리적 안정 유지, 행복 증진, 성공과 협력의 기반 강화, 갈등 감소 및 관계 회복력 향상, 삶의 의미와 소속감 강화를 위해 필수적인 가장 중요한 관리 항목으로 봐야 하네요.

선지자 　아무리 강조해도 부족함이 없네. 따라서 인간관계관리는 "삶의 질"을 결정하는 핵심 요소이며, 이를 꾸준히 관리하는 것은 자신의 인생 전체를 관리하는 것과 같다고 보면 되네.

청 년 　결국 어떤 부분을 어떻게 관리하느냐가 핵심이 되겠네요.

선지자 　대화를 통해 자네에게 전달하고 싶은 주요 내용은 카네기의 '인간관계론'에 대한 이야기를 하고자 하네. 많은 독자로부터 사랑받고 있고 이것에 대한 인용도 많아 쉽게 이해하기 쉬울 것일세.

청　년　　그러면 인간관계관리의 원칙이라는 것이 있나요?

선지자　　원칙이 있네. 관리의 핵심적인 순서와 방법에 관한 것이지. 인간관계관리는 단순히 사람들과 잘 지내는 기술이 아니라, 삶의 질과 행복, 성취를 좌우하는 핵심적인 삶의 역량이네. 인간은 본질적으로 사회적 존재이며, 혼자서는 살아갈 수 없도록 설계되어 있다고 했네. 우리가 느끼는 기쁨과 고통, 성공과 좌절의 상당 부분은 인간관계 속에서 발생한다고 했네. 따라서 인간관계를 어떻게 맺고, 유지하고, 조율하느냐는 개인의 인생 전반에 깊은 영향을 미친다고 했네. 인간관계관리의 출발점은 자기 이해와 자기 관리네. 자신이 어떤 가치관과 신념을 가졌는지, 어떤 상황에서 감정적으로 반응하는지를 인식하지 못하면 타인과의 관계에서도 반복적인 갈등을 겪게 된다. 감정 조절 능력, 자존감, 자기 존중이 부족할수록 타인의 말과 행동에 과도하게 흔들리거나 인정욕구에 매달리게 되네. 결국 건강한 인간관계는 '나를 바로 세우는 것'에서부터 시작되네.

청　년　　선생님이 방금 말씀하신 자기이해와 자기관리는 이미 말씀하신 자기 수용, 자기 확신, 자기 신념, 주요 지향하는 가치 같은 것으로 생각이 되네요. 이것이 우선 바로 세워져야 한다는 것이네요.

선지자　　그렇네. '수용', '변화' 부분에서 이미 상세히 설명한 내용이네. 그다음 핵심은 상대에 대한 존중과 공감이네. 인간관계의 문제는 대부분 "옳고 그름"의 충돌이 아니라 "서로 다름"을 인정하지 못하는 데서 발생하네. 타인의 생각, 감정, 선택은 그 사람의 경험과 환경에서 형성된 결과임을 이해할 때 불필요한 판단과 비난이 줄어드네. 수용하는 것이 우선이라는 것이네. 그리고 공감이란 상대의 행동에 동의하는 것이 아니라, 그 감정과 상황을 이해하려는 태도네. 존중과 공감이 바탕이 될 때 관계는 경쟁이 아닌 협력의 방향으로 나아간다는 것이네.

청 년 상대에 대한 존중과 공감에 대한 것도 이미 말씀하신 수용의 의미네요. 그래야 협력의 방향으로 갈 수 있다는 것이고요.

선지자 그렇네. 타인에 대한 수용이 중요한 것도 이 때문이지. 또한 인간관계관리에서 중요한 요소는 의사소통 방식이네. 같은 내용이라도 말투와 표현에 따라 관계의 온도는 크게 달라지네. 공격적이거나 방어적인 소통은 갈등을 키우고, 솔직하면서도 배려 있는 소통은 신뢰를 쌓는 다네. 자신의 감정과 요구를 숨기지 않되, 상대를 비난하지 않는 '나 전달법'은 관계를 건강하게 유지하는 데 매우 효과적인 방법 중 하나네. 한편, 모든 사람과의 관계를 잘 유지하려는 집착에서 벗어나는 것도 성숙한 인간관계관리의 일부이지. 모든 사람과 잘 지낼 수는 없으며, 때로는 거리를 두는 선택이 자신과 상대 모두를 보호하는 길이 되네. 미움받는 것을 두려워하지 말게. 관계의 양보다 질을 중시하고, 에너지를 소모하는 관계와 건강한 관계를 구분할 수 있어야 하네.

청 년   이것에 대해서도 선생님이 말씀하신 말투, 태도와 같은 것이 여기에 해당하네요.

선지자   그렇네. 이미 '변화'에서 이야기했네. 결국 인간관계관리는 타인을 조종하거나 맞추는 기술이 아니라, 자신을 이해하고 존중하며 타인과 조화롭게 연결되는 삶의 태도라는 것이네. 좋은 인간관계는 하루아침에 만들어지지 않지만, 꾸준한 자기 성찰과 배려, 진정성 있는 소통을 통해 점진적으로 깊어지고 단단해지네. 이는 개인의 행복뿐 아니라 사회 전체의 신뢰와 협력의 기반이 된다는 것이지.

청 년   선생님의 말씀은 네 가지 즉 자기 이해와 관리, 상대에 대한 이해와 공감, 의사소통 방식. 타인과의 조화로운 연결. 이 네 가지가 큰 원칙이라는 것이네요.

선지자   가장 기본이 되는 인간관계관리의 순서이자 원칙이네. 이것에 대한 세부적인 내용은 이미 설명했네. 이것을 응용하는 것은 자네의 몫이네.

청 년   선생님이 이미 설명한 내용이지만 인간관계관리의 원칙을 정립하는 데 도움이 되었습니다. 방금 선생님이 인간관계관리가 미치는 영향과 효과, 인간관계관리 원칙에 관해서 설명해 주셨습니다. 그리고 이것을 삶의 기술, 삶의 지혜라고도 말씀하셨는데 구체적인 인간관계관리의 기술을 알려 주세요.

선지자   지금부터 자네에게 소개하고자 하는 것은 카네기의 '인간관계론'이네. 많은 사람이 읽고 숙지하고 있는 내용이네.

그중에 몇 가지 부분만을 말하고 싶네.

청　년　카네기의 '인간관계론'이라면 저도 어느 정도는 알고 있어
요. 다만 구체적으로 실천해 보거나 마음에 새겨서 실천
하고 있지는 않습니다.

카네기 인간관계관리 세 가지 기본 기술

선지자　데일 카네기는 인간관계의 핵심을 "사람들은 논리보다 감
정으로 움직인다"라고 보았네. 인간은 인정받고 싶어 하
며, 존중받고 싶어 하고, 가치를 느끼고 싶어 한다고 했
네. 이는 모든 관계의 출발점이며, 인간관계 기술은 이러
한 감정의 원리를 이해하는 데서 시작된다고 보았네. 이
것은 인간의 네 가지 기본 욕구에서 비롯된 것으로, 이것
을 이해하고 충족시켜 주는 사람은 누구와도 좋은 관계
를 맺을 수 있다고 강조했네. 이 네 가지 욕구는 다음과
같네.

1) 중요한 존재로 인정받고 싶은 욕구

2) 칭찬, 존중, 감사에 대한 갈망 욕구

3) 비난보다 이해받고 싶은 마음

4) 자신의 의견을 중요하게 들어주는 사람을 좋아하는 성향

청　년　이 말은 인간의 기본적인 욕구를 충족시켜 주는 방향으

로 관계가 진행되어야 인간관계가 원활하게 된다는 뜻이
지요?

선지자 그렇네. 인간의 본능에 대한 해답이지. 자네 혹 위에서 말
한 네 가지 부분에 대해 한마디로 요약하면 어떤 단어가
되는지 알겠나?

청　년 글쎄요. 지금까지 말씀하신 '수용' 부분의 대화에서 많이
나온 말 같은데요?

선지자 그렇네. 한마디로 말하면 타인에 대한 수용이네. 상대의
욕구를 인정하고 있는 그대로 받아들이는 조건 없는 수
용이지. 데일 카네기는 '수용'을 기반으로 하여 심리적 행
동 중심 원칙을 제시했는데, 카네기가 말한 인간관계의
핵심 전제는 다음 네 가지네.

- 인간은 **이성보다 감정에 의해 움직인다.**
- 인간은 **비난보다 인정과 존중을 갈망한다.**
- 인간은 **자신에게 관심을 주는 사람을 좋아한다.**
- 인간은 **자발적으로 움직일 때 가장 큰 영향력이 발생한다.**

선지자 이것은 인간의 특성, 본성을 응용한 구체적인 내용이네.
실제 적용에서도 그 영향력이 매우 크고 이것이 가장 많
이 활용되는 부분이 영업에서의 마케팅 전략이네.

청　년 인간관계의 핵심이라는 말은 '인간 ~ 한 특성(본성)이 있
다'라는 뜻인가요?

선지자 그렇네. 위에 말한 네 가지를 인간의 특성으로 보면 되네.

이러한 특성을 전제로 어떻게 대응할 것인가를'인간관계의 기본 기술'이라고 할 수 있네. 인간관계의 기본 기술은 "삶의 성공과 만족의 85%를 결정한다"라고 말했네. 여기서 말하는 인간관계는 단순히 "잘 지내는 것"이 아니라, 사람의 마음을 이해하고, 갈등을 줄이며, 협력과 신뢰를 끌어내는 능력까지 포함하네. 이 기본 기술은 다음 세 가지 질문에 대한 그 해답이라고 했네.

- 왜 상대는 내 말을 듣지 않는가?
- 왜 상대는 방어적·거부적으로 반응하는가?
- 어떻게 하면 자연스럽게 마음의 문을 열게 할 수 있는가?

카네기는 이러한 질문에 대한 해답으로 다음 3대 기본 기술 실행 원칙을 제시했네.

- **비난·비평·불평을 하지 마라**
- **진심 어린 인정과 칭찬을 하라**
- **상대에게 중요하다는 느낌을 주어라**

이 세 가지 실행 원칙은 서로 연결되어 '신뢰 형성 → 마음 개방 → 협력적 관계'를 만들어가는 구조로 형성된다고 했네. 또한 이 말은 인간관계에 한정하여 사용되며 다른 조건이나 환경에서의 적용은 다르게 해석될 수 있어 주의가 필요하네.

청　년　방금 말씀하신 세 가지 인간관계관리 세 가지 기본 기술 실행원칙은 구체적인 실행 방법이라고 보면 되나요?

선지자　그렇네. 인간의 기본적인 욕구에 부응하고 네 가지 인간의 특성을 고려한 대응방안이 이 세 가지 원칙이 되는 셈이지.

청　년　그러면 방금 말씀하신 세 가지에 대해 그 이유와 문제점, 대응방법에 관해서 설명해 주세요.

첫째, 비난·비평·불평을 하지 마라

선지자　첫째, 비난·비평·불평을 하지 마라네. 사람은 누구나 자기 정당성을 유지하려는 강한 욕구를 지지고 있네. 따라서 비난이나 질책을 받으면 감정적으로 방어하게 되고, 심리적 거리가 생기며 관계는 멀어지네. 카네기는 이렇게 말했네. "비난은 아무런 효과도 없으며, 오히려 반발과 원망만 낳는다." 이는 상대가 잘못했더라도, 즉시 비난하는 것은 관계를 해치는 최악의 선택이 될 수 있음을 의미한다는 거지.

청　년　그런데 '비난, 비평, 불평'은 인간의 감정인데 어떻게 하지 않을 수가 있나요? 누군가 화가 나는 상황을 만들어 나를 비난하면 대응해야지 가만히 있을 수는 없지 않나요?

선지자　그렇게 대응할 수도 있겠지. 그런데 비난을 비난으로 대응해서 왜 문제를 더 악화시키는가 하는 것이네. 심리학적 측면으로 설명하면, 비난받으면 사람은 무의식적으로 반응을 보이는데 이것을 방어기제(Defense Mechanism)의 작동이라고 하네. 이때의 반응은 상대에 대한 부정, 자기 합리화, 투사(projection), 분노와 같은 것으로 반응하네. 이들은 모두 문제 해결과 반대 방향으로 행동하게 한다는 것이네. 또한 인간의 '자존감 보호 시스템'이 작동되어 인간은 자존감이 공격받으면 실제보다 더 강하게 저항 반응을 하네. 조그만 지적에도 과민해질 수 있지. 게다가 비난은 '타격-보복의 악순환'을 만들어 비난 → 방어 → 반발 → 관계 악화 → 상호 불만 증가로 이어져 결과적으로 문제는 해결되지 않고 상처만 더 깊어지네.

청 년 그러면 비난을 피해야 하는 이유를 예를 들어 설명해 주세요.

선지자 예를 들어 어떤 직장의 상황에서 상사가 "왜 이렇게 단순한 것도 제대로 못 해? 정신 똑바로 차려!"라고 했다면, 직원은 수치심과 분노를 느끼고 자신을 방어하려 할 것이네. 이때 상사가 "오늘 업무에서 몇 가지 놓친 부분이 있었는데, 원인을 함께 살펴보면 좋겠어요."라고 했다면 직원은 수치심과 분노를 느끼지 않고 더 열심히 하겠지. 또다른 예를 들어 보면, 부부 관계에서 "당신은 항상 핸드폰만 보고 있어! 대화 좀 하자!"라고 했다면 '항상'이라는 단어는 공격적으로 들린 다네. 다른 말로 "오늘 하루 어땠는지 듣고 싶어. 잠깐 이야기할 시간 있을까?"라고 하면 쉽게 문제를 해결할 수 있을 것일세. 이때 비난 없이 문제를 해결하는 대화법에는 중요한 사항이 있네. 첫째, 행동만 지적하라. 인간적인 비난은 금물이다. 예를 들어 "당신

문제"가 아니라 '당신이 한 행동'을 지적하는 것이네. 예를 들어 "당신은 항상 너무 무책임해"라고 말하면 그 사람의 행위보다 인격적 비난이 되네. 다른 말로 "보고서 제출이 하루 늦어져서 일정이 조금 밀렸어. 함께 조정해 보자."라고 한다면 그 행위를 지적하는 것이네.

청　년　'행위를 지적하라'라고 하신 말씀에는 동의합니다. 선생님이 말씀하신 대로 비난이나 지적을 받으면 우선 기분이 나쁘고 방어적으로 됩니다. 특히 인간적인 모독이나 비아냥거리는 말은 화를 나게 만들어 사태를 더 악화시켜 버립니다.

선지자　그렇네. 특히 이 부분은 어린애를 키우는 부모에게는 꼭 필요한 원칙이네. 예를 들어 "너는 뭐 잘하는 게 하나도 없어, 성적이 이게 뭐냐"라고 하면 아이는 스스로 잘하는 것이 하나도 없는 쓸모없는 인간으로 규정해 버리네. 그 이후에 이 아이가 어떻게 될 것인가는 훤히 보이지. "성적이 크게 떨어졌네, 왜 그런 거지?"라고 하면 아이는 설명할 것이고 "다음부터는 이렇게 하면 되겠네"하고 지적하면 되지. 두 번째로 사실만을 말한다네. 의견이나 감정 아닌 관찰된 사실을 제시하는 것이지. 예를 들어 "회의 시간 10분 늦었어요.", "목표 대비 80% 달성했네요' 등 구체적인 사실을 이야기해야 하네. 추정하여 어림잡거나 과거에 어떠했으니 그런 것 아니냐는 등 추측하거나 추정하는 것은 상대를 오해하게 만들기 쉽게 하네.

청　년　관찰된 사실만을 말하는 것이 참 어렵습니다. 내 동료인김 대리는 "항상 부장인 자기 상사는 자기만 심하게 꾸짖는다"라고 말하면서 말할 때 보면 '항상', '늘', '언제나' 같은 말을 심하게 자주 하거든요. 사실을 따져보면 두 번 뿐인데도 '항상' 그렇게 한다라고 말하는 데 무슨 문제가 있나요?

선지자 문제가 있네. 관찰된 사실을 말하지 않고 두루뭉술하게 '항상', '언제나', '하는 것마다' 같은 단어를 자주 사용하는 사람은 열등감이 심하거나 우울증이 있는 사람일 확률이 높지. 책임전가형 인간일 수도 있고. 특히 '항상 나한테만 그렇게 해'라는 말을 자주 사용한다면 자존감이 많이 낮은 사람일 것일세.

셋째는 비난보다 공감을 먼저하기네. "이 상황에서 많은 압박을 느꼈을 것 같아요.", "힘든 것 이해가 되네요", "나도 같은 생각이 드네요" 등 공감이 우선되어야 하네. 상대를 먼저 인정하고 공감하는 것이지. 그리고 사실적 근거로 대화하거나 문제를 해결하는 쪽으로 방향을 잡으면 되네.

청 년 요약하면 비난이나 꾸지람을 할 때는 행위에 대해서 문제를 제시하거나, 사실적 근거로 말하거나, 비난보다 공감적 태도를 우선 가지고 대화하라는 것이네요.

선지자 잘 요약해 주었네. 그대로네. 하나 더 추가하고 싶은 것이 있네. 이 부분은 카네기 인간관계론에는 없는 이야기네. 그러나 현대 심리학에서는 말하고 있는 내용으로 상대나 어떤 타인으로부터 비난이나 비평을 받았을 때 자기의 감정을 솔직하게 전달하는 것이네. 상대가 비난하는 이유는 분명히 있겠지. 그러나 인간의 본성에서 말했듯이 대부분 인식의 착오 이거나, 아니면 오해일 가능성이 높네. 그 사람이 그렇게 생각한다는 데는 직접 만나 해명을 들어보지 않은 이상 알 수가 없네. 이때 기분이 상하거나 분노를 느끼게 되는데 감정적이고 즉흥적으로 대응을 하면 싸움이 커지겠지. 이럴 때 "그 말을 들으니 무척 기분이 좋지 않네요", 또는 "그렇게 말하니 마음이 몹시 언짢네요" 등 자기 감정을 솔직하게 진술하게 상대에게 표현해야 하네. 앞부분 인간의 감정에서도 말했듯이 자연적으로 느끼는 감정을 억누르게 되면 이것이 쌓여 폭발하거나 마음의 병(화병)이 되네. 결국 자기를 무너뜨리게 되는 심리적 병이 되는 거네.

청　년　저같이 내성적인 성격의 사람들은 직접적으로 또는 누구를 통해 간접적으로 비난받으면 그냥 마음속으로 삼켜 버리는데 이것도 문제가 되나요?

선지자　감정을 억누르면 억눌렸던 감정을 누군가에게 쏟아붓게 되는데 가장 큰 피해자는 가족이나 가까운 사람일 가능성이 크네. 대부분 가족에게 이유도 없이 화를 내거나 짜증을 내어 당사자는 이유도 모르고 당하게 되네. 이것이 반복되면 가족 불화의 원인이 되고 관계는 점점 멀어지게 되겠지. 또 다른 방법은 아무도 없는 곳에 가서 큰 소리로 고함을 질러도 좋고, 또는 자기만의 감정 해소법을 찾아 마음속에 감정의 찌꺼기를 해소해야 하네.

청　년　가끔은 운동을 하거나 산책하면서 "그럴 수도 있어"라고 하면서 해소합니다. 매우 드물긴 하지만 효과는 있는 것

같습니다.

선지자　그것도 괜찮네. 감정의 찌꺼기를 없애는 방법은 스스로 찾아야 하네. 상황별로 예를 들어 정리해 보세. 직장에서 부하 직원을 지도할 때. "이번 프로젝트는 완전히 실패야. 다시는 이런 실수하지 마."라고 말하기보다, 카네기 원칙을 적용하면 비난 대신 사실 제시, 잘한 점 한가지 인정, 문제 행동만 지적, 해결 방안을 질문으로 유도, 격려로 마무리 등이 될 수 있네. 따라서 "이번 보고서에서 데이터 수집 부분은 정확했어요. 다만 분석 파트가 조금 부족했는데, 어떤 어려움이 있었을까요? 함께 방법을 찾아보면 좋겠어요."라고 말하면 되겠지.

청　년　선생님이 변화에 대해 말씀하셨을 때 '태도, 말투를 바꿔라' 부분과 연결되는 부분이네요. 실행이 무척 어렵습니다. 습관이 되기까지 노력이 필요하겠네요.

선지자　시작할 때는 의도적으로 해야 하네. 처음에는 당연히 어렵겠지. 습관화가 될 때까지 엄청난 노력이 있어야 하네.

청　년　시작해 보겠습니다. 그러면 다음 두 번째 실행원칙에 대해서 말씀해 주세요.

둘째, 진심 어린 인정과 칭찬을 하라

선지자　둘째, 실행원칙은 진심 어린 인정과 칭찬을 하라네. 이 원칙의 핵심은 사람은 누구나 칭찬이 아니라 인정을 원한다는 것이네. 즉 내가 가치 있는 존재인지, 나의 노력을 누군가 알고 있는지, 내가 하는 일이 의미 있는지 등 인간은 이런 부분에 대해 진정한 인정을 갈망한다는 것이지. 여기서 중요한 것은 진심 어린 인정과 칭찬이라는 말이네. 거짓이나 겉치레가 아닌 마음 깊은 곳에서 우러난 인정과 칭찬을 말하네.

청　년　누구나 인정을 받거나 칭찬받으면 기분이 좋고 힘이 생기겠지요.

선지자　그러나 주의할 것이 있네. 심리학자 알프레드 아들러는 '인정욕구와 칭찬 욕구를 버려라'라고 말했네. 이 말은 누구로부터 인정받기 위해, 누구로부터 칭찬받기 위해 하지 말고 자기를 지금보다 더 성장시키는 목적으로 하라는 뜻이네. 그 이유로 칭찬과 인정은 타인이 나를 조종하거나 지배하려는 목적이 있을 수 있다고 말했네. 그 대신 지지해 주고 도와주고 함께한다는 메시지를 항상 주라고 했네.

청　년　그 말은 칭찬받지 않으면 행동하지 않는다는 것이 전제되어 있네요.

선지자　그렇네. 칭찬과 인정에 대한 효과는 크네. 하지만 보여주기 위해, 단지 인정받기 위해 행하는 행위는 대상이 사라지면 그만둘 확률이 높지. 이런 칭찬은 해서는 안 될 것일세. 그래서 진심 어린 인정과 칭찬이 중요하네. 약 3년 전쯤 되는 것으로 기억하네. 어느 날 한 중학생이 나를 찾아왔네. 집으로 가지 못하고 여기로 왔다고 했네. 왜 왔나고 물으니 자기는 중학교 1, 2학년 동안 늘 전교 1등을 놓치지 않았다고 하면서 이번 시험에는 3등을 해서 부모

꾸지람이 두려워 집에 가지 못하고 여기로 왔다고 했네. 그러면서 부모는 자기가 공부를 잘해서 1등을 하면 칭찬도 해주고 맛있는 외식도 시켜주고 했다고 하네. 그리고 동네 사람들에게 늘 자랑하고 다녔다고 하네. 어느 날 월말시험에서 2등을 했는데 부모로부터 심하게 꾸지람을 들었다는 거야. 그 후 이 학생은 1등을 해야 한다는 강박관념이 생겨 시험 날이 다가오면 몹시 스트레스받았다고 하네. 이번에 이 학생이 월말시험에서 어떤 이유로 3등을 했네. 학생은 부모의 책망이 무척 두려워 집에 가지 못하고 상담받으러 온 것이지. 보통의 자녀, 부모에게는 별것이 아닌 것으로 생각이 될 수 있겠지만 이 학생에게는 몹시도 심각한 문제였지. 부모의 기대에 미치지 못하는 자식, 인정과 칭찬을 받지 못하는 두려움 등으로 몹시도 혼란한 상태였네. 게다가 심한 스트레스 현상으로 심한 강박관념이 있었네. 자네는 어떻게 생각하나?

청 년 부모로서 이해는 되네요. 하지만 잘할 때만 인정하거나 칭찬하면 자녀는 자동으로 조종이 되어 심리적 이상현상으로 될 수 있겠다는 생각이 듭니다.

선지자 그렇네. 가정에서나 조직을 가지고 움직이는 회사, 단체 등에도 동일하네. 인정과 칭찬은 잘 활용하면 크나큰 성장의 동력이 되지만 잘 못 활용하면 심한 열등감을 유발하게 하거나 심리적 이상현상으로 되기도 하네.

청 년 그러면 칭찬의 효과는 과학적으로 어떤 것이 증명되었나요?

선지자 칭찬이 효과적인 이유를 심리적 기제로 말하면 강화이론
(Behavior Reinforcement)이네. 즉 칭찬은 긍정적 행동을
강화하고, 비판은 행동을 위축시킨다는 것이지. 두 번째
로 뇌의 도파민 보상 시스템인데 칭찬받으면 뇌에서 도파
민이 분비되어 "이 행동을 또 하고 싶다"라고 느끼게 된다
네. 그 외에 미러링 효과에 의한 관계 증진을 말할 수 있
는데 상대가 긍정적 감정을 느끼면 나에게 그 감정을 반
영(mirror)해 관계가 자연스레 좋아진다는 것이지.

청 년 결국 긍정적 반응을 하게 해 지금 하고 있는 행동을 더
강화해 준다는 말이군요.

선지자 그러나 칭찬과 아부(칭찬 남발)를 구별해야 하네. 아부는
과장된 칭찬, 목적이 있는 칭찬(조종), 사실 검증이 없는
칭찬을 말하는데 오히려 경계심만 높이네. 따라서 칭찬
은 구체적이고 사실에 기반하고, 진심이 있고, 상대가 중
요하게 여기는 가치를 중심으로 해야 하네. 예를 들어
"와, 너는 정말 최고야!"라고 말하는 것은 구체성 없고 공
허하지. "오늘 발표에서 자료를 정리한 방식이 아주 명확
했어. 특히 사례 부분이 이해를 쉽게 해줬어."라고 하면
아주 구체적이고 진심이 느껴지네. "너만큼 완벽한 사람
은 없을 거야"는 현실성이 부족하고. "요즘 정말 꾸준하게
연습하는 모습이 인상적이야"는 구체적이고 진심이 있는
칭찬이네. 카네기는 전체를 요약하여 칭찬의 5가지 원칙
을 이렇게 말했네.

- 즉시 칭찬하기: 좋은 행동 직후
- 구체적으로 말하기: '어떤 점이' 좋았는지
- 노력 중심으로 칭찬하기: 결과보다 과정
- 비교하지 말기: "누구보다 낫다"는 오히려 경쟁·불안 유발
- 진심 담기: 억지 칭찬은 관계 악화

방금 말한 5가지는 매우 중요한 요약이네. 특히 구체적으로 말하기, 결과보다 과정, 비교하지 않기는 우리가 모두 범하는 오류네. 습관적으로 두루뭉술하게 말하고 결과만 가지고 말하고 꼭 비교하여 말하는 습관. 이 원칙만이라도 잘 준수한다면 인간관계는 많이 개선될 것일세.

청 년 조금 전의 학생도 부모의 잘못된 인정이나 칭찬으로 빚어진 결과네요.

선지자 그렇네. 지금부터라도 위에 말한 원칙을 가지고 조금씩 고쳐가면 되겠지. 이것에 대해서는 예를 들지 않아도 쉽게 적용할 수 있는 부분이네. 작은 것부터 시작한다는 것은 잘 알고 있을 것일세. 일단 시작해 보게. 큰 변화가 있을 것일세.

청 년 네. 시작해 보겠습니다. 그러면 세 번째 실행원칙은 무엇인가요?

셋째, 상대에게 중요한 사람이라는 느낌을 주어라

선지자 셋째, 상대에게 중요한 사람이라는 느낌을 주라는 것이

네. 이 말의 핵심 메시지는 "인간의 가장 깊은 욕구는 '중요한 사람'이라는 느낌을 갖는 것이다."라는 것이네. 이 욕구는 기본적인 생존 욕구만큼 강력하네. 그리고 이 욕구가 충족될 때 사람은 마음을 열고 협력하게 된다는 것이네.

청 년   '너를 존중한다', '너는 나에게 중요한 사람이다'라는 의미가 포함된 대화법이네요.

선지자   이것은 대화법에서도 상당히 중요하네. 이것에 대해 6가지 행동원칙으로 정리하면 다음과 같네.

1. **이름을 기억하고 자주 불러라.** 이름은 한 사람의 정체성이다. "길동 님, 이 부분 의견 주시면 좋겠습니다."

2. **상대에게 관심 보이는 질문을 해라.** "요즘 어떠세요?", "프로젝트는 잘 진행되고 있나요?"처럼 단순히 '의례적 질문'이 아니라 진짜 관심이 느껴지게 해야 한다.

3. **상대의 관심사·중요 가치에 귀 기울여라.** 그 사람이 중요하게 여기는 것은 바로 그 사람의 세계와 같다. "지난번에 말씀하신 책은 다 읽으셨어요?", "좋은 취미네요. 어떻게 배우셨나요?"

4, **진심으로 감사 표현하라.** 감사는 상대를 중요하게 만든다. "오늘 도와주신 작은 조언이 큰 도움이 됐어요.", "지난번에 보내 주신 것 정말 잘 먹었습니다"

5. **경청하라.** 말을 경청하는 것만으로도 "나는 당신을 존중합니다"라는 메시지가 된다.

6. **자존감을 세워주는 말하기를 하라.** "당신의 의견이 도움이 됐다", "당신 덕분에 일이 훨씬 잘 됐다", "당신을 믿는다"

청 년 저는 선생님이 말씀하신 여섯 가지 중에 한 가지도 하지
      않는 것 같은 생각이 듭니다. 저희 부모님도 이렇게 말씀
      하시는 것을 들은 적이 없었거든요.

선지자 인정하네. 나도 마찬가지였지. 별도로 가르쳐 주는 사람
      도 없었지. 위에서 말한 하나하나 모두가 중요하네. 실행
      하기 어려우면 한 가지만 선택해서 시작해도 되네. 그러
      면서 점점 늘려가면 되네. 특히 어린이를 키우는 부모는
      반드시 숙지하고 교육할 필요가 있네. 엄마가 그렇게 하
      면 아이는 자연스럽게 따라 하는 것이 어린아이의 특성이
      아닌가! 예를 들어 게임에 빠져 공부가 뒷전이 어린이가
      있을 것일세. 게다가 성적이 떨어지면 부모는 게임기를 없
      앤다든가 시간을 정해서 게임을 하게 하든가 별의별 수단
      을 써서 강제로 제한할 것일세. 이때 위에서 말한 두 번
      째, 세 번째 원칙으로 해결하면 되네. 즉 게임을 부모와
      함께하는 것일세. 관심이 있는 것을 귀중하게 생각해 주
      는 거지. 그리고 게임에 관해 대화도 해보고 질문도 해보
      고 하면서 함께 즐기는 것이지.

청 년 그러면 아이는 더 게임에 빠지잖아요. 함께한 아빠도 그
      렇고.

선지자 그렇지 않네. 아이는 스스로 존중받고 있다는 것을 느끼
      고 스스로 자제할 것이네. 공부할 때와 게임을 할 때를
      스스로 정하고 게임의 시간도 줄어들 것일세. 강제로 제
      한하기보다는 스스로 선택하게 하면 아이의 자존감은 더
      높아지고 중독으로 갈 위험은 더 적게 되네.

청 년 상대를 '중요한 사람'으로 대하지 않았을 때는 어떤 문제
가 생기나요?

선지자 조금 전 게임을 하는 아이를 예로 들었는데. 부모가 지속
적으로 강제로 제한한다면 어떤 문제가 생길까를 생각해
보면 되네. 능력 있는 사람도 동기를 잃어버리고, 관계의
열기는 감소하고, 협력을 거부하고, 반발, 냉소로 대화하
며, 감정적 거리는 점점 멀어지네. 즉, 업무 효율, 관계 만
족도, 친밀감 등 모두가 떨어진다네. 한가지 또 다른 예를
들면 배우자·연인 관계일 때. 비난 중심으로 "당신은 왜
약속을 늘 지키지 않아?"라고 말하기보다 카네기 원칙을
적용하면, 감정을 표현한다, 상대의 의도 질문을 한다, 비
난적인 말을 금지한다. 상대를 중요한 존재로 대하기 등이
될 수 있네. 따라서 "기다리느라 조금 서운했어. 혹시 무
슨 일이 있었어? 너와 대화하는 게 내겐 정말 중요해."라
고 한다면 관계의 개선은 쉽게 될 것일세. 이렇게 말만 바
꾸어도 의사 전달은 충분히 되네.

청 년 저도 제가 존중받고 있다는 생각이 들면 상대를 좋아하
고 싶은 감정이 생깁니다. 선생님이 말씀하신 카네기의
'인간관계 기본기술 세 가지 원칙'은 실생활에 꼭 필요한
실제적인 내용이네요. 디지털 시대인 현대적인 생활환경
에도 꼭 맞는 것 같은데 여기에 대해 어떻게 생각하나요?

선지자 좋은 질문이네. 카네기의 세 가지 원칙은 단순한 기술이
아니라 오늘날의 조직심리학, 대화 분석, 신경과학 연구와
도 일치한다고 하네. 예를 들어 다음과 같네.

- 비난 회피는 상대의 방어기제를 억제한다.

- 칭찬과 인정은 도파민의 활성화를 촉진한다,

- 중요감 부여는 자존감, 소속감을 충족시켜준다.

- 경청은 라포(친밀감) 형성을 하게 한다.

- 공감은 심리적 안정감을 증가시킨다.

이는 현대 기업의 리더십 교육, 코칭 리더십, 상담 기법 등에서 핵심적으로 다루는 내용이네.

청　년　선생님 말씀 감사드립니다. 하지만 어떻게 실행할 것인가인데, 말씀대로 한 번에 한 가지씩 실천해 보려고 합니다.

선지자　그렇게 꼭 해 보게. 처음부터 모두 하려고 하지 말게. 꼭 한 번에 한 가지씩 실천하겠다고 생각하게. 다음에 대화할 내용은 카네기 인간관계론에서 가장 핵심적인 말이네. 조금 전 세 가지 기술을 말할 때 이야기한 "사람들은 논리보다 감정으로 움직인다"라는 것이네.

설득하고 싶은가, 설득하지 마라

청　년　이 말의 의미는 무엇인가요?

선지자　"사람들은 논리가 아닌 감정으로 움직인다"라는 말은 인간의 행동 결정 과정이 이성적 사고보다 감정의 즉각적 반응에 더 큰 영향을 받는다는 뜻이네. 즉 논리는 결정을 '정당화'하지만, 감정은 결정을 '실행'하게 하지, 또한 사람은 논리적 근거를 통해 행동을 설명하지만, 실제 결정을 내리는 힘은 감정이 먼저 작동하네. 우리는 느낌을 기반으로 선택하고, 그 뒤에 합리화 과정을 붙이는 것이지. 설득의 본질은 '생각을 바꾸는 것'이 아니라 '느낌을 움직이는 것'이라는 것이지.

청 년 선생님이 지금 설득에 관해 말씀하셨는데 "사람들은 논리가 아닌 감정으로 움직인다"라는 말의 핵심은 상대를 설득할 때 사용하는 논리네요.

선지자 그렇네. 지금까지 수용과 변화, 인간관계 개선과 실행 등은 '나'를 중심으로 한 변화로 이루어져 있네. 반면에 '설득'은 상대를 변화의 장으로 이끌기 위한 방안이네. 인간의 본성에서도 말했듯이 우리는 모두가 자기를 중심에 두고 세계를 보네. 상대 또한 자기를 중심에 놓고 타인을 판단하기 때문에 생각과 반응도 다를 수밖에 없네. 게다가 대부분의 사람은 인간관계에 대한 체계적인 교육을 받아 본 경험이 부족하지. 따라서 설득의 기술은 어떤 조건과 환경에서도 상대와의 갈등을 최소화하고 나의 자존감을 유지하는 기술이라고 할 수 있지. 따라서 카네기는 타인을 설득하기 위해 '인간의 감정'을 이용하는 것이 가장 효과적이고 핵심이라고 지적했네.

청 년 사람이 감정으로 움직이는 이유는 심리학적, 신경과학적으로 근거가 있나요?

선지자 먼저 뇌의 구조적 관점에서 보면 인간의 뇌는 자극을 받으면 감정을 담당하는 편도체(감정 중추)가 즉각적으로 반응한다고 했네. 논리적 판단을 담당하는 전전두피질은 더 느리고 많은 에너지를 소모하네. 따라서 감정이 먼저 반응하고, 이성은 그 뒤를 따라온다는 것이지. 진화심리학적 이유에서도 생존을 위해 위협에 즉시 반응해야 했던 시절, 감정적 반응이 먼저 작동하네. '느낌이 빠르고, 이성은 느리다'라는 구조가 진화적으로 굳어진 것이지. 그 외에 감정이 우선하는 이유로는 행동은 에너지 없이는 불가능하고 감정이 그 에너지의 원천이라는 것이네. 하고 싶다는 욕구(감정)가 없으면 아무리 논리적 근거가 있어도 사람은 움직이지 않네. 경험은 논리보다 감정으로 인쇄되어 있고, 감정적 메시지는 기억에 오래 남고 행동을 유도한다는 것이 그 이유네.

청　년　실제로 어떤 물건을 선택할 때나 사람을 만나거나 타인을 인식할 때 감정적 작용이 먼저 일어나는 것이 사실입니다. 먼저 '좋다' '싫다'라는 감정이 순식간에 먼저 마음에서 일어나거든요. 보통 첫인상이 그 사람의 모든 것을 좌우한다는 말이 있듯이 말입니다.

선지자　그렇네. 인지적 착오도 동일한 현상이지. 기억과 경험에는 반드시 사실만 있는 것이 아니라 그때의 감정도 함께 있는데 한 번 기억 속에 인쇄가 되면 좀처럼 다시 고치기가 어렵다네. 이유는 감정과 느낌이 항상 먼저 자동으로 작동하기 때문이네. 이성은 그 뒤에 따라오기 때문에 묻혀 있는 상태나 다름없지. 그래서 카네기는 "인간은 논리나 사실보다 감정으로 움직인다"라고 했네.

청　년　방금 말씀하신 것의 대표적인 실제적용은 영업의 마케팅에 많이 적용될 수 있겠다는 생각이 드네요.

선지자   그렇네. TV에 중계되는 홈쇼핑은 이 논리를 100% 활용하네. 단 몇 분만 TV를 보고 있으면 자신도 모르게 주문하게 만들어 버리네. 없어도 아무 문제가 없는데도 불구하고 없으면 안 되는 물건으로 변해 버리네. 그러면서 구독자의 감정을 처음부터 끝까지 자극하여 결국 구매하게 한다네.

청 년   결국 상대에게 긍정적 반응을 유도하여 상대를 움직이게 한다는 것이네요.

선지자   그렇게 볼 수도 있네. 상대를 긍정적으로 움직이게 하기 위해서는 상대의 감정을 자극해야 한다는 것이지. 그러면 감정이 움직일 때 상대의 감정이 긍정적이면 신뢰, 호감, 협력, 수용, 행동의 확대 등의 반응으로 이어지고, 감정이 부정적이면 방어, 회피, 저항, 반발, 비판, 비협조로 되어 버리겠지. 중립적 감정은 행동을 만들지 않는다네, "괜찮네" 정도의 상태에서는 행동 변화가 일어나지 않는다는 의미네. 따라서 설득의 핵심은 상대의 감정을 '긍정적·활성적' 상태로 만드는 것이네.

청 년   결과적으로 그 긍정적 감정이 나에게는 어떻게 작용하나요?

선지자   상대가 긍정적 감정을 느끼면 첫째, 상대로부터 호감을 받을 수 있네. 사람은 "좋아하는 사람"의 말은 쉽게 받아들이고, "싫어하는 사람"의 말은 아무리 논리적으로 옳아도 거부한다는 심리네. 둘째, 신뢰를 얻을 수 있네. 감정적 안정감은 신뢰를 높이고, 신뢰는 설득의 기초 기반이며, 신뢰가 무너지면 어떤 논리도 무의미해지네. 셋째, 공감이네. "내 마음을 이해하는 사람"의 의견은 자연스럽게 내 마음속으로 들어온다는 심리적 현상이네. 넷째, 안전감이네. 상대가 나를 비난하지 않을 것이라는 감정적 안전이 있어야 설득이 이루어진다는 것이지.

청　년　선생님 말씀을 요약하면 설득의 핵심 원리는 '논리 → 감정 → 행동'의 순서가 아니라 실제 인간의 설득 구조는 '감정의 반응 → 논리적 정당화 → 행동 실행'으로 된다는 말이군요. 즉, 설득의 출발점은 '감정'이고, 설득의 마무리는 '논리'이며, 행동은 감정이 만든다 이 말씀이네요.

선지자　그렇네. 지금까지 말한 내용에 대해 카네기는 7가지 주제로 실례를 들면서 설명하고 있네. 내가 자네에게 주는 이 인쇄물은 실제 내용은 약간 편집한 부분이 있으나 큰 흐름은 카네기의 '설득의 기술'을 요약한 것이네. 내용에 대해서 개별적으로 더 설명할 필요가 없을 만큼 쉽게 설명하고 있네.

청　년　선생님이 지금까지 말씀하신 부분은 설득의 원리, 이유, 목적 등에 대한 요약의 말씀이었다면 이것은 여러 가지 예시문을 포함한 내용이라는 말씀이네요.

선지자　그렇네. 지금까지의 말한 부분에 대한 구체적인 설득의 원리와 목적, 예문이네. (선지자는 '설득의 기술'이라고 적인 인쇄물을 청년에게 건네 주었다.)

청　년　네, 잘 읽어 보겠습니다.

선지자　오늘은 여기까지 하세. 이것을 읽어 본 후 또 대화하기로 하세.

1) 사람들은 논리가 아닌 감정으로 움직인다.

상대방이 원하는 감정을 제공하는 것이 설득의 핵심이다.

감정을 움직이는 사람이 세상을 움직인다. 설득의 본질은 논리가 아니다. 감정을 움직이는 것이다. 사람들은 논리적으로 생각한다고 믿지만, 실제로는 감정에 따라 움직인다. 상대가 어떤 감정을 지니고 있는지 이해하고 그 분위기에 맞게 메시지를 전달할 때 비로소 설득은 시작된다. 논리적으로 완벽한 말을 했다고 해서 상대가 내 말을 받아들이는 것이 아니다. 중요한 것은 상대의 감정을 읽고 그것을 움직이는 것이다. 그렇다면 누군가를 설득해야 할 때 어디에 초점을 맞춰야 할까. 논리가 아니라 감정이다.

한 연설가가 무대에 올랐다. 그는 사람들에게 질문을 던지지도 않았고, 복잡한 논리를 설명하지도 않았다. 대신 이렇게 말했다. "어릴 저는 때 한 번도 칭찬받지 못했습니다. 무엇을 해도 부족했고, 무엇을 해도 혼났습니다. 그런데 어느 날 선생님이 저를 보고 이렇게 말했습니다". "너는 정말 끈기가 있구나" 그 말 한마디가 제 인생을 바꿨습니다.

그가 말을 마쳤을 때, 청중은 이미 그의 이야기에 빠져 있었다. 사람들은 논리적으로 움직인다고 생각하지만, 실제로는 감정이 먼저 반응한다. 설득을 잘하는 사람들은 상대의 머리가 아니라, 마음을 움직이는 방법을 알고 있다. 사람들은 감정을 먼저 느끼고, 논리로 정당화한다. 사람들이 무언가를 선택할 때 논리적으로 판단한다고 믿지만, 실제로는 감정이 먼저 작용한다.

누군가가 고급 자동차를 샀다면, 그는 성능과 안전성을 이유로 들 것이다. 하지만 정말 그것 때문일까? 그 차가 사람들의 주목을 받지 못하는 브랜드였다면 같은 선택을 했을까? 사람들은 자신이 내린 결정을 합리화하기 위해 논리를 사용한다. 감정이 먼저 결정하고, 논리는 그 결정을 정당화하는 역할을 할 뿐이다.

누군가에게 금연을 권한다고 해보자. 담배는 건강에 해롭습니다. 폐 질환과 심장병을 유발하고 수명을 단축합니다. 이 말은 틀리지 않았다. 하지만 흡연자가 이 말을 듣고 바로 금연을 결심할까? 아니다. 하지만 이렇게 말하면 다르다. "어떤 남자가 병원에 누워 있었습니다. 그는 아들과 마지막 인사를 나누려 했지만, 말을 끝내기도 전에 숨이 가빠졌죠. 그는 마지막 순간을 후회했습니다. "내가 그때 담배를 끊었더라면" 이 순간, 상대는 논리가 아니라 감정을 느낀다. 감정이 움직이면 행동이 바뀐다.

2) 사람은 논리로 움직이지 않는다. 그들이 원하는 것을 보여줄 때 비로소 움직인다.

사람들은 자신의 욕구를 충족해 줄 말을 듣고 싶어 한다. 누군가를 설득할 때, 우리는 흔히 자신의 입장에서 말하는 실수를 저지른다. 이 제품은 최고의 기술력으로 만들어졌습니다. 이 방법이 가장 효과적인 방식입니다. 하지만 상대방은 이런 말을 들으며 속으로 이렇게 생각합니다. 그래서 나한테 무슨 도움이 된다는 거지. 사람들은 자기 자신에게 관심이 많다. 즉 설득하려면 상대방의 관심사를 먼저 읽어야 한다.

어떤 사람이 차를 사러 갔다고 하자. 판매원이 이렇게 말했다. "이 차는 연비가 뛰어나고 엔진 성능이 좋습니다". 이 말은 사실일 수 있지만, 고객에게 강한 인상을 남기지 못한다. 하지만 이렇게 말하면 다르다. "이 차를 선택하시면 연료비 부담을 줄일 수 있습니다. 장거리 운전이 많으신 데, 연비가 좋으면 장기적으로 큰 비용을 절약할 수 있습니다" 이제 고객은 자신의 현실과 연결된 정보를 듣게 된다. 이 때부터 관심을 갖기 시작한다. 설득이 어려운 이유는 사람들이 상대방이 아닌 자신의 논리와 생각에 집중하기 때문이다. 하지만 상대의 욕구를 먼저 읽으면, 불필요한 논쟁이 없이도 자연스럽게 설득이 가능하다. 논쟁하지 말고, 상대의 관심을 이용하라. 대부분의 사람은 자신의 의견을 주장하며 상대를 설득하려 한다. 하지만 논쟁에서 이긴다고 해서 상대가 생각을 바꾸지는 않는다.

설득의 90%는 상대의 욕구를 읽는 것이다. 어린아이가 장난감을 사달라고 떼를 쓴다. 부모는 단호하게 안 된다고 말한다. 하지만 아이는 멈추지 않는다. 더 크게 울고, 바닥에 드러눕기까지 한다. 결국 부모는 한숨을 쉬며 장난감을 사준다. 이 상황에서 중요한 것은 아이가 왜 원하는 것을 얻었느냐는 점이다. 단순히 소리를 질러서가 아니다. 아이는 본능적으로 부모가 언제 가장 약해지는지를 알고 있다. 부모가 주변의 시선을 의식할 때, 감정적으로 피곤해질 때, 인

내심이 한계에 다다랐을 때를 감지하고 본능적으로 그 타이밍을 이용한다. 사람들은 자신이 원하는 것을 얻기 위해 논리를 내세우지만, 실제로는 상대가 무엇을 원하고, 어떤 심리 상태인지를 먼저 파악해야 한다.

3) 강요하지 마라. 스스로 선택하게 만들어라.

사람들은 자신을 인정해 주는 사람에게 호감을 느낀다. 설득하려면 상대를 존중하는 태도부터 가져야 한다. 설득이 아니라 상대가 스스로 선택하게 만들어라. 가장 강력한 설득은 상대가 스스로 결정했다고 느끼게 만드는 것이다. 누군가에게 명령을 내리면 반발심이 생긴다. "이렇게 하세요" 하지만 선택권을 주면 이야기는 달라진다. "이 방식과 저 방식이 있는데 어떤 게 더 효과적일 것 같나요" 이렇게 하면 상대는 자신이 주도적으로 선택했다고 생각하게 된다.

상대가 결정권을 가졌다고 느낄 때, 설득은 가장 효과적으로 작용한다. 상대의 욕구를 읽는 사람이 원하는 것을 얻는다.

사람들은 논리적으로 움직이는 것 같지만, 실제로는 자신의 욕구를 충족해 줄 말을 듣고 싶어 한다. 설득의 핵심은 상대가 원하는 것을 정확히 파악하는 것이다. 논쟁을 피하고, 상대의 관심을 이용하여 선택권을 주는 것이다. 이 모든 것이 가능해지는 순간은 간단하다. 상대의 욕구를 제대로 이해했을 때, 당신이 원하는 것을 얻고 싶다면, 먼저 상대가 원하는 것을 찾아야 한다.

사람들은 자신이 선택했다고 믿을 때 움직인다. 누군가에게 이렇게 말하면 어떨까? "이렇게 해야 합니다". 이 말을 듣는 순간, 상대방의 머릿속에는 저항심이 생긴다. 하지만 이렇게 말하면 다르다. "이 방법과 저 방법이 있는데 어떤 것이 더 좋을까요" 같은 방향으로 이끌더라도 상대가 스스로 선택했다고 느낄 때 반발 없이 따라오게 된다. 사람들은 자신의 자유를 지키고 싶어 한다. 누군가가 무언가를 강요한다고 느끼는 순간, 그들은 본능적으로 저항한다. 하지만 선택권을 주면 스스로 움직이게 된다.

어느 날 한 상인이 시장에서 물건을 팔고 있었다. 그는 지나가는 손님에게 말을 걸었다. "이 물건 꼭 필요할 겁니다. 지금 안 사시면 후회할 거예요". 그러나 손님은 고개를 저으며 지나쳤다. 그런데 같은 시장에서 또 다른 상인이 있었다. 그는 손님에게 미소 지으며 말했다. "이 물건을 한번 직접 만져보세요. 손에 쥐어 보면 느낌이 다를 겁니다". 손님을 무심코 물건을 집어 들었고, 자연스럽게 관심을 가지기 시작했다. 결국 그는 지갑을 열었다. 두 사람은 똑같은 물건을 팔았지만 한 상인은 강요했고, 한 사람은 선택할 기회를 주었다. 결과는 달랐다.

4) 반박하지 말고 인정하고 존중하라.

어떤 사람이 회의에서 좋은 아이디어를 냈다고 해보자. 그 순간, 이렇게 말하는 사람이 있다. "그거 좋은 아이디어네요. 하지만 더 나은 방법이 있을 수도 있습니다" 이 말은 논리적으로 틀리지 않는다. 하지만 상대는 자신의 아이디어가 존중받지 못했다고 느낄 수 있다. 대신 이렇게 말하면 다르다. "이 아이디어는 정말 좋은 접근 방식입니다. 이걸 바탕으로 조금 더 확장하면 더 큰 효과를 볼 수도 있을 것 같네요". 같은 내용이지만 상대가 기분 좋게 받아들일 수 있도록 표현했다.

한 회사에서 직원회의가 열렸다. 한 직원이 아이디어를 제시했다. "이 방향으로 가는 것이 최선이라고 생각합니다". 그러자 다른 직원이 곧바로 반박했다. "그건 효과적이지 않을 겁니다. 대신 이렇게 해야 합니다". 아이디어를 냈던 직원은 얼굴이 굳었다. 그는 더 이상 말하지 않았고, 회의는 냉랭한 분위기로 흘러갔다. 이런 상황은 어디에서나 볼 수 있다. 상대가 틀렸다고 바로 반박하면 논리적으로 옳을지 몰라도 감정적으로는 완전히 실패한 것이다. 사람들은 논쟁에서 지면 생각을 바꾸는 것이 아니라 오히려 자기 뜻을 더 고집하게 된다.

누군가를 이기려 하지 마라. 상대가 스스로 생각을 바꾸도록 만들어라.

사람들은 논쟁에서 밀릴수록 더 강하게 반발한다. 누군가와 의견이 다를 때 대부분의 사람은 상대를 설득하기 위해 반박부터 한다. "그건 틀렸어", "아니 그게 아니라 이게 맞아", 하지만 이렇게 말하는 순간, 상대는 논리적 반박을 들으려는 것이 아니라 자기 뜻을 지키기 위한 싸움 모드로 전환된다.

어떤 사람이 이렇게 말한다고 하자. "나는 이 방법이 최고라고 생각해". 그때 바로 반박하면 상대는 방어적으로 변하고 오히려 자신의 주장을 더 강하게 고집한다. 하지만 이렇게 접근하면 다르다. "그 방법에도 좋은 점이 있어. 그런데 이런 방향으로 가면 더 효과적일 수도 있지 않나요?" 이렇게 하면 상대는 방어적 태도를 보이지 않고 열린 마음으로 듣게 된다. 논리적으로 상대를 이길 수 있어도, 감정적으로 패배감을 느끼게 만들면 설득은 실패한다. 상대의 의견을 먼저 인정하는 것이 중요하다. 어떤 사람이 특정한 주장을 펼칠 때 그 의견이 틀렸다고 느낄 수도 있다. 하지만 바로 반박하면 상대는 귀를 닫아버린다.

방향을 바꾸려면 상대가 스스로 생각하게 만들어라. 사람들은 스스로 선택했다고 느낄 때 가장 잘 움직인다. 강요하는 순간 반발심이 생기지만, 자신이 결정했다고 믿으면 행동으로 옮긴다. 예를 들어, 누군가에게 이렇게 말하면 반발할 가능성이 크다. "그 방법은 효과가 없어. 이렇게 해야 해". 하지만 이렇게 접근하면 다르다. "이 방법도 좋지만, 이런 방법으로 가면 더 많은 장점이 있을 수도 있어. 어떻게 생각해". 상대가 스스로 생각하게 만들면, 강요 없이도 자연스럽게 바꿀 수 있다. 논쟁에서 이기는 것이 아니라, 상대를 움직이게 하는 것이 중요하다. 논쟁에서 이겼다고 해서 상대가 생각을 바꾸는 것은 아니다. 오히려 패배감만 남을 뿐이다. 사람들은 자신이 틀렸다는 것을 인정하는 것을 두려워한다. 진정한 설득은 상대를 눌러 이기는 것이 아니다. 그가 스스로 새로운 방향을 생각하도록 유도하는 것이다. 누군가를 설득하고 싶으면 반박부터 하지 마라. 먼저 그의 의견을 인정하고, 그다음에 조금씩 방향을 바꿔라. 그러면 상대는 반박할 이유가 사라지고, 자연스럽게 당신의 말을 받아들이게 된다. 이것이 의미하는 바는 명확하다. 상대를 설득하려면 논리를 앞세우기보다는, 감정을 먼저 건드려야 한다. 논리보다 공감이 먼저다.

5) 사람들은 자신의 가치를 인정해 주는 사람에게 마음을 연다.

한 남자가 커피숍에서 노트북을 두드리고 있었다. 그는 중요한 계약을 성사하기 위해 프레젠테이션 자료를 준비하고 있었다. 그런데 옆자리에 앉아 있던 노인이 그를 바라보며 말했다. "열심히 일하는 모습이 보기 좋네요. 당신 같은 사람이 성공하는 법이죠", 남자는 순간 멈춰 서서 노인을 바라보았다. 그저 스쳐 지나갈 수 있는 말이지만, 기분이 좋아졌다. 그리고 노인을 향해 자연스럽게 미소 지었다. 데일 카네기는 이렇게 말했다. "사람들은 본능적으로 자신의 가치를 인정해 주는 사람에게 호감을 느낀다. 누구나 자신이 중요한 존재라는 것을 확인받고 싶어 한다. 이 단순한 원리를 이해하는 사람은 상대의 마음을 여는 방법을 알고 있는 사람이다". 그리고 그것을 해주는 사람을 절대 잊지 않는다. 사람을 설득하려면 먼저 그가 가치 있는 존재임을 느끼게 하라. 사람들은 자신을 중요하게 여기는 사람을 좋아한다. 누군가와 대화를 나눌 때, 상대가 자신의 이야기에 진심으로 관심을 둔다고 느끼면 마음을 열게 된다. 반대로, 자신의 존재를 가볍게 여기거나 무시한다고 느낄 때, 그 관계는 쉽게 깨진다.

회사에서 상사가 직원에게 이렇게 말한다고 하자. "이 일을 빨리 끝내세요" 이 말은 단순한 지시이지만, 직원은 기계처럼 취급받는다고 느낄 수 있다. 하지만 이렇게 말하면 다르다. "당신이라면 이 일을 정말 잘 해낼 거라 믿어요". 같은 업무 지시라도, 사람들은 단순히 논리적으로 설득당하는 것이 아니라, 자신이 중요한 존재로 느껴질 때 더욱 쉽게 마음을 연다. 상대방의 진짜 가치를 알아보는 것이 중요하다.

단순한 아첨이나 칭찬은 오히려 역효과를 낸다. 사람들은 거짓된 칭찬을 받으면 오히려 불쾌감을 느낀다. 중요한 것은 진심으로 상대방의 가치를 알아보고 인정해 주는 것이다. 어떤 사람이 좋은 발표를 마쳤다고 하자. "잘했어요"라고 말하는 것보다 "당신이 준비한 자료가 정말 인상적이었어요. 특히 핵심을 간결하게 정리한 점이 돋보였어요"라고 말하면 상대는 자신의 능력이 구체적으로 인정받았다고 느낀다. 진심 어린 인정과 구체적인 칭찬은 단순한 말 이상의 힘을 가진다.

사람들은 자신이 특별하다고 느낄 때 마음을 연다.

어떤 사람이 이렇게 말한다고 하자. "저는 사람들에게 관심을 많이 가져요". 이 말 만으로 상대가 특별하다고 느끼지 않는다. 하지만 이렇게 말하면 다르다. "당신 같은 사람은 드물어요. 이런 깊이 있는 대화를 나누게 되어 정말 반갑네요". 이런 말을 들으면 상대는 자신이 특별한 존재로 인정받았다고 느끼고, 더욱 마음을 열게 된다. 사람들은 누구나 자신의 가치를 확인받고 싶어 한다. 그리고 이를 이해하는 사람은 자연스럽게 타인의 신뢰를 얻는다. 사람의 마음을 얻고 싶다면, 먼저 그의 가치를 인정하라. 누군가의 마음을 얻고 싶다면 논리적으로 설득하기 전에 먼저 그의 존재를 존중하는 태도를 가져야 한다. 단순한 칭찬이 아니라, 상대가 가진 진짜 가치를 인정하고, 그것을 표현하는 것이 중요하다.

사람은 자신의 가치를 인정받고 싶어 한다.

그리고 그것을 해주는 사람을 절대 잊지 않는다. 상대가 자신을 중요하게 여긴다고 느낄 때, 마음은 자연스럽게 열린다. 그렇다면, 당신이 누군가를 설득해야 할 때 가장 먼저 해야 할 것은 무엇일까? 논리가 아니라 상대의 가치를 인정하는 것이다.

사람들은 자신의 중요성을 인정해 주는 사람을 따른다.

논리적으로 옳은 말을 하기보다는 상대가 느끼고 싶은 감정을 제공하는 것이 훨씬 더 강력한 설득력의 방법이 된다. 설득을 잘하는 사람은 논리가 아니라 감정을 다룬다. 사람들은 자신이 논리적으로 판단을 내린다고 생각하지만, 실제로는 감정이 선택을 주도한다. 그래서 설득을 잘하는 사람들은 논리를 나열하는 것이 아니라, 상대방이 무엇을 느끼고 싶어 하는지를 파악한다. 판매 전문가들은 제품의 기능을 설명하는 것이 아니라, 그것을 사용했을 때 어떤 기분이 들지를 먼저 이야기한다. "이 소파는 인체 공학적으로 설계되어 편안합니다"라고 말하는 것보다 "이 소파에 앉으면 하루 종일 쌓인 피로가 사라지고 따뜻한 커피 한잔을 마시는 여유를 느낄 수 있습니다"라고 말할 때 더 강한 영향을 준다. 말보다 태도가 더 강력하다.

어느 유명한 강연자가 무대에 올랐다. 그는 단 한마디도 하지 않은 채, 청중을 천천히 바라보았다. 몇 초가 흐르자, 사람들은 점점 집중하기 시작했다. 그리고 그가 입을 열었을 때, 모두 그의 말에 빠져 들었다. 그가 특별한 말을 했기 때문이었을까? 아니다, 그의 태도가 이미 사람들을 설득했기 때문이다.

**6) 사람들은 당신의 말이 아니라, 당신이 주는 느낌을 따라간다.
설득하고 싶은가. 그렇다면 말이 아니라 태도를 먼저 바꿔라.**

설득은 말로만 이루어지는 것이 아니다. 말보다 더 강력한 것이 태도다. 사람들은 태도에서 더 많은 정보를 읽는다. 누군가가 이렇게 말했다고 가정해 보자. "당신을 믿어요". 하지만 그가 눈을 피하거나 목소리에 확신이 없거나, 표정이 어색하다면 이 말을 믿을 수 있을까? 반대로, 아무 말도 하지 않아도 따뜻한 미소와 확신에 찬 눈빛을 보인다면 상대는 신뢰를 느낄 것이다. 사람들은 단순히 말의 내용만 듣는 것이 아니다. 표정, 목소리 톤, 손짓, 눈빛 같은 비언어적인 요소가 더 강한 메시지를 전달한다. 신뢰는 태도에서 나온다.

어떤 사람이 자신감이 없다고 가정해 보자. 그가 이렇게 말할 수도 있다. "저는 자신이 없습니다". 하지만 말하는 도중 시선을 피하거나, 목소리가 흔들리거나, 어깨가 움츠러든다면 상대방은 그가 자신이 없다고 느낄 것이다. 반대로 아무 말도 하지 않아도 당당한 걸음걸이, 흔들리지 않는 목소리, 단단한 눈빛을 가졌다면 상대방은 그를 신뢰하게 된다. 신뢰는 논리적인 설명에서 나오는 것이 아니라, 태도에서 나온다. 설득력 있는 사람들은 몸짓과 표정에 신경 쓴다. 설득력 있는 사람들은 단순히 말을 잘하는 것이 아니라, 몸짓과 표정으로 말한다. 예를 들어 리더가 직원들에게 이렇게 말한다고 해 보자. "우리는 반드시 이 프로젝트를 성공시킬 것이다". 그런데 그가 팔짱을 끼고 있거나, 고개를 숙이거나, 눈을 피한다면 아무도 그의 말을 믿지 않을 것이다. 하지만 그가 단단한 눈빛으로 사람들을 바라보고 어깨를 펴고 손짓을 활용한다면, 듣는 사람들은 그의 말을 신뢰하게 된다.

　침묵과 여유가 더 큰 힘을 발휘할 때도 있다. 많은 사람이 말을 많이 해야 한다고 생각한다. 하지만 때로는 침묵이 더 강한 메시지를 전달 할 수 있다. 누군가가 공격적인 태도로 논쟁을 걸어 올 때 바로 반박하는 것보다 조용히 상대를 바라보며 기다리는 것이 더 강력한 때가 있다. 상대는 긴장하고 불안해지며, 스스로 말의 무게를 다시 생각하게 된다. 여유 있는 태도는 곧 힘이다. 자신감 있는 사람은 불필요한 말을 하지 않는다. 그리고 그 여유가 상대를 설득하는 데 더 효과적으로 작용한다.

7) 사람들은 당신이 한 말을 기억하지 않는다. 하지만 당신이 어떤 느낌을 주었는지는 오래도록 기억한다.

　사람들은 당신이 무엇을 말했는지 보다, 당신이 어떻게 말했는지를 기억한다. 누군가가 당신의 말을 떠올릴 때, 단어 하나하나를 기억하는 것이 아니라, 당신이 어떤 분위기를 풍겼는지를 기억한다. 같은 말을 하더라도, 자신감 있고 단단한 태도로 보이는 사람의 말은 설득력이 강하다. 반대로, 불안한 태도를 보이는 사람의 말은 쉽게 신뢰받지 못한다.

선지자 내가 준 데일 카네기 인쇄물에 대해 어떻게 느꼈는가?

청 년 네, 아주 꼼꼼하게 읽어 보고 되새겨 보았습니다. 선생님이 말씀하신 부분에 대해 구체적인 강연식 내용으로 설명이 되어있어서 이해하기가 쉬웠습니다. 추가적인 내용도 있었고요.

선지자 그렇네. 내가 자네에게 말한 것은 요약한 것이 있네. 분량이 많아서 요약한 것이지. 세부적인 예시문과 충분한 설명이 있어서 이해하기가 쉬웠을 것이네. 카네기의 인간관계 3가지 기술은 '설득의 기술'이라고 하지만 '행복의 기술'이라고도 말할 수 있네. 즉 내가 행복하기 위해 어떻게 해야 하느냐 하는 것이지.

청 년 사람을 행동 하게 하는 데는 논리나 사실보다 감정을 움직여야 한다는 것은 저에게 큰 감동이었습니다. 말씀드렸습니다만 저는 사람과 직접적으로 접촉하는 영업업종에서 근무하고 있습니다. 설득한다는 것이 인간의 다양성만큼이나 어렵습니다.

선지자 이 원리는 주로 마케팅 전략에 많이 활용되고 있지만 개인과의 인간관계에도 많이 적용되네. 대부분 앞에서 말한 수용이나 변화 부분을 설명할 때 말했던 부분으로 반복이 되지만 그 중요성에 대해 다시 한번 되새기는 계기가 되었을 것일세. 삶의 현장에 적용하는 것은 자네의 몫이네. 나는 경영자로서 현장에 많이 적용하고 있네.

청 년 네. 잘 알겠습니다.

인의 걱정까지 짊어지고 가면서 "세상이 왜 이렇게 힘드냐"라고 한탄을 하네.

청　년　그러면 선생님이 말씀하신 '사소한 것에 목숨 걸지 마라'라는 것은 복잡한 생각, 걱정을 끊어버리고 단순하게 사는 방법이라고 생각되네요. 구체적으로 설명해 주세요.

선지자　자네 말이 맞네. 쓸데없는 생각, 걱정, 고민을 버리는 것이네. 네 가지 주제로 구분해서 설명하겠네.

첫째, 작은 일에 마음을 소모하지 마라.

일본의 소설가 와타나베 준이치는 인간의 불행이 대체로 "큰 사건"이 아니라 '작은 일'에 대한 과도한 반응에서 비롯된다고 말했네. 누군가의 한마디, 예상치 못한 실수, 사소한 오해가 우리를 괴롭히고 하루의 기분을 망쳐버리지. 하지만 대부분의 일은 며칠만 지나면 기억도 나지 않을 만큼 하찮은 것이고, 그럼에도 사람들은 그 순간의 감정에 휘둘러 '쓸데없는 에너지'를 낭비하고 있지. 그는 이렇게 말했네. "사소한 일에 마음을 쏟는다는 것은, 인생의 본질적인 행복을 잃는다는 뜻이다." 즉, 인간의 감정은 한정된 자원이며, 그것을 어디에 사용할지를 스스로 선택해야 한다는 것이네. 진정으로 가치 있는 일에 마음을 집중하려면, 불필요한 일에는 '무심해지는 연습'이 필요하네. 특히 '완벽주의는 마음의 피로를 부른다'라고 했네. 작은 일에 신경을 쓰는 사람의 공통점은 완벽주의 성향이 있네. "조금만 더 잘해야 한다", "모두가 나를 좋아해야 한다"라는 강박은 결국 자신을 지치게 만들지. 그는 이런 태도를 "스스로를 옭아매는 정신적 족쇄"라고 표현했네. 인생에서 완벽을 추구하면 할수록, 사소한 결점이 더 크게 보이고, 그로 인해 불안이 증폭된다는 것을 기억해야 하네. 작은 일에도 불안해하고, 작은 통증에도 병을 의심하는 사람들. 그들은 병보다도 '걱정 자체'에 병들어 있네. 조금은 느슨해질 필요가 있네. "삶은 정답을 맞히는 시험이 아니다. 80점이면 충분하다. 그 나머지는 여유로 채워라."라고 말하고 싶네.

청 년 그러면 실제로 느슨해진다는 것은 어떻게 대처한다는 것인가요?

선지자 관용이네. "관용은 마음의 방패다"라는 것을 기억해야 하네. 작은 일에 마음을 소모하지 않으려면 '관용(寬容)'이 필요하네. 타인의 실수, 불친절, 무례한 말에 즉각 반응하기보다, "그럴 수도 있지" 하고 넘길 수 있는 여유. 이것이 단순한 인격의 문제가 아니라 지혜의 문제라고 보네. 세상은 늘 불완전하고, 사람들은 제각기 불완전하네. 그 사실을 인정하는 순간, 마음은 훨씬 편안해진 다네. "사람을 미워하지 말라. 단지 이해하려 노력하라". 이는 용서가 아니라, 자신의 평화를 지키는 기술이네. 문제에 부딪치면 '내가 통제할 수 있는 일인가?'를 생각해 보고 내 힘으로 바꿀 수 없다면 내려놓으면 되네. '지금 이 순간, 행복할 수 있는가?'를 생각해 보고 미래의 불안보다 현재의 만족에 집중하면 되네.

청 년 관용으로 "그럴 수도 있지"라고 말한다면 대응에 무감각해지는 것은 아닌가요?

선지자 사소한 일에 휘둘리지 않는다는 것은 무감각해지는 것이 아니라, 중심을 잡는 일이네. 중요한 것은 우리가 분노하고 불안해하는 일의 대부분은 지나고 보면 사소한 것들이네. 인생을 크게 흔드는 사건은 드물고, 작은 일에 과도하게 반응하는 습관이 문제일 것이네. "이것도 결국엔 작은 일일뿐"이라는 관점을 가지면 마음이 훨씬 가벼워지네. 짜증 나는 일이 생기면 바로 반응하지 말고 심호흡을 3번 해보게. 그 순간 "이게 정말 목숨 걸 일인가?" 자문하면 화가 반으로 줄어들 것일세.

청 년 "그럴 수도 있다"라는 말은 무척 긍정적인 말이네요. '수용' 부분에서 말씀하셨던 대응 방법이네요. 사소한 것을 떠나 내가 집중하고 싶은 곳에 집중하는 것은 앞에서 말씀하신 수용과 변화에서 '삶의 목표, 의미'에 부합하는 것에 집중하라는 뜻이기도 하네요.

선지자 그렇네. 삶에서 생기는 대부분의 문제는 별것 아니네. 작은 것에 집착하면 머리만 복잡해지네. 그래서 알프레드 아들러가 이렇게 말하지 않았나. "세상은 너무 단순하다, 당신의 머리가 복잡할 뿐이다"라고.

청 년 "그럴 수도 있다"라는 말 명심하겠습니다. 그리고 두 번째는 무엇인가요?

선지자 둘째, 모든 것을 다 이해받으려 하지 말라네.
인간관계의 근본적인 갈등은 "나와 타인은 다르다는 사실을 받아들이지 못하는 데서 온다"라고 했네. 사람들은 누구나 자신이 옳다고 믿는 기준과 가치관을 가지고 살아가네. 그런데 우리는 종종 그 기준을 타인에게도 강요하고, 반대로 타인이 나를 이해해 주길 기대하네. 그 결과, "왜 저 사람은 내 마음을 몰라줄까", "왜 내 노력을 알아주지 않을까" 하는 서운함이 쌓이겠지. 그러나 "인간은 완벽히 서로를 이해할 수 없다. 다만, 다름을 받아들이는 법을 배울 수 있을 뿐이다."라는 것을 받아들여야 하네. 이 말은 단순한 체념이 아니라 관계의 성숙한 출발점이네. 즉, '이해받지 못함'을 괴로워하기보다, '그럴 수도 있음을 인정하는 태도'가 진정한 인간관계의 지혜라는 것이지.

청 년   이 말씀은 '그럴 수도 있다'를 수용의 태도로 받아들여야 인간관계의 지혜가 된다는 말이네요. 그러나 '인정 욕구' 즉 알아 주기를 바라는 것은 인간의 본능인데 쉽게 수용이 될까요?

선지자   우리는 종종 이해받으려는 마음이 집착으로 변한다는 사실을 망각하네. 사람은 본능적으로 인정받고 싶고, 이해받고 싶어 하네. 이 욕구 자체는 자연스럽지만, 그것이 지나치면 타인에게 감정의 의존을 하게 되네. "내가 이런 이유로 행동했으니, 그걸 알아줘야 해.", "내 진심을 왜 몰라주지?" 이런 생각은 관계를 더 가깝게 만드는 대신, 오히려 상대를 피로하게 만든다네. 이해받지 못할 때 우리는 상처받고, 그 상처는 곧 분노나 냉소로 바뀌네. "타인의 마음을 조종하려는 시도는 불행의 시작"이라고 경고했네. 누군가가 나를 오해한다고 해서, 내가 사라지는 것은 아니네. 진심은 언젠가 스스로 드러나게 되어 있네. 진심은 설명으로 강요하는 것이 아니라, 행동과 시간으로 증명되는 것이라는 말이지.

청 년 방금 집착에서 생기는 오해라는 말씀을 하셨는데 충분히 가능한 것 아닌가요?

선지자 그렇네. 그러나 오해는 인간관계의 자연스러운 그림자네. "오해 없는 인간관계는 없다"라고 단언하네. 사람들은 각자의 경험과 관점으로 세상을 해석하기 때문이지. 같은 말을 들어도, 누군가는 칭찬으로, 누군가는 비난으로 받아들이네. 그러므로 모든 사람에게 '좋은 사람'으로 남으려는 시도는 불가능하지. "모든 사람에게 이해받으려는 사람은, 결국 누구에게도 사랑받지 못한다"라는 말이 있네. 자신의 생각과 감정을 솔직하게 표현하되, 그것을 모두가 인정할 것이라는 기대는 버려야 하네. 오해를 두려워하지 않고, 자신답게 살아가는 용기야말로 인생의 자유를 가져오네.

청 년 인정욕구를 버려야 한다. 방금 말씀하신 것과 같이 오해는 어쩔 수 없다. 인간의 인지적 착오에서 비롯된 것이니 받아들여야 한다. 이 말씀이네요.

선지자 알프레드 아들러는 "인정욕구에서 벗어나라"라고 했네. 그러면서 "타인의 평가가 아닌 자신의 과제에 집중하라"라고 했지. 알프레드 아들러는 삶을 "나의 과제"와 "타인의 과제"로 나누었네. 그리고 인정욕구는 타인이 나를 어떻게 보고 평가하는지에 과도하게 신경 쓰는 상태이며,

이는 타인의 과제를 대신 짊어지는 것과 같다고 했네. 즉 남이 나를 어떻게 생각할지는 그들의 과제고, 나는 '내가 할 일'에만 책임지면 된다는 의미지. 결국 인정 욕구란 '좋은 사람'으로 보이려는 노력이고 나를 왜곡시킨다고 했네. 인정욕구는 '착해야 한다', '실수하면 안 된다', '다른 사람의 마음을 만족하게 해야 한다' 같은 조건부 자기 가치관을 만든다는 것이지. 알프레드 아들러는 이것이 자기 본성(Self), 자기표현을 억압해 심리적으로 왜곡을 일으킨다고 보았네. 그래서 남에게 잘 보이기 위해 나를 희생하지 말고 '있는 그대로의 나'를 드러내라고 했지. 또한 "인정은 결코 끝이 없다. 인정 욕구는 일종의 중독과 같다"라고 했네. 한 번 얻으면 또 얻어야 하고, 한 사람이 만족하면 다른 사람이 불만을 제기하지. 알프레드 아들러는 이것을 가치가 외부에 있을 때 생기는 불안이라고 설명했네. 삶의 기준을 타인에게서 찾으면 내 인생은 영원히 불안한 구조가 되네.

청 년 그러면 인정 욕구에서 벗어나지 못하면 자기 인생을 살 수가 없다. 타인의 인생을 산다는 말이네요. 그런데 인정 욕구는 본능인데 버려야 하는 이유는 무엇인가요?

선지자 왜 인정욕구에서 벗어나야 하는가에 대한 앞에서도 잠깐 말했네만은 이유는 분명하네. <u>첫째, 타인의 인정은 '내가 통제할 수 없는 것'이기 때문이네.</u> 타인의 생각·평가는 나의 통제 범위 밖에 있네. 그러므로 인정욕구에 매달리는 순간, 우리는 영원히 불확실한 삶을 살게 된다는 것이네. 통제 불가능한 것에 의존하면 불안·열등감·좌절이 반복된다고 했네.

둘째, 인정 욕구는 열등감 콤플렉스를 강화한다는 것이네.

알프레드 아들러는 열등감 자체는 자연스럽지만, '타인에게 인정받아 열등감을 보상하려는 욕구'는 콤플렉스를 만든다고 보았네. 이때 사람은 과도한 경쟁, 완벽주의, 회피 행동, 과장된 성취 욕구로 왜곡된 삶을 산다고 했네. 인정에 의존할수록 진짜 성장은 일어나지 않고, '보상 심리'만 강화된다는 의미지. 열등감이 있는 사람의 특징이 인정욕구가 강한 사람이네. 셋째, 인정욕구는 공동체감각을 약화하기 때문이네. 알프레드 아들러는 정신 건강의 기준을 공동체감각(사회적 연결감)으로 봤네. 그러나 인정욕구가 강한 사람은 "내가 이겨야 한다", "내가 더 우수해야 한다", "나를 좋아해야 한다"와 같은 '자기중심적 기준'으로 인간관계를 보고, 관계가 경쟁·비교·불안으로 흐르고, 진정한 연결(공동체감)이 사라진다는 것이네. 질투심, 개인적인 독재성향이 있어 공동체와 조화롭게 살아가는 데 어려움이 있네. 넷째, 인정에 매달리면 '자기 삶의 목표'를 잃기 때문이네.

알프레드 아들러는 인간을 '목적적 존재'라고 보았네.

그러나 인정욕구는 삶의 목표를 타인이 정해주는 구조를 말하네. 남이 좋아하는 일을 하고, 남이 칭찬하는 선택을 하고, 남이 인정해 줄 때만 자신감을 느낀다는 것이지. 타인의 기준에 맞춘 삶은 결코 주체적 삶이 될 수 없다는

것이지. 자네의 인생은 자네 것이 아닌가. 이렇게 살 필요
가 없네.

청 년 선생님 말씀을 요약하면 인정은 타인의 과제로 내가 통
제할 수가 없다, 열등감 콤플렉스를 유발한다, 공동체
감각을 약화한다, 자기 삶이 없는 인생이 된다는 것이네
요. 선생님의 말씀을 듣고 인정욕구가 심해지면 열등감
과 같은 것 외에도 또 다른 심리적 불안, 우울증 같은 것
도 생기나요?

선지자 좋은 사람으로 보이려는 강박관념, 혹시라도 나를 좋아하
지 않을까 하는 불안, 더 잘해야 한다는 초조감 같은 심
리적 문제가 발생하네.

청 년 인정욕구를 어떻게 극복해야 하나요?

선지자 이것을 극복하여 자유롭고 용기 있는 사람이 되기 위해
서 알프레드 아들러는 심리 치료의 목적을 '용기의 회복'이
라고 말했네. 인정욕구는 우리로 하여금 실수를 두려워
하고, 거절을 두려워하고, 갈등을 피하고, 영원히 '좋은 사
람' 역할을 유지하려 심리적 현상으로 보고, 이것은 삶의
용기를 앗아간다고 보았네. 용기 있는 삶을 선택하라고
했네. '내가 옳다고 믿는 것'을 행동하는 것이네, '남이 좋
아하는 것'을 하는 것이 아니고. 결론적으로 '인정욕구에
서 벗어나라'라는 말을 한 문장으로 표현하면 "타인의 시
선이 아니라, 나의 가치·나의 과제·나의 책임을 기준으로
살아가라."라는 말과 같네.

청 년 이 두 번째 말씀은 인간의 본성적인 측면에서 무척 실행

하기 어렵지만 꼭 필요한 것이네요. 지금과 같은 시대에 용기 있는 삶을 선택하는 것은 '미움 받을 용기'가 없으면 안 될 것 같네요. 미움받는 것을 두려워하지 않는 용기를 내라 그래야 극복이 가능하다는 말이네요. 구체적인 방법은 없는가요?

선지자　용기를 내는 것이 우선이네. 무조건 해보게. 그리고 항상 작은 것부터 실천해 보게. 먼저 남의 부탁을 거절해 보는 연습을 해보는 것부터 시작해 보게. 쉽지는 않지만, 미움 받을 용기를 내 보게. 그러면 될 것일세. 앞의 말이 길어졌지만, 두 번째의 '모든 것을 다 이해받으려 하지 말라'와 연결하여 설명하겠네. 셋째, 자기 자신에게 관대하라네.

청　년　이것은 앞의 '수용' 부분에서 말씀하신 '나는 괜찮은 사람'에서 말씀하신 내용과 연결되는 것 같네요.

선지자　그렇네. 그 내용과 연결되는 내용이네. 와타나베 준이치는 많은 사람들이 "타인에게는 관대하면서 자신에게는 혹독하다"라고 지적하네. 특히 성실하고 책임감이 강한 사람일수록 자신의 실수나 부족함을 용납하지 못하네. 그들은 완벽해야 한다는 압박감 속에서 끊임없이 자신을 몰아붙인다네. 그는 이런 사람들을 보며 이렇게 말했네. "자신에게 너무 엄격한 사람은, 결국 자신을 지치게 만든다"라고. 이들은 남에게는 따뜻하지만, 자신에게는 차갑게 말하네. 조금만 실수해도 '왜 그랬을까' 자책하고, 쉬는 시간에도 스스로를 비난하네. 결국 이런 태도는 마음을 점점 피폐하게 만들고, 자신의 행복을 스스로 앗아가 버린 다네. 비판은 때때로 도움이 되지만, 그것이 지나치면 자기파괴가 되네. 와타나베는 "자기비판은 나를 단련시키는 도구가 아니라, 상처를 주는 칼이 되기 쉽다"라고 말했네. 완벽을 추구하는 사람일수록 작은 실패에도 큰 죄책감을 느낀다고 했네. 그러나 인생은 애초에 완벽할 수 없네. 그는 이렇게 말했네. "인간은 불완전하기에 아름답다. 스스로를 용서하지 못하면, 인생을 사랑할 수도 없다."라고.

청 년 앞에서도 말씀드렸습니다만 '자기 자신에게 관대하라'라는 이것은 자기 합리화일 가능성이 크지 않습니까?

선지자 '자신을 용서하는 법을 배워라.'라는 자기 관대함에 대해 와타나베는'게으름'이나 '자기 합리화'로 보지 않았네. 그는 "이것은 자기 치유 기술이다.", "자신에게 친절하지 못한 사람은 남에게도 진정한 친절을 베풀 수 없다"라고 말했네. 스스로를 용서한다는 것은 잘못을 잊자는 뜻이 아니네. 그것은 '완벽하지 않아도 괜찮다'라는 자기 인정의 선언이지. 실패나 후회를 있는 그대로 받아들이고, "그때의 나는 최선을 다했다"라고 스스로를 위로할 줄 알아야 한다는 의미네. 그는 '스스로를 위로하는 말'을 습관화 하라고 조언했네. 예를 들어, "이번엔 잘 안됐지만 괜찮아", "지금의 나도 충분히 노력하고 있어", "나는 완벽하지 않지만, 나름대로 잘 살아가고 있어." 이런 말들이 쌓이면 마음은 점차 안정되고, 자신감이 회복된다고 했네. 그리고 자기 관대함은 삶을 가볍게 만드네. 자기 자신을 몰아붙이면 인생은 점점 무겁고 답답해진다네. 하지만 자신을 인정하고 용서하면, 마음이 유연해지고 여유가 생기네. "자기 자신에게 미소 지을 수 있는 사람은, 인생의 모든 고통을 견딜 수 있다"라고 했네. 그것은 자기합리화가 아니라, 지속 가능한 마음의 리듬을 만드는 방법이네. 자기비판은 순간의 긴장감을 주지만, 자기 관대함은 평생의 에너지를 준다네. 특히 나이가 들수록 이 마음가짐이 중요하네. 왜냐하면 인생이 길어질수록, 완벽보다 평온이 더 큰 가치가 되기 때문이네. 그는 이렇게 말했네. "이제는 자신을 꾸짖기보다, 자신을 안아줄 때다"라고.

청　년　선생님의 말씀은 자기합리화가 아니고 있는 그대로의 인정, 자기다운 삶을 살기 위한 방법이라는 말씀이네요.

선지자　그렇네. 결국 자신을 사랑하는 것이 진짜 성숙이지. 어리석은 마음은 스스로를 미워하고, 성숙한 마음은 자신을 감싸안는다네. 자신에게 관대해진다는 것은 나약해지는 것이 아니라, 인간으로서 한계를 인정하고 그 속에서도 자신을 사랑하는 용기를 갖는 것이네. 자신에게 따뜻해지면, 세상도 조금은 따뜻하게 보이고 남들을 더 사랑하게 되네. 자기 자신에게 관대하다는 것은, 결국 인생을 부드럽게 바라보는 태도이고, 자신을 미워하는 사람은 세상도 미워하게 되지만, 자신을 용서하는 사람은 세상과 화해하게 된다네.

청　년　저는 이 부분이 실행하기가 가장 어렵다고 느껴졌습니다. 실제로 '자기사랑'이 자기중심적 생각 또는 타인에 대한 이기심으로 발전될 수 있는 부분이지 않습니까?

선지자   여기서 '자기 자신에게 관대하라'는 것에 대한 적용은 첫
        번째 규칙이 본인에게만 우선 적용을 해야 하네. 이것이
        충분히 된 후에 타인에게, 세상에게 적용하는 순서로 가
        야 하네. 거꾸로 한다면 "네가 먼저 양보해, 네가 먼저 바
        꾸어야 내가 바꾼다"라는 것이므로 큰 오해를 일으키게
        되네. 세상을, 타인을 더 미워하는 결과로 되겠지.

청 년   '자기 자신에게 관대하라'는 말씀은 정말 가슴에 와닿는
        말이네요. 이것을 실행하기 위해 '그래도 괜찮아'라는 말
        을 많이 연습하는 것밖에 없네요. 다음 네 번째는 무엇인
        가요?

선지자   넷째, 삶의 유머를 잃지 말라네. 와타나베 준이치는
        인생을 버티는 힘 중 하나로 '유머 감각'을 꼽았네. 그는
        "유머가 있는 사람은 인생의 어려움을 가볍게 넘길 수 있
        다"라고 말했네. 삶에는 누구에게나 예기치 못한 실패, 오
        해, 갈등, 손실이 찾아온 다네. 그런 순간마다 진지함으로
        만 대응하면 마음이 쉽게 부서지네. 그는 "유머는 인생의
        충격을 완화시키는 쿠션이다"라고 말했네. 즉, 유머는 현
        실을 바꾸지 못 하지만 현실을 바라보는 시선을 바꾸어
        주네. 유머를 아는 사람은 실패 앞에서도 웃을 수 있고,
        타인의 비난 속에서도 자신을 잃지 않네. 그는 진지함만
        으로 인생을 살아가는 사람은 "항상 긴장 속에서 살아가
        는 사람"이라고 지적했네. 반면, 유머를 가진 사람은 힘든
        상황을 유연하게 이겨내는 사람이네. 또한 유머는 인간관
        계를 부드럽게 한다고 했네. 유머는 사람 사이의 긴장을

완화시키는 마법과도 같네. 그는 "유머 한 마디가 설득보다 강하다. 사람들은 논리보다 감정에 반응하고, 유머는 그 감정을 열어주는 열쇠다."라고 말했네.

청 년 유머는 충격을 완화시켜주고 상황을 유연하게 하고 인간관계를 부럽게 한다는 말이군요. 그런데 습관화되어 있지 않은 사람은 힘들 것 같은데요.

선지자 그는 젊은 시절 병원에서 있었던 일화를 소개하면서, 한 환자가 간호사에게 계속 불평을 늘어놓자, 그녀는 웃으며 이렇게 말했다고 한다. "그 정도로 불평하실 힘이 있다면, 완쾌도 멀지 않았네요" 그 한마디에 환자는 웃음을 터뜨렸고, 이후 태도가 부드러워졌다고 하네. 유머는 타인을 웃기기 위한 것이 아니라, 서로의 마음을 연결하는 다리와도 같네. 냉랭했던 분위기도 한마디의 웃음으로 풀리고, 서운했던 관계도 가볍게 회복될 수 있네. 그는 "유머는 상대를 무장 해제시키는 가장 따뜻한 언어다" 즉, 유머는 말의 기술이 아니라 마음의 여유에서 비롯된 공감의 표현이라고 말할 수 있네. 상대방의 입장에서 생각할 줄 아는 사람이기에 가능한 것이네.

청 년 유머는 인간관계를 부드럽게 하고 서로의 마음을 연결하는 아주 인간관계를 획기적으로 개선하는 좋은 방법이네요. 하지만 습관적으로 잘 안되는 사람에게는 어떤 방법이 있나요?

선지자 있네. 유머 감각은 타고나는 재능보다 '기술'에 가까우므로, 누구나 연습하면 충분히 향상되네. 특히 인간관계에

서 사용하는 유머는 '웃겨야 한다'보다 '편안하게 만드는
것'이 핵심이지. 마지막으로 유머에 대한 효과와 영향에
대해서 말하고, 그 방법에 관해서 설명해 주겠네. 또 하나
는 "유머를 잃은 사회는 병든 사회다"라고 말했네. 그는
현대 사회를 "너무 진지한 사회"라고 비판하면서, 성과, 효
율, 경쟁이 우선이 되면서 사람들의 얼굴에서 미소가 사
라지고 있다고 말했네. 작은 실수에도 비난이 따르고, 농
담조차 오해로 받는 분위기 속에서 사람들은 점점 말과
행동을 조심하게 된다고 했네. 그는 "웃음이 사라진 사회
는 병든 사회다. 웃음은 인간다움의 마지막 증거이기 때
문이다"라고 경고했네. 그는 특히 나이가 들수록 유머 감
각이 더 필요하다고 강조했지. 왜냐하면 유머는 늙음을
부정하는 힘이기 때문이네. "내가 늙었다"라고 한탄하기
보다, "이제 아침에 일어나면 뼈가 인사하네"라고 웃을 수
있다면 그 사람은 여전히 젊은 마음을 가진 것이나 다름
없지.

청　년　그러면 유머를 잘하는 방법에 관해서 설명해 주세요.

선지자　첫 번째, 가벼운 미소와 짧은 멘트의 조합이 훨씬 효과적
이네. 예를 들어 "오늘은 제 머리가 저보다 컨디션이 좋네
요.", "이 정도면 오늘은 성공적인 인간입니다."라는 말이
네. 둘째는 자기 자신을 0.5만큼 가볍게 희화화하기네. 자
기비하 유머는 지나치면 위험하지만, 살짝 가볍게 자신에
게 사용하는 유머는 안정적이고 호감도 상승　효과가 크
네. 예를 들어 "제가 천재라서 이런 건 못합니다", "방금

그 말, 제 뇌가 처리하기엔 고급이에요"라는 말이네. 셋째, 상대의 말을 '재치 있게 되받아 치기'네. 상대가 한 말을 그대로 약간 비틀어서 되돌려주면 자연스럽고 센스 있어 보이지. 예를 들어 상대가 "요즘 힘들어요"라고 했다면 나는 "그럼 우리 일단 힘든 모임 하나 만들까요? 가입비 무료!" 또는 상대가 "오늘 너무 피곤해요"라고 했다면 나는 "피곤 동지 여기 추가요!"라는 말이네. 넷째, '눈치와 타이밍이 유머의 절반이다'네. 유머는 언제 하느냐가 더 중요하네. 상대가 긴장, 화남, 급박함, 피곤함 상태라면 절대 사용하면 안 되겠지. 비결은 상대의 표정이 부드러울 때, 대화 흐름이 가벼워질 때, 분위기가 잠깐 멈출 때 살짝 넣어야 성공률이 높지. 다섯째, '일상적 상황을 관찰해 가볍게 언급하기'네. 관찰 유머는 누구에게나 안전하고 잘 통한다네. 예를 들어 "날씨가 너무 좋아서 회사 안 가는 협약 맺고 싶네요", "이 커피, 나보다 오늘 상태 좋아 보여요"라는 말이네.

청　년　그러나 유머를 쓰면 안 되는 분위기, 상황도 있지 않나요?

선지자　중립적이고 안전한 유머만 써야 하네. 인간관계 유머에서 절대 금지 부분은 외모, 종교, 정치, 민감한 가치관, 상대의 약점, 과한 성적 농담, 뒷담화 형식의 유머 등, 유머를 하려는 순간 "상대가 이 말로 불편해할 가능성이 1%라도 있나?"를 점검해야 하네. 여섯 번째, "칭찬+유머'는 가장 강력한 조합이네. 상대를 기분 좋게 하면서 가볍게 웃게 하는 방식이지. 예를 들어 "오늘 스타일 좋으신데요? 저도

10%만 복사해 가도 되나요?", "오늘 에너지 좋으신데, 다들 나눔 요청합니다!" 등이네. 일곱 번째, 사소한 실수'를 웃음으로 넘기는 방식이네. 가벼운 실수를 유머로 바꾸면 분위기가 좋아지고 관계의 장벽이 낮아지네. 예를 들어 물을 조금 흘렸을 때 "이 정도면 자연과 더 친해지는 중입니다", 시간을 약간 착각했을 때 "제가 미래에서 와서 그런 걸까요."라는 말이네.

청　년　저는 유머가 전혀 안 되는 사람인데 특별한 방법이 없나요?

선지자　'준비된 유머 5개' 정도를 만들어 계속 연습해 보게. 상황별로 1~2개씩 준비해 두면 자연스럽게 꺼낼 수 있네. 예를 들어 회의 분위기가 경직되었을 시 "오늘 다들 표정이 주식 차트처럼 진지하시네요"라든가 "일단 웃죠. 현실은 나중에 보자고요" 등.

청　년　상황별로 몇 가지 준비해 보겠습니다.

선지자　아무리 좋은 방법도 실행하지 않으면 무용지물이 되네. 꼭 실천해 보게.

이번 주제는 와타나베 준이치의 '사소한 것에 목숨 걸지 마라'라는 주제로 총 네 가지로 구분할 수 있다. 첫째 '작은 일에 마음을 소모하지 말라', 둘째 '모든 것을 다 이해받으려 하지 말라'는 자기와 타인에 대한 대응이고, 셋째 '자기 자신에게 관대하라', 넷째 '삶의 유머를 잃지 말라'는 자기 변화이다. 공통으로 좋은 인간관계유지와 개인의 행복, 마음의 편안함을 위한 것으로 이것만 실천한다고 해도 인간관계는 엄청나게 개선될 것으로 생각되었다. 현대인들이 느끼는 정보화시대는 생각보다 복잡하다. 알프레드 아들러의 말처럼 가치 있는 것에 에너지를 집중하기 위해 사소한 것, 불필요한 인정욕구는 버려야 한다는 것은 현대인이 마음에 새겨야 할 꼭 필요한 것으로 생각된다.

인간은 봐 주는 대로 성장한다

청 년　선생님 다음에는 조금 더 깊은, 실생활에 적용되는 지혜를 말씀해 주실 수 있나요?

선지자　자네는 지금 자녀를 몇 명 두고 있나?

청 년　4세, 6세 두 명이고 모두 남자아이입니다.

선지자　어떻게 키우고 싶은가?

청 년　지금 말도 잘 안 듣고 아빠보다 엄마만 찾아 솔직히 어떻게 키우고 싶다는 생각을 깊이 해보지는 않았습니다만 그냥 성실하고 착한 아이로 키우고 싶습니다. 굳이 직업 같은 것은 내 마음대로 선정할 수도 없겠지만 바란다면 IT 전문가 같은 직업을 가진 전문가로 키우고 싶습니다.

선지자　자네가 어떻게 생각하던 아이는 성장을 하게 되면 자연스럽게 독립을 하게 되고 스스로 직업 활동을 해서 살아가야 하네. 따라서 가정교육이든 학교 교육이든 교육의 목표는 자립과 독립이네. 그 과정에서 부모의 역할 이 크네. 어린아이의 특성이 따라 배우기인데 가정환경이나 부모의 역할에 따라 성격이 형성된다고 말했네. 심지어 직업 선택이나 삶의 의미 같은 무형의 인생철학이나 심리적 상태까지도 부모를 닮게 되네. 그만큼 부모의 역할 이 중요하다는 뜻이네. 앞부분 '성격의 형성'에서도 말했듯이 평생을 살아가는 가장 중요한 성격도 부모 밑에서 자라는 동안 형성된다고 했네.

청 년 선생님이 말씀하신 부분은 충분히 공감합니다. 하지만 어떻게 키워야 하는지는 배워 보지 못했습니다.

선지자 그럴 것이네. 부모, 자식 관계뿐만 아니라, 스승과 제자, 상사와 부하, 동료 간에도 내가 어떻게 하느냐에 따라 상대가 다르게 반응하기 때문에 본인 스스로의 역할이 우선으로 중요하네.

청 년 어떤 주제를 말씀하려고 하나요?

선지자 이번 주제는 '인간은 봐주는 대로 성장한다'네. 괴테는 '인간은 봐주는 대로 성장 한다'라는 말을 했네. 이 말은 괴테의 인간관과 교육관에 반영된 생각으로, 사람은 타인의 기대나 시선대로 성장한다는 의미네. 심리적으로는 자기 충족적 예언(피그말리온 효과)과 관련이 있네. 부모-자녀, 교사-학생, 직장 내에서 잘 활용할 수 있는 개념이지. 즉, 타인에 대한 기대와 시선이 사람의 성장에 영향을 미친다는 의미로, 심리학적으로는 피그말리온 효과라고 하는데, 기대가 행동을 변화시키고, 그 행동이 결국 성과로 이어지는 과정이라는 것이네. 괴테의 이 말"인간은 봐주는 대로 성장 한다"라는 것을 한 문장으로 말하면 누군가를 어

떻게 바라보느냐(기대하고 대하느냐)가 그 사람의 성장 방
향과 가능성에 큰 영향을 준다는 뜻이지. 즉 타인의 시선
과 기대가 행동·자기인식·능력 발현에 영향을 미쳐 결국
그 사람을 만들어낸다는 의미네.

청　년　이 말은 심리적 영향이 실제적인 행동으로 된다는 것인
가요?

선지자　그렇네. 왜 그런가? 작동 원리와 심리학적 측면으로 설명
하면, 아래 4가지로 설명이 되네.

- **자기 충족적 예언**: 타인의 기대가 행동으로 이어지고, 그 행동이
결과를 만들며 기대를 현실로 만든다.
- **피그말리온 효과(Pygmalion effect)**: 높은 기대를 가진 교사·상사
가 대상에게 더 많은 관심, 피드백, 기회를 주어 성취를 끌어올
린다.
- **사회적 거울(social mirror)**: 우리는 타인이 비추는 모습을 통해 자
아를 구성하네. 칭찬·비난·무시는 모두 자기평가로 되돌아오네.
- **언어의 힘(내적 대화와 외적 레이블)**: "너는 할 수 있어" 같은 성장지
향 표현은 도전정신을 북돋고, "넌 항상 그래" 같은 고정적 레이블
은 가능성을 제한하네.

청　년　선생님의 말씀을 이해할 수 있습니다. 실제로 교사가 어
떤 학생에게 "가능성이 크다"라고 기대하면 더 자주 질문
기회를 주고, 세심한 피드백을 주어 성적과 태도가 좋아
지는 사례를 많이 보았거든요.

선지자　가정에서도 부모가 아이를 자율적이고 책임감 있게 본다
면 집안에서 작은 책임을 맡기게 되고, 그 경험이 성장으
로 이어진다네. 직장에서도 상사가 직원에게 책임을 위임
하고 성장할 기회를 주면, 그 직원은 스스로 성장하려는
동기를 얻게 되네. 원리는 쉽네. 그러나 구체적인 실행 방
법은 배워야 가능하네.

청　년　실행방법을 배워야 한다고요?

선지자　타인을 '잘 보는' 구체적 방법이 있네. 원칙인 셈이지.

1) 구체적으로 칭찬하라. "너 잘했어" 대신 "네 보고서는 근거가 명확
하고 구조도 좋았어" "대안에서 그 방법이 아주 절묘했네" 등 구체
적인 과정과 내용을 칭찬해야 하네.

2) 높되 현실적인 기대를 설정하라. 도전적이지만 달성할 수 있는 목
표를 제시하고 함께 계획하고 실행하면 상대는 쉽게 따라오네.

3) 과정 중심의 피드백을 해라. 결과보다 노력, 전략, 진전 과정을 칭
찬해 성장 마인드셋 을 길러주는 것이 중요하네

4) 성장할 기회를 제공하라. 실수를 용인하되 원인을 분석하고, 재
목표를 수립하여 다시 할 수 있는 기회를 주고 책임을 맡기는 것
이네.

5) 적극적으로 경청하기네. 상대가 자기 의견을 말할 때 진지하게 듣
는 것만으로도 그 사람의 자기 효능감이 올라가네.

6) 사용 언어의 긍정적 사용이네. 고정적 레이블 즉"너는 원래 못해"
대신 변화 가능성을 담은 말 "이번엔 이렇게 해보면 더 나아질 거
야"와 같은 언어 사용을 권장하는 것이네.

청　년　선생님이 말씀하신 여섯 가지는 인간관계에도 영향이 있
　　　　는 것 같은데요.

선지자　아이를 키우는 부모와 어린아이와의 관계도 좋아지는 효
　　　　과가 있네. 이러한 환경에서 자란 아이는 어른이 되면 다
　　　　른 아이보다 훨씬 인간관계를 잘하게 되네. 아이는 부모
　　　　를 닮는다고 했네. 사실 위에 여섯 가지는 쉽지가 않네.
　　　　부모가 배워서 습관화하기가 어렵지. 하지만 아이를 가진
　　　　부모는 반드시 배워서 습관화해야 하네. 자신의 아이를
　　　　위해서 말이네.

청　년　이것을 실행할 때 주의해야 할 점도 있나요"

선지자　주의할 점은 아래 3가지를 주의해야 하네. 강요나 과장된
　　　　무리한 기대는 불안·번아웃 등 역효과를 유발할 수 있네.
　　　　다른 사람을 '내 식대로' 바꾸려 하기보다 그 사람이 원하
　　　　는 성장 방향으로 되도록 주체성을 존중해야 하네. 빈 칭
　　　　찬이나 위선은 오히려 신뢰를 손상하네. 구체성과 진정성
　　　　이 필요하네.

청　년　전체적 내용을 보면 단점만 보는 시야를 장점도 보도록
　　　　하거나, 실수만 보는 시야에서 성장과 배움을 보도록 하
　　　　여 긍정적인 사고를 습관화시키는 내용인 것 같네요.

선지자　그렇네. 제목에서도 말했듯이 상대는 그렇게 생각해도 지
　　　　켜보는 자는 다르게 보는 것, 즉 통찰력으로 보는 것이
　　　　네. 장점을 보게 하고 성장 가능성이 있다고 봐 주는 것이
　　　　지. 인간은 봐 주는 대로 성장하네. 그러나 지금까지 말
　　　　한 내용은 보통의 상황에서 어떻게 해야 하는지에 대한

내용이었네.

사람이 존중받고 신뢰받는 존재로 '봐주어질' 때, 그는 자신을 가치 있는 사람으로 인식하고 책임감·자율성·도전 의지를 키운다. 반대로 무능하고 문제 있는 사람으로 취급받으면, 실제 능력과 관계없이 위축되거나 그 평가에 맞는 행동을 반복하게 된다. 이는 심리학에서 말하는 자기 충족적 예언과도 연결된다. 기대가 행동을 만들고, 행동이 다시 그 기대를 증명하는 방향으로 작동하는 것이다.

문제행동을 하는 아이를 주목하라

청 년 　부정적인 상황, 즉 이유도 없이 문제행동을 하는 아이도 있지요. 특히 청소년 시절에 흔히 '사춘기'라는 시기에는 논리나 이성으로 통제가 안 되거든요. 부모로서도 난감한 경우도 많겠지요. 이때는 어떻게 봐 줘야 하나요?

선지자 　분명 좋지 않은 줄 알면서 문제행동을 하는 아이들도 많네. 오히려 문제행동의 대부분이 그렇지. 그런데 좀 이상하지 않나? 그 아이들은 그런 행동이 '좋지 않다'라는 걸 알 뿐 아니라, 그렇게 하면 부모님과 선생님에게 야단맞을 일이라는 걸 알면서도 문제행동을 하네. 너무 비합리적이지 않은가?

청 년 　단순하고 아직 성숙하지 못해서 그렇게 하겠지요.

선지자 단순한 것으로는 설명한다는 것이 어렵겠지. 더 깊은 다
른 심리가 작용한다고 볼 수 있네. 부모 로서는 어떻게 봐
주고 어떻게 지지해 줘야 하는지도 난감할 것일세. 이것
에 관한 내용은 심리학자 알프레드 아들러가 잘 설명하고
있네. 그의 심리학에서는 인간의 문제행동에 대해 그 배
후에 작용하는 심리를 5단계로 나누어 설명하고 있네. '문
제행동의 5단계'를 이해하면 야단치는 것이 옳은지 그른
지에 대한 답도 구할 수 있을 걸세.

청 년 그 문제행동의 배후에 작용하는 심리적 작용을 5단계로
설명했다고요. 설명해 주세요.

선지자 알프레드 아들러는 인간의 문제행동을 '교정해야 할 나쁜
행동'으로 보지 않았네. 그는 문제행동을 소속감과 가치
감을 얻기 위한 잘못된 목적의 표현이라고 이해했네. 즉,
인간은 누구나 공동체 안에서 "나는 여기에 필요하고 의
미 있는 존재인가?"라는 질문에 대한 답을 찾고 있으며,
그 답을 얻는 방식이 왜곡될 때 문제행동이 나타난다고
했네. 알프레드 아들러는 이 잘못된 목적이 단계적으로
심화한다고 보았고, 각 단계는 이전 단계가 좌절될 때 다
음 단계로 이동한다고 했네. 중요한 점은 단계가 올라갈
수록 행동은 점점 거칠어지지만, 그 밑바닥에는 언제나
관계에 대한 절박한 욕구가 놓여 있다는 사실이네. 이때
부모나 선생님이 잘못 이해하거나 지도해 주면, 그 단계가
점점 심화한다는 것을 주목해야 하네.

청 년 실제로 그 행동을 이해하고 바르게 지도하는 것이 어렵지

않나요? 심리학자나 이 분야에 권위자이면 가능하겠지만요. 구체적으로 설명해 주시겠어요?

선지자 그럴 수도 있네. 하지만 이해하는 것은 어렵지 않네. 아주 단순하지. **1단계는 관심 끌기 단계네.** 심리적 이유로 이 단계의 내면에는 "나를 봐줘. 내가 여기 있다는 걸 알아줘"라는 의미네. 의미 있는 존재라는 것을 알아 달라는 것이 심리적 내면에 깔려 있지. 이 단계는 아직 관계에 대한 희망이 살아 있는 상태네. 아이든 어른이든 '바람직한 방식으로 관심받는 법'을 배우지 못했을 뿐, 소속감 자체를 포기하지는 않았다는 뜻이지. 혼나더라도, 잔소리를 듣더라도 반응을 얻는 것 자체가 목적인 것이네.

청 년 그러면 이 단계에서는 어떤 행동적 특성이 있나요?

선지자 행동 특성으로 사소한 문제를 과장하거나, 질문·요청을 반복하거나, 일부러 실수하거나 방해하거나 하는 특성이 있네. 주목받지 못하면 그 행동을 더 강화하는 특성이 있네. 예를 들어 다음과 같네.

아이: 선생님! 이거요! 이거 어떻게 해요?

교사: 아까 설명했잖니. 조금만 기다려.

아이: 그런데요, 저 혼자서는 못 하겠어요.

교사: 친구들은 먼저 하고 있어.

아이: (의자를 끌며) 아, 또 틀렸네…. 선생님 어떻게 해요?

위 상황에서 아이의 목적은 문제 해결이 아니라 교사의

시선과 반응이네. 관심을 끌고 싶은 거지. 이때 잘못된 대처 방식으로 하면 역효과가 나네. 즉 어른이 "조용히 안 해? 또 너야?"라고 하면 혼내는 말이지만, 아이는 '관심받았다'라고 느낀다네. 꾸지람인데 '관심받았다'라고 생각한다는 거지. 좀 이상하지 않나? 문제 행동을 했는데 관심받았다면 더 강화된 행동으로 될 수 있다는 것이지.

청 년 꾸지람과 질책을 좋은 것 즉 관심받는 것으로 인식한다는 말이네요.

선지자 그렇네. 문제는 이것이 반복되면 더 강화된 문제 행동을 한다는 것이지.

청 년 그러면 바람직한 대처 방법은 무엇인가요?

선지자 예를 들면 다음과 같네.

> 교사: 지금은 혼자 해볼 시간이야. 끝나고 나면 네 노력에 대해 이야기해 줄게.
>
> 아이: 지금은요?
>
> 교사: 응. 네가 스스로 해낼 수 있다는 걸 믿어.

관심을 행동이 아닌 노력과 과정에 연결해 준다는 것이네. '내가 지금 너에게 관심을 두고 있어, 네가 한 것을 보고 이야기해 줄게"라는 의미지.

청 년 초점은 지속해서 관심을 두고 있다는 메시지를 주는 것이네요.

선지자 그렇네. 그러나 1단계에서 관심받지 못하면 2단계로 강화되네. 2단계는 힘겨루기 단계네. 이 단계의 심리적 이유는 관심 끌기가 더 이상 통하지 않으면, 내면의 목소리는 이렇게 바뀐다네. "내가 관심이 필요하다는 것을 확실히 하기 위해 상대를 통제하고 있다는 느낌이 필요해". 이 단계에서 인간은 '시키는 대로 따르는 존재'가 되는 것을 견딜 수 없어 하네. 존중받지 못한다는 감정이 반항과 고집으로 나타나네. 상대를 통제해서라도 관심받고 싶은 거지.

청 년 행동의 특성은 어떻게 되나요?

선지자 행동의 특성으로 지시를 거부하거나, 말대꾸하거나 반항하거나 일부러 느리게 행동하거나 침묵으로 맞서는 행동을 하네. 한마디로 반항하는 거지. 예를 들면 다음과 같네.

부모: 이제 숙제해야지.

아이: 싫어요.

부모: 왜 또 싫어?

아이: 그냥요.

부모: 당장 안 하면 게임 못 해.

아이: 그럼 안 해요.

목적은 숙제 회피가 아니라 주도권 확보네. 반항해서 상대를 통제하는 것이네. 잘못된 대처 방식 방식은 "누가 이기나 해보자"라고 하면서 싸움을 거는 것이네. 힘 대 힘의 대결은 반드시 아이를 다음 3단계로 밀어 넣고 말지.

청　년　이럴 때는 어떻게 해야 하나요?

선지자　바람직한 대처 방법으로 말해야 하네.

부모: 숙제를 지금 할지, 10분 뒤에 할지는 네가 정해.

아이: 진짜요?

부모: 그래. 다만 오늘 안에 하는 건 변하지 않아.

선택권을 주되, 책임은 유지하는 것이지. 싸움을 걸지 않는 것이 중요하네. 이 싸움에서 물러나는 것이 중요하네. 스스로 할 수 있는 분위기, 자율권을 주는 것이지. 이것을 어겼을 때도 어떤 상벌이 주어지는지도 스스로 결정하게 해야 하네. 문제는 위에서 말한 '누가 이기나 해보자'라고 말하면서 점점 강도가 높아지면 3단계로 가네. 한마디로 상대가 분노의 화살을 쏘면 반대로 더 큰 분노의 화살로 공격해 버리는 상황인 거지.

청　년　여기서 강도가 높아진다는 말은 반복되는 시간, 기간을 말하는 건가요.

선지자　대응하는 부모나 선생님이 어떤 강도로 반응하는지에 따라 빠르게 3단계로 갈 수도 있고 느리게 갈 수도 있네.

청　년　3단계는 무엇인가요?

선지자　3단계는 보복 단계네. 심리적 이유로 힘겨루기에서도 좌절되면 감정은 이렇게 변한다. "난 상처받았어. 너도 느껴봐". 이 단계에서는 소속감보다 복수와 감정 배출이 우선이 되네. 이미 '이해받고 싶다, 관심받고 싶다'라는 기대를 내려놓았네.

청　년　　행동 특성은 어떤 것이 있나요?

선지자　　행동의 특성은 공격적인 말, 비아냥거림, 냉소적인 태도, 관계 파괴적 행동 등이네. 예를 들면 다음과 같네.

교사: 그런 말 하면 안 되지.

학생: 선생님도 맨날 저 무시하잖아요.

교사: 그건 오해야.

학생: 다 알아요. 저 싫어하잖아요.

이때 잘못된 대처 방식은 "버릇없게 굴면 더 혼날 줄 알아"와 같은 더 강화하는 말이네. 처벌은 복수심을 더 강화하네. 바람직한 대처 방법으로는 다음과 같이 말해야 하네.

교사: 네가 많이 상처받았다는 건 느껴진다.

학생: 이제 와서요?

교사: 지금이라도 네 얘기를 듣고 싶어.

공감이 먼저, 교정은 나중이네. 먼저 내면의 상처받은 마음을 이해하고 공감하는 것이 우선이네. 이 단계까지는 어느정도 심리적 인지착오를 교정하거나 개선을 하면 어렵지 않게 이런 행동을 교정할 수 있네.

청　년　　이 단계를 넘어가면 어떻게 되나요?

선지자 부모나 선생님의 입장에서 3단계라고 생각이 되면 우선
      알아차려야 하네. 그리고 어떻게 할 것인가를 심각하게
      고민해야 하네. 4단계로 넘어가면 전문 심리치료사의 치
      료가 필요한 단계로 가네.

청 년 4단계는 무엇인가요?

선지자 4단계는 무능함의 과시네. 심리적 이유로 내면의 메시
      지는 이렇네. "기대하지 마. 더 이상 상처 받기 싫다" 포기
      는 게으름이 아니라 자기 보호라고 생각하는 거네. 행동
      특성으로 시도 자체를 거부하거나 무기력하거나 자신감
      을 상실하는 것이네. 예를 들면 다음과 같네.

부모: 이번엔 조금만 해보자.

아이: 못해요.

부모: 해보지도 않고?

아이: 해봤자 또 실패해요.

모든 것을 부정하는 단계이지. 잘못된 대처 방식으로 "그
렇게 약해서 뭘 하겠니?", "넌 도대체 어떻게 된 인간이
니?" 등 인격적 모독, 자신감을 꺾어 버리는 말은 독이 되
네. 아이는 완전히 접어버리네. 나는 무능하다, 어떤 것도
할 수 없다, 하는 것을 표출하는 단계네.

청 년 바람직한 방법은요?

선지자 바람직한 대처 방법으로는 다음과 같네.

부모: 오늘은 여기까지만 해도 충분해.

아이: 진짜요?

부모: 응. 네가 시도한 게 중요해. 네가 무엇을 하든 다 지지해 줄게.

존재를 인정하고 무엇이든 원한다면 지지하고 응원해 주겠다는 의사 표시가 중요하네. 사실 4단계 정도는 부모나 선생님이 지도하기에는 무척 어렵네. 이미 습관화되어 고착상태가 되었다고 봐야 하겠지.

청 년 그러면 마지막 5단계는 무엇인가요?

선지자 <u>5단계는 포기와 고립 단계네</u>. 심리적 이유로는 마지막 내면의 목소리네. "아무도 날 필요로 하지 않아", "나는 이 세상에 필요하지 않다"라고 생각하는 것처럼 관계에서 완전히 물러난 상태를 말하네. 행동의 특성으로 말수가 감소하고, 사회적 고립, 외톨이, 무기력 상태네. 예를 들면 다음과 같네.

어른: 요즘 왜 아무 말도 안 해?

아이: ….

어른: 힘들면 말해도 돼.

아이: 말해도 안 바뀌잖아요. 내가 필요 없잖아요.

이때는 대화가 몹시 어렵네. 도대체 속마음을 말하지 않고 혼자서 외톨이로 집에 틀어박힌다든지 하네. 전문 심리상담사가 아니면 거의 불가능한 단계네.

청 년 그래도 대처 방법은 없나요?

선지자 최소한 부모나 선생님이 할 수 있는 대처 방법으로는 다음과 같네.

어른: 네가 말 안 해도, 여기 있어도 괜찮아.

아이: ….

어른: 우리는 네가 필요해. 필요하면 언제든지 말해 줘.

너의 존재가 중요하고 네가 무엇을 원하든 나는 지원하고 응원해 줄 준비가 되어 있다는 메시지를 보내는 것 외에 다른 방법이 없네.

청 년 심하면 자살 행동을 하거나 리스트 컷(손목에 칼로 긋는 행위)을 하는 경우는 모두 이 5단계의 행동이네요.

선지자 그렇네. 여기서 우리가 배워야 할 교훈이 있네. 누구나 '사춘기' 시절을 넘기게 되어 있네. 청소년 시절에 사춘기를 겪지 않았다면 일생에 한 번은 겪는다고 하네. 어른이 된 후에도 겪을 수 있다는 의미네. 지혜롭게 잘 넘기느냐 아니면 문제행동으로 전환하느냐는 전적으로 부모의 역할에 있다는 것이네. 알프레드 아들러는 문제행동을 이렇게 정의했네. "문제행동은 잘못된 목적을 향한 용기 있는 시도다." 행동을 없애려 하지 말고, 그 행동이 향하고 있는 목적을 건강한 존재감, 소속감으로 전환할 때 변화는 시작된다고 말했네.

문제행동을 하는 아이 중에서도 중요한 점은 문제행동을 "나쁜 성격"이나 "버릇"으로 보지 않고, 아이 나름의 생존 전략이자 관계를 맺기 위한 시도로 이해한다는 것이다. 따라서 부모의 대처 역시 처벌이나 통제가 아니라, 행동의 목적을 간파하고 그 목적이 무의미해지도록 반응하는 것에 초점을 둔다. 부모의 대처 핵심은 문제행동을 "고쳐야 할 대상"이 아니라 "이해해야 할 신호"로 바라보는 관점 전환이다. 아이의 행동 목적을 읽고, 그 목적이 더 이상 필요 없도록 존중·격려·책임 부여로 반응할 때, 문제행동은 자연스럽게 힘을 잃고 아이는 건강한 방향으로 성장하게 된다.

제5장

———

행복은
내가 만든다

행복이란 무엇인가?

선지자 이제 토론의 가장 중요한 부분으로 들어가는 것 같네. 인간이 태어나서 삶을 유지하고 죽을 때까지 지속적으로 추구하는 게 뭔지 아는가?

청 년 글쎄요? 행복한 인생을 꿈꾸는 것 아닌가요? 선생님이 말씀하셨다시피 "삶에는 고통을 피할 수 없다. 그러나 진정한 수용을 통해 현실을 있는 그대로 받아들이고 변화를 통해 성장, 발전해야한다"라는 것은 그 목적이 행복한 삶을 살기 위한 것이 아닌가요.

선지자 그렇네. 우리는 어쩔 수 없이 주어진 삶을 살아야 하네. 이 세상에 태어난 것은 자네가 선택한 것은 아니네. 태어난 것은 자네의 생각과 의도와는 무관하지만, 자네가 어떻게 살아갈 것인가는 스스로 선택할 수가 있네. 그래서 자네의 운명은 자네 스스로 결정한다고 보면 되네. 행복을 선택할 것인가 괴로움과 불안을 선택할 것인가 말일세.

청 년 내 운명을 내가 결정한다고요? 행복을 선택할 것인가 괴로움과 불안을 선택할 것인가를 내가 선택한다고요?

선지자 그렇네. 자네 인생은 자네가 선택할 수가 있지. 자네가 어떻게 삶을 살든 누가 간섭하는 사람이 있나? 그렇지 않나?

청 년 스스로 선택한다고 하지만 '운명'이나 '부모의 간섭이나 영향' 같은 것이 있는데 무시할 수는 없지요.

선지자 자란 환경이나 조건이 자네의 정체성이나 성격, 정서적, 심리적으로 영향을 준 것은 없다고 말할 수는 없네. 그러나 어떻게 살 것인가에 대한 결정은 자네가 한 것이네.

청　년　저는 태어난 것을 잘했다. 행복하다. 이렇게 생각해 본 적이 없어요. 왜 이렇게 지지리 못났을까, 왜 이렇게 힘들고 괴로울까, 삶이 이런 거라면 차라리 태어나지 않았으면 좋았을 텐데 하고 생각한 적이 한두 번이 아닙니다. 이런 것을 제가 선택했다고 말할 수는 없을 것 같은데요.

선지자　그래도 그것은 자네는 스스로 불행하게 살자, 괴롭게 살자고 스스로 결정한 것이네. 조금 전에 말하지 않았나. 태어난 것은 자네가 선택하지 않았지만, 세상을 살아가는 삶은 스스로 선택한 것이라고.

청　년　저는 조금 전에도 말씀드렸듯이 선택한 적이 없다고 생각합니다. 굳이 왜 힘들고 괴로운 것을 선택하겠습니까?

선지자　이럴 때 이야기하는 인용 문구가 있네. 그리스 철학자 소크라테스는 이렇게 말했지 "누구든 악을 원하는 자 없다"라고. 자네는 지금 불행하다, 괴롭다, 하는 말을 하지만 자네에게는 그것이 '선'이기 때문이네. 대부분의 사람은 이 말을 궤변이라고 하지만 사실이네. 그리고 인생을 말할 때 '왜'라는 말은 무의미하지. 즉 '왜 태어났느냐'라고 물어보면 그 답은 의미가 없는 거지. 내가 선택한 것이 아니니까. 그래서 중요한 것은 '어떻게 살 것인가'이네.

청　년　제가 선택한 것이다. 그것이 '선'이었기 때문이라는 말은 철학적으로 깊이 있는 말씀이네요. 다음에 기회가 있으면 이 부분에 대해 깊이 있게 설명해 주시기를 바랍니다. 어쨌든 제가 선택한 것이라고 인정합니다. 그러면 '어떻게 살 것인가'의 목적이 행복하기 위함에 있다는 뜻인가요?

선지자　그렇다네. '어떻게'는 삶의 과정이고 목적이 되는 셈이지. 그리고 삶의 목표는 삶의 과정에 있는 작은 결과물로 보면 되네. 예를 들어 자네가 등산하러 간다고 치세. 그러면 산 아래에서 등산 준비를 하고 어디를 통해서 어떻게 갈 것인가를 정하지. 그리고 목표는 산 중턱의 돌 바위 있는 곳 그리고 최종 목표는 정상이라고 정하지. 과정에 목표가 있지. 하지만 어떤 사람은 정상까지 갈 수 있지만 어떤 사람은 어떤 이유로 중간에서 내려올 수도 있고 어떤 사람은 정상 바로 아래에서 사고로 다칠 수도 있어서 가지 못하고 포기할 수도 있지. 아니면 갑자기 억수 같은 비로 인해 모두 포기하고 내려올 수도 있지. 그리고 정상이 목표라면 걸어서 갈 필요가 없이 헬리콥터를 타고 바로 가든지 케이블카를 타면 쉽게 갈 수도 있지. 등산을 인생으로 가정하고 산 정상이 목표로 정하면, 산 정상까지 가지 못한 사람들은 인생의 목표를 달성하지 못했기 때문에 패배감을 느끼며 살아야 하네. 실패한 인생이지. 하지만 인생은 앞에서 말한 등산 계획과 준비에서부터 산으로 올라가는 모든 과정처럼 각 단계 하나하나가 모여서 인생이 되네. 그렇게 하다 보면 정상에 도달할 수도 있고 피치 못하게 도중에 내려올 수도 있지만 그것이 인생의 패배는 될 수 없네. 중요한 것은 태어나서부터 죽을 때까지 모든 순간순간이 내 인생이라는 것을 잊어서는 안 되네. 그래서 말하지 않았던가 "지금 여기에서 최선을 다해 살아라,

그리고 이 작은 순간이 모여 인생이 된다는 것을".

청　년　선생님 말씀은 "인생의 모든 과정 과정이 중요하다. 목표 지향적인 삶을 살아서는 안 된다"라는 말이군요.

선지자　그렇네. 과정이 중요하네. 시간상으로 '지금', 공간적으로 '여기'를 최선을 다해 사는 사람이 후회 없는 행복한 삶을 살 수가 있지. 지금, 여기에 최선을 다하는 삶이 이어지고 반복되는 것이 과정이네. 이것이 모이고 모이면 인생, 삶이 되는 것이고.

청　년　그러면 후회 없는 삶, 행복한 삶이란 어떤 것인가요? 방금 말씀하신 지금, 여기에서 현재하고 있는 것에 최선을 다하면 "행복하다"라고 생각하거나 행복한 느낌이 들 수 있나요?

선지자　그러면 행복이란 무엇이지 설명해 보겠네. 우리는 누구나 행복하기를 바라네. 행복을 갈망하고 행복을 얻으려고 애를 쓰지. 달라이 라마도 "삶의 궁극적인 목표는 행복을 추구하는 것"이라고 말했네. 하지만 우리가 잡으려 해도 잡히지 않는 이 행복이란 도대체 무엇일까? 행복이란 단어는 매우 다른 두 가지 의미를 지니고 있네. 일반적으로 행복은 느낌에 관한 말이며, 기쁘고 즐겁고 만족스러운 감정, 느낌을 말하네. 하지만 다른 감정과 마찬가지로 행복은 지속되지 않는 속성을 가지고 있지. 그리고 행복은 움켜쥐려고 아무리 애를 써도 빠져나가 버리네. 이런 감각적 행복을 추구하는 삶은 대게 불만족으로 끝나게 되네. 즐거운 느낌을 추구할수록 우울증과 정서불안으로 고통받기 쉬워지기 때문이지.

청　년　보통 방금 말씀하신 감각적 즐거움, 기분 좋은 상태를 "행
　　　　복하다'라고 말하지 않나요? 일종의 쾌감, 감각적 즐거움
　　　　도 행복으로 보는 것 같은데요.

선지자　하지만 행복의 또 한 가지 의미는 풍요롭고 의미 있고 만
　　　　족스러운 삶을 뜻하네. 우리가 진정으로 중요하게 생각하
　　　　는 일을 할 때, 자신이 가치 있고 의미 있게 생각하는 방
　　　　향으로 행동할 때, 우리의 삶은 비로소 풍요롭고 의미 있
　　　　고 만족스러운 것이 되네. 이것은 스쳐 지나가는 덧없는
　　　　느낌이 아니라 삶을 온전히 살았다는 진솔한 느낌이지.
　　　　이런 것이 진정한 행복이 아닐까? 물론 이와 같은 삶은
　　　　분명 다양한 즐거운 느낌도 주지만 때로는 슬픔과 두려
　　　　움, 분노와 같은 유쾌하지도 않은 감정도 주네. 만족스러
　　　　운 삶을 산다면 온갖 희로애락의 감정을 느끼게 될 것이
　　　　네. 현실적으로 삶에는 고통이 포함되어 있고, 그것을 피
　　　　할 도리가 없네. 인간인 까닭에 우리는 언젠가는 노쇠하
　　　　여 병들고 죽게 될 운명을 피할 수가 없는 것이지. 말하자
　　　　면 누구나 고통스러운 생각과 감정을 경험하면서 살아가
　　　　게 되어 있다는 뜻이지. 그나마 다행스러운 점은 피할 수
　　　　없는 고통을 잘 다루는 법을 배울 수 있다는 것이네.

청　년　선생님의 말씀은 '풍요롭고 의미 있고 만족스러운 삶을
　　　　사는 사람'을 행복한 사람으로 정의하는 건가요?

선지자　나는 그렇게 보네. 물론 다르게 말하는 사람도 있을 테
　　　　지. 즉 '기분 좋은 느낌, 편안한 상태' 등 여러 가지로 정의
　　　　할 수가 있네. 나름대로 다 일리가 있어서 틀렸다고는 말

할 수가 없네. 말하지 않았나. 인생은 자기 스스로 선택
하여 살 수 있는 거라고. 스스로 느끼는 주관에 따라 정
의하면 되는 거지. 행복도 마찬가지지 않나? 문제 될 것이
없지 않은가?

청　년　뭐, 개인의 주관에 따라 다르게 정의하면 그렇게 살면 되
겠네요, 문제가 될 게 없겠네요. 그러면 선생님이 말씀하
신 '풍요롭고 의미 있고 만족스러운 삶'을 행복이라고 정의
한다면 왜 행복하기가 힘든 걸까요? 모두가 그렇게 원하
는데 말이죠.

선지자　우리는 '인간 공동체'라는 굴레를 벗어날 수가 없네. 혼자
서는 살 수가 없다는 뜻이지. 특히 현대인의 마음은 늘
거부당할까 봐 신경을 쓰면서 타인과 자신을 비교하네.
수십만 년 전에는 비교 대상이라고 해봐야 가까운 종족
내의 식구들 몇 명뿐이었네. 지금은 신문, 잡지, TV와 라
디오를 틀기만 하면, 곧바로 자기보다 더 똑똑하고 부자이
며 키 크고 건강하고 강하고 영향력 있고 유명하며 성공
한 사람, 존경받는 사람들을 수두룩하게 만나게 되네. 진
화를 거듭해 온 인간의 마음은 이제는 훨씬 복잡해져서
우리의 이상형에 대한 환상을 가지게 하고 실제의 자신을
불가능한 기준과 비교하기도 하지. 결과적으로 우리는 늘
모자란다는 느낌이 들 수밖에 없지. 급속히 발전하는 문
명의 진화 속도에 비해 인간의 진화 속도는 너무 더디게
진화하는 것도 한 원인이기도 하네. 결과적으로 이런 식
으로 진화한 까닭에 우리는 자신을 비교하고 평가하고 비

판하며, 갖지 못한 것에 신경 쓰면서 가진 것에 만족하지 못하고, 거의 일어나지도 않을 끔찍한 시나리오를 상상하느라 심리적으로 고통받을 수밖에 없는 사회를 살고 있지. 행복해지기가 쉽지 않다는 것은 조금도 놀라운 일이 아니지.

청 년   그렇네요. 저도 매일매일 열등감을 느껴요. 남들과 비교하지 않을 수가 없어요. 일상생활 자체가 모두 비교하고 열등감을 느끼게 되어 있다는 생각이 드네요. 하지만 행복하게 살고 싶은 마음은 똑같은 것 같아요. 저를 비롯해 모든 사람이 말입니다.

선지자   모두 목적은 같을 것이네. 행복하게 살고 싶다고. 하지만 어떻게 하면 행복한지는 조금 전에 말했듯이 다를 수가 있으나 공통적인 것은 있다고 생각하네.

청 년   공통으로 인정하는 행복해지는 방법이 있다고요?

선지자   행복의 가장 기본적인 개념은 주관적인 느낌이라는 것이네. 그 근거에는 많은 철학자, 심리학자 신경과학자들에 의해 밝혀진 결과를 보면 알 수 있네. 고대 철학자 아리스토텔레스는 행복(유다이모니아)을 '삶을 스스로 잘 살고 있다고 느끼는 상태'로 보았네. 즉, 외부 조건이 같더라도 '좋은 삶'이라고 느끼는 정도는 개인의 판단에 따라 다르기 때문이지. 칸트 또한 '행복은 각자가 자신에게 좋은 것이라 생각하는 상태'라고 하여, 객관적 정의보다는 주관적 만족감에 달려 있다고 했지. 심리학에서는 행복을 '긍정적 정서의 빈도와 강도'로 정의하는데, 같은 사건이라도 어떤 사람은 "행

복하다"라고 느끼고, 어떤 사람은 "별로"라고 느끼는데, 이
는 개인의 인지적 평가(cognitive appraisal)가 다르기 때문이
지. 즉 비 오는 날 어떤 사람은 "우울하다"라고 느끼고, 다
른 사람은 "빗소리가 편안하다"라고 느낄 수 있는 것과 같
이 말일세. 에드 디너(Ed Diener) 등 긍정심리학자들은 '주관
적 행복(subjective well-being)' 개념을 제시했네. 이는 삶의
만족도 + 긍정 감정 - 부정 감정의 합으로 측정되는데, 이때
의 만족도는 객관적 환경이 아닌 개인의 해석과 가치관에
의해 결정된다고 했네.

청 년 결과적으로 요약하면 행복은 주관적인 느낌, 즉 내 기준으
로 '행복하다'라고 느끼면 그것이 행복이라는 말인가요?

선지자 그렇지. 주관적인 느낌이란 그런 것이네. 신경과학적 근거
로 보면 행복을 느낄 때 활성화되는 뇌 부위(예: 전두엽)는
감정 경험을 처리하는 영역 부위와 동일하네. 즉, 행복은
외부 사건의 결과가 아니라 뇌의 내부적 반응으로 나타난
다는 의미지. 같은 보상을 받아도 어떤 사람은 강한 만족
감을 느끼고 다른 사람은 덜 느끼는데, 이는 뇌의 도파민
반응 차이 때문이라고 보는 거지. 그러면 행복하기 위해
어떻게 하면 되는지 그 방법은 간단하지. 한마디로 말하
면 주관적으로 행복하다고 느끼면 되네. 그렇지 않나? 너
무나 간단하지 않은가?

청 년 그렇겠네요. 그런데 왜 행복하다고 주관적으로 느끼는 것
이 어려울까요?

선지자 주관적인 느낌을 내 마음대로 말로만 '나는 행복하다'라

고 외쳐봐야 한계가 있지. 위에서 말한 삶의 만족도, 긍정적인 감정, 부정적인 감정, 이 세 가지가 모여 무의식에서 자동으로 느끼는 감정이 '행복하다'라는 감정으로 작용해야 하기 때문이네. 그런데 행복이라는 것은 방금 말한 주관적인 느낌을 강화하는 것이지만 방법은 반대네. 즉 행복에 장애가 되는 것을 제거하는 것이 행복을 추구하는 방법이라는 것이네.

청 년 장애 즉 행복을 방해하는 것을 없애야 행복하다고요?

선지자 그렇네. 지금부터 말하려는 내용이 그것일세. 행복을 방해하는 것을 없애는 것이네.

청 년 그러면 이것을 방해하는 것이 어떤 것이 있는지부터 찾아봐야겠네요.

선지자 여러 가지가 있네. 심리학자에 따라 다르게 생각할 수 있겠지만 내가 생각하는 것은 다음의 세 가지네.

- 어린 시절의 적절하지 못한 경험이 성인인 지금까지 영향을 주는 '애착'에 대한 문제점을 극복하는 것.
- 타인의 인생이 아닌 진정한 자기 인생을 살기 위해 인정욕구를 버리는 것.
- 통제 불가능한 타인의 과제를 나로부터 분리하고 없애는 것.

이 세 가지는 나의 경험으로 선정한 것이네. 논리적으로 설정한 것이 아님을 생각해 주게.

청 년 사람에 따라 우선순위가 다를 수도 있다는 뜻이네요.

선지자   그렇네. 실제로 위 세 가지 모두 충실하게 실행하는 사람
이 드무네. 어렵다는 뜻이지. 이렇게 말하는 나 자신도
충실하게 실행하지 못하는 부분이 많네.

애착문제를 극복하라

선지자   우선 '애착'이라는 용어부터 설명하겠네. 심리학에서 말하
는 애착(Attachment)은 인간의 정서 발달과 대인관계 형성
의 기초를 이루는 핵심 개념이네. 애착은 단순히 누군가
를 좋아하거나 의지하는 감정 상태를 의미하지 않네. 그
것은 인간이 불안과 위협을 느낄 때 정서적 안정을 얻기
위해 특정 대상과 관계를 형성하는 지속적이고 깊은 정서
적 유대를 유지하는 것을 뜻하네. 이 개념은 영국의 정신
과 의사이자 정신 분석 학자인 존 볼비(John Bowlby)에
의해 체계적으로 정립되었으며, 이후 발달심리학과 임상
심리학 전반에 큰 영향을 미쳤네.

청 년   특정 대상과 정서적 유대 관계를 유지하는 것을 애착이라
고 하네요.

선지자   볼비에 따르면 애착은 생존을 위한 본능적 체계라고 말할
수 있네. 인간은 태어날 때부터 스스로를 보호할 능력이
없어서 양육자와의 정서적 연결을 통해 안전을 확보하네.
이 과정에서 아이는 단순히 보호받는 것을 넘어, "이 세상
은 안전한가", "나는 돌봄을 받을 가치가 있는 존재인가",

"타인은 믿을 수 있는가"와 같은 근본적인 신념을 형성하게 되네. 이러한 신념은 의식적으로 기억되지는 않지만, 성인이 된 이후에도 감정 반응과 인간관계의 방식에 지속적인 영향을 미친다네.

청　년　이런 상황이 대부분 태어나서 자아가 형성되기 이전인 어린아이 시절에 발생한다는 것이네요.

선지자　대부분 유아기에서 유년기를 거치는 어린 시절에 생기는 문제라고 보면 되네. 애착의 핵심 기능은 크게 세 가지로 설명할 수 있네. 첫째, 애착 대상은 아이에게 안전기지가 된다는 것이네. 아이는 애착 대상이 안정적으로 존재할 때 세상을 탐색할 용기를 얻네. 둘째, 애착 대상은 아이가 불안하거나 위협적인 상황에서 그 대상으로 돌아갈 수 있는 정서적 안식처의 역할을 하네. 셋째, 애착 관계를 통해 아이는 자신의 감정을 조절하는 법을 배운 다네. 양육자가 아이의 감정을 민감하게 받아들이고 공감해 줄 때, 아이는 감정이 통제할 수 있는 경험을 내면화하게 되네.

청　년　그러니까 대부분 부모가 그 아이의 애착대상과 안전기지가 되고, 위협 상황일 때 의지할 수 있는 안식처가 되고, 감정 조절하는 법을 배우는 대상이 되네요.

선지자　대부분 부모가 그 대상 역할을 하네. 문제는 이러한 애착 형성이 항상 안정적으로 이루어지지는 않는다는 점이네. 양육자가 일관되지 않거나 정서적으로 차갑거나 과도하게 통제적이거나 혹은 아이에게 공포의 대상이 될 때, 애착은 왜곡된 형태로 형성될 수 있다는 것이네. 이를 불안정 애착이라 부르며, 이는 단순히 어린 시절의 문제가 아니라 성인기의 삶 전반까지도 영향을 미치네.

청　년　선생님이 말씀하신 애착문제는 이런 문제상황을 말씀하신 거네요.

선지자　지금부터 자네에게 설명하는 내용은 두 가지 불안정 애착에 대한 주요 원인과 나타나는 정서적 문제에 대해 말해 주겠네.

청　년　선생님의 말씀은 애착에 문제가 생기는 경우 즉 불안정 애착에 대해 두 가지로 구분해서 말씀하신다는 것인데, 이 구분은 어떤 기준으로 한 것인가요?

선지자　애착 대상 즉 양육자(부모)가 어떤 형태로 어린아이를 대했는가에 따라 구분이 되네. 먼저 '불안형 애착'이네. 이 불안형 애착이 형성되는 주요 원인으로 첫째, 양육자의 반응이 "예측 불가능했을 때"이네. 불안형 애착의 핵심 원인은 양육자의 반응이 일관되지 않았던 경험이지. 어떤 날은 따뜻하고 보호적이지만, 어떤 날은 차갑거나 무시하는 태도를 보이는 양육 환경에서 아이는 다음과 같은 학습을 하게 되네. "사랑은 항상 보장되지 않는다. 더 매달려야 잃지 않는다" 이런 환경에서 아이는 관계의 안정성을 스스로 확보해야 한다고 느끼며, 감정을 크게 표현하고, 상대의 반응에 과도하게 민감해 지네. 두 번째 원인은 정서적 보상과 거절이 교차했던 경험이네. 불안형 애착은 종종 조건부 사랑 속에서 형성되네. "말 잘 들으면 예뻐해 줄게", "엄마가 기분 좋을 때만 안아 줄게", "성취하면 인정받는다" 이 경우 아이는 자기 존재 자체가 아니라 행동이나 성과로 사랑받는다고 믿게 된다네. 그 결과, 관계에서 끊임없이 자신을 증명하려 하며, 상대의 작은 거리감도 버려짐의 신호로 해석하네. 세 번째 원인으로 양육자의 불안정한 정서 상태네. 부모가 우울, 불안, 분노, 스트레스에 지속적으로 노출되어 있을 때, 아이는 부모의 감정을 관리하는 역할을 맡게 되네. 이는 아이에게 다음과 같은 내적 신념을 만드는 결과네. "관계를 유지하려면 상대의 감정에 민감해야 한다.", "상대가 떠날까 봐 항상 긴장해야 한다." 쉽게 말하면 심하게 눈치 보는 경향이지.

청　년　애착 대상으로부터 아이가 어떻게 취급받았는가에 따라 아이는 다르게 자기 신념을 만들어 가는 거네요. 양육자의 일관되지 않은 반응, 조건적인 보상과 거절, 부모의 우울증 등 정서적 불안이 주요 원인이고요.

선지자　그렇네. 이때 아이는 자기의 왜곡된 신념을 성인이 된 그때까지 그대로 가지고 있어 정서적 문제점으로 부각이 되는 것이네.

청　년　이런 부모의 영향 아래 자랐다면 성인이 된 지금까지 어떤 정서적 문제로 나타나는 건가요?

선지자　불안정 애착에서 나타나는 정서적 문제점으로, 첫째는 만성적인 관계 불안과 버려질 수 있다는 공포심이네. 이들은 관계가 안정되어 있어도 마음속에서는 늘 다음과 같은 감정이 작동하네. "지금은 괜찮지만, 곧 떠날지도 모른다" 이에 따라 사소한 변화에도 정서적 동요가 크게 발생하는 문제도 있네. 연락이 늦어지거나, 말투가 달라지거나, 표정이 무뎌진 것처럼 느껴지면 곧바로 버려질 수 있다는 공포가 활성화된다는 것이네. 두 번째 문제점은 감정의 과잉 증폭과 정서적 롤러코스터네. 불안형 애착을 가진 사람은 감정을 강하게 느끼는 경향이 있네. 이는 감정이 많은 성격이라기보다 감정 조절 시스템이 외부 관계에 과도하게 의존하기 때문이네. 기쁨은 과도한 희열로, 불안은 공포로, 실망은 절망으로 확대되네. 이러한 감정 증폭은 자신을 스스로 지치게 할 뿐 아니라, 관계 상대에게도 정서적 부담을 주게 되네. 세 번째 문제점으로 자기 가치감의 타인 의존이네. 불안형 애착의 정서적 문제 중 핵심은 자기 가치감이 관계 반응으로 결정된다는 점이네. 상대의 관심과 인정이 있을 때는 자신감이 생기지만, 조금만 거리가 생기면 자기 비난과 무가치감이 급격히 올라온다는 것이네. "사랑받지 못하면 나는 가치 없다" 이 신념은 깊은 불안과 우울로 이어질 수 있지.

청 년　선생님 말씀은 어린아이 때부터 성인이 된 지금까지 이런 정서적 문제가 지속된다는 것이죠. 그리고 정서적 문제점으로 버려질 수 있다는 공포심, 감정의 과도한 증폭, 자기 가치감을 느끼지 못하는 문제점으로 나타난다는 것인데, 이것은 행복하게 사는 데 큰 장애가 되네요.

선지자　자기 가치감을 느끼지 못하면 결국 자존감이 낮고 열등감, 열등 콤플렉스로 변화되어 삶의 질을 심각하게 떨어뜨리게 되네.

청 년 성장환경에서 부모로부터 잘못된 보호를 받으면 평생 이
런 문제로 고통받는다는 의미인데 그 영향이 무척 크네
요. 그러면 두 번째 유형은 무엇인가요?

선지자 두 번째로는 '회피형 애착'이라고 하는 것이네. 주요 원인
으로 첫 번째는 아이의 감정 표현이 거부되거나 무시되었
을 때네. 회피형 애착의 핵심 경험은 다음과 같네. "감정
을 표현해도 소용없다", "의지하면 실망한다" 양육자가 아
이의 감정에 반응하지 않거나, 감정 표현이 약할 경우 아
이는 정서적 거리 두기를 생존 전략으로 학습하네. 두 번
째 원인으로는 조기 독립을 강요받은 경우네. "너는 혼자
서도 잘해야 해", "울지 마", "그 정도는 네가 해결해". 이러
한 메시지를 반복적으로 받은 아이는 의존 욕구를 억압
하고, 스스로를 보호하기 위해 감정을 차단하네. 이는 성
인이 된 후에도 "나는 혼자가 편하다"라는 신념으로 이어
진다네. 세 번째 원인으로 과잉 통제·지배적 양육 환경이
네. 아이의 감정과 선택을 존중하지 않는 통제적 환경에
서는, 아이가 심리적 자율성을 지키기 위해 거리 두기를
선택하네. 회피형 애착은 이처럼 자유를 지키기 위한 방
어기제로 형성이 된 것이네.

청 년 회피형 애착문제는 아이의 감정 표현이 무시되거나 방임
상태로 독립이 강요되거나 양육자의 과잉 통제나 지배 때
문에 발생한다는 것이네요. 이것은 교감을 위한 감정표현
이 전혀 없는 상태와 같네요.

선지자 그렇네. 지나친 통제나 방임, 감정표현의 무시 등이 원인

이네.

청　년　　그러면 아이는 어떤 잘못된 신념 즉 정서적 문제점을 갖게 되는가요?

선지자　　회피형 애착에서 나타나는 정서적 문제점으로 첫 번째는 감정 인식과 표현의 어려움(정서적 둔감성)이네. 회피형 애착에서 가장 두드러지는 정서 문제는 감정을 느끼지 않으려는 자동적 감정 차단이네. 이들은 어릴 때 감정 표현이 무시되거나 거절되었기 때문에, 감정을 느끼는 것 자체를 위험으로 학습했기 때문이지. 그 결과, 자신의 감정을 잘 모르겠다고 느끼거나, 감정 표현이 어색하고 불편하며, 슬픔이나 외로움을 인지하지 못한 채 살아가네. 이는 정서적 성숙이 부족해서가 아니라, 과거에 형성된 방어 전략이지. 두 번째 문제점은 친밀감 앞에서의 불편감과 정서적 위축이네. 회피형 애착을 가진 사람은 누군가 자신에게 다가오면 정서적으로 긴장하네. 이는 사랑을 원하지 않아서가 아니라, 가까워질수록 상처받을 위험이 커진다고 느끼기 때문이지. 그 결과, 친밀한 순간에 무기력, 답답함, 갑작스러운 냉담함을 경험한 다네. 세 번째 문제점은 억눌린 감정의 지연 폭발이네. 회피형 애착은 감정을 느끼지 않는 것이 아니라, 느끼지 않는 척하는 것이다. 그래서 감정이 충분히 처리되지 않은 채 쌓이다가, 예상치 못한 순간에 분노나 단절로 폭발해 버리네. 이때 본인조차 자신의 반응을 이해하지 못해 혼란을 느낀다네.

청　년　　문제점으로 감정을 잘 느끼지 못하고 표현도 잘 못 한다는 것, 친밀감을 느끼지 못하고 오히려 두려워하고, 감정을 억눌러 결국 폭발해 버린다는 것이 문제라는 것이네요. 한마디로 감정에 대한 느낌이 거의 없다는 것이네요. 그런데 친밀감을 오히려 두려워한다는 것은 결혼 생활이나 공동체 생활에 많은 지장을 줄 수가 있겠네요.

선지자　그렇네. 불안형 애착이든, 회피형 애착이든 이것이 정서적인 문제로 된다는 것이 본인의 행복에 큰 지장이 될 수밖에 없네. 또 한 가지 불안-회피형이 있는데 이것은 설명이 길어 생략하겠네.

청　년　어쨌든 애착에 문제가 생기면 성인인 지금까지 정서적 불안을 느끼고 살아간다는 것이네요. 정상적인 사람과 애착문제가 있는 사람의 비율은 어떻게 되나요?

선지자　정확한 통계는 없네. 하지만 애착문제가 있는 사람의 비율이 약 30% 정도는 될 것일세. 그러나 세 가지 핵심기능을 잘 해낸 부모 밑에서 자란 아이는 '안정 애착'이라고 해서 문제가 발생하지 않네. 문제는 자네가 말한 바와 같이 '불안정 애착'의 경우 성인이 된 후에도 대인관계에서 정서적 문제와 갈등이 계속된다는 것이네.

청　년　그런데 애착에 문제가 있다는 것을 본인이 어떻게 알 수 있나요?

선지자　애착에 문제가 생긴 경우 가장 먼저 나타나는 어려움은 정서 조절의 문제네. 안정적인 애착을 형성한 사람은 불안, 분노, 슬픔과 같은 감정을 느끼더라도 비교적 빠르게 자신을 진정시킬 수 있네. 반면 애착이 불안정한 사람은

감정이 쉽게 과도해지거나, 반대로 감정을 거의 느끼지 못
하는 것처럼 차단하는 경향을 보인 다네. 사소한 거절이
나 갈등에도 지나치게 상처받거나, 감정을 억누르다 한 번
에 폭발하는 양상이 나타날 수 있네. 애착문제는 또한 인
간관계에서 반복적인 갈등 패턴을 만들어낸 다네. 불안
애착을 가진 사람은 관계에서 버려질 것에 대한 두려움이
강해 상대에게 과도하게 매달리거나 확인을 요구하는 행
동을 보이기 쉽네. 반대로 회피 애착을 가진 사람은 친밀
해질수록 불편함을 느끼며 감정적 거리를 두려고 하네.
이 두 유형이 관계를 맺을 경우, 한쪽은 더 가까이 가려
하고 다른 한쪽은 더 멀어지려는 악순환이 반복되며 갈
등이 심화하네. 이러한 갈등은 단순한 성격 차이가 아니
라, 각자의 애착 시스템이 자동으로 작동한 결과인 경우
가 많네. 따라서 애착문제에서 나타나는 정서적 어려움
은 고쳐야 할 결함이 아니라, 살아남기 위해 형성된 정서
반응의 결과이기 때문에 자신의 정서 패턴을 이해하는
순간, 감정은 더 이상 통제 불가능한 적이 아니라 회복을
알려주는 신호가 된다네. 따라서 스스로 알아차리고 "나
는 왜 이 감정을 이렇게까지 느껴야 했을까?" 그 질문에
대한 답을 찾아가는 과정이 곧 회복의 시작이네.

청 년 두 가지 애착문제 즉 불안 애착과 회피 애착에서 모두 정
서적문제에서 갈등이 발생하고 회복이 되지 않으면 더욱
더 심해진다는 것이네요. 이것은 성격 차이가 아니라 애
착문제라는 말씀이네요. 또 다른 문제도 있나요?

선지자 애착문제는 자기 인식과 자존감에도 깊은 영향을 미치네. 안정 애착을 가진 사람은 자신을 기본적으로 가치 있는 존재로 인식하는 반면, 불안정 애착을 가진 사람은 "나는 충분하지 않다", "나는 결국 버려질 수 있다", "나는 혼자 버텨야 한다"와 같은 신념을 무의식적으로 갖게 되기 쉽네. 이로 인해 타인의 인정에 과도하게 의존하거나 반대로 누구에게도 기대하지 않으려는 극단적인 태도를 보이게 되는 경향이 있네. 이러한 자기 인식은 삶의 선택, 직업 관계, 사회적 관계 전반에 영향을 미치네. 더 나아가 애착문제는 사랑과 친밀감에 대한 왜곡된 이해를 낳을 수 있네. 사랑이 편안함과 안정이 아니라 불안과 긴장, 통제와 희생으로 인식되기도 한 다네. 이로 인해 건강한 관계보다 상처를 주는 관계에 반복적으로 끌리거나, 관계가 안정될수록 흥미를 잃고 스스로 문제를 만들어내는 행동을 보이기도 하네. 이는 고통스러움을 인식하면서도 벗어나기 어려운 패턴으로 작용한다네.

청 년 말씀을 들어보니 정서적 이상이 심리적 이상 행동으로 갈 수가 있네요. 상처를 주는 관계를 반복한다면 결혼 생활이 파탄으로 갈 수도 있네요.

선지자 결혼 생활의 파탄도 실제로 성격문제라고 하지만 애착문제가 대부분이네.

청 년 또 다른 문제가 발생할 수 있나요?

선지자 임상적으로 볼 때 애착문제는 불안장애, 우울증, 대인관계 중독, 공허감, 만성적인 외로움 등 다양한 심리적 어려

　　나는 행복하게 살 수 있다

움과 연관된다고 보고 있네. 물론 애착문제가 곧바로 정
신질환을 의미하는 것은 아니지만, 개인의 취약성을 높이
는 중요한 요인으로 작용한다는 점에서 그 영향은 절대
가볍지 않다는 것이지.

청 년 그러나 선생님이 말씀하셨다시피 고칠 수 있고 회복 가능
하다고 말씀하셨지 않았나요?

선지자 회복 가능하네. 불안정 애착이 고정된 운명이나 평생 변
하지 않는 성격 특성은 아니라는 것은 사실이네. 애착은
관계 속에서 형성되었기 때문에, 다시 관계 속에서 수정
되고 회복될 수 있네. 성인기에도 안전하고 일관된 관계
경험, 자기 이해와 성찰, 상담과 치료를 통해 점차 안정 애
착의 방향으로 변화하는 것이 가능하네. 이는 인간이 평
생에 걸쳐 배우고 성장할 수 있는 존재라는 사실을 보여
주고 있네. 결국 애착이란, 우리가 타인과 어떻게 연결되
고 세상과 어떻게 관계 맺는지를 결정하는 보이지 않는
심리적 토대라고 할 수 있네. 애착의 문제를 이해한다는
것은 과거를 탓하기 위함이 아니라, 현재의 나와 관계를
더 건강하게 만들기 위한 출발점이라고 봐야 하네. 애착
을 이해할수록 우리는 자신의 감정과 관계를 보다 깊이
이해하고, 반복되는 고통의 패턴에서 벗어날 가능성을 얻
게 된다는 것이네.

청 년 실제 사례 같은 것이 있으면 말씀해 주세요.

선지자 이것은 '연애, 부부 관계에서 나타나는 애착문제의 실제
모습'이네. (선지자는 인쇄물을 청년에게 건네주었다.)

연애·부부 관계에서 나타나는
애착문제의 실제 모습

연애와 부부 관계는 인간의 애착 체계가 가장 강하게 활성화되는 관계다. 친구나 직장 동료와의 관계에서는 비교적 잘 지내던 사람도, 연애를 시작하거나 결혼하면 갑자기 불안해지거나 감정 기복이 심해지는 경우가 많다. 이는 상대가 단순한 관계 대상이 아니라, 무의식적으로 '정서적 안전을 책임지는 존재', 즉 애착 대상으로 인식되기 때문이다.

1. 연애 초반에는 문제가 보이지 않는 이유

많은 커플은 연애 초반에 큰 문제를 느끼지 않는다. 이 시기에는 서로에게 집중하고, 애정 표현이 잦으며, 불안이 생기기 전에 충분한 확신을 주고받기 때문이다. 그러나 시간이 지나 관계가 안정되거나 현실적인 거리, 일상, 갈등이 생기면 애착문제가 서서히 모습을 드러낸다.

예를 들어, 한 사람은 상대의 연락 빈도가 줄어드는 순간부터 불안해진다. 답장이 늦으면 "나에 대한 마음이 식은 건 아닐까", "다른 사람이 생긴 건 아닐까"라는 생각이 반복된다. 결국 그는 상대에게 서운함을 표현하거나 확인을 요구한다. 반면 상대는 "왜 이렇게 예민하게 반응하지?"라고 느끼며 부담을 느낀다. 이 지점에서 갈등은 시작된다.

2. 불안 애착이 드러나는 연애 사례

불안 애착을 가진 사람은 사랑을 잃을 가능성에 매우 민감하다. 연애 중 상대의 말투, 표정, 연락 빈도 하나하나가 관계의 안정성을 판단하는 기준이 된다.

한 여성은 연인이 바쁘다는 이유로 하루 연락을 못 했을 뿐인데, 마음속에서는 이미 이별 시나리오가 전개된다. 그녀는 불안을 견디지 못해 "왜 연락 안 했어?", "나한테 소홀해진 거 아니야?"라는 말을 반복한다. 그녀의 목적은 싸움이 아니라 안심이지만, 표현 방식은 비난에 가깝게 나온다. 상대는 점점 압박을 느낀다. 처음에는 설명하고 달래지만, 반복될수록 피로감이 쌓인다. 결국 그는 감정을 숨기거나 거리를 두기 시작하고, 이는 다시 불안 애착을 가진 사람의 불안을 증폭시킨다. 이렇게 두 사람은 서로를 힘들게 하면서도 쉽게 헤어지지 못하는 관계에 빠진다.

이 관계에서 핵심 문제는 사랑의 크기가 아니라, 불안 애착을 가진 사람이 상대를 통해 자신의 정서적 불안을 조절하려 한다는 점이다.

3. 회피 애착이 드러나는 연애 사례

회피 애착을 가진 사람은 친밀해질수록 불편함을 느낀다. 연애 초반에는 매력적이고 독립적인 모습으로 보이지만, 관계가 깊어질수록 감정적 거리를 유지하려 한다.

한 남성은 연인이 감정적인 이야기를 꺼내면 대화를 회피하거나 농담으로 넘긴다. 갈등이 생기면 "지금 그 얘기 할 필요 있나?", "시간 지나면 괜찮아질거야"라며 문제를 축소한다. 그는 스스로를 "감정에 휘둘리지 않는 사람"이라고 생각하지만, 실제로는 감정을 다루는 것이 두렵다. 연인은 그의 무관심과 침묵 속에서 외로움을 느끼고, 더 강하게 감정을 표현한다. 그러면 그는 더 멀어진다. 이때 회피 애착을 가진 사람의 내면에는 "기대하면 실망한다", "의존하면 약해진다"라는 신념이 자리 잡고 있다.

4. 불안-회피 커플의 반복되는 악순환

연애와 부부 관계에서 가장 흔한 조합은 불안 애착과 회피 애착의 만남이다. 한쪽은 더 가까워지려 하고, 다른 한쪽은 더 멀어지려 한다.

부부 상담 사례에서 자주 등장하는 장면은 다음과 같다. 아내는 남편에게 "당신은 나한테 관심이 없다"라고 말한다. 남편은 "왜 항상 불만이냐"라며 대화를 피한다. 아내는 더 강하게 감정을 표현하고, 남편은 방으로 들어가 문을 닫는다. 이 상황에서 두 사람 모두 상처받고 있지만, 각자의 방식으로 관계를 지키려 애쓰는 것이다.

아내의 분노 밑바탕에는 "혼자 버려질지도 모른다"라는 불안이 있고, 남편의 침묵 뒤에는 "이 요구를 감당할 수 없다"라는 두려움이 있다. 그러나 이 감정은 서로에게 전달되지 않는다.

5. 결혼 이후 애착문제가 심화되는 이유

결혼은 애착문제를 완화하기보다 오히려 증폭시키는 경우가 많다. 결혼과 함께 생기는 책임, 역할, 경제적 문제는 개인의 심리적 여유를 줄이고, 애착 방어를 강화한다.

특히 자녀가 태어나면 자신의 어린 시절 애착 경험이 다시 활성화된다. 한 배우자가 아이에게 지나치게 예민하게 반응하면, 다른 배우자는 "왜 그렇게 과해?"라고 비난한다. 사실 이는 현재의 문제가 아니라, 각자의 애착 기억이 자극된 결과일 수 있다.

부부 사이에서 자주 나타나는 문제는 상대에게 부모 역할을 기대하는 것이다. 위로, 이해, 안정, 인정까지 모두 배우자에게서 얻으려 할 때 관계는 버거워진다.

6. 애착문제가 만들어내는 관계의 신호들

연애·부부 관계에서 다음과 같은 경험이 반복된다면 애착문제가 작동하고 있을 가능성이 크다.

- 같은 주제로 계속 다툰다.
- 말은 많지만 감정은 전달되지 않는다.
- 사랑보다 불안과 긴장이 크다.
- 혼자 있을 때보다 함께 있을 때 더 외롭다.
- 상대가 아니라 '관계 자체'가 힘들다.

선지자 실제 연인, 부부 관계에서 발생하는 애착문제에 대한 실
례를 어떻게 생각하는가?

청　년 실제로 성격 차이라고 하는 것이 애착문제일 수 있다는
생각이 드네요. 저 같은 경우 전혀 이런 것을 들었거나 배
워 본 적이 없어 생소하지만 많은 가르침에 감사할 따름
입니다. 그러면 애착문제를 극복하는 방법에 대해서 말씀
해 주세요?

선지자 애착문제를 극복한다는 말은, 과거의 상처가 완전히 사라
지거나 더 이상 불안이나 회피가 나타나지 않는 상태를
뜻하지는 않네. 그것은 오히려 애착 반응에 자동으로 끌
려가지 않고, 스스로를 인식하고 조절할 수 있는 능력을
키워 가는 과정에 가깝다고 해야 하네. 애착은 관계 속에
서 형성되었기 때문에, 그 회복 역시 관계 속에서 이루어
지네. 그러나 그 출발점은 언제나 자기 자신에 대한 이해
와 수용이네. 많은 사람이 애착문제를 "성격이 잘못되어
서", "마음이 미성숙해서" 생긴 문제로 오해하네. 하지만
애착은 어린 시절 생존을 위해 형성된 적응 전략이었네.
불안 애착은 관계를 잃지 않기 위한 방식이었고, 회피 애
착은 상처받지 않기 위한 보호 장치였네. 극복의 첫 단계
는 이러한 과거의 전략을 비난하는 것이 아니라 "그때의
나에게는 그것이 최선이었다"라는 인식을 갖는 것이네.

청　년 회복이 가능하다고 하셨는데 구체적인 회복 방법에 대해
알고 싶습니다.

선지자 첫째, 자신의 애착 반응을 '문제'가 아닌 '신호'로 인

식하기네. 애착문제를 극복하기 위해 가장 먼저 필요한 것은, 감정과 행동을 평가하거나 통제하려는 태도에서 벗어나는 것이네. 불안해질 때, 매달리고 싶어질 때, 혹은 갑자기 거리 두고 싶어질 때 이를 억지로 참거나 부끄러워할 필요는 없네. 중요한 것은 "지금 내가 무엇을 두려워하고 있는가"를 알아차리는 것이네. 예를 들어, 연인의 말 한마디에 과도하게 상처받을 때 그것을 상대의 잘못으로만 돌리기보다 "이 감정은 지금의 상황 때문일까, 아니면 과거의 애착 기억이 자극된 것일까"를 스스로에게 묻는 것이 필요하네. 이 질문 하나만으로도 감정과 행동 사이에 멈춤의 공간이 생긴다네. 애착 반응을 신호로 인식하는 순간, 우리는 자동 반응에서 한 발짝 떨어질 수 있다는 것이네.

청 년 위에서 말한 정서적 이상 반응이라고 생각되는 것을 알아차리는 것이 우선이네요.

선지자 그렇네. 이것이 가장 중요한 출발점이라고 했네. 두 번째 방법은 감정을 혼자 견디는 연습을 통해 정서적 자율성 키우기네. 애착문제가 심한 사람일수록 감정을 상대에게 빠르게 넘기려는 경향이 있네. 불안 애착은 상대의 반응을 통해 안정을 얻으려 하고, 회피 애착은 감정을 차단함으로써 고통을 피하려 하는 특징이 있네. 그러나 애착 회복의 핵심은 감정을 혼자서도 일정 부분 견딜 수 있는 힘, 즉 정서적 자율성을 기르는 데 있네. 이것은 감정을 억누르거나 혼자 해결하라는 의미가 아니고, 불안이나 외로움이 올라올 때 즉각적인 연락, 확인, 회피 행동으로 넘어가기 전에 잠시 머무르는 연습이 필요하다는 것이네. 호흡을 느끼고, 몸의 긴장을 관찰하고, 감정에 이름을 붙이는 과정만으로도 감정은 서서히 낮아지네. 이러한 경험이 반복될수록 사람은 "이 감정은 나를 파괴하지 않는다"라는 믿음을 쌓게 된다는 것이네.

청 년 이 말씀은 '이 감정이 왜 일어난 것일까', '그 원인이 과거의 어떤 경험과 무슨 관계가 있는가' 등을 생각해 보고, 그 감정을 피하지 말고 직면해 보고, 그 감정에 이름을 붙여 보라는 뜻인가요? 그리고 심호흡을 하여 행동하기 전에 간격을 두라는 것이고요.

선지자 그렇네. 느껴보고, 원인을 돌이켜 보고 직면해 보라는 뜻이지. 세 번째는 관계에서 '요구' 대신 '감정 언어'를 사용하는 연습을 하는 것이네. 애착문제가 관계에서 악화되는 가장 큰 이유는, 자신의 감정을 제대로 표현하지 못한 채 요구와 비난의 형태로 전달되기 때문이네. "왜 연락 안 해?", "왜 그렇게 차가워?"라는 말 뒤에는 대개 "나는 불안하다", "나는 외롭다"라는 감정이 숨어 있지. 애착을 극복하기 위해서는 상대를 바꾸려는 말 대신, 자신의 내면 상태를 설명하는 연습이 필요하네. "당신이 이러니까 내가 힘들다"가 아니라, "이 상황에서 내가 불안해진다", "연결이 끊긴 느낌이 든다"라고 말하는 것이네. 즉 내 감정을 솔직하게 표현하는 것이네. 이러한 표현은 상대를 방어적으로 만들지 않으며, 관계를 위협하지 않고 감정을 공유할 수 있게 해 주네.

청　년　자기의 감정을 표현해 보는 것이네요. "이런 상황이 불안하고 두렵다", 상대를 바꾸려고 하지 말고 그 상황에서 자기 감정을 솔직하게 표현하는 것이네요.

선지자　그렇네. 상대를 탓하거나 바꾸려고 하지 말아야 하네. 나로부터 일어나는 감정을 있는 그대로 말하는 것이 포인트네. 네 번째로는 과거의 애착 기억을 현재와 구분하는 작업이네. 애착 반응은 종종 과거의 기억을 현재 상황에 겹쳐 놓는 다네. 현재의 상대는 과거의 부모나 중요한 타인이 아니지만, 감정은 그 시절과 똑같이 반응하네. 이를 구분하는 연습이 필요하네. "지금의 나는 과거의 나와 다르다", "이 상황은 예전과 같은 위협이 아니다"라고 인식하는 것은 단순한 긍정 문장이 아니라 반복적인 경험을 통해 체화 되어가는 과정이네. 특히 상담이나 심리치료는 이러한 구분 작업을 안전한 환경에서 연습할 수 있게 해주네.

청　년　지금까지 네 가지를 말씀해 주셨습니다. 정서적 문제, 애착문제를 알아차리는 것, 그리고 그 감정이 왜 일어났는지 피하지 말고 원인을 찾아보는 것, 심호흡하기 그리고 솔직하게 자기 감정을 표현하기, 과거의 애착기억을 현재와 겹치지 말고 구분하기네요. 다만 지속해서 이것을 실행한다는 것이 좀 힘들겠네요.

선지자　혼자 하기에는 쉽지가 않네. 가장 좋은 방법은 심리적으로 의지할 수 있는 사람과 속 깊은 이야기를 하여 자신의 상태를 알아차리는 것이 좋네. 그러면서 스스로 연습하면서 익숙할 때까지 습관화해야겠지.

모든 것을 인정받으려 하지 마라

청 년 선생님이 말씀하신 행복의 두 번째 방해에 대해 말씀해 주실 차례입니다.

선지자 두 번째로 행복을 방해하는 것이 있네. 지금까지 여러 번 말한 내용이지. '모든 것을 인정받으려 하지 마라'라는 주제네. 그러나 인정욕구의 원인이 열등감, 열등 콤플렉스라는 것이네.

청 년 우선 인정욕구에 대한 정확한 의미를 설명해 주세요.

선지자 인정욕구에 대한 정의로, 심리학에서 인정욕구란 타인에게 가치 있는 존재로 보이고 싶고, 칭찬·호의·평가를 통해 자신의 존재 의미를 확인하려는 욕구를 말하네. 이는 인간에게 매우 자연스러운 욕구이며, 사회적 존재로 살아가기 위해 어느 정도는 필요하네. 문제는 이 욕구가 삶의 중심 동기가 될 때 발생하네. 인정욕구가 강한 사람은 자신의 판단보다 타인의 반응을 기준으로 행동하고, "사람들이 나를 어떻게 볼까", "거절당하면 나는 무가치해지는 것 아닐까"라는 생각에 쉽게 휘둘린다는 것이네. 이때 인정욕구는 더 이상 삶을 돕는 힘이 아니라, 자유와 행복을 제한하는 족쇄가 된다는 것이네.

청 년 문제는 인정욕구가 삶의 중심 동기가 되거나 인정욕구가 강하면 문제가 된다는 것이고 어느 정도는 필요하다는 것이네요.

선지자 그렇네. 어느 정도는 인간의 본능이기 때문에 필요하네.

청　년　그러면 이 인정욕구가 왜 행복의 방해가 된다는 것인가요?

선지자　심리학에서 "인정욕구를 버려라"라고 하는 이유는 인정
욕구는 타인의 통제에 자신을 맡기는 행위이기 때
문이네. 알프레드 아들러는 "타인의 인정을 목표로 살아
가는 순간, 인생의 주도권을 타인에게 넘기는 것"이라고
보았네. 인정은 언제나 외부 조건에 달려 있지. 상대의 기
분, 기준, 이해관계에 따라 바뀐다는 것이지. 따라서 인정
욕구를 삶의 기준으로 삼으면, 내 감정과 가치가 항상 외
부 변수에 의해 흔들리게 된다는 것이네. 결과적으로 사
람은 스스로 선택한 삶이 아니라, 비난을 피하고 칭찬을
얻기 위한 삶을 살게 된다는 것이네. 두 번째는 인정욕
구는 진짜 자아를 숨기게 만든다네. 인정받고 싶은
마음이 강해질수록 사람은 있는 그대로의 자신보다 인정
받을 만한 모습을 연기하게 되네. 싫어도 웃고, 동의하지
않아도 맞장구치며, 자신의 욕구를 억누른다는 것이지.
이 과정이 반복되면 "나는 누구인가"에 대한 감각이 약해
지고, 공허감과 정체성 혼란이 깊어지네. 심리학적으로
이는 자기 불일치(self-incongruence) 상태로, 우울·불안·소
진의 주요 원인이 된다네.

청　년　인정욕구를 추구하면 타인의 목표로 살아간다. 진짜 자
아를 숨기고 살아간다는 뜻인데, 이것도 열등감을 조작
하는 결과로 되겠네요.

선지자　그렇게 되겠지. 세 번째는 인정욕구는 끝이 없는 비
교와 결핍을 만든다네. 타인의 인정은 상대적이네. 누

군가 더 뛰어나 보이면, 지금까지 받은 인정은 즉시 무효
화 되네. 그래서 인정욕구에 의존하는 사람은 끊임없이
비교하고, "아직 충분하지 않다"라는 결핍감 속에서 살아
가네. 긍정심리학 연구에서도 외적 인정과 비교 중심의
삶은 행복감과 지속력이 낮고, 만족감이 빨리 사라진다
는 점을 강조했네. 네 번째는 인정욕구는 인간관계를
왜곡시킨다는 것이네. 인정욕구가 강하면 인간관계는
만남이 아니라 평가의 장이 되네. 상대에게 진심으로 다
가가기보다, 잘 보이려 애쓰고 거절을 두려워하며 관계에
과도하게 매달리거나, 반대로 인정받지 못했다고 느끼면
쉽게 분노하고 상처받네.

청 년　결국 인정욕구가 강해지면 결핍감 속에 살게 되고, 인간
관계를 왜곡시켜 쉽게 상처받고, 결국 '자기'가 없는 상태
가 되어 심한 열등 콤플렉스를 겪게 되는 원인이 되기도
하겠네요. 열등감도 심해지고요.

선지자　자네 말처럼 '자기'가 없는 삶이 되기 때문에 열등 콤플렉
스가 심해지겠지.

청 년　열등감과 열등콤플렉스는 선생님이 설명하신 대로 행복
을 방해하는 가장 큰 요소라고 하셨지요?

선지자　그렇네. 결국 부정적인 자기비판이나 남과의 비교, 열등
감 같은 것이 행복을 떨어뜨리는 요소가 될 수밖에 없는
거지.

청 년　저는 아버지가 일찍 돌아가시고 어머니 밑에서 자랐는데.
어머니가 생계를 위해 직장으로 돈을 벌러 가시는 바람에

혼자 남아 있는 경우가 많았습니다. 학교에서 따돌림받아 외톨이가 된 경우도 있었고요. 지금도 저는 남들과 비교해서 잘난 점이 하나도 없는 것 같아 열등감이 심합니다. 그래서 저는 지금 행복하다고 생각하거나 느낀 적이 없어요. 그런데 선생님이 앞부분 주제에서 말씀하신 '애착'이라는 것은 저에게 해당하는 문제인 것 같네요. 그 방어기제로 인정욕구가 생긴 것 같기도 하고요. 어쨌든 인정욕구를 버리는 구체적인 실행 방법은 없는가요?

선지자 쉽지는 않지만 가능은 하네. 방법은 간단하네.

청 년 쉽다고요.

선지자 그렇네. 자네는 자네답게 살면 되네.

청 년 나답게 살아라?

선지자 그렇네. '나답게 산다'라는 것은 타인의 시선에 집착하지 않고 자네가 살고 싶은 대로 산다는 뜻이네. 타인의 시선을 의식하는 사람은 늘 "남들이 나를 어떻게 볼까?"를 먼저 생각하네. 그 결과, 자신이 진정으로 원하는 길보다 남에게 인정받는 길을 선택하게 되네. 결국 자신의 행복이나 성장보다는 '평판 유지'가 인생의 목표가 되어버리겠지. 게다가 남의 시선은 끊임없이 변하네. 그 변화에 맞추려 하면 불안하고 지치겠지. 결국 "나는 괜찮은 사람인가?"라는 기준이 타인의 반응에 따라 달라지면서 내면의 평화가 깨지고 자존감마저 무너져 버리네. 타인의 시선을 두려워하는 사람은 대부분 가면을 쓰게 되네. '좋은 사람'으로 보이기 위해 진심을 숨기고, '싫은 소리'를 피하는.

그러면 관계에서 진정성이 사라지고, 결국 표면적인 관계
만 남게 되겠지.

청 년 인정욕구를 버려야 하는 이유가 결국 이것을 추구하면 남
의 인생을 살게 된다는 것이네요. 그러니 남의 눈치를 보
지 마라, 나답게 살아라 하는 뜻이고요. 하지만 남을 의
식하지 않고는 어떻게 세상을 살 수 있나요? 불가능하지
않나요?

선지자 그렇지 않네. 인정욕구대로 살면 타인의 시선을 의식하는
사람이 되어 '자율성'을 잃어버리고, 남이 좋아하는 방향
으로 행동하고, 칭찬을 얻기 위해 자신을 억누르게 되네.
알프레드 아들러는 "인생의 고통은 대부분 타인의 과제에
개입하려는 데서 온다"라고 말했네. 그리고'타인의 시선'
은 사실 타인의 과제이지, 나의 과제가 아니라고 말했네.
그 사람이 나를 어떻게 평가하든, 그것은 그 사람의 문제
라는 것이지. 내가 통제할 수 없는 영역에 집착할수록 불
안해지고, 결국 나의 에너지가 소모되어 삶이 무너지게
된다는 것이네.

청 년 결국 인정받거나 칭찬받는 삶을 선택하지 말라는 말이네
요.

선지자 그렇지. 타인에게 인정받으려 하지 않으면 되네. 타인에게
인정받으면 확실히 기분이 좋아지지. 하지만 인정받는 일
이 꼭 필요한 것인가 하면, 그렇지 않네. 왜 인정받고 싶
은 걸까?

청 년 그야 인정받으면 '나는 가치가 있다'라는 것을 실감할 수

있거든요. 존재감을 인정받으면 기분이 좋아지고 생활의 활기마저 느낀다고요.

선지자 자네는 큰 착각을 하고 있는 것 같네. 일전에도 말했듯이 자네 인생의 주인은 자네이지, 남이 아니지. 따라서 남의 기대를 만족시키기 위해 태어난 것도 아니고 타인을 만족시키기 위해 사는 것도 아니네.

청 년 아니죠, 저의 가치를 인정해 주는 사람을 위해 살아야 제가 인정받고 가치를 느끼는데 인정받기 위한 행동은 자연스러운 거라고요.

선지자 여기서 인정받는다는 것의 의미로 직업적으로 일을 잘하거나 효과적으로 하거나 성실하게 하여 상사나 주변으로부터 인정받는 것을 하지 말라는 것이 아니네. 일의 목적을 인정받기 위해 하지 말라는 것이네. 능력을 발휘하여 효과적으로 하는 것은 당연하지 않은가. 인정욕구를 버리라는 말은 인정받지 말라는 말이 아니라, 인정에 종속되지 말라는 것이네. 타인의 시선에서 자유로운 사람이 되라는 뜻이네. 이런 사람은 더 진솔해지고, 더 안정적이며, 더 깊은 관계를 맺을 수 있네. 심리학이 말하는 성숙한 인간이란, 칭찬이 없어도 흔들리지 않고, 비난이 와도 자신을 잃지 않는 사람을 말하네. 인정욕구를 내려놓는 순간, 비로소 삶의 중심은 타인이 아니라 나 자신으로 돌아오네.

청 년 결과적으로 인정받음으로써 '나는 가치 있다', '나는 모두로부터 사랑받고 있다'라고 느끼면 삶의 중심이 자신이 아

니라 타인에게 있다는 것이네요. 그런데 이렇게 했다고
해서 무엇이 나빠지나요?

선지자   그러면 앞에서 말했듯이 자네는 타인의 삶을 살게 되네.
타인의 평가를 받고 타인에 의해 행복을 느끼는 사람 말
일세. 그러니 타인의 기대 같은 것을 만족시킬 필요가 없
다는 말 일세. 인정받기를 바란 나머지 '이런 사람이면 좋
겠다'라는 타인의 기대를 따라 살게 되겠지. 즉 진정한 자
기를 버리고 타인의 인생을 살게 된다는 것이지.

청 년   그러면 남이야 뭐라고 하든지 자기중심적으로 살라는 얘
기인가요? 인간은 왜 출세를 바라고 조직의 지도자가 되
고 명성을 얻으려 하겠습니까? 이 모두 인정받고 싶은 소
망, 인정욕구가 아닌가요?

선지자   그렇게 사회적 지위가 높은 사람이 되었다고 하세. 그러
면 그 사람은 행복한가?

청 년   꼭 그렇지는 않지만….

선지자   대부분의 사람은 타인의 기대, 선생님의 기대, 부모의 기
대에 부응하려고 애쓰다가 괴로워하지. 조금 전에도 말하
지 않았나? 자네 인생은 자네의 것이고 자네가 인생의 주
인이라고. 주인이 살고 싶은 대로 살면 되네. 뭐가 잘못되
었나?

청 년   그럼 마음대로 하라는 건가요? 우리는 함께 살아가는 공
동체인데 어째서 내 마음대로 살라는 말인가요?

선지자   기본적인 도덕이나 규칙을 어겨가며 살라는 말이 아니네.
자네의 말대로 타인의 기대를 충족시키면서 사는 것은 어

렵지 않네. 내 인생을 타인에게 맡기면 되니까. 부모가 깔아 놓은 또는 누군가가 만들어 놓은 레일 위를 달리면 되지. 하지만 내 스스로 결정하려고 들면 어떨까? 당연히 이리저리 헤매게 되겠지. '어떻게 살아야 할까'라는 현실의 벽에 부딪히게 돼. 새로운 창의 능력도 도전도 두려워하겠지. 자신을 안주하게 하는 분위기에 빠져 절대로 밖으로 나오려 하지 않겠지.

청 년 정말 냉정하고 이기적인 방법 같은데 결과적으로는 인정욕구를 갖고 살아가면 진정한 자기 모습으로 살아가기 어렵다는 뜻이네요. 그러면 어떻게 해야 하나요?

선지자 인정욕구를 내려놓아야 하네. 그 방법으로 첫째, 평가 기준을 외부에서 내부로 옮기는 것이네. "사람들이 뭐라고 할까?" 대신 나는 이 선택이 내 가치에 맞는가? 이것이 내가 중요하게 여기는 방향인가? 라는 질문을 반복하는 것이네. 자기 결정성이론에 따르면, 자율성이 회복될수록 인정욕구는 자연스럽게 약해진다고 했네. 둘째, '잘했다'보다 '충실했다'를 기준으로 삼는 것이네. 인정욕구는 결과 평가에 집착하네. 반면, 인정욕구를 내려놓는 연습은 과정 평가로 옮기는 것이지. 즉 '칭찬받았는가'보다 내가 '최선을 다했는가'로 평가하고 거절과 불편을 감수하는 연습하는 것이네. 인정욕구는 "거절당하면 나는 무가치하다"라는 믿음에서 생겨나네. 그러나 거절은 관계의 실패가 아니라 경계의 설정으로 생각하면 되네. 작은 거절부터 연습하며, 불편함을 견디는 힘을 키우면

“모두에게 인정받지 않아도 괜찮다”라는 심리적 근육이
생기네.

청　년　평가 기준을 외부에서 내부로 옮기는 것과 평가를 '충실
했다, 최선을 다했다'로 바꾸는 것은 자기 존재감을 더 있
게 느끼게 하는 것 같네요.

선지자　셋째, 자신의 가치를 '존재'에 두는 연습을 하는 것
이네. 많은 사람은 이렇게 조건을 달지. “잘해야 사랑받
을 수 있다.” 그러나 심리학적으로 건강한 자존감은 성과
이전에 존재 가치를 인정하는 데서 시작되네. 명상, 자기
성찰, 글쓰기 등은 “아무것도 증명하지 않아도 나는 존재
할 가치가 있다”라는 감각을 회복하는 데 도움을 주네.

청　년　선생님의 말씀에서 자신의 가치를 존재 자체에 두라는 것
인데. 그 방법으로 명상이나 자기성찰, 글쓰기 등을 하면
도움이 된다는 것이네요.

선지자　그렇네. '모든 것을 인정받으려 하지 마라'는 의미는 결과
적으로 인정욕구를 버려라. 그래야 나 다운 삶을 살 수
있다. 행복한 인생을 살 수 있다는 말이지. 행복에 방해
가 되는 것을 버리고 없애야 행복해지기 때문이네.

청　년　행복은 주관적인 느낌이지만 삶의 질, 긍정적인 감정이 뒷
받침되어야 느낄 수가 있다는 말씀이고요. 그러기 위해서
는 방해 요소를 제거하는 것이 곧 삶의 질을 높이는 것이
고요.

선지자　그렇네. 그럼 이번 주제는 이것으로 마무리하고 다음 주
제로 넘어가야겠네.

과제를 분리 하라

선지자   또 다른 행복에 방해가 되는 부분은 남의 일에 쓸데없이 간섭하거나 걱정하는 것이네. 자기가 통제할 수가 없는 부분까지 통제하려고 하는 것이지. 따라서 다음 주제는 '과제를 분리하라'는 것이네. 조금 전 알프레드 아들러가 말한 내용에서 '타인의 과제'에서 물러나라는 것이지.

청 년   과제를 분리한다고요?

선지자   자네는 지금 보험회사의 영업사원으로 일한다고 했지.

청 년   네, 그렇습니다.

선지자   예를 들어 자네가 매일 해야 할 일이 있을 것일세. 고객과의 상담내용, 고객의 반응 등 그날 업무를 정리하고 다음에는 어떻게 할 것인가 등 말일세.

청 년   네, 그렇게 합니다. 특히 가능성이 있는 고객을 분류하고 다음에는 어떻게 할 것인가를 고민하죠.

선지자   그러면 그것은 누군가 대신 해주는 일이 아니고 자네가 해야 할 일이지. 그리고 자네의 성과를 평가하고 새로운 지침을 내려 방향을 지휘하는 것은 자네 팀장이 하겠지. 자네의 동료 중에는 부서가 다른 총무, 인사 등에 근무하는 사람도 있고, 실적을 취합하는 사람도 있을 걸세. 과제의 분리란 '이것은 누구의 과제인가', '이것의 결과는 누가 책임지는가'라는 관점에서 자신의 과제와 타인의 과제를 분리한다는 것일세. 만약에 자신의 업무 즉 과제를 잘못했거나 성과가 낮을 때 자신이 책임져야 할 걸세. 반대로

타인의 과제에 함부로 침범하는 것, 또는 타인이 나의 과
제에 침범해 들어오면 인간관계에 문제가 발생하게 되겠
지.

청 년 남의 일에 간섭하지 마라. 그러면 인간관계에 문제가 생긴
다, 이 뜻인가요?

선지자 우선 알프레드 아들러 심리학에서 과제 분리의 의미와 등
장 배경을 이해해야 하네. 알프레드 아들러는 인간의 대
부분의 심리적 고통과 인간관계 갈등이 '타인의 삶에 개
입하려는 태도', 혹은 '타인의 평가와 감정에 지나치게 얽
매이는 태도'에서 비롯된다고 보았네. 그는 인간을 외부
조건과 환경의 피해자가 아니라 목적을 가진 존재로 보았
고, 각 개인은 자신의 삶에 대해 스스로 책임질 수 있는
능력을 지닌다고 전제했네. 이러한 인간관 위에서 등장한
핵심 개념이 바로 과제의 분리라는 것이지. 과제 분리란
단순히 관계에서 거리를 두거나 냉정해지는 태도를 의미
하지 않네. 그것은 "누가 그 행동의 결과를 책임지는가"라
는 기준을 통해 내가 책임져야 할 영역과 타인이 책임져
야 할 영역을 명확히 구분하는 삶의 태도를 뜻한다네. 알
프레드 아들러는 우리가 타인의 과제를 떠안으려 할 때
불안, 분노, 열등감, 죄책감이 발생한다고 보았고, 반대로
과제를 분리할 수 있을 때 인간은 자유와 존엄을 회복한
다고 했네.

청 년 내가 책임져야 할 영역과 타인이 져야 할 영역을 명확히
구분하여 나의 행복을 지켜 나간다는 의미에서 과제를

분리한다는 것이네요.

선지자 그렇네. 과제를 구분하는 핵심 기준이 책임의 귀속이 누구에게 있는가는 하는 것이지. 알프레드 아들러 심리학에서 과제 분리는 감정이나 의도가 아니라 책임의 귀속으로 판단한다는 것이네. 어떤 선택이나 행동의 결과를 궁극적으로 감당하는 사람이 누구인가가 판단의 기준이지. 예를 들어, 내가 상대에게 충실하게 설명했음에도 상대가 화를 낸다면, 설명한 행위 자체는 나의 과제지만 화를 내는 감정과 그에 따른 행동은 상대의 과제라는 것이네. 우리는 흔히 타인의 반응까지 통제하려 들지만, 알프레드 아들러는 그것이 인간관계의 왜곡을 낳는다고 했네. 이 기준은 단순하지만 매우 강력하네. "이 문제는 누구의 인생에 영향을 미치는가?"라는 질문을 던지는 순간, 불필요한 죄책감과 과도한 책임감에서 벗어날 수 있네. 인생을 단순화시키는 것이지.

청 년 이것과 개인의 행복과는 어떤 관계가 있나요? 어떤 면에서는 이기적인 면이 있다고 생각이 되네요. 이것은 너의 책임, 저것은 나의 책임으로 구분해서 선을 긋는다면 인간적인 면이 없어 보이네요.

선지자 잘못 이해하거나 오해할 수도 있는 면이 있네. 따라서 구체적인 실천 방법과 원칙을 준수하는 것이 중요하네. 그리고 이것은 타인의 영역을 침범하지 않고 자기의 역할을 충실히 하여 결과적으로 자신의 자유와 행복을 추구하는 데 있네.

청 년 방금 말씀하신 과제 분리의 구체적인 방법과 원칙은 무엇
인가요?

선지자 과제 분리를 실천하는 구체적 방법으로 네 가지가 있네. 첫 번째는 감정에서 책임 구조로 관점을 이동하는 것이네. 과제 분리의 첫 단계는 상황을 감정적으로 해석하지 않고 구조적으로 바라보는 것이네. 인간은 관계에서 문제가 생기면 곧바로 "왜 저 사람은 저럴까", "내가 뭘 잘못했나"라는 감정적 사고에 빠지기 쉽네. 그러나 과제 분리는 감정 분석이 아니라 책임의 구조를 파악하는 작업이네. "이 행동의 선택권은 누구에게 있었는가?", "그 결과를 누가 떠안게 되는가?" 이 질문을 반복적으로 연습하는 것이 중요하네. 두 번째는 '관심'과 '개입'을 명확히 구분하는 것이네. 알프레드 아들러는 과제 분리가 무관심이나 방임으로 오해되는 것을 경계했네. 그는 타인의 삶에 관심을 두는 것과 개입하는 것을 분명히 구분했지. 관심은 존중이지만, 개입은 지배에 해당하네. 조언해주는 것은 가능하지만, 대신 결정하거나 강요하는 순간 그것은 과제 침범이 된다는 것이네. 특히 부모·연인·상사 관계에서는 이 경계가 쉽게 무너지는 현상을 자주 보게 된다는 것이네. 그러나 알프레드 아들러는 "도와줄 수는 있지만, 대신 살아줄 수는 없다"고 강조하면서 가까울수록 지켜야 더 건전한 관계가 된다고 했네

청 년 결과를 누가 책임을 지는가로 관점을 전환하고, 관심과 개입의 경계를 분명히 한다는 것이네요. 여기서 관심이라

　　　는 것은 지켜만 보고 있는다는 의미와 지원하고 응원해주
　　　고 잘할 수 있게 도와주는 것도 포함되나요?

선지자　기본적으로 관찰하고 지켜보는 것은 중요한 역할이네. 네
　　　책임이니까 내가 알 바 아니다 하는 것이 아니지. 사기를
　　　돋우어 주는 응원도 중요한 역할에 포함되겠지만, 충고해
　　　주거나 정보를 알려주는 것은 상대의 요청이 있는 경우에
　　　만 하는 게 원칙이네. 상황에 따라 다르겠지만 개입이 될
　　　수가 있기 때문이네.

청　년　여기서 '개입'이라는 것이 포인트네요. 즉 타인의 책임을
　　　내 것으로 하는 것과 같은 것이네요. 타인의 책임을 내가
　　　떠안는다는 의미이기도 하고요. 결국 남의 일에 간섭하
　　　는 것이고 관계를 더 악화시키는 것이 될 수도 있고요.

선지자　그렇게도 볼 수도 있네. 세 번째는 결과를 대신 책임
　　　지지 않는다는 것이네. 과제 분리의 핵심은 결과를 대
　　　신 감당하지 않는 태도네. 우리는 흔히 상대가 힘든 결과
　　　를 맞이하면 죄책감을 느낀다네. 그러나 상대가 자신의
　　　선택으로 맞이한 결과라면, 그것을 대신 해결하려는 태도
　　　는 상대의 성장 기회를 박탈하는 행위가 된다고 했네. 알
　　　프레드 아들러 심리학에서 진정한 존중이란, 타인이 자기
　　　삶의 결과를 스스로 감당할 수 있도록 믿어주는 것이라
　　　고 했네. 네 번째는 타인의 평가를 타인의 과제로
　　　돌려놓는다는 것이네. 알프레드 아들러는 "모든 인간
　　　관계의 고민은 타인의 인정욕구에서 비롯된다"라고 말했
　　　네. 나를 어떻게 평가할지, 나를 좋아할지 싫어할지는 전

적으로 상대의 과제네. 나는 내가 할 행동을 성실히 수행할 책임만 있을 뿐, 그 행동에 대한 해석과 평가는 통제할 수 없다는 것이지. 이 원칙을 받아들이는 순간, 인간은 관계 속에서 놀라울 정도의 자유를 경험하게 되네.

청　년　결과에 책임을 지지 않는다는 것은 그냥 아무것도 하지 말고 네가 했으니 네가 책임지고 그 결과도 네가 알아서 하라는 말인가요?

선지자　기본적으로는 그런 뜻이네. 하지만 위에서도 말했듯이 상대가 도움을 요청하면 언제라도 도와주겠다는 메시지는 항상 보내야 하네.

청　년　그러면 상황별로 분리 사례를 설명해 주시면 도움이 되겠는데요?

선지자　그러면 상황별로 과제 분리 사례를 들어보면, 첫 번째는 부모와 자녀 관계네. 부모는 자녀의 인생을 대신 살아줄 수 없지만, 많은 부모가 자녀의 과제를 자신의 것으로 착각하네. 공부할지 말지는 자녀의 과제이며, 부모의 과제는 공부의 의미를 설명하고 환경을 제공하는 데까지네. 부모가 성적에 집착하며 통제할수록 아이는 책임감을 배우지 못하고 의존적으로 된다는 것이네. 과제 분리는 방임이 아니라, 자녀를 독립된 인격체로 존중하는 양육 태도이지. 과제를 혼동하는 사례로 부모가 자녀에게 "공부 안 하면 인생 망한다"라고 말하면 자녀의 성적·진로·노력을 부모가 대신 책임지려 하는 말이지, 과제 분리에서 부모의 과제는 공부할 환경 제공, 조언과 격려, 부모로서의 태도 유지를 하는 것이고 자녀의 과제는 공부할지 말지 선택, 성적에 대한 결과 책임, 진로 결정을 하는 것이네. 핵심 내용은 "공부하는 것은 네 과제지만, 나는 네 편이고 언제든지 도와주겠다"라는 것이지. "숙제 안 해? 빨리해"라고 말하면 통제하는 것이네, 그러면 대답이 "지금 놀고 싶어"라든가 "지금 다른 약속이 있단 말이야" 등으로 대답할 것이네. 말을 바꿔 "숙제 언제 할지를 네가 정해"라고 하면 자율성이 보장되고 책임이 자녀에게 있다는 것을 말하는 거지.

청　년　어린아이의 경우 강제로라도 시켜야 합니다. 부모의 의무니까요. 부모의 과제이기도 합니다.

선지자　부모의 과제가 아닐세. 세상의 부모는 '다 너를 위해서'라고 말하지만, 부모는 모두 세상의 이목이나 체면 같은 자신의 목적을 달성하기 위해, 자기 만족하기 위해 행동을 그렇게 하네. 그렇게 강압적으로 시키면 공부를 좋아할 수가 없지.

청　년　그러면 그냥 방임하라는 건가요?

선지자　나는 자유를 말하고 있네. 자유롭고 행복한 진정한 자신의 인생을 말하고 있네. 방치하거나 방임하라는 것이 아니네. 꼭 주의할 것이 있지. 앞에서 말한 자네의 업무에 대해서 만약, 자네가 다른 사람의 과제 즉 업무에 개입하고자 할 경우 '필요할 경우 도와주겠다'라는 의사 표시를 하면 되네. 그리고 관심을 두고 지켜보는 것이네. 그 이상은 안 되네. 상대의 허락 없이 개입하면 갈등이 생기겠지.

공부를 싫어하는 아이의 경우도 부모는 필요하면 언제든 도와주겠다는 의사표시를 하고 지켜보는 것뿐이네. 필요하면 아이의 관심을 유심히 살피고 왜 그렇게 하기 싫어하는지 원인을 파악해 보는 것도 좋겠지.

청 년 아이의 경우는 다르지 않나요? 아직 어리기 때문에 부모가 적극적으로 개입해야 한다고요. 그렇지 않으면 엉망이 돼요.

선지자 논리적으로 설명을 해야 하네. 지금 공부를 하지 않으면 어떻게 되는가를 관심을 두고 논리적으로 설명을 하는 것밖에 없네. 그리고 사랑으로 지켜보고 보살피는 것 그것밖에 없네. 특히 부모는 '아이의 인생이 곧 내 인생'이라고 생각하는 경향이 있지. 아이의 과제까지도 내 과제라고 말이지. 그렇게 늘 아이만 생각하다가 문득 정신을 차렸을 때는 인생에서 '나'는 사라지고 없지. 하지만 어느 정도 아이의 과제를 떠맡았다고 한들 아이는 독립적인 개인일세. 부모가 바라는 대로 되지 않아. 진학할 학교나 직장, 결혼 상대 등 일상의 사소한 언행마저 부모의 희망대로 움직여 주지 않네. 중요한 것은 지지하고 응원해 주고 보조해 주는 것과 아이가 요청할 경우 경험을 이야기해 주는 것 이것이 가장 훌륭한 부모네. 강요하거나 통제하거나 조건을 붙이면 '애착'에 문제가 생기네.

청 년 부모의 역할은 언제든지 도와주겠다는 역할이 있네요.

선지자 두 번째는 부부·연인 관계에서 사례네, 연인이나 배우자의 기분을 책임지려 할 때 관계는 쉽게 소진되는 문제가 발생하네. 상대가 우울하거나 화가 났을 때 공감할 수는 있지만, 그 감정을 '해결'할 의무는 없네. 감정은 그 사람의 과제이기 때문이지. 과제 분리가 이루어질 때 관계는 의존이 아니라 동반자의 형태로 성숙해진다는 것이네. 과제 혼동하면 "내가 이렇게 했는데 왜 고마워하지 않아?"라고 생각하며 상대의 감정 반응을 통제하려고 하네. 과제 분리에서 나의 과제는 사랑 표현을 할지 말지 그리고 솔직한 감정 전달이고 상대의 과제는 고마움을 느낄지 여부, 감정을 어떻게 해석할지네. 핵심은 "나는 최선을 다해 표현했다. 받아들이는 것은 상대의 몫이다"라는 것이지.

청　년 자신의 역할은 충실히 하되 반응은 상대의 몫이라는 것이네요.

선지자 세 번째는 직장과 조직 생활에서의 사례네. 직장에서 상사의 평가나 동료의 시선을 지나치게 신경 쓸 경우, 사람은 자신의 기준을 잃고 번아웃에 빠지기 쉽네. 평가는 타인의 과제이며, 나의 과제는 맡은 일을 성실히 수행하는 것이지. 이 구분이 명확해질수록 직장 내 스트레스는 현저히 줄어든 다네. 과제 혼동할 경우 상사의 지시로 무리한 책임까지 떠안기도 하고 동료의 성과까지 걱정하는 것이 되네. 과제를 분리하여 나의 과제는 맡은 업무를 충실히 수행하는 것, 필요시 의견을 제시하고 때에 따라 업무 거절 또는 협의하는 것이네. 상사의 과제는 최종 의사결정, 인사 평가, 조직의 성과에 대해 책임지는 것이네. 핵심은 "나는 내 역할을 다한다. 결과의 최종 책임은 위에 있다."라는 것이지.

청 년 책임과 역할을 명확히 하는 거네요.

선지자 그렇네. 네 번째는 친구 또는 인간관계에서 갈등이 있는 사례네. 인간관계 갈등 상황은 상대가 서운해한다고 해서 반드시 내가 잘못한 것은 아니네. 무례하게 행동하지 않았고 자신의 역할을 다했다면, 상대의 감정은 상대의 과제이지. 모든 감정을 해결해 줄 책임은 누구에게도 없다는 것이네. 친구 관계에서 과제에 혼동이 있으면 친구의 선택, 연애, 실패까지 대신 고민하게 되고 거절를 못 하고 끌려다니게 되네. 과제를 분리하면 나의 과제는 도울지 말지 결정하거나 관계를 유지할지 선택하는 것이고, 친구의 과제는 조언을 들을지 말지를 선택하거나 선택의 결과에 책임을 지는 것이네. 핵심은 "조언은 할 수 있지만, 대신 살아줄 수는 없다."라는 것이네.

청 년 과제 분리라는 것은 결국 자기답게 살기 위한 방법이네요. 결국 인간관계를 더 오래 의미 있게 지속할 수 있게 해주는 것이고요.

선지자 과제 분리는 차가운 개인주의가 아니네. 오히려 그것은 책임과 존중의 경계를 분명히 하는 관계 윤리지. 다만 현실에서는 완벽한 분리가 어렵고, 관계의 특성상 일정 부분 상호 영향을 주고받을 수밖에 없다는 것도 있네. 따라서 과제 분리는 '완벽한 차단'이 아니라, 개입을 최소화하려는 방향성으로 이해하는 것이 좋을 것이네. 알프레드 아들러 심리학에서 과제 분리는 단순한 인간관계 기술이 아니라 삶을 대하는 태도라고 보네. 타인의 인생을 내려놓을 때, 우리는 비로소 자신의 인생을 책임질 수 있게 된다는 것이지. 과제 분리는 인간을 고립시키는 것이 아니라, 오히려 서로를 독립된 존재로 존중하게 만들어 관계를 더 건강하게 만든다는 것이 중요하네.

청년은 타인을 의식하고 칭찬받으려 하는 것이 결국 내 자유가 없어지고 남의 인생을 산다는 것에 대해 새삼 두려움마저 느꼈다. 돌아보니 지금까지 힘들게 살아온 내 삶이 나의 것이 아니고 타인의 삶이라니. 특히 과제의 분리는 너무 획기적인 것이라 마음이 혼란스럽다. 하지만 곰곰이 생각해 보면 내 삶에 내가 없었던 것이 아닌가. 그렇게 헤매며 찾고 있는 행복이라는 것도 여기에서부터 출발해야 한다는 깨달음이 뇌리를 스치고 있었다.

인간관계를 소중히 하라
(하버드대학교 70년 행복 보고서)

선지자　인정욕구를 포기하고 과제를 분리하는 것은 그 목적이 자네가 자네답게 살기 위해 짐을 내려놓는 것이라 했네. 이렇게 함으로써 자네는 행복해질 수 있는 조건이 갖추어진 셈이지. 이제부터는 행복한 삶을 살기 위해 어떤 것을 실행하고 훈련해야 하는지만 알면 되겠지.

청　년　행복의 조건, 행복의 요소 같은 것을 말하는 것인가요.

선지자　그렇네. 우선 행복의 진실, 어떤 것이 인간을 행복하게 하는 것인가를 말해 보겠네. '행복에 대해 하버드대학에서 70년을 연구한 보고서에 '행복의 진실'이 있네. 이 보고서가 나오기까지 경제인, 정치인, 부자와 가난한 사람까지 724명의 인생을 70년 넘게 추적하며 수천 장의 설문과 건강기록 가족관계 심리변화를 모두 조사했지. 놀랍게도 그 결과는 돈도 명예도 아닌 단 하나의 진실을 발견했네. '좋은 인간관계가 곧 행복의 근원이다'라고. 건강보다 더 강력한 행복의 예측지표는 얼마나 많은 사람을 사랑하고 사랑받았는가였네. 우리는 나이를 먹으며 점점 깨닫게 되네. 돈이 많아도 마음이 허전하고 건강해도 마음이 외로우면 행복하지 않다는 것을, 젊었을 땐 돈이 성공의 행복이라고 믿었지만, 세월이 지나면 알게 되네. 진짜 행복은 누구와 함께했느냐에 달려있다는 것이었네. 하버드의 연구 대상자 중에는 사회적으로 큰 성공을 거둔 사람도 있었지만, 외로운 사람은 결국 마음과 몸이 함께 병들었다고 하네. 반면 평범한 삶이라도 주변과 따뜻한 관계가 있던 사람들은 훨씬 더 건강하고 행복했다고 하네. 그러면서 행복은 거창한 목표가 아니라 "매일의 소소한 관계 속에서 피어나는 감정이다"라고 말하고 있지. 아침 인사 한마디, 따뜻한 차 한 잔을 함께 나누는 시간 그 작은 순간들이 인생의 질을 바꾼다고 했네.

청　년　그 연구의 결과가 행복의 첫 번째 조건은 '좋은 인간관계가 행복의 근본'이라고 결론을 맺는다는 이야기네요. 하지만 현대에 살고 있는 우리는 돈과 명예, 권력 같은 것이 행복하기 위한 근본이라고 생각하는데요. 이것이 먼저 갖추어져야 행복도 추구할 수 있는 것이 맞지 않나요?

선지자   조금 전에 자네에게 말하지 않았나, 나이가 들면 알게 될 것이라고. 그런데 왜 행복이 인간관계가 핵심인지 궁금하지 않나?

청　년   그렇네요. 왜 그렇게 중요한 요소인가요?

선지자   인간은 본래부터 '관계적 존재'이기 때문이네. 심리학자 매슬로우(Maslow)의 욕구 이론에서도 '소속과 사랑의 욕구'는 기본적 인간 욕구라고 했네. 뇌과학적으로도 사회적 유대감은 도파민과 옥시토신 분비를 촉진해 행복감을 만든다고 증명했지. 지금부터 하버드대학의 70년 연구 결과를 여덟 가지로 요약해서 설명하겠네. 첫 번째, '좋은 인간관계는 의미감을 제공한다'라고 하네. 행복은 단순한 쾌락이 아니라 삶의 의미와 연결된 감정이고, 관계 속에서 '누군가에게 필요한 존재'라는 감각은 깊은 만족과 안정감을 준다고 하네. 두 번째는 '좋은 인간관계는 스트레스를 완충한다'라고 하네. 정서적 지지는 스트레스 호르몬(코르티솔) 분비를 억제하고 면역체계를 안정시킨다고 하네. 심리학에서는 이를 '버퍼 효과(buffer effect)'라고 부르네. 이 연구를 이끈 로버트 월딩어(Robert Waldinger) 교수는 이렇게 요약했네. "행복하고 건강한 삶을 만드는 것은 부나 명예, 성취가 아니라, 좋은 인간관계다."라고.

청　년   선생님 인간관계에 대해 조금 더 구체적으로 설명해 주세요.

선지자 그러면서 세 번째 핵심은 '관계의 수가 아니라 관계의
질'이라고 했네. 사람 많은 관계망이 행복을 보장하지는
않고, 오히려 깊이 있는 신뢰 관계, 즉 마음을 털어놓고
지지받을 수 있는 몇몇 관계가 핵심이라고 했네. 특히 부
부관계, 친구관계, 가족관계 등에서 서로의 안전기지가
되어주는 관계가 심리적 안정감을 제공한다고 했네. 또한
인맥이 많다고 외로움이 사라지지 않는다고 했네. 수백
명과 메시지를 주고받아도 정말 내 마음을 알아주는 단
한 사람이 없다면 그건 깊은 고독 속의 삶이나 다름없지.
반대로 단 한 사람이라도 나의 이야기를 들어주고 기쁠
때 함께 웃어주고 힘들 때 아무 말 없이 곁을 지켜주는
사람이 있다면, 그 사람만으로도 인생은 충분히 따뜻해
진다고 볼 수 있네. 자네의 인간관계를 돌아볼 때 누가
자네에게 에너지를 주는가, 누가 자네 마음을 편하게 해
주는가를 떠올려 보게. 그 사람이 바로 자네의 행복을 지
켜주는 진짜 인연일 것이네. 사람이 많을수록 좋은 것이
아니라 진심이 통하는 사람이 곁에 있을 때 비로소 우리
는 안정과 평화를 느낀다고 볼 수 있네.

청　년 이해가 갑니다. 저도 충분히 공감합니다.

선지자 네 번째로 '사회적 연결(사회적 유대)이 건강과 행복
을 지킨다'라고 했네. 친구, 가족, 이웃과 정서적으로 연
결된 사람일수록 더 오래 살고, 삶의 만족도가 높았다고
했네. 반대로 고립된 사람들은 신체적 건강이 빨리 나빠

지고, 뇌 기능도 더 빨리 쇠퇴했다고 했네. 특히 바로 가족과의 연대가 인생 후반기의 행복을 결정짓는다는 점이네. 가족은 우리가 태어나서부터 마지막 순간까지 함께하는 존재네. 하지만 아이들이 성장하고 사회생활에 바빠지면 우리는 종종 가족과 보내는 시간을 가장 마지막으로 미루곤 하지. 그러다 어느 날 문득 이젠 함께할 시간이 그리 많지 않다는 걸 깨닫게 되네. 연구에 따르면 은퇴 후에도 행복하게 사는 사람들은 공통으로 가족과의 관계가 따뜻하고 안정적이었다고 했네. 자식이나 배우자 손주와의 대화 속에서 삶의 의미를 다시 찾고 그 사랑이 인생의 활력소가 되었다는 의미이지. 그래서 행복은 멀리 있는 게 아니고, 식탁에서 함께 밥을 먹고 하루의 이야기를 나누고 서로의 안부를 챙기는 그 짧은 시간 속에 있다는 것을 지적했네. 자네도 오늘 하루 가족에게 이렇게 말해 보게. "고마워 네가 있어서 행복해." 그 한마디가 당신의 인생은 더욱 따뜻하게 만들 수도 있지. 또 하나 중요한 것은 '갈등의 건강한 처리'라고 했네. 특히 가족과 갈등이 생기면 반드시 회피하거나 공격하지 않고, 상대를 존중하여 솔직하게 대화하는 것이 중요한 요소라고 했네.

청 년 뭐 하나 흠잡을 것이 없어 보이네요.

선지자 다섯 번째가 '감사를 습관화'하는 사람이 더 행복하다는 것이네. 하버드의 행복 연구에서 또 하나 공통으로 드러난 특징은 행복한 사람들은 모두 감사를 생활 속에서 실천하고 있었다는 점이네. 감사는 단순히 예의가 아니고, 마음의 근육을 단단히 만들어주는 훈련이라고 했네. 가족에게, 이웃에게, 세상 모든 것에 감사하는 그 태도 하나가 인생의 무게를 바꿔놓는다고 했네. 연구에 따르면 하루에 감사한 일을 세 가지씩 적는 사람들은 그렇지 않은 사람보다 우울감이 25% 이상 낮고 삶의 만족도는 40% 이상 높았다고 했네. 그 이유로, 감사는 우리 뇌 속에서 도파민과 세로토닌을 활성화하기 때문이지. 감사는 거창한 일이 아니고, 오늘 아침 눈을 뜬 것, 따뜻한 밥을 먹은 것, 누군가 내 이름을 불러 주는 것, 이 모든 게 감사의 이유가 된다고 했네. 행복은 큰 사건이나 물질적인 이유가 아니라 감사할 줄 아는 눈으로 세상을 볼 때 찾아온다고 하네. 감사는 행복을 키우고 가르쳐 주는 가장 훌륭한 박사나 다름이 없지.

여섯 번째가 '나눔과 봉사를 생활화하라'네. 하버드 연구팀은 행복한 사람들에게 한 가지 장점을 발견했네. 그들은 모두 자신보다 더 큰 무언가를 위해 살았다는 점이네. 즉 나눔과 봉사를 실천하는 사람일수록 행복했다는 것이지. 행복은 받을 때보다 줄 때 더 크게 자라네. 작은 선물 하나 따뜻한 말 한마디 혹은 주변의 누군가를 위해 시간을 내주는 일 이런 행동이 우리 뇌의 행복 호르몬을 자극하네. 또한 봉사와 나눔은 "나는 누군가에게 필요한 존재다"라는 자기 확신을 심어주네. 이건 노년기에 특히 중요하네. 직장과 사회적 역할이 줄어드는 시기에도 누군가에게 도움을 줄 수 있다는 사실이 삶의 목적과 자존감을 되살려주기 때문이지. 봉사는 거창할 필요 없네. 말 한마디, 혼자 사는 어르신에게 반찬 한 그릇 나눠드리는 것, 심지어 온라인으로 누군가의 이야기를 들어주는 것도 봉사인 거지. 행복은 나누는 순간 되돌아오네. 누군가의 미소가 다시 내 마음을 밝히기 때문이지.

청 년 '감사와 봉사'는 꼭 실천하고 싶은 행동입니다. 알지만 실천이 안되는 것이 문제지만요. 이것이 행복의 요소에 크게 영향을 미치네요.

선지자 일곱 번째가 '끊임없이 배우고 성장하라'네. 하버드의 행복 연구에 다르면 나이에 상관없이 배우는 사람은 늙지 않는다는 사실을 밝혔네. 새로운 것을 배우고 도전하는 사람들은 삶에 대한 호기심이 살아있고 그 활력이 바로 행복의 원천 이었네. 반대로 배움을 멈춘 사람들은 점점 세상과 단절되고 마음의 문을 닫게 된다는 것이네. 그때부터 외로움이 시작되고 삶의 즐거움은 서서히 사라지게 되었네. 배움은 거창할 필요가 없네. 책 한 권을 읽고 새로운 취미를 배우고 스마트폰 이나 컴퓨터를 조금씩 익히는 것도 훌륭한 시작이지. 중요한 것은 새로움에 대한 열린 마음이네. 실제로 하버드 연구 참여자 중 행복했던 사람들은 은퇴 후에도 늘 배우고 있었다고 했네. 그들은 이렇게 말했네. "배우는 순간 나는 아직 살아있음을 느낀다. 성장은 젊음의 특권이 아닙니다. 70세 80세에도 우리는 계속 자랄 수 있습니다".

청 년 배운다는 것은 노인의 치매 방지, 새로운 것에 대한 성취감

등 여러 효과가 있다고 최근 연구에서 많이 말하더군요.

선지자 여덟 번째는 '용서하고 마음의 짐을 내려놓아라'네. 행복을 가로막는 가장 무거운 짐 그것은 미움과 후회네. 하버드 연구진은 수십 년간의 데이터를 분석했네. 한 가지 흥미로운 결과를 발견했네. 용서할 줄 아는 사람이 그렇지 않은 사람보다 신체적으로 더 건강하고 정신적으로도 훨씬 건강했다는 것을.

우리가 누군가를 미워하고 원망할 때, 그 고통은 과거 나 자신보다 현재의 나 자신을 더 해치게 되네. 분노와 상처는 마음뿐 아니라 자신의 면역력과 수명에도 직접적인 영향을 미친다고 했네. 용서는 상대를 위한 것이 아니라 나 자신을 자유롭게 하기 위한 활동인 셈이지. 그 사람을 잊겠다는 뜻이 아니라 그 일에 내 행복을 더 이상 빼앗기지 않겠다는 선언이지. 과거의 상처를 붙잡고 있으면 오늘의 행복이 흘러가 버리네. 이제 그 손을 놓아야 하네. 미움을 놓으면 마음이 가벼워지고 후회를 놓으면 내일이 새로워진다는 사실을 깨달아야 하네. 용서는 결코 약함이 아니라 마음을 치유하는 가장 강한 힘이라고 했네.

청 년 정말 어려운 것이 용서하는 것입니다. 보통 세월이 약이라고 하지만 시간이 흘러도 그때의 불쾌한 생각과 감정은 좀처럼 지워지지 않습니다. 왜 그런가요?

선지자 용서는 그를 위해 한다고 생각하기 때문이네. 나쁜 그놈을 용서하려고 하면 점점 더 감정만 나빠지고 더더욱 용서가 안 되는 거지. 용서는 나를 위해 해야 하네. 자신을 위해 한다면 그것은 내가 선택할 수 있네. 나의 행복을 위해서 말이야.

청 년 그렇네요. 나를 위해 나의 행복을 위해 용서를 한다면 용서하기가 쉬워지겠네요.

선지자 요약하자면 하버드대학의 70년 연구가 전하는 결론은 놀라울 만큼 단순했네. 행복은 성공의 결과가 아니라 좋은 관계의 결과라는 것. 우리를 진심으로 걱정해 주는 사람과 함께 웃을 수 있는 사람, 내 이야기를 끝까지 들어주는 사람이 있다는 것, 그 사실 하나만으로 우리는 이미 아주 행복하네.

청 년 관계를 행복하게 유지하는 법에 대해서는 언급이 없었나요?

선지자 마지막으로 언급이 있었네. 지금까지 수용, 변화, 인간관계 개선에 주로 있었던 내용으로 중복이 되어 생략하네. 다만 간략하게 요약하면, 인간관계를 행복하게 유지하는 방법으로 연구팀은 '좋은 관계'를 단순한 운이 아닌 '노력으로 가꾸는 것'이라고 강조했네. 그러면서 다음 다섯 가지를 제시했네. 즉 관심과 경청을 하라. 상대의 말에 집중하고, 판단 없이 들어주어라. 감사의 표현으로 "고맙다", "네가 있어서 든든하다" 같은 진심 어린 말을 자주 하라. "갈등의 건강한 처리를 위해 갈등을 회피하거나 공격하지 않고, 솔직하고 존중하는 마음으로 대화하라. 함께하는 시간 즉 식사하거나 대화하거나 취미를 나누는 시간을 많이 가지고 수시로 관계를 점검하라", "우리 관계는 어떤가?"를 대화하며 서로를 이해하라는 결론의 말을 남겼네.

청 년　이 연구에서 밝혀낸 여덟 가지는 그럴 것이다 하고 추측은 하고 있었던 것이지만 실제로 증명이 된 것이네요.

연구 결과는 너무나 충격적이었다. 돈이 많아도 인간관계가 메말라 있으면 삶은 공허하고, 몸이 건강해도 마음이 외로우면 행복하지 않다는 사실. 반대로 경제적으로 넉넉하지 않아도 따뜻한 관계 속에 사는 사람은 훨씬 오래 더 건강하게 살았다는 사실. 행복은 멀리 있는 게 아니라, 행복은 매일의 대화 속에서, 작은 친절 속에서 그리고 마음을 주고받는 관계 속에서 자라난다는 것. 청년에게 결론적으로 말하는 이 문장 "결국 인생의 마지막 순간에 남는 것은 우리가 가진 재산이 아니라 함께 웃어준 얼굴들의 기억이다"라는 이 말, 두고두고 마음에 새기고 싶었다. 이것이 바로 하버드가 70년 연구 끝에 밝힌 행복의 진짜 진실이라면 맹목적이라도 실천해 보고 싶었다. 하지만 중요한 건 아는 것이 아니라 실천하는 것이다. 오늘 하루라도 나를 사랑해 주는 분께 먼저 연락해서. "잘 지내요. 당신 생각이 났어요"라고 실천해 보기로 했다. 그 한마디가 누군가의 마음을 따뜻하게 덮어줄지도 모른다. 감사할 일을 떠올리고 누군가를 용서하고 하루에 한 번이라도 "고맙습니다"라고 말해보자. 그 순간부터 행복은 이미 내 곁에 있을 것이다.

인간관계에서 갈등을 피하지 마라

청 년 선생님, 하버드대학 연구 결과에서 인간관계를 행복하게 유지하는 방법을 말씀해 주셨는데. '갈등의 건강한 해결'에 대해서는 지금까지의 내용에 없었던 것 같네요.

선지자 가장 중요한 질문이네. 이 연구에서 가장 중요한 요소로 "관계에서 갈등을 매우 적절하게 잘 해결하는 사람이 행복하다"라는 말이 있네. 나는 개인적으로 이 말이 가장 중요하다고 생각하네. 이것을 원만하게 해결하는 사람은 인간관계에 대해 거의 통달했다고 생각이 되네. 그만큼 어렵다는 뜻이네.

청 년 그래서 이번 주제는 '갈등을 피하지 마라'라고 정하셨네요.

선지자 그렇네. 우선 갈등의 본질을 명확히 이해해야 하네. 인간관계에서 갈등은 피할 수 없는 자연스러운 현상이네. 서로 다른 가치관, 성격, 이해관계를 가진 사람들이 함께 살아가 다 보면 의견 충돌이 생기기 마련이지. 그러나 많은 사람은 평화를 유지하고자 하는 마음에서 갈등을 회피하려 하네. 겉으로는 조용해 보이지만, 이는 단기적인 평온일 뿐 장기적으로는 관계를 더욱 불안정하게 만들 뿐이네. 따라서 진정한 관계의 성숙을 위해 서는 갈등을 피하지 않고, 오히려 이를 건강하게 다루는 태도가 필요하네.

청 년 그러면 갈등의 원인이 주로 어떤 것이 있나요?

선지자 갈등의 근본 원인은 대부분 사실의 차이가 아니라 해석의 차이에서 발생하네. 같은 상황을 보고도 사람마다 느끼는 감정과 의미 부여가 다르기 때문이지. 첫째, 의사소통의 오류네. 자신의 의도를 명확히 표현하지 못하거나, 상대의 말을 왜곡해서 해석할 때 갈등이 생기네. 말의 내용보다 말투, 표정, 맥락이 더 크게 작용하는 때도 많네. 둘째, 기대와 욕구의 불일치네. 상대가 내 기대에 맞게 행동해 줄 것이라는 암묵적 기대가 충족되지 않을 때 실망과 분노가 생기네. 특히 가족이나 연인, 직장 동료처럼 가까운 관계일수록 기대가 커져 갈등이 잦다는 것이지. 셋째, 감정 조절의 실패네. 분노, 불안, 질투, 열등감과 같은 감정이 누적되면 사소한 계기로 폭발하네. 이때 갈등의 본질은 현재의 사건이 아니라 쌓여온 감정에 있네. 넷째, 권력과 통제의 문제네. 누가 옳은지, 누가 주도권을 갖는지에 집착할수록 갈등은 심화한다네. 상대를 바꾸려는 태도는 대부분 갈등을 악화시킬 뿐이네.

청 년 네 가지 모두 인지적 착오나 기대 불일치, 욕구 불만과 같은 것으로 구성되어 있네요. 인지적 착오나 욕구 불만은 인간의 본능이기도 하고요.

선지자 하지만 앞에서 말했듯이 갈등을 회피해서는 안 되네.

청 년 인간은 누구나 갈등을 피하고 싶어 합니다. 선생님은 "갈등을 피하지 마라"라고 말씀하시지만 현실은 그렇지 않습니다. 인간은 감정적 동물이고 지금 당장 괴롭고 힘든데 피하고 싶은 욕구는 너무나 당연하지 않나요?

선지자 행복은 그저 주어지는 것이 아니네. 자네 말처럼 자신의 욕구에 따라 반응하고 대응하면 행복은 나로부터 멀어지겠지. 하지만 앞에서 여러 번 말했지만 '관찰하는 자아'가 있다고 했네. 알아차리는 능력 말일세. 갈등이 생겼을 때 "나는 ~와 또는 ~로 갈등하고 있구나" 하고 나를 관찰하는 것 말일세. 그리고 갈등하는 나를 수용하고 이해하는 거지. 다음으로 이 갈등이 어디에서 비롯되었고, 원인이 무엇이며, 지혜로운 갈등 방법은 무엇인지를 생각하면 되는 것이지.

청 년 그러면 갈등을 피하지 말아야 하는 이유가 뭔가요?

선지자 나의 행복을 위해서네. 첫째, 갈등은 성장의 기회이기 때문이지. 서로 다른 입장이 충돌할 때 사람은 자신이 미처 인식하지 못했던 관점을 배우게 되네. 예를 들어, 직장에서 팀원 간 의견 차이가 있을 때 이를 솔직하게 논의하면 더 나은 대안을 도출할 수 있지. 갈등을 통해 관계는 서로를 더 깊이 이해하게 되고, 결과적으로 협력의 기반이 강화되는 거지. 둘째, 갈등 회피는 감정의 누적을 초래하게 되네. 문제를 덮어두면 일시적으로는 편안할 수 있지만, 불만과 오해는 내면에 쌓여 결국 더 큰 폭발로 이어지네. 가족이나 연인 관계에서 자주 나타나는 '묵언의 갈등'은 그 대표적인 예가 되네. 말하지 않음으로써 평화를 지키려 하지만, 실제로는 서로의 거리를 넓히는 결과를 낳을 뿐이네. 셋째, 진정한 신뢰는 솔직한 대화에서 형성된다는 것이네. 서로 다른 의견을 표현하고, 그 차이를 존중하며 해결해 나가는 과정에서 신뢰가 깊어지네. 갈등을 피하는 관계는 표면적인 평화만 있을 뿐, 진심이 오가는 관계로 발전하기 어렵다는 것이네.

청 년 갈등을 피하지 말아야 하는 이유로, 이것은 성장의 기회고 감정 누적을 초래하기 때문이다, 그래서 솔직한 대화로 풀어야 한다는 말씀이네요. 그러면 사람들은 왜 갈등을 회피하려고 하나요?

선지자 갈등을 피하는 사람들은 대체로 '좋은 사람'으로 보이고 싶은 욕구가 강하지. 그러나 이러한 태도는 다음과 같은 문제를 초래하네. 첫째, 자기 소외네. 상대의 요구에만 맞추다 보면 자신의 감정이나 욕구를 억누르게 되네. 결국 자신이 무엇을 원하는지조차 모르게 되는 자기소외가 발생하네. 둘째는 관계의 왜곡이지. 겉으로는 평화로워 보이지만, 내면에는 불신과 피로가 쌓이게 되네. 이는 관계의 진정성을 해치고, 언젠가 사소한 일로 큰 폭발을 일으키네. 셋째는 문제의 장기화네. 해결되지 않은 갈등은 사라지지 않네. 오히려 시간이 지나면서 상황을 더 복잡하게 만들고, 관계 회복을 어렵게 만들 뿐이지. 결국 갈등 회피는 평화를 유지하기 위한 전략처럼 보이지만, 실제로는 관계를 불안정하게 만드는 감정적 부채를 쌓는 행동이네.

청 년 선생님의 말씀에서 '잘 보이고 싶어서 갈등을 피한다'라고 하셨는데 그 부작용이 크다. 즉 자기를 소외시키고, 관계를 왜곡하고, 문제가 장기화하고 해결되지 않은 채 갈등은 남아있다, 이것이 더 갈등을 부추긴다, 이 말씀이네요. 그러면 어떻게 하면 되나요?

선지자　갈등을 해결하려는 방향으로 생각해야겠지.

청　년　해결하는 방법을 말씀해 주세요.

선지자　갈등을 해결하기 위해서는 몇 가지 중요한 원칙이 필요하네.

첫 번째 원칙은 문제와 사람을 분리하는 것이네. 갈등 상황에서 흔히 "너는 항상 그래"라는 식으로 상대의 인격을 공격하네. 그러나 이는 갈등을 해결하기보다 방어와 반발을 유발하지. 해결해야 할 것은 '사람'이 아니라 '문제'네. 따라서 문제를 말해야 하네. 인격적으로 모독하는 말은 금물이네.

두 번째 원칙은 감정을 인정하되 판단하지 않는 태도네. 상대의 감정에 동의하지 않더라도, 그 감정이 존재한다는 사실은 인정해야 하네. "그럴 수도 있겠구나"라는 태도는 갈등의 긴장을 크게 낮춘 다네. 상대의 감정을 있는 그대로 인정하는 것이네.

세 번째 원칙은 자기 책임의 언어를 사용하는 것이네. "네가 나를 화나게 했다"가 아니라 "나는 그 상황에서 화가 났다"라고 말하는 방식이지. 즉 내가 느낀 감정을 내 기준으로 표현하는 것이네. 이는 상대를 비난하지 않으면서 자신의 감정을 전달할 수 있게 한다네.

네 번째 원칙은 과제를 분리하는 태도네. 상대가 어떻게 느끼고 어떻게 행동할지는 상대의 과제이며, 나는 나의 선택과 태도에 책임진다는 관점이지. 이 원칙은 불필요한 통제와 감정 소모를 줄여 준다네.

청 년 네 가지 즉 인격 모독적인 말을 절제하고 문제를 말하는 것, 경청하고 감정을 있는 그대로 인정하는 것, '나' 기준으로 감정표현 하는 것, 과제를 분리하는 것이네요. 그러면 이 원칙을 기준으로 갈등을 해결하는 구체적인 실천 방법을 말씀해 주세요.

선지자 건강한 갈등 대응 방법으로 갈등을 피하지 않는다고 해서 무조건 충돌하라는 의미는 아니네. 중요한 것은 지혜롭게 다루는 방법이네. 일반적으로 많이 사용하는 5단계 과정으로 갈등을 해결하는 방법이네.

1단계, 감정을 인식하고 솔직하게 표현하기

갈등 상황에서 가장 먼저 해야 할 일은 자신의 감정을 명확히 인식하는 것이네. 분노, 서운함, 불안 등 감정을 정확히 알아야 상대에게도 진솔하게 전달할 수 있겠지. 예를 들어 "당신이 그런 말을 했을 때 나는 서운했어요"처럼 '너는 틀렸어'가 아닌 '나는 이렇게 느꼈어' 방식으로 표현해 나의 감정을 전달하는 것이 필요하네. "늘 무시당하는 느낌이 들어"보다 "회의에서 내 의견이 넘어갔을 때 서운했다"가 훨씬 건설적이네.

2단계, 상대의 입장 경청하기

갈등은 일방적인 주장으로 해결되지 않네. 상대의 말을 끝까지 듣고, 그 안에 담긴 감정과 필요를 이해하려는 태도가 필요하네. 경청은 단순한 예의가 아니라 문제 해결의 핵심인 셈이지. 철저하게 상대의 마음에 있는 이야기를 있는 그대로 반박하지 않고 들어 주기네. "당신은 이런 점이 힘들었다고 느낀 거군요"라고 요약해 주는 것이지. 이는 상대가 존중받고 이해받고 있다고 느끼게 하네.

3단계, 공통의 목표 찾기

갈등의 본질은 '나 대 너'의 대립이 아니라 '문제 vs 우리'의 관계로 전환하는 것이네. 개인의 자존심보다 관계의 회복과 공동의 이익을 목표로 삼을 때, 갈등은 협력으로 바뀐다네. 여기서 중요한 것은 두 사람이 한 팀이 되어 공동의 목표를 찾아 합의하는 것이네. 즉 '우리 vs 문제'로 바꾸는 거지. "앞으로 어떻게 하면 좋을까?"라는 질문으로 방향을 전환하는 거지. 이는 갈등을 경쟁 구도가 아닌 협력 구도로 바꾸는 것이네.

4단계, 타협과 합의의 기술 익히기

모든 갈등이 완벽히 해결될 수는 없네. 그러나 서로 조금씩 양보하며 '충분히 괜찮은 합의'를 찾는 과정이 관계의 신뢰를 강화하네.

5단계, 시간과 공간 두기

감정이 격해진 순간에는 잠시 거리를 두는 것도 유익하네. 단, 회피가 아니라 '정리의 시간'으로 활용해야 한다는 것이지.

청 년 선생님의 말씀은 먼저 내 감정을 인식하고 솔직하게 표현하고 상대를 수용하는 것이네요. 인식은 '알아차림'이라는 방법으로 가능한 것이고요.

선지자 출발이 중요하네. 이 방법으로 해결하지 못하는 대부분의 사람은 '애착'의 문제가 있어 쉽게 자기의 감정을 솔직하게 표현하지 못하고 상대의 감정을 알아차리지 못하는 경우네. 해결을 위한 출발이 안 되는 거네.

청 년 이럴 경우는 어떻게 하는 것이 좋은가요?

선지자 솔직하게 전문 심리상담사를 찾는 것도 괜찮지만 이 역할을 할 수 있는 제삼자를 개입하여 중재하는 방법도 있네.

청 년 본인 스스로 해도 괜찮지 않나요?

선지자 그래도 되네. 수용, 변화에서 배운 대로, 갈등이 생겼을 때 "나는 ~와 또는 ~로 갈등하고 있구나"하고 나를 관찰하는 것이 우선이지. 그리고 갈등하는 나를 수용하고 이해하는 거지. 다음으로 이 갈등이 어디에서 비롯되었고, 원인이 무엇이며, 지혜로운 갈등 방법은 무엇인지를 생각하면 되는 것이지. 그다음에 위에서 말한 다섯 단계로 해결을 찾으면 될 것일세. 필요에 따라 단계를 줄이거나 통합해도 무관하네.

청 년 갈등을 해결한 사례를 말씀해 주시겠습니까?

선지자 부부 갈등을 해결한 사례네. 젊은 부부로 아내는 아기를 셋이나 키우고 있었는데. 몹시 지치고 피곤한 상태였네. 어느 날 이 부부는 가사 분담 문제로 잦은 다툼을 했고 그 결과 화해를 하기 위해 조용한 이 깊은 암자까지 왔네. 이때 두 사람이 털어놓은 이야기에서 아내는 남편이 자신을 배려하지 않는다고 느꼈고, 남편은 잔소리와 비난으로 받아들였지. 해결 과정에서 두 사람은 서로의 감정을 먼저 표현했네. 아내는 "혼자 책임지는 느낌이 들어서

지쳤다"라고 말했고, 남편은 "무능하다는 평가처럼 느껴
져 방어적으로 됐다"라고 털어놓았네. 이것으로 해서 서
로가 잘못 해석하여 왜곡한 부분이 해결되었고 무엇을
원하는지 이해하게 되었지. 일단 화해를 하고, 이후 구체
적인 역할 분담표를 만들고, 정기적으로 대화를 나누며
갈등이 크게 줄었다고 했네.

청 년   솔직한 자기표현, 해결하고자 하는 의지, 행복해지고자
하는 마음이 결국 갈등의 해결로 가는 지름길이네요.

청년은 인간관계 갈등에 대해 다음과 같이 정리하였다. 갈등의 원
만한 해결은 성숙한 인간관계로 가는 길이다. 갈등을 피하지 않는
다는 것은 단순히 맞서 싸우는 태도가 아니다. 오히려 관계를 진정
으로 지키려는 용기이자 성숙의 표현이다. 갈등은 사람을 성장시키
고, 관계를 깊게 만든다. 문제를 회피하지 않고 직면할 때, 비로소
우리는 서로를 있는 그대로 이해하고 존중할 수 있다. 따라서 인간
관계에서 '갈등을 피하지 않는다'라는 것은 불편함을 감수하는 용기
이자, 진정한 소통을 향한 첫걸음이다. 겉보기의 평화보다 솔직한
대화가, 회피보다 직면이, 감정 억제보다 진심의 표현이 관계를 건강
하게 만든다. 진정한 평화는 갈등의 부재가 아니라, 갈등을 넘어선
이해와 신뢰 속에서 탄생한다.

평범한 일상의 생활이 행복임을 깨달아라

선지자 앞에서 하버드대학의 70년 보고서에 잠시 언급했듯이 우리의 행복은 특별한 것에 있지 않다는 것이네. 아침 인사 한마디, 따뜻한 차 한잔, 아침에 일어나 멀리 보이는 하얀 구름과 울긋불긋한 단풍 나뭇가지의 아름다움 등 이 모든 것에 감사하는 마음이 생기면 이것이 곧 행복이라고 했네.

청 년 하지만 아직 자라는 아이가 있고 돈을 벌어야 하는 저는 많은 돈을 벌고 싶습니다. 그래야 행복할 것 같거든요.

선지자 아직 젊은 자네에게는 그렇겠지. 직장에 나가 일하기에 바쁘고 피곤해 지쳐 쉬는 날은 하루 종일 잠만 자고 싶겠지. 나도 그랬네. 하루 24시간이 모자라게 일만 했네. 토요일도 없고, 일요일도 없었네. 오직 일뿐이었네. 행복이네 뭐네 하는 것은 사치에 지나지 않았네. 그렇다고 후회하는 것은 아니네. 다만 지금 생각해 보면 행복한 일상이 있는데 행복하다고 깨닫지는 못했지. 그래서 이번 주제는 '평범한 일상의 생활이 행복임을 깨닫는 것"을 이야기하고자 하네.

청 년 사실 저도 마찬가지입니다. 앞에서도 말씀드렸다시피 지금이 행복하다는 느낌이 들었던 적이 없거든요.

선지자 그렇겠지. 그렇지만 알 것일세. 행복은 멀리 있지 않다는 것을. 많은 사람이 행복을 특별한 사건이나 성취에서 찾으려 하네. 꿈에 그리던 직장, 원하는 사람과의 사랑, 혹은 여행지에서의 멋진 순간 등 비일상의 경험이 행복이라고 믿고 있지. 그러나 이런 특별한 순간은 인생 전체에서 매우 짧고 드물게 일어나네. 인생 대부분의 시간은 평범한 일상으로 채워져 있네. 그렇기에 일상의 가치를 깨닫지 못한 사람은 결국 평생 행복을 놓치며 살아가네. 진정한 행복은 드라마틱한 순간이 아니라, 반복되는 일상에서 찾는 사람이네.

청 년 평범한 일상에서 행복을 찾아야 하는 이유가 특별한 날보다 일상적인 날이 많다는 이유 때문인가요?

선지자 평범한 일상이 행복임을 깨달아야 하는 이유로는 앞에서도 언급했듯이, 첫째, 일상은 삶의 대부분을 이루는 '현실의 토대'이기 때문이네. 우리는 매일 아침 눈을 뜨고, 식사하며, 일하고, 대화를 나누는 반복 속에서 살고 있네. 이 일상이 불행하게 느껴진다면, 인생의 대부분이 불행해지는 것과 같네. 반대로 일상에서 의미를 발견하면, 우리의 인생 전체가 안정과 평온, 행복으로 채워진다는 것이지. 결국 일상은 행복의 근본적인 터전인 것이네. 둘째, 평범함 속에는 지속 가능한 행복이 존재한다는 것이네. 크고 화려한 성취나 특별한 사건은 강렬하지만, 그만큼 쉽게 사라지네. 그러나 매일의 소소한 기쁨 즉 따뜻한 커피 한 잔, 가족과의 저녁 식사, 친구와의 웃음은 반복될수록 행복의 깊이를 더하게 하네. 순간적인 쾌락보다 일상의 소박한 만족이 더 오래 지속되는 이유가 여기에 있네. 셋째, 일상의 행복은 감사와 연결되어 있다는 것이네. 감사는 행복의 가장 강력한 원천이지. 우리가 당연하게 여겼던 평범한 것들 즉 건강, 집, 사람, 햇살을 감사의 시선으로 바라보는 순간, 그 일상은 더 이상 평범하지 않네. 감사할 줄 아는 사람은 환경의 변화에 흔들리지 않고, 스스로 행복을 만들어갈 수 있는 능력이 있는 사람들이지.

청 년 '평범한 속에 행복이 존재한다'라는 것은 일상의 소박한 행복이 더 오래가고, 더 효과적인 행복감을 느끼는 요인이 된다 이 말이네요. 사실, 저는 마시고 있는 맑은 공기와 깨끗한 물, 자연이 보여주는 사계절의 아름다움 같은 것에 한 번도 감사하다는 생각을 해보지 못했습니다. 누군가 보여주는 작은 배려, 아침에 마시는 따뜻한 차 한 잔, 이른 봄 이슬방울을 대롱대롱 달고 있는 가냘픈 꽃잎을 보며 감동하거나 아름답다고 생각해 본 적이 없거든요. 정말 행복한 순간이었다고 하는 느낌을 느껴 보지 못했습니다. 그냥 주어진 것 아닌가요?

선지자 현대 사회는 끊임없이 '비교'와 '성과'를 강조하네. 그 결과, 사람들은 평범한 자신을 실패자로 여기고, 일상적 삶을 하찮게 느끼게 되네. 이러한 태도가 지속되면 다음과 같은 여러 문제를 초래하게 되네. 첫 번째는 끝없는 결핍감이네. 타인의 성공이나 화려한 삶을 기준으로 삼으면, 자신이 가진 것에 만족하지 못하게 되지. 그 결과 '더 많은 것'을 쫓는 동안 현재의 행복은 사라지네. 두 번째는 심리적 불안과 번아웃이네. 끊임없이 특별함을 추구하다 보면 피로와 공허함이 쌓이게 되네. SNS에 올라온 타인의 일상을 부러워하면서, 자신의 평범한 삶은 초라하게 생각하고 그렇게 느끼는 것이지. 세 번째는 관계의 단절이 생기네. 특별한 행복만 추구하는 사람은 현재 곁에 있는 사람들의 가치를 놓치게 되네. 가족, 친구, 동료와의 평범한 대화 속에 담긴 따뜻함을 느끼지 못하게 되는 거지. 결국 '평범함의 부정'은 행복의 문을 스스로 닫는 행위가 되어버리지. 행복은 부족해서가 아니라, 이미 있는 것을 보지 못해서 생기는 착각이라고 말할 수도 있네.

청 년 저 같은 경우 매일매일 비교당하고 성과에 대한 결과를 평가받아야 하는 직장인입니다. 보험 판매업이 다 그렇듯이 말입니다. 때로는 심리적 불안, 아무리 해도 안된다는 절망감, 이따금 느끼는 어떤 한계에 부딪칠 때는 번아웃 현상을 겪습니다. 일상의 행복을 느낄 수 있는 여유가 전혀 없습니다.

선지자 그럴 때는 자네의 생물학적 몸이 자네에게 신호를 보내는 것이네. "주의하라, 관심을 가져라" 같은 경고를 자네에게 보내는 것이지. 그 경고를 무시하거나 가볍게 넘겨버리면 방금 말한 문제점으로 되어버리네. 그래서 알아차려야 하네. 그리고 무엇이 문제인지, 어떻게 할 것인지를 찾아서 해야 하네.

청 년 그러면 평범한 일상에서 행복을 깨닫는 방법은 어떤 것이 있나요?

선지자 가장 효과가 있고 많이 사용하는 방법으로 첫째는 '감사

일기 쓰기'네. 하루를 마무리하며 감사한 일을 세 가지씩 기록해 보게. 아주 사소한 일이라도 괜찮네. '오늘 날씨가 좋았다', '동료가 웃으며 인사했다', '따뜻한 밥을 먹었다' 이런 일들이 행복의 씨앗이 되네. 꾸준히 기록하면 시야가 자연스레 긍정적 생각으로 바뀌게 되네. 평범한 것, 당연하다고 생각했던 것, 약간이라도 기분이 좋았던 것 등 아주 작은 것을 시작으로 매일매일 적어보게. 두 번째는 '비교 대신 관찰하기'네. 남과의 비교를 멈추고, 자신이 가진 것들을 관찰해보게. 내 삶의 리듬, 나를 지탱해 주는 사람들, 익숙한 공간들을 있는 그대로 바라볼 때 마음의 안정이 찾아온 다네. 관찰은 일상에 대한 '존재의 자각'을 불러오네. 내가 갖고 있는 소유물, 가족, 형제, 친구들 등 생각보다 많이 가지고 있음을 알 수 있네. 남들과 비교하지 말게. 남이 가지고 있는 것과 내가 가지고 있는 것을 비교하지 말게. 비교는 가장 빨리 자기를 불행의 늪으로 빠지게 하는 도구네. 마음속으로 비교는 악마라고 새겨 넣게. 그 악마에게 유혹되지 않는다고 결심해야 하네.

청　년　감사일기는 그래도 가능할 것으로 생각되네요. 하지만 현대 사회에서 비교하지 않고는 살아갈 수 없는 구조가 아닌가요?

선지자　비교를 내 부족함을 개발하기 위한 기준으로 삼는다면 이것은 성장으로 이어지는 좋은 것이겠지만 비교의 결과를 '결핍'으로 느낀다면 이것은 방금 말한 악마라고 할 수 있겠지. 따라서 지금 말한 "비교하지 마라"는 그 '결핍'으로 느끼는 것을 말하네.

청 년 긍정적인 사고방식을 갖고 있는 사람은 실천하기가 쉽겠네요. 하지만 비교를 습관처럼 하는 현대인에게는 무척 어려운 과제가 되겠네요.

선지자 그렇게 생각할 수도 있지. 하지만 행복은 노력하지 않으면 찾을 수 없네. 핑계 없는 무덤이 없는 것처럼 하기 싫으면 어떻게든 합리화하는 것이 인간이기 때문이네. 세 번째는 '매일매일의 루틴 속에서 의미를 찾기'네. 방법은 간단하네. 매일 반복되는 일에도 긍정적 의미를 부여해 보게. 예를 들어, 출근길을 단순한 이동이 아닌 '하루를 준비하는 시간'으로, 식사를 '나를 돌보는 행위'로 바라볼 수 있네. 고객을 만나는 것도 자네가 이익을 얻기 위해서라기보다 좋은 인간관계를 맺는 것으로 생각하면 이 모든 행동은 긍정적 의미를 실천하는 것으로 되네. 의미를 찾는 순간 일상은 더 이상 단조롭지 않게 되네. 또 하나 실천방법으로 디지털 디톡스 실천하기네. SNS와 과도한 정보는 비교와 결핍을 자극하네. 일정 시간 휴대폰을 멀리 두고 자연 속을 걷거나 사람과 직접 대화하는 시간을 늘리면, 현실의 소중함이 회복되네. 그리고 꼭 권장하고 싶은 것은 이미 '수용' 부분에서 말했듯이 마음 챙김(Mindfulness) 훈련이네. 현재 순간에 집중하는 명상이나 호흡법은 일상 속 만족감을 높여주네. 지금 이 순간의 감각 즉 소리, 향기, 온도에 집중할 때, 우리는 비로소 '살아있음의 행복'을 느낄 수 있네.

청 년 선생님은 일상에서의 행복을 위해 실천하고 있는 것이 무엇인가요?

선지자 나는 매일매일 시간이 있을 때마다 '마음 챙김'훈련을 하네. 때로는 업무 시작하기 전 5분 동안 명상호흡을 하네. 그리고 무엇이든 긍정적 의미를 붙이는 습관을 들이고 있네. 알아차림이 되면 이것이 가능하네. 내 마음을 내가 쥐고 내가 가고자 하는 방향으로 내 마음을 이끌어 가는 거지. 마음이란 놈은 가만히 놓아두면 본능대로 생존적 감정대로 하라고 충동질해 버리고 제멋대로 행동하게 하네.

청 년 선생님의 말씀처럼 인생의 대부분이 평범한 일상으로 채워 있습니다. 일상의 평범함 속에 행복이 있고 삶의 의미가 있다는 것을 발견한다면 일생동안 많은 행복을 누리고 있는 것과 같은 것이겠지요. 새삼 행복이란 특별한 사건만이 아님을 깨달았습니다.

행복은 성취의 결과가 아니라 '태도의 선택'이다. 평범한 일상을 당연하게 여기면 그것은 지루함이 되지만, 감사의 눈으로 바라보면 그것은 기적이 된다. 우리는 종종 '무엇인가 더 있어야 행복하다'라고 믿지만, 사실 행복은 이미 우리 곁에 있다. 가족의 웃음, 건강한 몸, 평온한 하루의 끝, 이 모든 것이 특별한 선물이다. 따라서 "평범한 일상의 생활이 행복임을 깨닫는 것"은 인생의 지혜이자 마음의 평화로 가는 길이다. 삶의 특별함은 사건이 아니라 그것을 보는 시선에서 비롯된다. 평범함을 사랑할 줄 아는 사람만이, 진정으로 행복한 사람이다.

일상의 소소한 기쁨과 삶을 음미하라

선지자 이번 주제는 앞부분 '평범한 일상의 생활이 행복이다'와 연결되는 주제네. 구체적인 실행 방법으로 보면 되네.

청 년 기대가 되네요. 어떤 내용인가요?

선지자 '일상생활에서 기쁨과 행복을 찾는다'라는 주제에서 그 이유, 목적을 설명했다면 이번에는 구체적인 사례와 내용에 관한 것이네. 감사와 더불어 키워야 할 또 다른 마음의 근력은 '음미'네. 음미는 '삶의 좋은 것들을 발견하고 집중해 향유하는 능력'이라고 정의할 수 있네. 삶에서 좋은 것들을 발견하고 그것을 긍정적인 자원으로 가져오려면, 발견하고 알아차리고 감사하는 데서 끝나지 않고 기분 좋게 누리고 즐기는 향유의 단계까지 나아가야 하네. 이것을 실천하는 방법은 작은 기쁨부터 시작하는 것이 중요하네. 즉 일상에서 발견할 수 있는 소소한 기쁨과 행복을 놓치지 않고 즐기는 것이지.

청 년 그러면 삶을 음미한다는 것은 어떤 가치가 있나요?

선지자 삶을 음미하며 살아가는 가장 큰 가치는 존재의 회복에 있네. 우리는 흔히 무엇을 이루었는지, 어떤 지위에 있는지로 자신을 평가하네. 그러나 삶을 음미하는 사람은 "나

는 지금 살아 있다"라는 사실 자체에서 가치를 발견한다
네. 아침 햇살, 한 끼 식사의 온기, 누군가와 나눈 짧은 대
화처럼 사소해 보이는 경험들이 삶을 구성하는 실질적인
내용임을 깨닫게 된다는 것이지. 이때 삶은 더 이상 미래
를 위해 희생해야 할 시간이 아니라, 지금 이 순간에도 충
분히 살아볼 만한 것이 되네. 또한 이러한 태도는 정서적
안정과 회복력을 키워주네. 삶을 즐길 줄 아는 사람은 고
통과 어려움이 사라진 삶을 사는 것이 아니라, 고통 속에
서도 삶의 결을 느낄 수 있는 사람이네. 힘든 상황에서도
작은 의미를 발견하고, 감정을 억누르기보다 인식하며 흘
려보낼 수 있지. 이는 불안과 우울을 줄이고, 삶에 대한
전반적인 만족도를 높이는 중요한 심리적 자원이 되네.
인간관계의 측면에서도 삶을 음미하는 태도는 깊은 영향
을 미치네. 타인과의 관계를 성과나 효용의 관점이 아니
라, 경험의 공유로 바라보게 되기 때문이지. 함께 웃고,
함께 침묵하며, 함께 시간을 보내는 것 자체가 관계의 본
질임을 이해하게 된다네. 이로 인해 관계는 더 깊어지고,
소외감과 고립감은 줄어드네.

청 년   삶을 음미한다는 것은 존재 자체에 대한 가치를 확실하게
느끼게 하는 것이네요. 그러면서도 삶의 질을 향상해 행
복감을 느끼게 하는 역할도 하는 것이고요. 그런데 음미
란 감동하거나, 감탄하는 것과 같은 말인가요?

선지자   감동과 감탄을 포함하여 마음 깊이 즐거움, 기쁨을 느끼
는 것까지 포함하네. 아침 출근길에 바닥에 떨어져 있는

노란 은행잎을 보고 그 샛노란 잎의 아름다움을 느껴보
는 것, 오랜만에 만난 가족과 만나 함께 즐기며 웃는 모
습을 사진으로 남겨 보는 것, 커피 파는 가게의 종업원이
짓는 아름다운 미소와 진한 커피 향 등 그렇게 좋았던 시
간을 음미하고 의미를 새기면서 "오늘도 즐거운 하루였다"
라고 말하는 것이네.

청　년　마음속으로 그 느낌을 음미하고 말로 표현하는 것까지
네요.

선지자　이때 자연스럽게 되면 좋겠지만 의식적이고 의도적으로
해야 하네. 작은 성취를 기뻐하고 축하할수록 뇌가 자극
받아 더욱 의욕이 높아진다고 하네. 삶을 음미하고 누리
기 위해서는 의식적인 노력이 필요하다고 했네. 누구라도
축하받을 일이 있으면 적극적으로 축하해 주게. '축하하
기'는 우리가 부정적 편향에서 벗어나는 데 실질적인 도
움을 준다고 하네. 자랑할 거리가 있으면 마음껏 자랑하
고 축하받을 일이 있으면 마음껏 축하받는 것. 동료에게
칭찬의 말을 건네는 것, 소원하던 유럽 여행을 떠나게 된
것도 자랑하게. 작은 성취라도 기뻐하고 축하하면 뇌에서
성공 호르몬이라고 알려진 도파민이 분비된다고 하네. 내
가 좋아하는 야구팀을 힘껏 응원해보고 승리하면 축하해
보게. 축하를 많이 할수록 뇌는 자극을 받고 성취감과 의
욕이 높아진다는 것이지.

청　년　선생님, 이렇게 하려면 일상에서 늘 깨어 있어야 가능하
지 않나요?

선지자 반복해서 말하지만, 의도적인 노력을 해야 하네. '행동하지 않으면 아무것도 얻을 수가 없다'라는 말이 있지 않은가? 의도적으로 실시하다 보면 언젠가는 자신도 모르게 습관화되네. 또한 삶에서 느끼는 모든 즐거움과 음미는 나의 내면을 풍요롭게 한다는 것을 알게 될 걸세.

청 년 의식적이고 의도적으로 하다 보면 뇌는 습관화되어 자동으로 반응한다는 것이네요. 효과적으로 삶을 음미하는 방법은 어떤 것이 있습니까?

선지자 삶을 음미하고 즐기기 위해 우리는 무엇을 실천할 수 있을까?. 다음에 말하는 네 가지인데 모두 이미 말한 내용과 대부분 동일하네. 첫째, 속도를 의식적으로 늦추는 연습이 필요하네. 모든 일을 빠르게 처리하려는 습관에서 벗어나, 일부러 천천히 걷고, 천천히 말하고, 천천히 먹어보는 것이네. 속도가 느려질수록 감각은 되살아나고, 우리는 삶의 세부를 인식할 수 있게 된다는 것이네. 둘째, 현재에 머무는 훈련이 중요하네. 과거에 대한 후회나 미래에 대한 불안은 삶을 '지금'에서 멀어지게 한다네. 호흡에 집중하거나, 지금 보고 듣고 느끼는 것을 의식적으로 인식하는 마음챙김의 태도는 삶을 음미하는 기본적인 방법이지. 이는 특별한 명상 시간이 아니라, 일상에서 충분히 실천할 수 있네. 셋째, 비교를 줄이고 자기 기준을 회복하는 것이 필요하다. 타인의 삶과 자신을 비교하는 순간, 삶은 감상의 대상이 아니라 평가의 대상이 되네. 삶을 즐긴다는 것은 남들과의 경쟁에서 이기는 것이 아니라, 나에게 의미 있는 삶의 리듬을 찾아가는 과정이네. 나만의 속도, 나만의 기쁨을 인정할 때 삶은 비로소 내 것이 되네. 넷째, 감정을 억압하지 않고 음미하는 태도가 중요하네. 기쁨뿐 아니라 슬픔, 외로움, 허무함 또한 삶의 일부로 받아들이는 것이지. 감정을 없애려하기보다 "지금 이런 감정을 느끼고 있구나"라고 알아차리는 순간, 감정은 삶을 파괴하는 적이 아니라 삶을 깊게만드는 요소가 되네. 마지막으로, 의미를 발견하려는 질문을 습관화하는 것이 필요하네. "이 순간이 나에게무엇을 말해주는가", "이 경험을 통해 무엇을 배우고 있는가"와 같은 질문은 삶을 단순한 반복이 아닌 서사로 만드네. 삶을 음미하는 사람은 거창한 사건보다, 반복되는 일상에서 의미를 길어 올린다는 것이네.

청 년 위에서 말씀하신 다섯 가지는 지금까지 여러 부분에서 나온 실행 방법과 유사하네요. 요점은 삶의 속도를 의식적으로 늦추고, 현재에 머무르는 훈련, 남과의 비교를 줄이고, 감정을 음미하며, 의미를 발견하려는 습관을 들이라는 것이네요. 여기서 마지막 '의미를 발견하려는 질문'에서 그 답이 '지금 하고 있는 이것으로 나는 충분히 행복하다'라는 것인가요?

선지자 스스로 지향하는 가치와 일치시키고, 일상의 이런 작은 행동이 나에게 의미가 있다는 것을 의도적으로 뇌에 각인하는 것이네. 습관화되어 뇌의 각성 빈도가 많아지면 결과적으로 행복한 시간이 많이 늘어나는 것이네.

청 년 결과적으로 삶의 목표가 행복인 것처럼 행복한 시간이 많아진다는 것이네요.

선지자 그렇네. 이번의 주제 '기쁨과 삶을 음미하라'는 인간의 존재감을 실감하는 훈련이네. '살아 있다', '삶은 의미 있다'와 같은 것을 느끼고 실감하고, 그것을 통해 행복감을 더 크게 하는 것이네. 다음의 주제는 '수용하고 감사하라'에 대한 대화네. 이 주제 또한 '기쁨과 삶을 음미하라'라는 주제와 연결되는 주제네.

청 년 이것도 행복을 실감하는 것과 관련이 있는 것 같네요.

모든 것을 수용하고 감사하라

선지자 지금까지 자네와 나는 '수용'에 대해 많은 대화를 하였네. 이것이 삶의 목표인 행복과 연결이 되어 성숙한 단계로 될 때, 최종적으로 감사하는 마음으로 표현이 되네.

청 년 수용의 완성 단계네요.

선지자 그렇네. 현대 사회에서 많은 사람들은 끊임없는 경쟁, 비교, 불확실성 속에서 살아가네. 이러한 환경은 통제할 수 없는 현실에 대한 저항과 불만을 키우고, 결국 마음의 불안과 소진으로 이어지기 쉽네. 이때 삶을 보다 평온하고 의미 있게 만드는 핵심 태도 중 하나가 바로 수용(acceptance)과 감사(gratitude)네. 수용은 현실을 있는 그대로 인정하는 태도이며, 감사는 그 현실 속에서 의미와 가치를 발견하는 마음의 자세를 말하네. 이 두 가지는 단순한 긍정 사고가 아니라, 의식적인 훈련과 실천을 통해 길러질 수 있는 삶의 능력이라고 말할 수 있네.

청 년 수용은 현실의 인정이고 감사는 현실 속에서 의미와 가치를 발견하는 것이네요.

선지자 수용한다는 것에 대해서는 앞에서도 여러 번 언급했네. 여기서는 간단하게 정리만 하겠네.

청 년 선생님의 말씀은 "일상에서의 느끼는 모든 감정에 대해 긍정적이고 수용적으로 받아들이는 것을 생활화해야 한다. 존재하는 모든 것에 감사해야 한다"라고 말씀하셨는데 실제로는 이런 수용이 감사하는 마음으로 어떻게 성숙되고 습관화하는지에 대해 실천 방법을 말씀해 주세요.

선지자 의식적인 노력, 알아차림 훈련밖에 없네. 생각과 감정은 마음 즉 무의식에서 생겨나네, 이 마음은 밖에 있는 대상과 접촉하면 반응이 생기는데 이 반응은 여섯 가지 감각 기관(눈, 귀, 코, 혀, 신체접촉, 습관)을 통해 들어오는 정보를 분석하고 판단한 후에 반응이 생기지. 결국 알아차림이란 마음이 정보를 어떻게 분석하고 판단하는지를 알아차리는 것이네. 앞에서도 말했듯이 의식이 이 짧은 시간에 알아차리기는 거의 불가능하지. 따라서 '관찰하는 자아'가 알아차릴 수 있도록 반복해서 훈련하는 방법이 가장 효과적이네. 훈련만 하면 누구라도 가능하다고 말하지 않았나.

청 년 행동이 심리를 변화시킨다는 것도 말씀하셨는데 이것도
수용에 효과적이라고 말씀하셨습니다.

선지자 그렇네. 최근 행동 심리학이란 것이 체계화되어 다른 방
법도 효과가 있다는 것이 과학적으로 증명되었네. 이 원
리는 인간의 심리 변화를 생각-반응-행동의 순서로만 이
루어지는 것이 아니라, 행동이 심리적 변화를 일으킨다는
것이네. 즉 긍정적인 행동을 반복하면 그 행동의 영향을
받아 마음이 긍정적으로 변화한다는 의미지. 수용의 언
어라는 것이 있네. 즉 수용의 말을 반복하면 마음도 수용
의 심리, 긍정적인 마음으로 변화한다는 거지

청 년 결과적으로 긍정적 수용의 언어를 반복해서 사용하면 마
음이 바뀐다는 것이네요.

선지자 그렇네. 수용의 언어 '그럴 수 있지'와 부정의 언어 '절대
안 돼'가 있네. 수용을 잘하기 위한 또 하나의 효과적인
방법은 '수용 언어'를 일상적으로 사용하는 것이네. "괜찮
아, 그럴 수 있어, 큰일 아니야, 별일 아니야, 이번에 또 배
웠다, 또 가르쳐주는구나, 이것이 나일 수 있어, 지나가겠
지, 그 사람 입장에서는 그렇겠구나" 등의 말을 자주 되뇌
는 것이지. 그러나 사실 우리 삶은 외부 비판자보다 내부
의 비판자 때문에 힘들어지지. 비판을 듣는 것도 힘든데,
이 내부 비판자는 그리 친절하지도 않네. "절대 안 돼. 바
보야, 너 따위가 뭘 잘하겠어. 또 그럴 줄 알았지. 네가 하
는 일이 다 그렇지 뭐" 등의 말은 수용을 거절하는 말이
네. 수용을 방해하고 못 하게 하는 이유이기도 하네. 이

런 말을 자주 사용하는 사람은 자존감이 상대적으로 낮거나 심한 열등감으로 존재감을 느끼지 못하는 사람들이네. 세상은 자네가 살아 있는 한 큰일은 없네. 오직 그 일을 통해서 배워나갈 뿐이지. 그동안 힘들게 살아온 자신에게 항상 이렇게 말해 보게. "괜찮아, 별일 아니야, 그럴 수 있어." 그리고 이 세상의 모든 것에 감사하는 마음을 내 보게. 세상이 다르게 보일 것이네.

청　년　듣기만 해도 마음이 안정되는 느낌이네요. 또 다른 방법이 있나요?

선지자　조금 전에도 말했듯이 일상의 생활에서 감사를 표현하고 수용을 생활화하는 습관이 필요하네. 일상의 경험에서 긍정적인 것을 체험하고 세상에 있는 모든 존재에게 감사하는 것. 이것은 행복으로 가는 지름길이기도 하네. 이게 수용이 주는 행복이네.

청　년　그러면 감사하는 마음은 어떻게 습관화하고 생활화할 수 있나요? 조금 전 선생님께서 감사는 그 현실 속에서 의미와 가치를 발견하는 마음의 자세라고 하셨거든요.

선지자　그렇네. 현실 속에서 의미와 가치를 찾는 것이 '감사'라고 할 수 있네. 긍정적인 경험을 늘리고 행복한 삶을 위해서는 일상에서 주어진 좋은 것들을 발견하고 감사하는 마음을 가져야 하네. 감사란 '자신에게 주어진 긍정적인 경험과 결과들에서 다른 행위자가 베푼 선의를 알아차리고 긍정적인 감정으로 반응하는 일반화된 경향성'이라고도 말할 수 있네. 즉 일단 좋은 것을 경험하고 있다는 것을 알아차린 다음 그것이 남의 도움으로 있게 된 것이라고 생각한 뒤, 좋은 감정으로 반응하는 것까지 진정한 감사하고 말할 수 있네. 누군가는 "나는 정말이지 감사할 만한 일이 하나도 없어, 범사에 감사하라는 것은 도덕군자들한테나 해당하는 것이 아니야"라고 반문할지도 모르네.

청　년　그런데 선생님의 말씀처럼 쉽게 감사하는 마음이 들지 않는 이유는 무엇인가요?

선지자　기본적으로 인간은 주어진 것들이 아닌 갖지 못한 것들에 더 집중하기 때문에 이미 가진 것들에 대한 만족감과 감사하는 마음보다 갖지 못하고 이루지 못한 것에 대한 결핍감을 더 크게 느끼는 존재네. 그래서 진정한 감사는 내가 가진 모든 것이 그냥 쉽게 얻어진 것이 아닌, 무언가 엄청나고 대단한 특혜의 집합체라는 것을 깨달을 때 이루어지네. 존재하는 모든 것은 주어진 것이며 선물이라는 점을 깨닫고 감사를 표하고 싶을 때 감사의 생각이 일어나지. 따라서 자신의 모든 경험에서 의미와 가치를 발견하고 알아차리는 의식적인 노력이 뒤따라야 하네.

청　년　'모든 것이 주어진 것이고 선물이라는 것', '내가 누리고 있는 이 모든 것은 특혜'라는 것을 의식적으로 알아차린다는 말씀은 내 혼자가 아닌 누군가의 도움으로 내가 존재한다는 것을 의식적으로 알아차리고 인정이 있어야 한다는 말씀이네요.

선지자　생각해 보면 세상에는 오로지 내 능력으로 할 수 있는 일이 거의 없지. 조물주의 힘이든 자연의 능력이든 우리 능력 밖의 신묘한 과정을 통해서 벌어지는 일이 대부분일세. 우리가 숨 쉬는 공기, 먹는 물, 이것을 삼키는 입, 소화기관까지 내가 나일 수 있게, 생존하게 하는 무수한 것들의 도움이 없으면 내가 존재할 수가 없네. '나는 내가 아닌 다른 것에 의해 내가 된다'라는 것을 잊지 말라는 뜻이지. 감사 편지쓰기 같은 것도 실제로 긍정적인 수용을 키우는 데 도움이 되네. 한 번쯤 아무 이유 없이 감사 편지를 써보게.

청　년　그러면 감사하는 마음을 갖기 위한 구체적인 훈련 방법을 말씀해 주세요.

선지자　감사의 마음은 첫째, 이미 가진 것에 주의를 돌리는 인식의 전환에서 시작되네. 인간의 뇌는 생존을 위해 결핍과 위험에 더 민감하게 반응하도록 설계되어 있네. 그 결과 우리는 자연스럽게 부족한 것, 잘되지 않은 일, 잃어버린 것에 집착하게 되네. 감사 훈련은 이러한 자동 반응을 의식적으로 전환하는 과정이네. 하루 중 작고 사소한 것이라도 "고마운 것 세 가지를 떠올리는 습관"은 삶을 바라보는 관점을 점진적으로 변화시킬 수 있네. 건강한 몸의 일부, 누군가의 친절한 말 한마디, 하루를 무사히 마친 사실 자체도 감사의 대상이 될 수 있다.

청　년　일상의 생활에서 감사할 것을 찾는 것이네요. 그것도 본능을 거부하고 의도적으로 말입니다.

선지자　그리고 두 번째, 감사는 비교를 멈출 때 깊어지네. 비교는 감사의 가장 큰 적이지. 타인과의 비교는 현재의 충분함을 상대적 결핍으로 바꾸어 버린 다네. 수용과 감사의 태도는 삶을 '경쟁의 장'이 아니라 '각자의 여정'으로 바라보게 만든다는 것이네. 나의 속도, 나의 환경, 나의 조건 속에서도 최선을 다해 살아온 자신을 인정할 때, 감사는 타인을 부러워하지 않는 마음의 안정으로 이어진다네. 세 번째, 감사를 생활 속에서 체화하기 위해서는 행동으로 표현하는 감사가 중요하네. 마음속으로 느끼는 감사는 표현될 때 더 강화된다네. 말로 "고맙습니다"라고 전하거나 짧은 메시지나 메모로 마음을 표현하는 행위는 관계를 따뜻하게 만들 뿐 아니라, 감사의 감정을 반복적으로 학습시키는 효과가 있지. 또한 봉사나 나눔의 경험은 자신이 받은 것들을 자연스럽게 인식하게 하고, 삶의 풍요로움을 실감하게 한다네.

청　년　저는 조금 전에 말씀하신 '감사의 편지나 메시지'를 보내려고 합니다.

선지자　좋은 방법이네. 습관화될 때까지 지속해 보게. 많은 변화가 있을 것일세. 마지막으로, 수용과 감사는 고통 속에서도 의미를 찾는 태도로 완성되네. 감사는 항상 긍정적인 상황에서만 가능한 것이 아니네. 어려움과 실패, 상실의 경험 속에서도 인간은 성장, 배움, 관계의 깊이라는 형태로 의미를 발견할 수 있지. "이 경험이 나에게 무엇을 가르쳤는가"라는 질문은 고통을 무의미한 불행에서 삶의 자산으로 전환하는 것이 되네. 이는 고통을 미화하는 것이 아니라, 고통에 삶의 방향성을 부여하는 성숙한 태도라고 말할 수 있네.

청　년　결론적으로, 수용과 감사는 타고나는 성향이 아니라 의
　　　　식적인 선택과 반복된 연습의 결과다, 현실을 있는 그대
　　　　로 인정하고 이미 주어진 것에 주의를 기울이며 감정을
　　　　판단 없이 바라보고 감사의 표현을 삶의 일부로 만들 때
　　　　인간은 점차 흔들리지 않는 내적 평온에 가까워진다, 이
　　　　러한 태도는 삶의 모든 문제를 사라지게 하지는 않지만
　　　　문제 속에서도 의미와 안정, 그리고 깊은 만족을 발견할
　　　　수 있는 힘을 길러 준다, 이 말씀이네요.

선지자　그렇네. 반복적인 연습의 결과네. 하지만 지속하는 것은
　　　　자네의 과제네. 만 시간의 법칙이란 것이 있네. 날짜로 계
　　　　산하면 3년쯤 되네. 이 기간 지속한다면 습관화된다는 이
　　　　론이지.

몰입하고 집중하라

선지자　지금 자네와 나는 행복에 관해서 대화하고 있네. 지금부
　　　　터 대화하는 것은 고차원적인 행복이네. 행복의 질이 상
　　　　당히 높다는 의미이지. 그리고 자네 스스로 상당한 노력
　　　　을 요구하네. 쉽게 도달할 수 있는 것이 아니라는 것이네.

청　년　어떤 행복을 말하나요?

선지자　행복은 몰입 속에서 최대로 피어난다는 것이네. 많은 사
　　　　람은 행복을 외부 조건에서 찾으려 한다고 했네. 더 나은

환경, 더 많은 돈, 더 높은 지위가 행복을 가져다줄 것이라 믿고 있지. 그러나 심리학자 미하이 칙센트미하이(Mihaly Csikszentmihalyi)는 전혀 다른 답을 제시했네. 그는 행복이 외부 환경이 아니라 '몰입(flow)'의 상태, 즉 한 가지 일에 완전히 집중하여 자아를 잊는 순간에서 최대로 성취된다고 말했네. 우리의 일상에서 몰입은 흔히 경험되는 평범한 순간 속에서도 일어나고 있네. 아이가 그림 그릴 때, 음악가가 연주할 때, 혹은 직장인이 업무에 온전히 빠져들 때, 이런 순간이야말로 인간이 가장 살아 있음을 느끼는 순간이지. 따라서 '몰입하고 집중하라'는 말은 행복의 본질에 대한 통찰이며, 삶의 질을 높이는 실천적 지혜라고 말하네.

청 년 왜 몰입이 행복의 질을 높이는 조건인가요? 특별한 이유가 있나요?

선지자 자네도 지금까지 어떤 일이나 상황에 깊이 빠져 시간 가는 줄 모르고 보낸 경험이 있었을 것일세. "벌써 시간이 3시간이나 지났어", "왜 이리 시간이 빨리 갔지" 등 시간이 생각했던 것보다 빠르게 지나갔다고 느꼈던 경험이 있었을 것일세. 몰입하고 있을 경우는 보통의 경험과 다르게 느끼게 되네. 몰입의 상태는 시간과 공간을 뛰어넘어 초월의 세계로 가기 때문에 가장 큰 만족으로 나타나네. 그 이유에 대해 세 가지로 설명할 수 있네. 첫째, 몰입은 자아를 해방시키기 때문이네. 몰입 상태에 들어가면 우리는 시간, 공간, 심지어 자신에 대한 의식마저 잊어버리네. 불필요한 걱정이나 불안이 사라지고, 오직 현재의 순간에만 존재하게 된 다네. 이는 현대인들이 끊임없는 비교와 불안 속에서 해방될 수 있는 유일한 순간이지. '지금 여기에 존재하는 경험'은 정신적 평온을 가져오고, 내면의 행복을 확장시켜주네. 둘째, 몰입은 성취감과 자기 효능감을 높이네. 집중해서 할일을 완성했을 때 느끼는 성취는 단순한 결과 이상의 의미를 갖는 다네. 그것은 "나는 할 수 있다"라는 자신감의 근원이 되네. 반복되는 몰입의 경험은 자기 신뢰를 강화하고, 이는 행복감을 지속적으로 높여주는 효과로 이어지네. 셋째, 몰입은 삶에 의미를 부여하네. 사람은 자신이 가치 있다고 느끼는 일에 몰입할 때 가장 큰 만족을 느낀다고 하네. 그 순간, 삶은 단순한 생존이 아니라 '의미 있는 존재로서의 삶'으로 바뀐다고 하네. 즉, 몰입은 단순한 집중이 아니라 인간이 삶의 이유를 체험하는 과정이라고 말할 수 있지.

청　년　몰입을 지금 하는 일에 대한 '집중'이라고도 말할 수 있나요?

선지자　집중의 상태가 이어질 때 '몰입한다'라고 말하네. 지금 하는 일에 대해 온 힘을 다해 혼을 바쳐 집중하고 있는 상태네. '몰입하고 집중하라'는 말은 행복의 조건은 단지 생산성을 높이기 위한 실용적 조언이 아니고, 그것은 내면의 성장과 정신적 완성을 향한 삶의 철학적 태도를 의미한다고 보면 되네.

청　년　스님이 화두를 잡고 참선할 때 몇 시간씩 가부좌를 틀고 앉아 있는 것도 같은 원리, 몰입을 위한 것인가요?

선지자 불교수행에서 '참선'은 몰입과 집중을 통해 아주 근원적인 진리를 찾는 다네. 서로 공통된 이유와 목적이 같다고 생각이 되네. 몰입의 목적은 내적 평화의 실현, 즉 몰입을 통해 외부의 혼란과 비교에서 벗어나 자신만의 평온을 찾는 것이고, 두 번째는 자기실현의 완성 즉 자신의 재능과 열정을 한 방향으로 모을 때 인간은 잠재력을 최대치로 발휘하게 되네. 세 번째는 의미 중심의 삶, 즉 단순히 '무엇을 이루는가'보다 '어떻게 살아가는가'에 집중하게 되며, 삶의 질적 깊이가 높아지네. 네 번째가 행복의 자율성 확보, 즉 몰입은 외부 환경에 의존하지 않는 행복을 가능하게 하네. 외부의 보상이 아닌, 행동 자체에서 즐거움을 얻는 것이 진정한 행복이지. 즉, 몰입은 인간이 스스로 행복을 만들어내는 가장 능동적이고 자율적인 방식인 것이지.

청 년 '외부환경에 의존하지 않고 행복하게 한다'라는 말씀은 그 자체로 행복과 희열을 느낄 수 있다는 의미인가요?

선지자 그렇네. 이 말은 불교에서 수행을 계속하여 '깨달음'이라는 것을 얻었을 때 스스로 느끼는 희열, 행복과 같은 의미네. 행복의 자율성이라고 표현했지만, 이 부분은 철학적으로 종교적으로 깊은 의미가 있어 별도 연구가 필요할 것일세.

청 년 문제는 몰입과 집중을 실천하는 구체적 방법인데 선생님이 추천하는 효과적인 방법은 무엇인가요?

선지자　몰입은 우연히 찾아오는 감정이 아니라 의식적인 훈련과 환경 조성으로 길러지는 능력이네. 또한 몰입은 의지로 버티는 것이 아니라, 환경·목표·난이도를 잘 설계했을 때 자연스럽게 찾아오는 상태네. 몰입을 실현하기 위한 구체적 방법으로, 첫째, 명확한 목표 설정이네. 몰입은 목표가 분명할 때 발생하네. 무엇을, 왜 하는지 분명히 알면 집중이 자연스럽게 유지되네. 크고 추상적인 목표보다는 구체적이고 실현할 수 있는 단위로 나누는 것이 포인트네. 예를 들면 "영어 공부를 열심히 하겠다"보다 "오늘 단어 20개를 완벽히 외운다"든가, "건강에 힘쓰겠다"보다 "오늘 운동장 다섯 바퀴를 돌겠다" 같은 구체적이고 실현할 수 있는 명확한 목표를 세우는 것이네. 둘째, 적정 난이도의 과제 선택이네. 과제가 너무 어렵거나 너무 쉬우면 몰입이 깨지네. 자신의 능력보다 약간 도전적인 수준이 가장 효과적이지. 이는 '도전과 능력의 균형' 원리로, 몰입을 지속시키는 핵심 조건이지. 셋째, 방해 요소 제거하기네. 몰입은 깊은 집중 상태에서 유지되네. 스마트폰 알림, 잡음, 불편한 환경은 집중을 방해하네. 일정 시간을 정해 외부 자극을 차단하고, 오롯이 한 가지 일에 몰두할 수 있는 공간을 만드는 것이네. 넷째, 시간의 흐름을 의식하지 말기네. 몰입 상태에서는 시간이 흐르는 것을 잊게 된다네. 이를 억지로 통제하려 하지 말고, 흐름(flow)을 자연스럽게 받아들이는 태도가 중요하네. '지금 이 순간'에 완전히 존재하겠다는 마음이 몰입의 문

을 열게 하네. 다섯째, 작은 성취를 즐기기네. 큰 결과
보다 과정 속의 작은 진전을 인식하고 스스로에게 보상하
게. 이는 몰입의 동력을 강화하고, 행동의 지속성을 높여
주네. 여섯째, 휴식과 회복의 리듬 유지네. 몰입은 에
너지를 많이 소모하는 상태이기 때문에, 일정한 휴식과
회복이 필수적이네. 적절한 휴식은 다시 몰입할 수 있는
힘을 만들어 주네.

청 년 요약하면 적절한 난이도를 선정하고 목표를 명확히 세운
다. 주위 환경의 방해요소를 제거하고 그 일에 집중하라.
그리고 일정 시간 휴식의 시간을 가져라, 이 말이네요.

선지자 잘 정리해 주었네. 중요한 것은 방금 말한 부분을 얼마
나 잘 설계하느냐지. 의지로 버티는 것이 아니라는 것이
네. 우선 일상생활에서 집중하고 실천하는 것을 권장하
고 싶네.

청 년 일생생활이면 어떤 것을 말하나요?

선지자 아침에 일어나 아침 식사할 때 보통 어떻게 하는가?

청 년 아이들 일어났는지 확인하고 휴대폰에 어떤 알림이 들
어 왔나 체크도 하고 때로는 TV를 보면서 아침 식사를
합니다.

선지자 아이들이 있으니까 어떻게 밤새 잘 잤는지 체크하거나 등
아침에 해야 할 것이 있을 것일세. 심하면 아침밥을 먹었
는지 안 먹었는지 알지 못할 정도로 바쁘게 출근할 때도
있겠지. 일상생활에서 몰입이란 '밥 먹을 때 먹는 것에 집
중하고 볼일볼 때 볼일보는 것에 집중한다'라는 의미네.

밥 먹을 때 씹는 느낌, 맛, 목에 넘어가는 느낌 등 온전히 그것에 집중하는 것이 몰입이네. 요즘 학생들은 휴대폰을 대부분 갖고 있더군. 그걸 걸을 때나 버스를 기다릴 때나 버스를 타고 있을 때나 그것만 쳐다보고 있더군. 몰입이란 지금 하고 있는 일상의 모든 행동을 그 행동의 목적에만 집중하는 것이네. 걸을 때는 걷는 발걸음 속도, 발에 느껴지는 감촉, 얼굴에 느껴지는 감촉, 들려오는 소리 등 '걷는다'의 행위에 집중하는 것이네. 일할 때는 그 일에 집중하는 것처럼 말일세. 운전할 때도 마찬가지네. 운전하면서 휴대폰을 사용하든가 음식물을 먹는다든가 하는 것은 운전에 방해가 되듯이 몰입의 입장에서도 좋지 않은 행동이지.

청　년　몰입과 집중이 안 되면 삶의 행복감도 떨어지는 건가요?

선지자　앞에서 말했듯이 자기 효능감, 성취감도 떨어지고 집중력도 떨어지네. 앞에 말한 휴대폰을 늘 끼고 있는 학생의 경우 집중력, 학교 성적이 좋다고 보장할 수 없네. 직장에서도 마찬가지네. 성과를 잘 낸다고 보장할 수가 없지. 행복감이 떨어져 있으니까 당연하지 않은가?

청　년　몰입과 집중이 실제 생활과 매우 관련이 있네요. 개선할 수 있는 부분도 많고요.

선지자　그렇네. 직장에서의 몰입에 대해 어떻게 실행하는지 예를 들어 설명해 보겠네. 자네는 직장인이라고 했지, 예를 들어 직장인용 간단 몰입 체크리스트를 만들어 보면 대략 아래 다섯 가지로 정할 수 있겠지.

- 오늘의 핵심 업무 1~2개가 정해졌는가? (목표 명확성)

- 업무가 구체적 행동 단위인가? (구체적인 실행 내용, 행동)

- 방해 요소를 제거했는가? (방해 요소 체크)

- 시간제한이 있는가? (시간 내 완성 가능성 체크)

- 결과물이 명확한가? (결과)

청　년　일상생활, 직장, 개인적인 취미 개발, 새로운 도전 등 모든 것에 위와 같은 형식으로 설계하면 되나요?

선지자　방법은 동일하네. 내용은 어떤 것이냐에 따라 다르겠지. 우리 모두 알게 모르게 조금씩은 실행하고 있네. 그러나 이 원리를 알고 체계적으로 훈련한다면 효과는 배가 될 것일세. 지금까지 말한'수용','변화', '행복'에 관한 주제에서 실천해야 할 것을 선정해서 실행할 때 활용하면 되네.

청　년　저는 일상생활에서의 몰입을 우선 실행하고 싶네요.

선지자　좋은 생각이네. 그러나 시작할 때 말했네. 이것은 스스로 상당한 노력이 필요하다고.

청년은 '몰입은 행복으로 가는 가장 확실한 길'로 정의하고 다음과 같이 정리했다.

행복은 외부에서 주어지는 보상이 아니라 내가 지금 이 순간 얼마나 온전히 살아 있느냐의 문제이다. 몰입은'현재의 순간에 완전히 존재하는 힘'을 길러준다. 그 속에서 우리는 불안과 비교, 허무에서 벗어나 진정한 만족을 경험한다. 즉'몰입하고 집중하라'는 말은 행복의 기술이자 삶의 철학이다. 한 가지 일에 몰두하는 사람은 결과뿐 아니라 과정에서도 기쁨을 느낀다. 이는 행복의 지속성을 가능하게 하는 가장 현실적이고 과학적인 방법이다. 결국 행복은 화려한 성취나 외부의 조건이 아니라, 자신의 삶에 온전히 참여하는 태도에서 비롯된다. 지금 이 순간 눈앞의 일에 마음을 다해 몰입할 때, 우리는 이미 행복의 한가운데에 서 있다.

자신의 강점에 최대한 집중하라

선지자 앞부분 주제에서 '몰입하고 집중하라'라는 주제였네. 그리고 몰입의 대상을 일상의 것들에 대한 몰입이었네.

청 년 그렇네요.

선지자 만약 자네가 진정으로 가치가 있고 의미가 있는 어떤 것을 하고자 한다면 자네는 거기에 시간과 돈을 투자하겠지. 그때 자네는 '그것을 잘할 수 있을까', '정말 하고 싶은 것일까'라는 의문이 생길 것이네. 이때 판단의 기준이 '자신의 강점'이라는 것이네. 가치 있고 의미 있는 그것이 자신의 강점과 연결이 된다면 틀림없이 성공으로 이어질 가능성이 높네. 그 일이 진행되는 동안 '몰입'의 상태로 진행될 가능성이 높기 때문이지.

청 년 어떤 일을 할 경우 가장 큰 성과나 효과를 낼 수 있는 방법은 자신의 강점과 그 일을 연계시킨다는 것이네요.

선지자 그렇네. 이번 대화는 '자신의 강점'과 관련된 '지혜'에 관한 대화네. 지혜란 사전적 의미로 보면 '사물의 이치를 빨리 깨닫고 사물을 정확하게 처리하는 정신적 능력'을 말하네. 앞부분 인간관계관리 부분에서 괴테가 말한 '인간은 봐 주는 대로 성장한다'라는 말의 의미와 같이 이번 부분은 자식을 키우는 부모, 학생을 가르치는 교사, 조직의 리더 등에게 꼭 필요한 지혜네. 따라서 이번 주제는 "자신의 강점에 최대한 집중하라"라는 주제네. 물론 자신에게 적용하는 것이 우선이겠지만 반대로 생각하면 타인을 지도하는 데 꼭 필요한 지혜지.

청 년 선생님이 말씀하신 '강점'이라는 것은 성격적 특성을 말하는 건가요?

선지자 성격적 특성도 포함되네. 포괄적인 의미로, 선천적으로 타고난 소질, 성격적 특성이 되겠지. 지금은 과거와는 달리 강점 중심의 사고가 필요한 시대네. 오늘날의 사회는 경쟁이 치열하고 변화 속도가 빠르네. 이러한 환경 속에서 모든 사람에게 요구되는 능력을 다 갖추기는 불가능하네. 그런데도 많은 사람들은 '약점을 보완해야 성공한다'라는 생각에 매달리고 있네. 그러나 최근의 인재 관리와 심리학 연구들은 자신의 강점을 발견하고 그 강점을 극대화하는 것이 훨씬 더 높은 성취와 만족을 가져온다고 말했네. 즉, 진정한 성장의 길은 부족한 부분을 억지로 메우는 것이 아니라, 잘하는 일을 더 깊게 파고드는 것이라는 의미이지. 어느 기업의 대표자가 내 사무실에 왔네. 그는 최근에 직원 한 명을 채용하였는데 인사담당자로

일하게 했다고 하네. 그런데 성격에서 너무 꼼꼼하게 남의 약점이나 결함, 부족한 부분을 잘 끄집어내 종업원 간에 알력이 심하다고 하면서 사직을 권고했다고 말했네. 그 말을 듣고 우리 회사로 보내 달라고 했지. 그래서 우리 회사에 왔는데 내가 품질 담당자로 지명했지. 그 성격이 품질 담당자로는 아주 적격이었네. 잘못된 부분을 귀신같이 찾아내는 강점이 있었지. 아주 철저하게 품질을 체크해 내는데 모두 혀를 찼지. 적성에 딱 맞는 보직인 셈이지.

청 년 강점이라는 것은 직업의 적성과도 관련이 있네요

선지자 많은 관련이 있네. 자네도 알고 있겠지만 기업공채 시험에서 필기고사 합격 후 면접시험이 있네. 이때 반드시 하는 것이 무엇인지 아는가? 적성검사라는 것을 하네. 이 사람의 강점이 무엇인지를 검사하는 것이네. 따라서 적성검사는 강점검사라고 보면 되네. 인간이 태어나서 자라고, 부모에게서 독립하여 직업이라는 것을 갖고 행복하게 살기를 원하네. 이때 그 사람의 직업과 적성이 그 사람의 행복에 크게 영향을 미치게 되네.

청 년 적성이나 강점은 가정환경이나 성장 과정에서 어떤 교육을 받았는지에 따라 변할 수도 있지 않나요?

선지자 그렇네. 어릴 때부터 피아노를 잘하는 부모 밑에서 자랐다면 피아노 치는 것을 무의식적으로 좋아할 수 있네. 가정환경이나 부모의 직업, 받은 교육의 영향에 따라 강점은 다를 수 있네.

청 년 어린 시절에는 자신의 강점이나 적성을 스스로 잘 알지 못하기 때문에 어떻게 해야 하나요?

선지자 대부분의 어린이는 나이가 어리기 때문에 자신의 강점을 잘 알지 못하네. 따라서 이때는 부모나 선생님의 예리한 관찰력과 지도가 필요하네. 어느 부분에 흥미있어 하는지, 어떤 것을 싫어하는지, 어떤 책을 보는지, 무엇에 집중하는지 등 주의 깊게 관찰하는 것이 필요하네.

청 년 그 보다 우선 왜 강점에 집중해야 하는가를 설명해 주세요.

선지자 자신의 강점에 집중해야 하는 이유는 많이 있네.

첫째, 강점은 개인의 에너지와 몰입을 끌어내네. 사람은 자신이 잘하는 일을 할 때 자연스럽게 흥미와 자신감을 느끼네. 심리학자 칙센트미하이(Csikszentmihalyi)의 '몰입(flow)' 개념처럼, 강점을 활용할 때 사람은 시간 가는 줄 모르고 최고의 퍼포먼스를 내지. 강점에 집중하면 노력의 효율이 극대화된다는 의미네.

둘째, 강점은 개인의 경쟁력을 만드네. 모든 사람은 각기 다른 재능과 성향을 보이고 있네. 남과 똑같이 약점을 보완하는 데 시간을 쓰면, 결국 평균적인 수준에 머무를 뿐이지. 반면 자신만의 강점을 발전시키면 다른 사람이 대체할 수 없는 고유한 가치가 생기네. 즉, 강점은 차별화의 기반인 셈이지.

셋째, 강점 중심의 삶은 자존감을 높여주네. 자신의 장점을 인식하고 이를 활용할 때 사람은 긍정적인 자기 이미지를 형성하네. 반대로 약점에만 집중하면 '나는 부족하다'라는 생각에 빠져 스스로를 과소평가하게 되지. 강점에 집중하는 것은 자신을 믿고 존중하는 태도이기도 하네.

청 년 결국 자기답게 인생을 성공적으로 사는 가장 효율적인 방법이다, 이 말이네요.

선지자 강점에 집중하라는 말의 목적은 단순히 '잘하는 일만 하라'는 의미가 아니네. 그것은 자신의 잠재력을 최대한 발휘해 삶의 의미와 성취를 극대화하라는 메시지인 셈이지. 위 세 가지 이유에 대한 구체적인 목적으로 첫째, 자기 효능감 강화네. '나는 할 수 있다'라는 신념을 강화하여 도전 의식을 높여주네. 둘째, 전문성 구축이네. 특정 영역에서 꾸준히 역량을 쌓아 장기적인 경력 경쟁력을 확보하게 하네. 세 번째, 삶의 방향성 확립이네. 자신이 잘하는 일을 중심으로 목표를 세우면 방향이 명확해지고, 불필요한 비교나 방황이 줄어든다네. 네 번째, 사회적 기여네. 개인의 강점은 조직과 사회에서도 긍정적인 성과를 창출하네. 각자의 강점이 조화될 때 공동체 전체의 효율이 높아진다는 의미지. 즉, 강점에 집중한다는 것은 자신의 가능성을 극대화해 개인과 사회 모두에게 가치를 창출하는 일이지.

청 년 문제는 앞에서 잠시 말씀드렸지만, 자신의 강점을 어떻게 찾느냐 아닌가요?

선지자 두 가지 측면으로 설명이 필요하네. 우선 어린이와 같이

아직 자신의 강점을 찾기가 어려운 상태에 있을 때 부모
나, 선생님, 또는 그룹의 리더가 찾아서 조언해 주는 것이
필요하네. 특히 엄마의 역할과 관찰이 매우 중요하지. 두
번째 성인이 되어서도 자신의 강점, 성격을 잘 알지 못하
는 사람이 많을 것일세. 스스로 무엇을 잘하는지 모르면
집중할 수도 없네. 이럴 경우 강점을 찾기 위해 성격 검사
나 주변의 피드백을 활용하고, 자신이 몰입하거나 성취감
을 느꼈던 경험을 돌아보고 스스로 찾아야 하네. 나는
자네에게 성격이나 적성 검사를 해보라고 권장하고 싶네.
결과적으로 자신의 강점을 명확히 인식하지 않으면 그만
큼 실패도 많을 것일세.

청 년 사실 저는 저의 강점이 무엇인지 명확히 알지 못합니다.
저는 어떤 일을 했을 때 행복하다, 재미있다 같은 느낌이
들었던 적이 없었습니다.

선지자 강점 찾기는 "생각해서 찾기'보다 '질문을 통해 드러나게
하는 것'이 더 효과적이네. 여기 인쇄물이 있네. 이 질문
들은 심리학·코칭 현장에서 실제로 많이 사용하는 자기
강점 발견 질문들이네. 천천히 적으면서 답해보면 패턴이
보이기 시작할 것일세. (청년은 선지자가 건네 준 프린트 인쇄
물을 받았다.)

강점 찾기 질문지

16개의 질문에 대해 천천히 적어가며 답해 보세요.

○ **자연스럽게 잘하는 것을 찾는 질문**(의식적 노력 없이 되는 것)

1. 남들은 힘들어하는데, 나는 비교적 쉽게 해내는 일은 무엇인가?

2. 설명하지 않아도 감으로 아는 영역은 무엇인가?

3. 연습을 많이 하지 않아도 평균 이상을 유지하는 능력은?

4. 누가 부탁할 때 '그건 내가 해줄게'라고 자연스럽게 나서는 일은?

※ 힌트: 강점은 보통 너무 당연해서 강점으로 인식하지 못하는 경우가 많습니다.

○ **에너지가 올라가는 순간을 묻는 질문**(강점은 에너지를 소모시키지 않음)

5. 시간 가는 줄 모르고 몰입했던 경험은 언제인가?

6. 하고 나서 피곤한데도 기분이 좋은 활동은 무엇인가?

7. 문제가 생기면 나도 모르게 먼저 떠오르는 해결 방식은?

※ 심리학적 관점: 강점은 에너지를 빼앗기보다 오히려 충전시켜 줍니다.

○ **타인의 반응을 통해 찾는 질문**(객관적 단서)

8. 사람들이 나에게 자주 요청하는 도움의 종류는?

9. "그건 네가 잘하지"라는 말을 들은 적은 언제였나?

10. 고마움을 가장 자주 표현 받는 이유는 무엇인가?

※ 중요 포인트: 강점은 타인이 먼저 알아보는 경우가 많습니다.

○ **어려움 속에서 드러난 강점을 묻는 질문**(역경은 강점을 드러낸다)

11. 힘든 상황에서 내가 끝까지 놓지 않았던 태도는?

12. 실패했지만 포기하지 않고 다시 시도했던 이유는?

- 위기 때 침착 → 정서 안정·판단력

- 혼란 속 정리 → 구조화 능력

- 사람 달래기 → 공감·소통 능력

○ **반복 패턴을 발견하는 질문(핵심)** (강점은 반복된다)

13. 인생 전반에서 반복되는 역할은 무엇인가?

14. 조정자/ 해결사 / 경청자 / 추진자 / 정리자 / 아이디어 제공자

15. 어디를 가든 비슷한 평가를 받는 특징은?

16. 직장·가정·친구 관계에서 공통으로 드러나는 나의 모습은?

※ 강점의 본질: 강점은 상황이 달라도 반복되는 '나만의 방식'입니다.

선지자　프린트에 적혀 있는 질문에 답해 보니 어느 정도 본인의 강점에 윤곽이 잡혔는가? 핵심은 강점은 새로 만드는 것이 아니라, 이미 쓰고 있는 것을 '자각하는 것'이네. 절대 피해야 할 착각으로 강점을 못 찾는 사람들의 공통적인 오해가 있네. 즉 "특별해야 강점이다", "남보다 뛰어나야 강점이다", "성과가 커야 강점이다"라는 것이네. 이것은 강점이 아니지. 실제로 강점은 지속 가능하고, 자연스럽고, 다시 쓰고 싶은 능력이지. 전체를 간단하게 정리하는 방법으로 위의 각 항목의 질문에 답한 뒤 아래 문장을 완성해 보게. "나는 ________ 상황에서, ________방식으로, 사람이나 문제에 도움을 준다." 예를 들어 "나는 혼란스러운 상황에서 구조를 잡아 정리해 준다", "나는 감정이 격해진 사람을 안정시키는 말을 자연스럽게 한다" 이 문장이 바로 당신의 핵심 강점이네.

청　년　그렇게 어려운 것이 아니네요.

선지자　그렇네. 약간만 시간을 내면 나의 강점을 찾을 수 있지.

청　년　찾았다면 그것을 자신의 생활에 적용하는 것이 필요하겠지요? 어떻게 적용하나요?

선지자　그렇네. 우선 방금 말한 자신의 강점을 명확히 해야 하네. 그다음에는 강점을 자신의 목표와 연결해야 하네. 단순히 잘하는 일을 반복하는 것이 아니라, 자신의 강점을 구체적인 목표와 연결해야 하네. 예를 들어, '소통 능력'이 강점이라면 이를 바탕으로 조직 내 조정자나 리더 역할을 수행할 수 있네. 또한 강점을 지속해서 개발해야 하네. 강점도 관리하지 않으면 퇴화하네. 꾸준한 학습과 훈련을 통해 자신의 능력을 한 단계씩 발전시켜야 하네. '타고난 재능'을 넘어 '단련된 실력'으로 만들어가는 것이 중요하네.

청 년 목표와 연결하고 지속해서 관리해야 유지된다는 것이네요.

선지자 그러나 강점에만 몰두하는 데도 주의해야 할 점이 있네. 지나친 강점중심주의는 강점만 추구하다 보면 기본적인 약점을 개선할 기회를 잃을 수 있네. 예를 들어, 뛰어난 기획력을 가진 사람이 소통 능력을 무시하면 협업이 어려워질 수 있지. 강점 영역에만 머물면 새로운 가능성을 시도하지 못하고, 변화하는 사회에서 필요한 유연성이 부족해질 수 있네. 자신의 강점을 과신하면 타인의 의견을 무시하거나 협력을 소홀히 하는 태도가 생길 수도 있지. 따라서 강점과 약점은 상호 보완적인 관계라는 것을 잊어서는 안 되네. 한쪽에만 치우치면 인간적 균형이 깨지고, 스트레스나 번아웃으로 이어질 수 있지. 따라서 강점에 집중하되, 그것이 전체적인 성장의 방해 요인이 되지 않도록 조절하는 지혜가 필요하네.

청 년 지나친 강점주의는 피해야 한다, 약점보완과 균형을 맞추어야 한다는 말씀이네요.

자신의 강점에 집중한다는 것은 자신의 본질을 이해하고, 그 가능성을 믿는 행위이다. 약점을 고치는 데만 매달리면 평생 '부족한 나'로 살지만, 강점을 키우면 '가능성 있는 나'로 살아갈 수 있다. 강점에 집중하는 사람은 스스로의 삶을 주도하고, 자신만의 방식으로 세상에 기여한다. 그러나 강점 중심의 사고는 '균형 잡힌 자기 이해'와 함께할 때 가장 건강하게 작동한다. 자신의 장점을 인식하되, 타인과의 협력 속에서 그 가치를 확장해야 한다. 결국 "자신의 강점에 최대한 집중하라"라는 말은 단순한 자기 계발의 조언이 아니라 자신의 고유한 길을 찾고 그 길을 깊이 걸어가라는 인생의 철학적 제안이며 행복으로 가는 길이다. 자신의 강점을 이해하고 발전시킬 때, 우리는 가장 자신다운 모습으로 세상과 만나게 된다.

칭찬하고 지지하는 삶을 살아라

선지자　지금 자네와 나는 행복에 관한 대화를 하고 있네. 존재 자체에 감사하고, 일상에서의 소소한 행복을 찾거나, 몰입하거나 자기의 강점에 집중하는 것은 행복감을 더 높이기 위한 방법이네. 하지만 행복은 인간관계에서 나오기 때문에 타인과 상대는 필수적이네. '수용'부분에서 말했듯이 '자기 수용' 후 반드시 '타자 수용'까지 되어야 진전한 수용이라고 말했네. 타자 수용의 핵심적인 결과가 '칭찬하고 지지하기'라네. 이것이 자연스럽게 되면 수용이 완성되었다고 생각할 수 있네.

청 년 인간은 왜 칭찬받으면 기분이 좋아지고 의욕이 생기나요?

선지자 의욕이 생기고 기분이 좋아지는 이유는 칭찬하고 지지하
는 삶의 핵심이 '있는 그대로 가치 있는 존재'로 바라보기
때문이네. 칭찬은 단순히 좋은 말을 하는 행위가 아니라,
"상대의 존재, 노력, 가치를 인정하는 행위"이고. 지지란
상대가 성장하려는 방향을 믿고 응원하는 심리적 기반을
제공하는 것이네. 따라서 당연히 감정적 지지이기 때문에
기분이 좋아지고 의욕이 치솟는 거지. 더구나 상대에 대
한 인정은 상대의 자존감을 높이고, 자기 효능감을 강화
하며, 행동을 긍정적 방향으로 바꾸어 주네. 즉, 칭찬하고
지지한다는 것은 단순한 말 한마디가 아니라 심리적 에너
지를 공급하는 행동이지. 즉 "서로를 빛나게 하는 삶"인
셈이지. 칭찬과 지지는 인간관계의 중심에 있는 '상호성의
법칙'과 맞닿아 있네. 내가 준 긍정은 결국 나에게 돌아오
는 심리적·사회적 유익성이 되어 되돌아오네.

청 년 서로를 더 빛나게 하는 심리적 에너지가 되네요. 왜 중요
한지 심리적 논리적 이유는 무엇인가요?

선지자 심리적 이유로 인간의 기본 욕구인 자기 유능감, 관계성
을 충족할 때 동기와 행복이 높아진다는 것이네. 나는 유
능하다고 인정받은 사람이다, 그 사람이 나를 지지해준다
고 느끼면 행복한 감정이 생긴다는 것이지.

청 년 인간의 기본 욕구가 충족되니까 심리적으로 자동으로 행
복감을 느끼게 된다는군요.

선지자 그렇네. 이 칭찬하는 행동이 관계를 강화하는 가장 간단

한 방법이지. 만약 자네가 처음 만난 사람인데 친하게 지내고 싶다면 적절한 상황에서 분위기에 맞는 가벼운 칭찬의 말을 하면 순식간에 가깝게 된다는 의미네. 칭찬 한마디는 관계를 개선하고 오해를 줄이며 신뢰를 강화하기도 하네. 말 한 번, 태도 한 번으로 관계의 분위기가 달라질 수 있네.

청 년 나에도 기분이 좋고, 관계가 더 좋아지겠지요.

선지자 긍정적 말은 전염성이 있어 긍정적 감정 상태로 만들고, 이것은 다시 긍정적 정서가 형성되어 문제 해결 능력, 협력적 행동, 창의성 등을 높여 준 다네. 이것은 상대뿐 아니라 '나'도 성장하는 계기가 되네.

청 년 칭찬하는 사람은 어떤 효과가 있나요?

선지자 타인을 칭찬하는 사람은 사고의 시야가 넓어지고, 감사 능력이 향상하며, 좋은 것을 발견하는 감각이 발달하네. 결국 칭찬은 상대를 위한 것처럼 보이지만 자기 성장의 도구이기도 하지.

청 년 칭찬하는 방법이나 원칙이 있나요?

선지자 있네. 두 가지를 명심하게. 첫째는 칭찬은 인성이나 성격 같은 것을 하는 게 아니라 '행위'를 칭찬해야 하네. 예를 들어 "너는 참 똑똑해"라고 하기보다는 "네가 이 문제를 포기하지 않고 계속 파고든 태도가 좋았어"라고 하면 성장을 촉진하는 칭찬이 되네. 그 행위를 칭찬해야 하네. 둘째는 칭찬의 3F 원칙을 가지고 해야 하네.

- **Fact(사실):** 실제로 본 행동을 말한다.

- **Feel(느낌):** 그 행동을 보며 내가 느낀 것을 말한다.

- **Future(미래):** 앞으로도 그 행동이 이어지길 바란다고 말한다.

예를 들어 "오늘 발표에서 자료를 명확히 정리한 걸 보고 놀랐어요(Fact). 듣는 사람이 이해하기 쉽더라고요(Feel). 앞으로 프로젝트에서도 이런 방식이면 좋겠어요(Future)."라고 하면 위에 말한 세 가지가 포함되네. 부모가 어린아이를 칭찬할 때도 마찬가지네. "네가 이렇게 도와주니 엄마가 정말 기분이 좋네, 다른 사람에게도 이렇게 도와주면 좋아할 거야" 또는 회사의 동료가 도와주었을 때 '너도 힘든데 이렇게 도와주니 내 기분이 너무 좋네, 너는 남을 배려하는 마음이 있어, 어디를 가나 인가가 있을 거야' 그 어떤 상황에서도 칭찬하려고 하면 찾을 수 있네.

청 년 칭찬할 때 주의해야 할 것도 있지 않나요?

선지자 과장된 칭찬이나 아부는 상대도 금방 알아차리네. 이것은 피해야 하네. 즉 사실 기반 + 구체적 칭찬 + 상대의 가치 인정, 이 세 가지가 들어가야 하네.

청 년 선생님이 말씀하신 지지란 것도 칭찬과 같이 중요하다고 했는데 이유가 무엇인가요?

선지자 먼저 지지는 "충고"가 아니라 상대의 감정과 선택을 존중하며 함께 서주는 것이라는 것을 이해해야 하네. 충고는 정보를 주지만, 지지는 관계와 용기를 주네. 추진동력을 공급하는 에너지를 보충하는 것과 같네. 칭찬과 마찬가지로 그 효과는 지지받는 사람과 지지하는 사람 모두에게 효과가 있네. 인간관계를 부드럽게 하고 행복감을 더 충만 시켜주네.

청 년 지지는 상황에 따라 다르게 적용되는데 상황별로 예를 들어 설명해 주세요.

선지자 지지는 3가지 차원으로 구분이 되는데, 상황과 환경에 따라 선택적으로 적용해야 하네. 첫째, 정서적 지지네. 보통 "나는 네 편이야"라는 말로 함축되는 말이지. 이것은 부부 사이, 가족 사이, 가까운 친구 사이, 함께 일하는 동료 사이에 꼭 필요한 것인데 자네가 꼭 실행해 봐야 할 것이네. 중요하다는 의미지. 예를 들어 부부 사이에서 아내가 "여보 오늘 정말 힘들었다, 하루 종일 쉬지도 못하고 서서 일했어"라고 했다면 남편이 보통 "그게 뭐 힘들어, 나는 며칠을 서서 일했는데"라고 한다면 아마 아침밥을 굶게 될 것이네. 정서적 지지란 그 사람의 심리적 상태를 인정하고 지지해 주는 것으로 보통 '공감한다'라는 것으로 이해하면 되네. "그래 많이 힘들었지 당신은 다리도 약한데 서서 일했다니 얼마나 힘들었겠어, 좀 주물러 줄까?"라고 하면 이것이 정서적 지지네. 아들이 학교를 마치고 학원으로 갔다가 밤늦게 집으로 녹초가 다 되어서 와서는 "엄마 너무 힘들어 잠자고 싶어"라고 했다면 보통은 "나는 학생 시절 때 밤 12시까지 공부하고, 숙제도 하고 했어, 뭐가 힘들어"라고 했다면 아이는 아마 절망에 빠져버릴 거네. 정서적 지지 표현으로 "그래, 힘들지? 요즘 공

부도 예전 같지 않아 무척 어렵던데 힘들지? 엄마가 맛있
는 것 만들어 줄까" 하면서 위로하고 숙제를 하게 하고 더
공부하게 해야 하네. 이런 것이 정서적 지지네. 또 다른
예로 문장을 만들면 이런 것들이 있네. "지금 많이 힘들
겠어요. 저는 당신 편이에요", "당신이 어떤 결정을 해도
믿고 따라갈게요", "당신의 기분을 무시하지 않아요."

청　년　또 다른 것은 무엇인가요?

선지자　둘째, 도구적 지지네. 이 말은 필요하면 돕는 행동을 말
하네. 어디에서도 쉽게 힘들게 무거운 짐을 들고 가거나,
운반하는 사람을 볼 수 있을 것이네. 가정에서도 회사에
서도 마찬가지지. 가벼운 도움에서 힘이 필요한 육체적
도움까지 많이 있을 수 있네. 특히 가족관계, 친구 관계
등 가까운 관계에서 이런 도움을 주면 큰 힘이 되겠지. 한
마디로 필요할 때 도와주기, 일정 나누어 하기, 정보 제공
하기, 동행·수반해주기(병원) 등이네. 셋째, 평가적 지지
네. 올바른 방향을 인지하게 돕는 피드백을 말하네. 경험
이나 지식을 통해 지속적으로 지지해 주는 거지. 이때 지
지의 핵심 태도는 판단 대신 공감, 솔루션보다 경청, 방향
제시보다 믿어주기, 완벽함 요구 대신 가능성 발견의 방향
으로 지지하는 것이네. 예를 들면 "이 방향은 정말 좋은
선택 같아요", "조금 느리더라도 당신의 속도로 가면 돼
요", "그 실패가 다음 성공의 자료가 될 거예요"라는 말이
네. 특히 평가적 지지는 경험과 정보를 지원하여 올바른
선택을 하도록 도와주는 것이네.

청　년　세 가지 모두 중요하지만 가장 많이 활용되는 것은 정서적 지지가 되겠네요.

선지자　가장 중요한 것이기도 하네.

청　년　칭찬과 지지를 잘하기 위해 제가 연습해야 할 부분은 어떤 것이 있나요?

선지자　칭찬과 지지는 마음만 먹어서는 안 되네. 잘하기 위한 노력과 훈련이 필요하네. 먼저 관찰하기를 연습해야 하네. 상대의 상황, 상태, 사실적 내용 등을 세심하게 관찰해야 하네. 다음으로 그것을 인정하고, 칭찬할 기회를 포착해야 하네. 그리고 앞에서 말한 3F 즉 세 가지 내용으로 구성해서 말해주면 되네. 칭찬과 지지를 습관적으로 할 수 있을 때까지 의식적으로 앞에서 말한 3F를 기억하여 지속적으로 노력해야 하네.

청　년　습관적으로 잘하기 위한 실천 방법은 없나요?

선지자　실천 기술이 따로 있지는 않네. 하지만 이렇게 실천해 보게. '하루 한 가지 칭찬하기' 계획을 세워 실천해 보게. 매일 1명에게 행동 기반에 따른 칭찬, 구체적 내용 칭찬, 마음을 담은 칭찬을 실천하겠다고 계획을 세워 실천해 보게. 필요하면 상황별 구체적 예시 문장을 만들어 보게. 예를 들어, "저 부분을 꼼꼼히 챙긴 점이 정말 좋았어요", "오늘 당신의 미소가 주변 분위기를 바꿨습니다", "그 결정을 내릴 때의 용기가 인상 깊었어요" 등. 문장을 만들어 그때그때 사용하면 습관이 될 것일세.

청　년　네, 그렇게 해 보겠습니다. 그런데 문제는 칭찬이나 지지하는 말을 못 하는 사람이 있지 않나요? 성격적으로도 안 되는 사람 같은 것 있지 않나요?

선지자　있네. 말하고 싶어도 안 되는 사람이 있네. 그런 사람은 먼저 자기 스스로에게 물어보게. "나는 칭찬을 잘하는 사람인가 아닌가"라고. '정말 칭찬하는 말을 하지 않는 사람이다'라고 답하면 이런 사람이 아닌가 생각해 보게. 매사를 부정적으로 해석하는 사람이 아닌가, 비교하고 질투심이 강한 사람이 아닌가. 나는 완벽주의자가 아닌가. 나는 타인의 감정을 잘 느끼지 못하는 사람이 아닌가. 아마 앞의 네 가지 중의 한 사람일 것일세.

청　년　그러면 어떻게 해야 하나요?

선지자　앞에서 대화한 수용과 변화 부분(제2장, 제3장)을 읽고 무엇을 바꿔야 하는지 스스로 자문해 보고 스스로 변화해야 하네. '애착' 부분에 문제가 있는 경우도 해당이 되네. 특별한 답은 없네.

칭찬하고 지지하는 삶이 가져오는 변화는 크다. 인간관계에서 긍정적 관계는 삶의 만족도를 50% 이상 결정한다는 연구도 있다. 남을 칭찬하고 지지하고 응원하는 사람은 자신을 응원할 줄 알게 된다. 칭찬과 지지는 긍정적 정서로 확산되며, 주변 환경 자체가 '따뜻한 분위기'로 바뀐다. 가정, 직장, 사회에서"말 한마디로 문화를 바꿀 수 있는 사람"이 된다. 칭찬하고 지지하는 삶은 인간관계의 수준을 높이고, 나와 타인을 성장시키는 가장 강력한 방법이다. 칭찬은 인정이고, 지지는 용기이며, 이 둘은 사람의 심리를 움직이고 삶을 변화시키는 힘을 갖는다. 이 삶을 실천하기 위한 핵심은 관찰하기, 인정하기, 기회를 포착하기, 꾸준히 말해주기, 행동으로 옆에 있어 주는 것이다. 칭찬하고 지지하는 삶은 '선한 영향력'을 실천하는 첫걸음이자, 가장 강력한 인간관계 기술이다.

행복을 실감하는 훈련을 하라

선지자　이제 '행복'이라는 주제의 마지막 부분이네. 인간은 생각하고 행동한다고 하지만 실제로는 그렇지 않네. 대부분 무의식적으로 행동을 하네. 자동으로 행동한다는 것이지. 그리고 바탕에는 현재의 감정이 그 행동을 지배하기 때문에 감정적으로 행동한다고 해도 과언이 아니지. 그래서 의식적으로 '알아차림'이 중요하다고 여러 번 강조했네. 이 '알아차림'은 모든 수용과 변화에서 대화한 기본인 셈이지.

청　년　그래도 의식적으로 행동하는 때도 많아요. 어떻게 해야겠다고 결심할 때 의식적으로 어떻게 해야 좋은지를 계산하거든요.

선지자　그것은 말 그대로 선택을 위한 계산이지. 어떻게 하면 내게 도움이 되는 결정일까? 이게 이익이 되는가, 저게 이익이 되는가, 계산하는 거지. 알아차림이란 "지금 내 마음이 이렇게 결정하자고 하고 있네, 이렇게 하는 것이 이익이 된다고 생각하고 있네"라고 알아차리는 것을 말하네. 판단이나 이익을 계산하지 않고 그냥 현재 상태를 있는 그대로 보는 것을 말하네. 심지어 현재의 감정, 느낌까지 있는 그대로 지켜보는 거지. '관찰하는 자아'가 지켜본다고 하면 되겠지.

청 년 그러면 지금의 생각이나 행동을 알아차리면 행복해지나요?

선지자 알아차리면 현명하고 지혜로운 결정을 할 수 있네. 결정에는 두 가지 경우가 있네. 어떤 것을 이성적으로 결정해야 할 경우와 감정이나 느낌에 따라 어떻게 행동해야 할 것인가를 결정할 경우네. 전자는 논리에 의한 결정이고 후자는 느낌에 의한 결정이네. 여기에 개입하는 알아차림은 선택을 위한 공간이면서 느낌을 실감하는 공간이네. 이 짧은 알아차림의 공간에는 '자기가 추구하는 중요한 가치, 중요하게 생각하는 것'이 들어 있네. 순간적으로 이 가치와 연결시켜 일치하는 방향으로 결정하는 것이 가능하지.

청 년 그 결정이 행복한 느낌과 연관이 있나요?

선지자 행복한 느낌이 있는 쪽으로 선택하겠지. 그것이 자신이 생각하고 있는 중요한 가치가 될 수 있을 것이고. 만약 자네 라면 행복하지 않은 쪽으로 선택할 것인가? 행복은 무의식적으로 느끼는 능력이네. 많은 사람이 "행복해지고 싶다"라고 말하지만, 정작 행복을 느끼는 방법을 배우려는 사람은 드물지. 행복은 단지 좋은 일이 생겼을 때 찾아

오는 감정이 아니라, 일상 속에서 의식적으로 '느끼고 인
식하는 능력'이라는 것을 명심해야 하네. 따라서 행복을
실감하는 힘은 훈련을 통해 충분히 길러질 수 있네. 즉,
행복은 우연이 아니라 느낌을 습관화한 결과라고 말할
수 있네.

청 년 이 느낌을 실감하는 훈련이 필요하다는 뜻인가요?

선지자 행복을 실감한다는 것은 어떤 것을 하면 자연스럽게 되
는 것도 있지만 실제로는 행복을 실감하는 훈련이 필요하
네. 때에 따라 변화가 필요하고 어떤 원리에 따라 느끼는
훈련을 지속적으로 해야 한다는 뜻이네.

청 년 실제로는 실감하는 훈련을 체계적으로 하는 사람이 없
지 않나요? 저 같은 경우는 방법을 몰라 시도해 보지도
못했습니다.

선지자 오늘날 사람들은 풍요로운 환경 속에서도 쉽게 불안과
결핍을 느끼네. 이는 '비교 중심의 사고'와 '무감각한 일
상화' 때문이네. 좋은 일도 금세 익숙해지고, 타인의 성취
를 보며 자신의 행복을 깎아내린다네. 따라서 진정한 행
복을 회복하기 위해서는 삶의 긍정적 순간을 인식하고,
감정적으로 체감하는 능력을 길러야 하네. 이것이 바로
"행복을 실감하는 훈련"의 핵심 목적이네. 행복을 실감
하는 훈련은 단순한 긍정적 사고 훈련이 아니라, 자신의
내면과 현재의 삶을 새롭게 바라보는 마음의 훈련이네.
이는 외부 조건보다 지금, 여기, 나에게 집중하는 방식으
로 이뤄지네.

청 년 선생님의 말씀은 마음의 훈련, 즉 뇌의 작동방식을 바꾸는 연습을 반복한다는 의미네요.

선지자 그렇네. 이미 존재하고 있었는데 미처 깨닫지 못했던 행복을 알아차리는 훈련이지. 그러면서 스스로 행복을 창조해 가네. 이런 말이 있지 않은가? '행복도 내가 만든 것이고 불행도 내가 만든 것이다'라는 말.

청 년 훈련 방법에 대해 말해 주세요.

선지자 행복을 실감하는 주요 훈련 방법으로 여섯 가지가 있네.
1) 감사 훈련: 매일 자신이 감사한 일을 기록하는 간단한 방법이네. 하루 3가지 감사할 일을 쓰는 것만으로도 뇌의 긍정 회로가 강화된다는 연구 결과가 있네. 삶의 긍정적 측면을 인식하게 하고, 부정적 사고의 빈도를 줄여주네. 예를 들어 서울의 한 직장인은 출퇴근 전 5분 동안 '오늘의 감사 3가지'를 기록하는 습관을 들였네. 처음에는 억지로 찾았지만, 한 달 후에는 '평범한 날씨'나 '따뜻한 인사'에서도 감사함을 느끼게 되었다고 하네. 이후 그는 불만이 줄고, 직장 내 인간관계가 개선되었네.

청 년 감사일기 쓰기는 여러 부분에서 권장하는 방법이네요. 특히 행복이라는 실천에 꼭 들어가는 실천 방법이고요.

선지자 심지어 우울증 치료 효과에도 아주 좋은 방법이네. 실제로 기록해 보면 하루나 이틀 정도면 바닥이 나지. 더 이상 쓸 것이 없어지네. 그래도 찾아보면 분명히 더 감사할 것이 존재하네. 1만 시간의 법칙에 의해 3년을 쓰면 습관이 된다고 하네.

2) 마음 챙김 명상(Mindfulness): 현재 순간의 경험에 주의를 기울이는 명상법이네. 호흡, 감각, 생각을 판단 없이 바라보는 연습을 통해 마음의 안정과 만족감을 높이는 방법으로, 스트레스 감소, 집중력 향상, 감정 조절 능력 강화에 효과가 있네. 예를 들어 한 대학생은 시험 기간마다 불안이 심해 공부에 집중하기 어려웠네. 그는 매일 아침 10분씩 눈을 감고 호흡에 집중하는 마음 챙김 훈련을 실천했네. 2주 뒤부터 불안이 완화되고, 공부에도 몰입도가 높아졌다고 하네. 그는 "결과보다 과정에 집중하는 법을 배웠다"라고 말했다네.

청 년 이 명상은 아침, 점심, 저녁으로 나누어 세 번 정도만 해도 효과가 있나요?

선지자 하루 10분씩 세 번만 해도 되네. 그리고 꾸준히 해야 하네. 물론 더 많이 하면 알아차림이 더 빨라지겠지만 현대인의 바쁜 시간을 고려하면 하루 30분쯤은 할애할 수 있네.

3) 긍정 회상 훈련: 하루를 마칠 때 그날 있었던 좋은 일을 떠올리고, 그때 느꼈던 감정을 재경험하는 훈련이네. 기억 속 긍정적 경험이 강화되어 자기 효능감이 높아지는 효과가 있네. 예를 들어 한 교사는 수업 후 매일 학생들과 함께 '오늘의 기분 좋은 순간'을 나누는 시간을 만들었네. 학생들은 사소한 일 즉 친구의 웃음, 선생님의 칭찬과 같은 것을 말하면서 하루를 긍정적으로 마무리했고, 학급 분위기가 눈에 띄게 따뜻해졌다고 하네.

4) 선행 실천 훈련: 작은 친절을 실천함으로써 행복을 체감하는 방법이네. 남을 돕는 행동은 뇌의 보상 중추를 자극해 실제로 '행복 호르몬(세로토닌, 옥시토신)'을 증가시킨다네. 이것은 공감 능력 향상, 인간관계 개선, 자기 가치감 상승의 효과가 있네. 예를 들어 한 시민단체의 봉사자는 처음엔 '남을 돕는 일'이 의무감에서 시작됐지만, 시간이 지나며 '누군가에게 도움이 된다는 실감'이 커지면서 오히려 자신의 삶에 활력을 얻었다고 말했네. "주면서 받는 행복"을 체험한 것이지.

청 년 선행실천은 모두가 인정하는 행복실감 훈련이지요.

선지자 이 부분도 작은 것부터 해보게. 점점 더 큰 것으로 확대한다는 생각을 갖고 해야 하네. 선행은 받는 것이 아니라 주는 것이네. 베풀어 주는 것이지. 주관적인 선행도 되네. "지금 하고 있는 이 일이 누군가에게 도움이 된다"라고 생각해도 되네.

5) 몰입 경험 훈련: 자신이 좋아하는 활동에 완전히 몰두하는 시간을 가지는 방법이네. 음악, 그림, 운동, 글쓰기 등 어떤 형태든 상관이 없네. 중요한 것은 결과가 아니라 행동 그 자체에서 즐거움을 느끼는 것이네. 내적 만족감 증진, 스트레스 해소, 창의성 향상의 효과가 있네. 예를 들어 한 직장인은 퇴근 후 매일 30분씩 기타를 연주하며 몰입 시간을 가졌다네. 그는 "일상의 스트레스가 사라지고, 작은 성취에서도 행복을 느낀다"라고 말했네.

6) '느리게 살기' 실천: 하루 중 일부 시간을 의도적으

로 느리게 보내는 훈련이네. 식사, 산책, 대화 등 익숙한 행동을 천천히 하며 감각을 느끼는 연습을 하면 되네. 무의식적 습관에서 벗어나 현재를 자각하게 하고, 삶의 질을 높여주네. 예를 들면 한 가정주부는 스마트폰을 내려놓고 매일 저녁 10분 동안 창밖을 바라보며 하루를 정리했네. 그 짧은 시간이 마음의 여유를 주었고, 가족에게 더 부드럽게 대할 수 있었다고 했지.

청 년 　몰입이란 집중 하고 있는 상태를 말하는데 지금 하고 있는 일, 행동을 말하는 것이죠. 예를 들어 지금 걷고 있다면 걷고 있는 그 행동에 집중하는 것이죠. 느리게 살기는 깊은 산사나 암자에서 아무것도 하지 않고 자연의 형상과 바람 소리, 새소리, 자연의 소리 등을 마음껏 느끼는 것도 해당하나요?

선지자 　그렇네. 밥을 먹고 있으면 먹는 그것에 집중하는 것이네. 팔의 동작, 숟가락에 올려져 있는 밥의 모양, 음식의 색깔, 느끼는 맛의 형태 등 동작과 오감(눈, 귀, 코, 입, 냄새, 느낌)에 집중하는 것이네. 또 다른 것으로 어떤 취미 활동을 할 때. 가능하면 자기의 강점을 발견하여 어떤 취미 활동을 한다면 몰입할 수 있는 좋은 기회가 되네. 이것을 반복하면 관찰성과 창의성이 올라가고 내적 만족감이 올라가네.

청 년 　위의 여섯 가지 훈련은 이미 수용이나 변화의 장에서 언급했던 것이고 반복되는 내용인데 이것의 핵심원리는 무엇인가요?

선지자 이 모든 훈련에는 공통된 핵심이 있다네. 첫째, 현재의 순간에 머무를 것, 둘째, 있는 그대로의 자신과 삶을 인정할 것, 셋째, 감사와 긍정을 습관화하는 것이네. 행복은 '갖지 못한 것'에서 오는 결핍이 아니라, '이미 가지고 있는 것'을 인식하지 못한 무감각에서 비롯된다는 사실을 깨닫는 것이 중요하네. 따라서 행복을 실감하는 훈련은 '감각을 회복하고, 마음의 초점을 현재로 되돌리는 과정이다'라고 보면 되네. 현재에서 찾아야 하네.

청 년 우리의 삶은 지금 여기 이 순간에 있다는 말씀이군요. 과거는 이미 지나 갔고, 미래는 아직 오지 않았으니, 현재만이 행복을 실감할 수 있는 시간이고 공간이라는 말씀이군요.

선지자 그렇네. 과거는 이미 지나갔네. 아무리 화려하고 크고 의미가 있었다고 한들 과거는 이미 지나갔네. 미래 또한 어떻게 될 것인지 아무도 모르네. 우리가 누릴 수 있는 시간은 지금 여기 이것밖에 없네. 미래의 계획을 세우지 말라는 것이 아니네. 미래의 희망을 품지 말라는 것이 아니네. 지금 하고 있는 그것에 최선을 다하라는 뜻이네.

행복은 훈련으로 완성된다. 행복은 천성이나 운이 아니라, 지속적인 연습의 결과이다. 작은 감사에서 시작해, 몰입과 마음 챙김으로 이어지는 실천은 삶의 인식 방식을 바꾸고 감정의 깊이를 키운다. 결국 행복을 실감한다는 것은 특별한 사건을 찾는 것이 아니라, 평범한 일상에서 감사를 느끼고 순간을 음미하는 능력을 기르는 것이다. 매일의 반복 속에서 '지금 이 순간이 행복하다'라는 감각을 체화하는 사람만이 진정한 행복을 '느끼며 살아가는 사람'이 된다.

제6장

삶의 의미를 찾아 실행하라

인간의 존재 가치를 깨달아라

선지자 이제 자네와 나는 '행복의 추구'라는 개념에서 행복한 삶을 살기 위한 삶의 철학에 관해서 이야기하려고 하네. 가장 기본이 되는 존재의 의미에서 삶의 의미까지, 그래서 어떤 철학적 사고를 기반으로 하여 더 성숙된 삶을 살 것인가에 대한 이야기일세.

청 년 행복한 인생을 살기 위한 삶의 철학, 인생의 철학 같은 이야기인가요?

선지자 누구나 정확하게 말로 표현하거나 글로 적어 놓은 것은 없으나 어떻게 살아가겠다는 개인적 삶의 철학은 모두 가지고 있네. 본인이 모를 수도 있거나 알고 있을 수도 있네. 대충 '나는 이런 삶을 살겠다'라고 다짐하는 정도이지만 세세히 분석해 보면 사람마다 모두 다른 삶의 철학, 존재의 의미를 갖고 사네.

청 년 선생님 말씀 중에 '존재의 의미'를 말씀하셨는데 존재의 의미는 무엇인가요? 인간은 왜 존재하는가에 대한 의미인가요?

선지자 인간의 '존재의 의미'가 무엇인가 하는 질문은 왜 존재하는가, 존재 자체가 어떤 가치를 지니는가 하는 질문으로 바꾸어 말할 수 있네. 이것은 결국 어떻게 살아야 의미 있는 삶이 되는가에 대한 근본적인 물음이고, 이 의미는 크게 두 차원으로 나눌 수 있네.

청 년 존재의 의미를 두 가지 차원으로 나눈다고요?

선지자 그렇네. 존재의 의미를 '존재적 차원'과 '행위적 차원'으로 구분하여 설명되어야 하네. 존재적 차원(Being) 차원에서 "나는 누구인가, 존재 자체의 가치는 무엇인가"라는 질문이 있을 수 있고, 행위적 차원(Doing)에서 "나는 무엇을 하며 살아가는가, 삶의 의미와 성취하고자 하는 것이 무엇인가"라는 질문이 있을 수 있네. 이 둘은 분리될 수 없지만, 성격과 강조점은 분명히 다르네.

청 년 각각에 대해 구체적으로 설명해 주세요.

선지자 존재적 차원이란? 사람이 어떤 행동을 하든, 어떤 성과를 내든 상관없이 존재 그 자체로서 이미 가치 있고 의미가 있다는 관점이네. 즉, 성취 이전의 인간, 역할 이전의 인간, 성공과 실패 이전의 인간을 바라보는 차원이지. 존재적 차원의 핵심적 특징으로 세 가지로 구분해서 설명할 수 있네. 첫째, 조건 없는 가치가 있다는 것이네. 돈을 벌지 못해도, 사회적 지위가 없어도, 타인의 인정이 없어도 존재 자체는 훼손되지 않는다는 것이지. 예를 들어 아무것도 하지 않아도 갓난아기는 소중하네. 또 나이가 많아 요양원에 누워 있는 부모는 아무것도 하지 않아도 소중하네. 무엇을 이루었는지 성취했는지와는 관계가 없네. 이는 인간의 가치가 행위 이전에 존재함을 보여 주네. 둘째는 대체 불가능성이네. 누구도 '나'를 완전히 대신할 수 없고, 비교나 경쟁의 대상이 아닌 유일무이한 존재지. 불교에서 석가모니가 태어나자마자 한 말 '천상 천하 유아 독존'이라는 말과 같은 것이지. 셋째는 존엄성과 자기 존중의 근원이네. 존재적 의미를 이해한 사람은 실패해도 자기혐오에 빠지지 않고, 타인의 평가에 삶을 전부 맡기지 않네. 이것은 자존감의 뿌리가 되는 것이네. 따라서 실존 철학에서는 "존재는 행위 이전에 의미를 가진다"라고 말하네. 자기를 있는 그대로 사랑하라는 말도 존재 자체가 가치가 있기 때문이지.

청 년 선생님 말씀은 존재 자체가 존엄하고 가치가 있다는 말이네요.

선지자 그렇네. 지금까지 자네에게 말한 '수용' 부분도 존재 자체에 대한 존경과 같은 의미네. 누구나 존중받을 권리가 있네. 그 자체가 존엄하고 가치가 있으니까 말일세. 따라서 존재적 차원에서 인간을 존중할 줄 알아야 '인간에 대한 사랑'이 얼마나 중요한가를 깨달을 수 있네.

청 년 그러면 자기를 버리는 행위, 즉 자살 같은 것은 어떻게 해석해야 하는가요? 소중하지 않다고 생각해서 자기를 버리는 것이지 않나요?

선지자 자살이나 자해 행위는 자기를 해치고 자기를 버리는 행위이지. 더 이상 쓸모가 없으니 버리자, 죽어버리자, 생각하고 행한 행위이지. 인간은 그 어떤 것도 선택할 수가 있네. 특히 인지적 착오는 인간의 본능이라고 했네. 이런 경우 예를 들어 자네가 컴퓨터를 갖고 있다고 치세. 그 컴퓨터에 악성 바이러스가 침입하여 정상 작동을 하지 못하게 했다면 어떻게 되겠나. 인간도 마찬가지네. 정신적·심리적 요소에 문제가 생기면 인지적 착각이나 착오를 하네. 자살과 같이 말일세.

청　년　그러면 '행위적 차원에서의 존재의 의미'는 무엇인가요?

선지자　행위적 차원이란? 존재하는 인간이 어떻게 살아가고 무엇을 선택하며 행동하는가를 통해 삶의 의미를 구체화하고 확장하는 차원을 말하네. 즉, 직업, 역할, 선택, 책임, 실천을 통해 의미가 형성된다는 의미네. 핵심 특징으로 세 가지 특징으로 설명할 수 있네. 첫째, 의미는 만들어진다는 것이네. 행위적 차원에서 의미는 주어지는 것이 아니라 창조되네. 타인을 돕는 선택, 책임을 지는 행동, 성실한 노동, 가치 있는 목표 추구 등은 행위를 통해 삶의 의미가 구체화 되네. 둘째, 자유와 책임을 동반하는 것이네. 행위는 자유이지만, 동시에 책임을 동반하네. 선택하지 않는 것도 하나의 선택이고, 행동의 결과는 삶의 방향을 결정하네. 또한 행위적 의미는 도덕성과 윤리성을 포함하네. 셋째, 사회적 관계 속에서 의미가 만들어 지네. 행위는 혼자가 아닌 타인과의 관계 속에서 이루어지네. 가족의 역할, 시민으로서의 책임, 직업적 사명 등 존재는 사회 속에서 의미 있게 드러나네.

청　년　이 두 차원은 어떻게 조화가 되나요?

선지자　예를 들어 존재적 차원을 무시하고 행위적 차원만 강조한다면 성과로만 자신을 평가하거나, 실패 시 자기부정, 끊임없는 불안과 비교와 같은 문제가 발생하네. 자신이 성과를 내지 못하면 스스로 심하게 비판하게 되어 뭔가 성과를 내어야만 존중받는다는 집착으로 되어 버리겠지. 즉

"나는 쓸모가 있을 때만 가치 있다"라고 생각한다면 심리적 불안이 더 심할 수밖에 없겠지. 반대로 행위적 차원을 무시하고 존재적 차원만 강조한다면 책임 회피, 성장 중단, 사회적 고립 등 심한 불균형이 나타나겠지. "존재만으로 충분하다"라고 하면 이건 큰 착오가 되는 셈이지.

청　년　건강한 통합이 필요하겠네요. 어느 한쪽으로 치우치면 심한 불균형으로 나타나 심리적 불안 또는 심리적 이상으로 나타날 수 있겠네요.

선지자　그렇네. 균형이란 "나는 이미 가치 있는 존재이기에, 그 가치를 삶의 행위로 드러낸다"라는 표현이 적절하겠네. 즉 존재적 차원은 자존감과 안정을 주고, 행위적 차원은 의미와 성장을 주기 때문이네. 따라서 결론적으로 말하면 "존재의 의미는 하나의 차원이 아니다. 존재적 차원은 인간을 지탱하는 뿌리이며, 행위적 차원은 그 뿌리 위에 삶을 꽃피우는 과정이다"라고 말할 수 있네.

삶의 의미를 찾아 실천하라

청　년　선생님 그러면 '삶의 의미'란 무엇인가요? 방금 말씀하신 '행위의 차원'에서 '어떻게 살 것인가'에 대한 방법을 말하나요?

선지자　삶의 의미란 "내가 왜 존재하는가, 무엇을 위해 살아가는가"에 대한 개인적, 철학적 해석이네. 이는 보편적 답이 존

재하지 않고, 각 개인의 경험·성향·가치관에 따라 변화하
네. 즉 주관적인 생각이고 해석인 거지. 인간은 본능적으
로 자신의 삶이 무작위가 아니라 "가치 있는 방향으로 흐
르고 있다"라는 감각을 희망하고 살아가네. 알고 있을 수
도 있고 무의식적으로 모르고 살 수도 있네. 철학적 관점
에서 실존주의자 사르트르는 의미는 '발견하는 것'이 아니
라 '창조하는 것'이다 라고 말했지. 죽음의 수용소로 유명
한 빅터 플랭크는 "의미는 고통 속에서도 찾을 수 있으며,
의미가 인간의 생존 의지를 결정한다"라고 말했네.

청　년　한마디로 요약하면 개인에 따라 다르며 스스로 창조한 것
이라는 말이군요.

선지자　그렇네. 삶의 의미, 즉 어떻게 살 것인가, 무엇을 위해 살
것인가는 본인 스스로 결정하고 창조하는 것이네. 그러니
그 의미는 모두 다를 수 있네. 현대 심리학적 관점으로 보
면 자율성, 유능감, 관계성 충족이 삶의 의미를 강화한다
는 자기결정성 이론이 있고, 개인의 정체성 확립은 삶의
의미의 토대가 된다는 정체성 이론이 있네. 따라서 "나는
가치 있는 방 향으로 가고 있다", "나는 의미 있는 인생을
살고 있다"라고 하면서 의미를 찾고 느끼고 싶어하네.

청　년　개인마다 삶의 의미가 필요한 이유는 무엇인가요?

선지자　삶의 의미가 필요한 이유는 삶의 방향성을 제공한다는 것
이네. 의미는 삶의 '나침반' 역할을 한다고 하네. 목표가
없는 삶은 무의미, 방황, 우울로 이어지기 쉽지. 두 번째
는 고통을 견디는 힘을 준다는 것이네. 의미는 인간의 가

장 강력한 '심리적 회복탄력성'이라고 말할 수 있네. 의미가 명확한 사람은 어려움 속에서도 방향을 잃지 않는다는 것이지. 앞에서 말한 빅터 플랭크의 말과 같은 의미지. 고통 속에서도 생존의 의지를 북돋우어 주네. 세 번째는 행동의 질을 높인다는 것이네. 의미는 동기의 질을 변화시켜 즉흥적·감정적 행동에서, 장기적이고 가치 중심적 행동으로 전환시킨다는 것이네. 자신이 가치에 부합하는 행동을 하게 한다는 뜻이지. 마지막으로 자신에 대한 삶의 의미는 스스로의 정체성을 강화한다는 것이네. "나는 어떤 사람인가?"라는 질문에 답할 수 있게 하며, 자기 존중감과 자존감의 기반이 된다는 것이네.

청 년 결국 고통 속에서도 살아가게 하고 자존감을 높이고 자기의 정체성을 강화하여 삶의 질을 높인다는 뜻이네요. 저는 이것에 대해 구체적으로 생각해 본 적이 없습니다. 그냥 주어진 환경에서 최선을 다해 때로는 게으름을 피우면서 살아왔습니다. 솔직히 저의 정체성이나 나만의 삶의 의미는 무엇인지도 모르겠고요.

선지자 대부분의 사람은 그렇게 생각하네. 자네만 그런 것이 아니네. 하지만 자세히 탐색해 보면 모두 자기만의 삶의 의미는 모두 갖고 있네. 의식하지 못할 뿐이지. 그러나 의식해서 분명히 자신의 이루고자 하는 삶의 목표를 정하고 그 목표를 향해 가는 사람도 많이 있네.

청 년 그러면 삶의 의미는 '어떻게 살 것인가'에 대한 대답이라면 스스로 삶의 의미를 설정하는 방법과 구성 요소가 있을 것 같은데 조금 더 설명해 주시겠어요?

선지자 삶의 의미는 어떻게 설정되는가 하는 질문에 삶의 의미는 '찾는 것'이 아니라 '만들어가는 것'이라는 것을 명심해야 하네. 이 세상에 태어나서 부모의 사랑을 받으면서 지금까지 많은 경험과 환경, 교육 등이 제공되네. 존재의 의미에서도 설명했듯이 각자는 독립된 개체이며 하나의 작은 우주라고 말할 수 있네. 따라서 삶의 의미는 어떤 환경에서 자라서 어떤 경험을 했는지가 가장 기초가 되네. 그것이 기초가 되어 스스로 그 경험을 어떻게 해석하여 스스로 의미 있다고 생각하는 것을 선택하게 되네. 인생은 모든 것이 순간순간 선택의 연속으로 이루어져 있네. 그때 의미 있다고 생각하는 것을 선택하네. 그리고 그것에 대해 책임지는 이런 순환 속에서 형성되네.

청 년 그러니까 '경험 → 해석 → 선택 → 책임'의 사이클로 이루어져 있다는 말씀이네요. 조금 전 인식하지 못해도 우리 모두 이런 싸이클을 반복하고 있다는 말씀이 이해되네요. 다만 개인별도 확실히 인지하고 있는 사람과 그렇지 못한 사람이 있을 뿐이네요.

선지자 중요한 것은 위에 말한 네 가지 사이클에서 가장 기초가 되는 것은 '경험'이네. 경험이라는 말을 구체적으로 하면 어떤 가정환경, 문화, 교육, 부모의 교육 방법, 학교 교육 등 대부분 어린 시절 이루어지는 양육 과정에서 발생하는 경험이네. 인간의 대부분은 이 경험이 '어떻게 살 것인가'를 결정해 버리지. 그러나 인간은 그 경험을 '다른 해석'

을 통해 다른 선택을 할 수도 있네. 항상 가능성이 열려 있는 것이지.

청　년　첫 단계인 '경험'이 중요하다. 대부분 그 경험을 통해 '어떻게 살 것인가'를 결정한다는 뜻이군요. 다르게 해석하면 그 경험에 문제가 있으면 잘못된 선택을 하게 된다는 뜻이기도 하고요. 물론 다르게 해석하여 다른 선택을 할 수도 있겠지만요.

선지자　이 책의 제목처럼 '나는 행복하게 살 수 있다'라고 하는 것은 경험에 대한 선택을 다르게 해석하고 올바른 선택을 하게 도와주는 역할이 주목적이네. 생각보다 많은 사람들은 환경과 경험의 지배에서 벗어나지 못하고 있네. 수용하고 변화하고 행복한 삶을 위한 방향으로 전환해야 하네. 특히 '애착'에 문제가 있는 경우에 인지적 착오가 엉뚱하게 되어 심한 심리적 갈등을 겪는 경우가 많네.

청　년　그러면 삶의 의미 즉 어떻게 살 것인가. 어떻게 사는 것이 의미 있는 인생인가에 대한 핵심 요소는 무엇인가요. 어떤 요소가 자기의 인생에 의미 있다고 생각하는 것인가요?

선지자　자네 말은 의미 있고 행복한 인생을 위해 어떤 것에 집중해야 하느냐라고도 말할 수 있네. 크게 세 가지로 구분할 수 있네, 가치실현과 기여, 인간관계, 성장과 극복이라고 말할 수 있네. 이것은 '하버드대학 70년 연구 보고서'에서도 언급된 내용이네. 내용은 약간 다를 수 있어도 큰 틀은 동일하네. 물론 학자에 따라 다르게 분류할 수도 있지만 큰 테두리는 동일하네.

○ **가치 실현:** 믿는 것을 살아내는 삶

선지자   첫째는 자신이 믿는 가치(Value)를 실현하는 것이네. 자신이 중요하다고 믿는 원칙과 신념을 실제 행동으로 옮기는 것을 의미하네. 가치는 생각 속에 머무를 때는 의미가 되지 않으며, 오직 행동으로 구현될 때 삶의 의미가 된다네. 가치는 '무엇이 옳은가'에 대한 내적 기준이며, 실현은 그 기준을 현실에서 선택과 행동으로 드러내는 과정이네.

청 년   그러면 가치 실현이 삶의 의미가 되는 이유는 무엇인가요?

선지자   무엇보다도 우선적으로 삶의 일관성을 만들어 주네. 가치에 따라 행동할 때, 삶은 분열되지 않고, 말과 행동이 일치하며, 상황에 따라 자신을 배신하지 않는 다네. 이는 인간에게 깊은 존재적 안정감을 제공하네. 그러면서 후회 없는 삶의 기준이 되네. 성과는 사라질 수 있지만, 가치에 충실한 선택은 삶을 정당화하네. 실패했어도 스스로를 부끄러워하지 않고, 결과보다 태도로 삶을 평가할 수 있네. 실제로 가치에 따라 행동하는 많은 사례를 우리 주변에서 실제로 많이 볼 수 있네. 며칠 전 어느 TV 프로그램을 보고 있었는데 서울의 어느 정형외과 의사의 이야기가 나

오더군. 피디 말로는 명의라고 소개하던데 재산도 백만장
자더군. 4층짜리 건물을 보유한 부자라고 하더군. 그런데
이 의사의 봉사 활동에 관한 이야기가 나오는데 벌써 전
국 방방곡곡 농촌 지역을 다니며 무료 봉사 활동을 수년
째하고 있다고 소개하더군. 인터뷰 마지막 장면에 왜 이
런 봉사 활동을 하느냐고 물었는데 이 의사가 이렇게 말
했네. "이것이 제가 사는 생활 방식입니다"라고. 즉 "이것
이 제가 중요하게 여기는 가치입니다"라는 의미지. 그러면
서 "이것이 제 취미이고 하면 할수록 즐겁습니다"라고 말
했네. 가치 실현이란 이런 것을 말하네. 전문직에 있는 사
람이든, 기업을 운영하는 기업가든 스스로 가치 있다고
믿는 부분을 실제 생활에 실행하는 것이네. 그 방법은 모
두 달라도 옳다고 믿는 신념은 동일하네.

청 년   가치가 있다고 여기는 것을 실천하는 것이네요. 의사의
경우는 보람, 행복감 같은 것도 동반된 것 같네요.

선지자   그렇네. 우리가 사는 목적이기도 하지.

청 년   가치 실현의 실행적 단계는 어떻게 되나요? 즉 어떻게 인
식하고 선택하고 실행하는지요?

선지자   가치 실현은 다음의 네 단계로 이루어 지네. 선택에서 실
현하는 단계를 말하네.

- 가치 인식 단계: 무엇이 나에게 중요한가?
- 가치 선택 단계: 충돌하는 가치 중 무엇을 우선할 것인가?
- 행동 결단 단계: 손해를 감수하더라도 선택하는가?

• 반복 실천 단계: 일회성이 아닌 삶의 습관으로 자리 잡는가?

스스로 가치 있다고 믿고 손해를 보더라도 감수하겠다는 결심이 중요하네. 조금 전 어느 의사의 봉사 활동처럼 월 수천만 원 손해를 보더라도 이것이 더 가치 있다고 우선순위를 두기 때문에 가능하네. 예를 들어 정직을 가치로 삼는 사람은 손해가 예상되더라도 거짓을 선택하지 않네. 책임을 중시하는 사람은 변명보다 행동으로 문제를 해결하려 하네. 존엄을 중시하는 사람은 타인을 수단으로 대하지 않고 대등한 관계로 보네. 이러한 선택들은 눈에 띄지 않더라도 삶의 깊이를 만들어 주네.

청 년 중요한 핵심 가치를 선택할 때 어떻게 하면 되나요?

선지자 우선 스스로 '나에게 가장 가치가 있고 중요한 것은 무엇인가?'라고 질문해 보게. 그리고 스스로에게는 중요하고 소중한 원칙은 무엇인가? 물어보게. 이 두가 질문에 대한 답을 명확히 정하면 "어떤 삶이 나 다운 삶인가"가 보일 것이네. 가치를 정했다면 작은 선택에서부터 가치를 점검해 보게. 손해가 따를 때도 가치를 정당한 선택으로 자신을 평가하면 되네.

청 년 우선 자신의 핵심 가치를 명확히 하고 이와 관련된 작은 선택을 가치와 연결해서 평가하여 설사 손해가 가더라도 정당한 선택을 했다고 가치와 연결한다는 말씀이네요.

선지자 상세한 자신의 가치 체크는 삶의 의미 부분을 설명한 후 다시 대화하기로 하세. 두 번째는 '기여'네.

⚪ **기여:** "나는 무엇을 세상에 남기는가"

선지자 　'기여'는 '공헌'과 유사한 말이네. 이 말은 거창한 업적이
　　　　 아니라 자신의 능력을 세상에 내놓는 행위네. 존재 이유
　　　　 는 "내가 무엇을 느끼는가"가 아니라, "내가 무엇을 하였
　　　　 는가"에서 완성되네. 기여의 가치 실현은 일을 통해 문제
　　　　 를 해결하거나, 누군가의 고통을 덜어주거나, 책임을 회피
　　　　 하지 않고 일을 맡거나, 자신의 재능을 독점하지 않고 나
　　　　 누는 것을 의미하네. 왜 이것이 중요하는가 하는 이유는
　　　　 인간은 필요한 존재일 때 가장 강한 의미를 느끼기 때문
　　　　 이네. "나 때문에 세상이 조금이라도 나아졌다"라는 감각
　　　　 은 존재의 확증이 되는 것이지. 그래서 알프레드 아들러
　　　　 는 "행복은 공동체에 기여하고 있다는 감각에서 온다"라
　　　　 고 말했습니다.

청　년 　'기여'와 '공헌'은 자신의 '가치'와 어떤 관계가 있나요?
　　　　 가장 중요하다고 생각하는 가치의 범위에 있는 것 같은
　　　　 데요.

선지자 　'기여'와 '공헌'이 가치있기 때문에 가치의 범위에 들어 가
　　　　 는 것은 맞네. 하지만 이 범위에 속하지 않을 수도 있네.
　　　　 가치는 개인에 따라 다르기 때문이네. 여기서 중요한 것
　　　　 은 '기여'와 '공헌'은 자신의 존재감을 나타내기 때문에 행
　　　　 복감을 느끼게 하는 가장 중요한 요소라는 것이네. 그 대
　　　　 표적인 것이 '봉사활동', '기부금 찬조', '재능기부'와 같은 것
　　　　 이지만 개인별로 상황이 다르기 때문에 많은 종류의 것이

있네. 행복감을 높여주는 이유는 나는 누군가에게 도움이 되는 사람이다, 사회에 이로운 사람이다, 하는 느낌을 주기 때문이네. 실제로 인간은 분업을 발달시켜 그 역할이 나누어져 있기 때문에 따져보면 우리 모두 연결되어 있고, 서로 의존하고 있으며, 서로에게 필요한 존재네. 따라서 우리는 모두 자연스럽게 서로에게 기여하거나 공헌하고 있는 셈이네. 따라서 알프레드 아들러는 '공헌'에 대한 정의에서 나는 누군가에게 도움이 되고 있다는 주관적인 생각도 공헌이라고 했네.

청　년　저도 기여와 공헌이 삶을 의미 있게 하는 중요한 요소라고 생각합니다. 그러나 서로 의존적인 것이 당연한 현대 사회에서 '나는 누군가에게 기여하고 있다'라는 느낌이 든다는 것이 어렵지 않나요?

선지자　어느 구두 장인에게 물었네. "당신은 이렇게 튼튼하고 편한 구두를 정성을 다해 열심히 만드는 이유가 무엇인가?"라고. 그는 이렇게 대답했네. "내가 만든 이 구두를 신고 편안해하고 행복해하는 모습을 보면 나는 정말 행복하네". 그는 "내가 만든 이것이 누군가에게 도움이 된다"라는 공헌감을 갖고 있네. 그것이 행복하다는 것으로 표현된 것뿐이네.

○ **인간관계:** "나는 누구와 연결되어 있는가"

선지자   두 번째는 인간관계에서 "나는 누구와 연결되어 있는가"
라는 것이네. 인간은 독립적 개인이지만, 관계 속에서만
정체성을 획득하네. 혼자 있을 때 '나'는 추상적이지만, 타
인과 만날 때 '나'는 구체적인 존재가 되네. 인간은 관계
속에서만 존재가 확인되고, 역할이 생긴다는 것이지.

청 년   삶의 의미와 존재 이유에서 "나는 누구와 연결되어 있는
가"라는 것은 의미 있는 인간관계를 어떻게 맺느냐는 의
미와 같은 것인가요?

선지자   그렇네. 누구와 어떻게 의미 있는 인간관계를 맺느냐 하
는 것이네. 인간의 고통 대부분은 관계 단절에서 오고, 관
계 회복은 연결에서 오네. 관계 속에서 인간은 "필요한 사
람", "의미 있는 존재", "대체 불가능한 존재"가 되네. 인간
은 '소속감을 갖기를 원한다'라고 했네. 홀로 존재하는 것
은 불가능하다고 했네. 따라서 인간관계는 존재 이유를
외부에서 확인받는 것과 같은 셈이지. 자네가 지금 가족
과 친척, 친구와 동료, 사회와 조직에서 어떤 의미 있는
존재인지를 생각해 보게. 가족과 친척에게 자네는 필요한
사람인가, 의미 있는 존재인가를 생각해 보게. 그 답이 '의
미 있는 존재'라는 것이면 자네는 자존감과 존재감이 높
은 사람이네. 그러나 반대로 그렇지 않다면 의미 없는 관
계를 맺고 의미 없는 존재감으로 살아가는 거네. 인간관
계 속에서 삶의 의미, 존재의 의미가 성립되네.

청　년　사실 저는 가족과 친척, 친구와 동료, 사회와 조직에 관해
제가 어떤 존재인지 생각해 보지 않았습니다. 나는 제 가
족에게 필요한 존재 인가, 의미 있는 존재 인가 라는 부분
에서는 그냥 제 역할만 충실히 하면 된다. 아버지로서 누
구의 친척으로서 그 역할만 하면 된다고만 생각했습니다.
그러면 어떤 것이 의미 있는 인간관계인가요?

선지자　의미 있는 인간관계란 서로를 통해 삶이 조금 더 진실해
지고, 성장하게 되는 관계라고 말할 수 있네. 단순히 외롭
지 않기 위해 유지되는 관계나 이해관계로 묶인 관계가
아니라, 존재 그 자체가 존중받고 마음이 연결되는 관계
를 말하네. 이를 몇 가지 핵심 기준으로 정리해 보겠네.

청　년　선생님 말씀은 인간관계를 맺을 때 이렇게 해라 하는 말
씀과 같은 의미인가요?

선지자　그렇네. 인간관계를 맺을 때 가장 이상적인 인간관계지.
이런 관계를 맺는다면 가장 의미가 있는 관계가 된다는
것이지. 첫 번째는 있는 그대로의 나를 인정받는 관
계네. 의미 있는 관계에서는 꾸미지 않은 나도 안전하고,
잘난 모습뿐 아니라 불완전함, 약함, 실수까지도 부정당
하지 않네. 상대 역시 완벽하지 않은 존재임을 인정하고,
서로를 바꾸려 하기보다 이해하려는 태도가 중심이 되네.
이런 관계에서는 "괜찮아도 되고, 괜찮지 않아도 된다"라
는 신뢰가 형성되어 있지. 보통 친한 친구 관계는 이런 관
계가 기본이지. 두 번째는 감정과 생각을 솔직하게 나
눌 수 있는 관계네. 표면적인 대화만 오가는 관계는 깊

어지기 어렵네. 의미 있는 관계는 감정·생각·가치관이 서로 교감하는 관계네. 기쁠 때 기쁨을 나눌 수 있고, 힘들 때 약해질 수 있으며, 불편한 감정도 존중받으며 표현할 수 있는 관계네. 특히 갈등 상황에서 회피나 공격이 아니라 대화와 조정이 가능할 때 관계는 더 단단해지네. 세 번째는 성장과 변화를 지지하는 관계네. 의미 있는 인간관계는 정체가 아니라 성장을 돕네. 상대가 변하려 할 때 발목을 잡기보다 응원하고, 때로는 불편하지만 필요한 피드백을 해 줄 수 있네. 또한 서로의 성장을 경쟁이나 위협으로 느끼지 않고, 함께 더 나아가는 과정으로 받아들이는 관계네.

청 년 선생님이 말씀하신 '나를 인정받는 관계', '솔직한 감정을 나누는 관계', '성장과 지지를 하는 관계'는 정말 이상적인 관계가 되겠네요. 가족이나 친한 친구 관계가 여기에 속하겠지만 그 수는 아주 적을 것 같네요. 저는 지금까지 이런 관계를 경험해 보지 못했거든요.

선지자 방법은 있네. 아무도 그렇게 하지 않아도 자네는 그렇게 하면 되네. 이게 유일한 방법이지. 미움받을 용기를 내면 되네. 네 번째는 일방적이지 않은 상호성 있는 관계네. 한쪽만 참거나 희생하는 관계는 오래 지속되기 어렵네. 의미 있는 관계에는 균형이 있어야 하네. 주고받음이 공정하고, 감정 노동이 한쪽에만 쏠리지 않고, 필요할 때 도움을 요청하고 받을 수 있는 관계지. 완벽한 대칭은 아니더라도, 서로를 배려하려는 의지가 지속적으로 존재하는 관계네. 다섯 번째는 소유가 아닌 존중에 기반한 관계네. 진짜 의미 있는 관계는 상대를 내 것으로 소유하려 하지 않네. 의존이나 집착이 아니라, 각자의 삶과 선택을 존중하면서 연결된 관계네. 알프레드 아들러 심리학에서 말하는 것처럼, 상대의 과제는 상대의 몫으로 남겨두고 나는 나의 태도와 선택에 책임을 지는 관계네. 여섯 번째는 함께 있을 때 '나답다'라고 느껴지는 관계네. 가장 중요한 기준은 이것일 수 있네. 그 사람과 함께 있을 때 나 자신이 줄어들지 않고, 과도하게 연기하지 않아도 되며, 스스로를 미워하지 않게 되는가 하는 것이네. 의미 있는 관계는 에너지를 빼앗기보다 회복시켜 주는 관계네.

청 년 이 여섯 가지는 의미 있는 관계를 위한 원칙이네요. 그러면 의미 없는 관계는 어떤 관계인가요?

선지자 의미 없는 관계는 진정한 소통이 없고, 자신을 숨기게 만들며, 이해관계나 습관으로 유지되고, 불균형과 회피 속에서 성장 없이 에너지 소진만 남기는 관계를 말하네. 피해야 할 관계인 것이지.

청 년 위에서 말한 의미 있는 관계의 원칙과 제가 이것을 실행하기 위한 실천 방법은 동일한 것인가요?

선지자 원칙과 구체적인 실행에는 조금 차이가 있네. 원칙에 대한 구체적인 실행 방법이라고 이해하면 되네.

청 년 제가 실행할 수 있는 구체적인 방법을 설명해 주세요.

선지자 먼저 가장 기본이 되는 태도는 상대를 있는 그대로 보려는 의지네. 의미 있는 관계는 상대를 내 기대나 기준에 맞추려는 순간부터 흔들리기 시작하네. 상대의 생각, 속도, 한계를 존중하고 "왜 나처럼 하지 않을까"라는 판단 대신 "저 사람은 저렇게 살아왔구나"라고 이해하려는 시선이 필요하네. 이 태도는 관계를 통제의 대상이 아니라 만남의 장으로 바꿔 주네. 다음으로 중요한 것은 자기 자신에게 솔직해지는 용기네. 의미 있는 관계는 나를 숨겨서는 유지되지 않네. 불편한 감정, 서운함, 바람을 억누른 채 참는 것은 일시적인 평화를 줄 수는 있어도 깊이를 만들지는 못하네. 솔직함이란 상대를 공격하는 것이 아니라, "나는 이렇게 느낀다"라고 자신의 상태를 책임 있게 표현하는 태도를 말하네. 이때 관계는 표면을 넘어 실제적인 연결로 나아가게 되네. 또한 의미 있는 관계를 위해서는 경청의 태도가 필수적이네. 경청은 단순히 말을 듣는 것이 아니라, 상대의 말 뒤에 있는 감정과 의도를 이해하려는 적극적인 관심이지. 상대의 말을 끊지 않고, 해결책을 서둘러 제시하지 않으며, 평가 대신 공감으로 반응할 때 상대는 '존중받고 있다'라고 느낀다네. 이러한 경험이 반복될수록 관계에는 신뢰가 쌓이게 되네.

청 년 선생님 말씀에서 상대를 있는 그대로 보려는 의지, 자신에게 솔직해지는 용기, 경청의 태도 유지. 이 세 가지에서 '자신에게 솔직해지는 용기'가 중요하다는 생각이 듭니다. 어려움이나 고통이 있을 때 속마음을 있는 그대로 드러낸다는 것이 무척 힘들거든요. 잘못 말하면 약점이 되어 나에게 비난이 올지 모른다는 불안과 이것까지 보이고 싶지 않다는 자존심이 허락하지 않을 때가 많거든요.

선지자 오히려 비난받을 가능성이 있다든지 자존심이 상할 그런 관계면 말하지 않는 것이 좋겠지. 진정한 관계라고 보기 어렵지. 그럴 때는 앞에서 말한대로 느낀 감정만 표현하면 되네. 또한 의미 있는 관계는 상호성을 지키려는 태도 속에서 유지되네. 항상 주는 사람과 받는 사람으로 역할이 고정되면 관계는 왜곡되고 마네. 도움을 줄 줄 아는 것만큼, 필요할 때 도움을 요청할 수 있는 용기도 중요하네. 서로가 관계의 주체로 서 있을 때, 관계는 부담이 아니라 협력이 된다네. 또 하나 중요한 태도는 갈등을 두려워하지 않는 자세네. 의미 있는 관계에는 갈등이 없어서가 아니라, 갈등을 회피하지 않기 때문에 지속이 되네. 불편한 문제를 덮어두기보다 대화로 다루려는 태도, 상대를 이기기보다 관계를 지키려는 목적의식이 필요하네. 갈등은 관계를 깨뜨리는 요소가 아니라, 잘 다뤄질 때 오히려 이해를 깊게 하는 계기가 된다는 것이네. 여기에 더해, 상대의 삶을 대신 살아주려 하지 않는 태도 역시 중요하네. 진정한 배려는 상대의 문제를 모두 해결해 주는 것이 아니라, 스스로 선택하고 책임질 수 있도록 존중하는 것이네. 마지막으로 의미 있는 관계를 만드는 태도는 지속적으로 선택하는 책임감이네. 감정이 좋을 때만 유지되는 관계는 깊어지기 어렵네. 바쁠 때도, 감정이 식을 때도 관계를 소중히 여기고 돌보려는 의지가 있을 때 신뢰는 축적되네. 의미 있는 관계는 감정이 아니라 태도의 반복으로 완성이 된다는 것을 명심해야 하네.

청　년　상호성을 지킨다든지, 갈등을 두려워하지 않는다든지, 상대의 삶을 대신 살아주려 하지 않는 태도, 관계를 유지하려는 책임감에서 상대에게 선택을 주는 태도가 중요하다는 생각이 듭니다. 사실 가깝게 지내다 보면 허락 없이 충고나 일방적 요구 같은 것이 있거든요.

선지자　그럴 수도 있네. 간섭이나 불편함으로 생각될 수 있네. 주의가 필요하겠지. 이제 마무리해야 할 시간이네. 삶의 의미에서 인간관계는 매우 중요하네. 나의 행복이 인간관계에서 나온다고 수도 없이 말했네. 관계의 수는 중요하지 않네. 인생에서 단 몇 사람이라도 이런 관계를 맺을 수 있다면, 그 사람의 삶은 충분히 깊고 단단하다고 말할 수 있지.

○ 성장과 극복: "나는 어떤 존재로 되어 가는가"

선지자　셋째는 성장과 극복이네. 즉 "나는 어떤 존재로 되어 가는가"네. 인간은 완성된 존재가 아니라, 되어가는 존재네. 고통은 피해야 할 대상이 아니라, 변화를 요구하는 신호네. 인간은 극복을 통해 자신을 정의하네. 인간은 "무엇을 가졌는가"보다 "무엇을 극복했는가"로 기억이 되네. 자신에게 의미 있는 것은 어제보다 더 성숙한 오늘, 지금 무엇을 어떻게 극복했는가를 의미 있는 삶으로 생각하네.

청 년   성장과 극복은 어떤 행동에서 드러나나요?

선지자   성장과 극복을 잘 수행하는 사람들의 특성을 보면, 두려
      워도 행동하는 특징이 있네, 실패 후 다시 시도하지, 책임
      을 외부가 아닌 자신에게서 찾고, 과거의 나보다 한발 더
      나아간다는 특성이 있네. 즉 중요한 것은 성공 여부가 아
      니라 성장과 극복이라는 방향성을 가지고 있네.

청 년   왜 이것이 삶의 의미가 되고 중요한 요소가 되나요?

선지자   인간은 정체될 때 공허해지고, 변화하고 있을 때 살아 있
      음을 느끼네. 성장은 삶을 서사로 만들고, 고통에 의미를
      부여하며, 존재를 '사건'이 아니라 '이야기'로 바꾼 다네.
      '하버드대학 70년 행복 보고서'에 행복한 사람의 특성으
      로 '갈등과 위기를 성숙한 해결 방법으로 극복한 사람'이
      라 고 했네. 성장을 위해 앞의 대화에서도 언급했듯이 자
      신의 강점 발견이 중요하네. 나는 무엇을 잘하는가? 어떤
      활동을 할 때 시간 감각을 잃는가? 강점은 의미의 방향성
      을 구체화하네. 극복을 위해 주요한 것은 경험의 해석이
      중요하네. 과거의 아픔, 실패, 상처조차도 의미 형성의 중
      요한 자료가 되네. "왜 나에게 이런 일이 일어났는가?"가
      아니라 "이 경험으로 무엇을 배웠고, 앞으로 어떻게 쓸 것
      인가?"가 의미를 만든다네.

청 년   성장은 곧 배움을 말하는데 이것은 왜 행복한 삶과 연결
      이 되나요?

선지자   "끊임없이 배우고 성장하라"라는 말 기억하는가? 하버드
      대학 70년 행복보고서 내용이지. 배움에 대한 성취감은

동서고금을 통해 많은 석학사가 강조한 말이네. 삶의 의미에서 중요한 요소이며 실제로 많은 사람들이 실천하고 있네. 더 이상 설명이 필요 없을 정도이지 않은가?

청 년 선생님이 말씀하신 세 가지 즉 가치 실현과 기여·인간관계·성장과 극복이 인생의 의미를 강화시켜 주는 요소라고 말씀하셨습니다. 전체를 통합해서 말씀해 주실 수 있나요?

선지자 가치와 기여는 나는 무엇을 세상에 남기는가에 대한 책임이고 역할이네. 인간관계는 나는 누구와 연결되어 있는가에 대한 대답으로 존중과 경청이지. 성장과 극복은 어떤 존재가 되어 가는가 하는 도전이며 극복은 변화네. 이 세 가지는 따로 존재하지 않고 서로가 서로를 강화하네. 기여는 관계 속에서 발생하고 관계는 성장 속에서 깊어지며 성장은 다시 더 큰 기여로 이어지는 사이클을 갖고 있네.

청 년 그러면 실제적인 방법으로 돌아가서 개인의 삶의 의미는 어떻게 찾고 설정하는지에 대한 방법을 설명해 주세요.

선지자 앞에서 말한 '어떻게 살 것인가'를 바꾸어 인생에서 나에게 무엇이 의미가 있는가를 스스로 질문해서 나의 삶의 의미 즉 정체성을 설정해야 하네. 방법은 '나의 강점 찾기'와 동일한 방법이네. 내용도 비슷한 것이 많네. 설정 방법은 다음의 자기 탐색 질문에 답해 보게.

1) 나는 언제 가장 살아 있다고 느끼는가? (가치)

2) 무엇을 할 때 시간 가는 줄 모르나? (가치)

3) 인생에서 절대 포기할 수 없는 가치는 무엇인가? (가치)

4) 내가 남들에게 가장 자주 듣는 칭찬은? (관계)

5) 내가 가장 후회하는 일은?→ 그 반대에 삶의 의미의 실마리가 있다. (성장, 기여)

6) 인생이 1년만 남았다면 무엇을 할까? (기여, 관계)

7) 내가 죽은 후, 사람들이 나에 대해 어떤 말을 해주길 바라는가? (관계)

8) 지금의 일상에서 무엇을 더하고 무엇을 덜어낼 것인가? (기여, 관계, 가치)

9) 내가 가장 감사했던 순간은? (관계)

10) 삶의 가장 큰 전환점은 무엇이었는가? (성장)

청 년 깊이 생각해 보지 않아서 정확하게 답을 할 수 없는 것도 있네요.

선지자 그럴 것일세. 대부분은 생소한 질문이겠지. 하지만 심각하게 생각해 보게. 몇 번을 고치고 수정해서 이것이 나의 정체성이구나 하고 깨달았을 때 그때 정하면 되네. 삶의 의미는 '발견·설정·실행'의 순환 과정이네.

1) **발견(Discover):** 내 과거·가치·강점·경험을 성찰해 의미의 씨앗을 발견한다.

2) **설정(Define):** 의미를 바탕으로 구체적 비전을 만들고, 현실 가능한 목표로 쪼갠다.

3) **실행(Do):** 작고 반복되는 행동을 통해 의미를 삶 속에 침투시킨다.

4) 재정립(Develop/Reframe): 경험에 따라 의미는 계속 진화하며, 그 과정이 바로 '인생의 성숙'이다.

청 년 　우선 위의 질문을 통해 '발견'부터 해 보겠습니다.

선지자 　해 보게. 그러나 많은 시간을 들여 할 필요는 없네. 스스로 느끼는 대로 그렇게 하고 싶은 대로 하면 되네. 그리고 필요시 재설정을 하면 되네.

청년은 지금까지 생각해 보지 못했던 삶의 의미를 생각해 보았다. 내가 이 세상에 태어난 것은 내가 결정한 것이 아니나 어떻게 살아갈 것인가는 내가 결정할 수 있다. 어떻게 살아가든 그것은 자유이지만 의미 있게 사는 것은 나의 행복과도 연결된다. 누구라도 한 번쯤은 존재의 이유를 생각해 봤을 것이다. 그리고 행복하게 살고 싶다고 한 번쯤은 생각해 봤을 것이다. 청년은 가치 있는 삶이 내가 존재하는 이유라고 생각했다.

○ **행복한 삶**을 위해 반드시 실천해야 할 핵심 원칙

선지자 　앞서 정리한 가치 실현·기여와 인간관계·성장과 극복을 삶의 의미를 구성하는 세 가지 요소라고 했네. 이것이 균형 있게 이루어지면 행복이라는 목적을 달성할 수 있네. 행복한 삶이란 '느끼는 감정'이 아니라 '살아내는 방식'이기 때문이네.

청　년　지금까지 말씀하신 여러 가지 행복한 삶을 위한 방법에 대해 말씀하셨습니다. 이제 구체적인 행동 실천 부분에 대해 말씀해 주세요.

선지자　행복한 삶을 위해 반드시 실천해야 할 핵심 원칙을 행위 적 차원 중심으로 체계적으로 정리해 보겠네. 지금까지 말한 내용은 그것에 대한 이유, 목적에 관한 이론적인 내용이었다면 지금부터는 구체적 실천 내용이라고 보면 되네.

청　년　네. 실천해야 할 주요 내용을 요약해서 설명해 주세요.

선지자　먼저, 행복한 삶, 인생이란? 어떤 것을 말하는지 그 전제 가 되는 조건이 있네. 그것은 "행복은 결과가 아니라 과정 이다"라는 것이네. 많은 사람이 이렇게 생각하네. "성공하 면 행복해질 것이다", "문제가 사라지면 행복해질 것이다" 그러나 실제로 행복은 문제가 없는 상태가 아니라 의미 있는 방식으로 살아가고 있다는 감각에서 생긴다는 것을 명심해야 하네. 즉, 행복은 의미 있는 행위가 반복될 때 자연스럽게 따라오는 상태로 보는 것이네.

청　년　의미 있다는 것은 앞에서 말한 세 가지 요소를 충실히 실 행할 때 생긴다는 것이겠지요.

선지자　그렇네. 의미 있는 생활방식으로 살아갈 때 행복을 느낀 다는 것이네.

청　년　그러면 조금 전에 말씀하신 실천 사항을 말씀해 주세요.

선지자　행복한 삶을 위해 실천해야 할 첫 번째 요소는 가치에 따라 선택하라네. 왜 가치 중심의 삶이 행복한가는 앞에서도 말했듯이 가치에 따라 살면 후회가 줄어들고, 타인의 기준에서 자유로워지고, 실패해도 자기 존중이 유지되네. 결과와 상관없이 자신의 삶이 정당화되는 셈이지. 이를 실천하는 원칙으로 첫째, 이 선택이 나의 핵심 가치와 일치하는지 매일 묻기. 둘째, 작은 선택(말, 태도, 약속)에서 가치 우선하기. 셋째, 손해가 있더라도 스스로를 배신하지 않기. 행복은 편한 선택이 아니라 '옳다고 믿는 선택'을 반복할 때 생기네.

청 년 위 세 가지를 반복해서 하면 자동화가 된다고 말씀하셨지요.

선지자 두 번째 실천은 <u>타인에게 기여하며 인간관계를 관리하라네</u>. 왜 인간관계가 행복의 핵심인가는 행복 연구의 공통된 결론이네. 좋은 인간관계가 삶의 만족도를 결정한다는 것이지. 기여는 존재의 필요성을 느끼게 하고, 인간관계는 감정적 안정과 인간의 본능인 소속감을 제공하기 때문이지. 이를 실천하는 원칙으로는 다음과 같네.

1) '도움이 되는 사람'으로 하루를 시작하기.

2) 인정받기 위한 관계가 아닌, 신뢰를 쌓는 관계 선택하기.

3) 소모적인 관계는 경계하되, 책임 있는 관계는 지키기.

행복은 혼자 완성되지 않기 때문이네. 세 번째 실천은 <u>성장과 극복의 태도를 유지하라네</u>. 왜 성장이 행복과 연결되는가? 이유는 간단하네. 성장이 멈추면 삶은 정체

되고, 정체는 공허와 무기력으로 이어지며, 행복한 사람
은 고통이 없어서가 아니라 고통을 의미로 전환할 줄 아
는 사람이기 때문이네. 이를 실천하는 원칙으로는 다음
과 같네.

1) 실패를 '무능의 증거'가 아닌 '배움의 재료'로 해석하기

2) 타인과의 비교 대신 과거의 나와 비교하기.

3) 완벽보다 지속 가능한 변화를 추구하기

행복은 안정이 아니라 '살아있다는 감각'에서 오네.

청 년　가치, 기여하기, 성장과 극복은 앞에서 많은 설명이 있어
서 더 이상 설명이 필요 없을 것 같네요. 이 세 가지 요소
의 구체적인 실천 원칙은 별도로 적어 두겠습니다. 중요하
니까 매일매일 자기 확언처럼 되풀이하겠습니다.

선지자　네 번째는 실천은 존재적 차원을 지켜라(자기 존중)
네. 행위가 아무리 훌륭해도, 존재적 존중이 무너지면 행
복은 오래가지 않네. 한 마디로 자기 사랑이 없으면 행복
도 무너지네. 이를 실천하는 원칙으로는 다음과 같네.

1) 성과로 나의 가치를 평가하지 않기

2) 쓸모없는 행위라도 자신을 존중하기

3) 쉬고 있어도, 놀고 있어도 죄책감 없이 자기를 괜찮다고 허용하기

나는 이미 충분히 가치 있는 존재라는 인식이 행복의 가

장 기초네. '나는 괜찮은 사람'이라는 대화에서 말했듯이 자네는 이미 괜찮은 사람이네. 모두 부처님의 불성을 갖고 있는 존재네. 자기 사랑이 없이는 타자 수용도 불가능하고 타자 사랑도 불가능하네. 가치 있는 삶도 불가능하네. 어떤 것도 이루지 못하네.

청　년　저는 이 부분이 잘 안됩니다. 비교하고 나를 책망하고 평가하는 것이 습관화되어 있어 무척 개선하기가 어렵네요.

선지자　매일 하루에 세 번씩 위에 말한 세 가지를 주문을 외우듯이 소리 내어 말해 보게. 앞에서도 말했듯이 우리의 뇌는 반복하여 자기 확언을 하면 뇌는 '이게 진짜 구나'하고 인식하네. 이긴다고 믿는 자는 이긴다"라는 부분에서 말하지 않았는가. 다섯 번째 실천은 일상의 작은 의미를 놓치지 말라네. 행복은 거대한 사건보다 반복되는 일상에서 형성된다고 했네. 성실히 일하는 하루, 약속을 지킨 하루, 누군가를 배려한 하루, 이런 하루가 쌓일 때, 삶은 '잘 살았다'라는 감각을 남기네. '일상의 소소한 기쁨과 행복을 음미하기'와 같네.

청　년　위에서 말한 다섯 가지는 이미 여러 번 말한 내용의 반복이면서 요약이네요.

선지자　그렇네. 위에 말한 다섯 가지는 이미 여러 번 강조한 말이네. 행복한 삶을 위한 실천내용을 충실히 하고 있는지 체크해 보게. 매일 혹은 주기적으로 이 질문을 스스로에게 던져보게.

1) 오늘 나는 어떤 가치를 실천했는가?

2) 누군가에게 도움이 되었는가?

3) 관계에서 책임을 다했는가?

4) 불편함 속에서도 한 걸음 성장했는가?

5) 결과와 상관없이 나 자신을 존중했는가?

이 질문에 "그렇다"라고 답할 수 있는 날이 많아질수록 삶의 만족도는 자연스럽게 높아질 것이네.

공동체에 공헌하라

선지자 이제 행복을 주제로 대화하는 마지막 부분일세.

청 년 가장 중요한 부분이 될 것 같네요.

선지자 그렇네. 이번 주제는 현대인들에게 꼭 필요한 내용이네. 공동체에 공헌하라'는 주제네. 알프레드 아들러는 이 말을 다르게 '공동체 의식'이라는 말을 사용했네. 먼저 자네에게 질문 하나 해 보겠네. 자네는 지금 분리된 존재인가 아니면 다른 사람과 연결된 존재인가?

청 년 나는 '나'이니까 분리된 존재가 아닌가요?

선지자 인간은 분명 독립된 신체와 의식을 가진 개체로 태어나네. 각자 다른 생각, 감정, 선택을 하며 살아가네. 그러나 동시에 우리는 완전히 혼자서는 존재할 수 없는 존재이기도 하지. 이 두 가지는 모순이 아니라 동시에 성립하는 진실인 것이지. 인간은 분리된 개체로 태어나지만 관계 속에서 존재의 의미를 갖는 연결된 존재네. 즉 각자는 하나의 몸, 하나의 뇌, 하나의 신경계를 가지고 있고, 죽음 역시 각자가 혼자 맞이하네. 따라서 인간은 대체 불가능한 단독적 존재지. 심리적으로 감정, 기억, 신념, 가치관은 개인 내부에 형성되고, "나의 삶"은 결국 내가 책임져야 하네. 그러나 우리는 왜 '서로 연결된 존재'인가? 우리 생존 자체가 연결의 결과이기 때문이네. 타인이 없으면 존재할 수가 없네. 우리는 혼자 태어나지 못하고, 양육자, 사회, 언어, 문화 없이는 생존 불가하며, 음식, 의복, 지식, 기술 모두 타인의 노동 결과네. 즉 인간의 생존은 연결 관계의 산물이네.

청 년 혼자서는 생존이 안된다는 말씀이네요. 지금 누리는 모든 문명의 혜택도 누군가의 노동으로 만든 것을 누리고 살아간다, 이 말씀이고요.

선지자 알프레드 아들러는 '공동체 의식'이라는 말을 이렇게 정의했네. 공동체 의식이란? "나는 혼자가 아니라 공동체의 일부이며, 타인과 협력하고 기여하려는 마음의 태도"다. 따라서 "타인과 연결되어 있다는 감각, 사회 속에서 쓸모 있는 존재가 되려는 의지, 경쟁보다 협력, 지배보다 공헌을 중시하는 태도"가 공동체 의식이라고 했네. 알프레드 아들러는 이것을 인간이 심리적으로 건강한지를 판단하는 가장 중요한 기준으로 보았네.

청 년 이것이 인간의 행복과 어떤 관계가 있나요?

선지자   그러면서 "행복이란 공동체에 기여하고 있다는 감각이다."
라고 했지. 즉 관계 속에 행복이 있다는 의미네. 실제로
인간은 혼자 잘되려 할수록 불안해지고, 함께 의미를 만
들수록 안정감은 증가하네. 따라서 행복은 소유가 아니
라 관계 속의 역할에서 발생하네. 따라서 타자공헌과 봉
사를 강조했네. 공헌과 봉사는 나를 희생하는 행위가 아
니라 내가 사회의 일부임을 자각하고 연결을 완성하는 행
위라는 것이네.

청 년   다른 사람을 위해 공헌하고 봉사하는 것에 대한 이유를
구체적으로 말씀해 주세요.

선지자   공헌해야 하는 이유는 많이 있네. 첫째, 공헌은 존재 이
유를 체감하게 하네. 사람은 공헌을 통해 "나는 쓸모 있
는 존재다", "내 삶이 누군가에게 도움이 된다"라는 존재
가치를 직접 경험하네. 이는 자존감의 가장 건강한 근원
인 셈이지. 둘째, 공헌은 이기심을 넘어 성숙한 자아로 성
장시키네. 공헌은 인정 욕구를 채우기 위한 행위가 아니
라 자기중심성에서 벗어나는 훈련이네. 타인을 고려하는
반복 경험은 자아의 크기를 확장시켜 주네. 셋째, 공헌은
사회를 유지하는 보이지 않는 힘이네. 법과 제도만으로
사회는 유지되지 않는 다네. 공헌과 봉사, 배려, 자발성,
책임 의식, 공감의식, 이것들이 쌓여 사회의 신뢰 자본이
형성되네. 이때 공헌과 봉사는 사회의 윤활유 역할을 하
네.

청 년   타인에게 공헌하고 봉사하는 것은 좋은 행위라는 것은 알

고 있습니다. 문제는 실제로 행동으로 옮기기가 무척 어렵습니다.

선지자 공헌과 봉사는 거창할 필요가 없네. 공헌은 반드시 큰 기부, 조직적 봉사일 필요가 없네. 남의 말을 잘 들어주는 것, 친절한 말 한마디, 책임감 있는 역할 수행, 가벼운 인사 한마디, 무거운 짐을 나르는 노약자에게 도움을 주는 것 등 필요한 사람에게 거침없이 다가가 도와주는 것이 공헌의 시작이네. "누군가에게 도움이 되었다"라는 느낌이 있으면 모두 공헌이고 봉사네.

청 년 실제로 조직적인 봉사활동 같은 것이 아니더라도 지금 하고 있는 어떤 행위가 누군가에게 도움이 되면 모두 공헌이 되나요?

선지자 공헌감은 주관적인 해석도 포함되네. 건물을 청소하는 어떤 아주머니가 있었네. 물론 청소의 대가로 월 얼마의 보수는 받겠지. 하지만 아주머니는 이렇게 생각했네. "내가 이렇게 깨끗하게 청소한 복도며 계단은 출근자에게 기분 좋게 한다. 그러면 그 사람의 생산성이 올라갈 것이고 먼지가 없는 깨끗한 환경에서 건강하게 근무한다"라고. 그러면서 그녀는 "이 사람들을 위해 공헌하고 있다"라고 생각했네. 그러면서 청소를 게을리하지 않고 매우 꼼꼼하게 잘 했다고 하네. 또 한 예로 멋있는 모자를 만들어 판매하는 사람이 있었네. 물론 판매하여 생계를 유지해야 하니 이윤이 붙어 있겠지. 하지만 이 사람은 모자를 판매하면서 "나는 이 모자가 그 사람을 더 멋있게 하여 멋있게 도와주어 그의 자존감을 올린다"라고 말하고 '나는 이 모자를 구매하는 사람을 위해 공헌하고 있다'라고 생각했네. 주관적인 해석이라고 하기보다 맞는 말 아닌가? 물론 그 사람이 만든 모자는 정말 정성껏 만들었겠지.

청 년 저는 직접적으로 몸으로 불우한 사람, 생계가 어려운 사람들을 도와주는 봉사활동 같은 것을 생각했는데 공헌감이란 것은 현재 자신이 하는 직업과도 연결이 되네요.

선지자 실제로 직접적으로 금전을 지원하거나 몸으로 봉사하는 기회가 없는 사람들이 많이 있네. 어떤 전문직에서 직장의 회사원까지 필요 없는 일을 하는 사람은 없네. 우리는 모두 연결되어 있네. 모든 것을 구분하여 가격으로 매겨 버리면 연결이 끊어지네. 서로가 서로에게 의존하는 연결이 존재함을 느끼면 '공감과 배려'라는 따뜻한 사회적 감정을 자연스럽게 전파할 수 있네.

청 년 선생님 말씀은 꼭 거창할 필요가 없다. 지금 하고 있는 일에서도 찾을 수 있다는 말씀이네요.

선지자 그렇네. 모두가 인지하지는 못해도 공헌감을 느낄 수 있네.

청 년 기대 이상의 대가를 받거나 보상받기 위해 하는 행동도 공헌감에 포함되나요?

선지자 기대 없는 공헌이 진정한 자유를 주네. 보상·칭찬·인정을 기대하면 봉사는 다시 거래가 되네. 대가를 바라지 않고 하는 공헌, 봉사가 진정한 것이네. 공헌과 봉사는 내면의 안정, 관계의 신뢰, 삶의 만족도 향상 등 가장 효과적인 자기치유인 셈이지.

청 년   사실 저는 이런 행위를 해본 적이 없거든요.

선지자   공헌은 '어떤 인간으로 살 것인가'의 선택이네. 공헌은 의무가 아니라 삶의 태도에 대한 선언이지. "나는 혼자만의 성공이 아니라 함께 살아가는 인간이 되겠다"라는 선택이네.

청 년   공헌감이 인간의 행복에 영향을 주는 것은 틀림이 없는 것 같네요. 저는 지금 하고 있는 일에서부터 찾아보겠습니다.

청년은 지금의 삶을 깊이 있게 반성의 시각으로 생각해 봤다. 우리는 관계를 떠나서 홀로 존재할 수가 없다. 그러나 실제로 홀로 살 수 있을 것같이 모두가 자기중심적이고 개인적인 성향이 만연하고 있고, 그것이 지금의 우리 사회를 지배하고 있는 것은 사실이다. 인간은 소속감을 원한다. 연결은 필수적이고 공동체 감각을 가지고 타자 공헌, 봉사하는 삶의 선택이야말로 의미 있는 삶이 아닐까?

사랑은 인생의 마지막 순간까지 가져가야 하는 귀중한 가치다

선지자   이제 자네와 나의 마지막 대화 주제네. 인생에서 가장 가치 있는 것이 무엇인지 아는가?

청 년   돈, 권력, 명예가 아닌가요? 우리는 이것을 위해 이것을 얻기 위해 평행을 힘들게 일하지 않습니까?

선지자 　자네 말이 틀렸다고 말할 수는 없네. 그게 현실이니까. 돈 때문에 원수가 되고 권력 투쟁 때문에 서로를 죽이고, 명예를 얻기 위해 타인을 짓밟고 올라서지. 특히 지금과 같은 경쟁의 시대에서 인생의 목표를 돈, 권력, 명예와 같은 것으로 할 수도 있을 수 있네. 그러나 삶의 가치, 삶의 의미에서 가장 중요한 요소는 "사랑"일세. 인생의 마지막 순간 돈, 권력, 명예도 필요 없는 마지막 순간에 "돈을 더 벌 걸 그랬다"가 아니라, "더 사랑할 걸 그랬다" 하며 후회하지. 그래서 이렇게 말하고 싶네 "사랑은 마지막 순간까지 가져가야 하는 귀중한 가치다"라고.

청　년 　그러면 이 말의 의미, 정의는 무엇인가요?

선지자 　사랑은 인간 존재의 최종적 가치이기 때문이네. 인간은 태어날 때부터 '관계적 존재'이며, 사랑은 우리의 존재 가치가 마지막까지 의미 있게 하는 중요한 가치네. 재산·지위·성과는 시간이 지나면 사라지지만, 사랑은 인간이 남길 수 있는 가장 오래 지속되는 흔적이네. 그리고 삶의 마지막 순간에 드러나는 진실이네. 죽음을 앞둔 사람들은 공통적으로 "사랑을 더 표현할 걸 그랬다", "더 따뜻하게 살았어야 했다"라고 말했네. 이는 사랑이 '인생의 최종 정산'에서 가장 높은 가치를 갖는다는 증거인 거지. 사랑은 행복의 최종 결정 변수네. 하버드대학의 행복연구 보고서에도 가장 행복한 사람의 공통점은 "좋은 인간관계", 즉 '사랑의 질'이었네. 사랑이야말로 우리의 삶의 질과 행복을 결정하는 핵심 요인이라는 의미지.

청　년　사랑은 존재가치를 높여주고 행복의 결정적 변수라는 의미네요. 물론 누구나 사랑은 아름답고 마음 설레게 하는 것 정도는 알고 있습니다.

선지자　지금부터 대화는 내용은 사랑의 종류나 특징과 같은 것이 아니네. 고대 그리스에서는 에로스(Eros)-욕망적 사랑, 필리아(Philia)-우정의 사랑, 스토르게(Storge)-가족적 사랑, 아가페(Agape)-무조건적 사랑으로 구분하여 설명하네. 현대 심리학에서 엘리히 프롬은 자기애 즉 자신을 향한 사랑, 집착적 사랑, 소유 통제적 사랑, 성숙한 사랑 즉 자유·책임·존중의 균형이 있는 사랑 즉 "너를 사랑하지만 너를 소유하지 않는다"라고 하면서 세 가지로 분류 했네 (엘리히 프롬의 사랑의 기술). 지금부터 대화하는 내용은 '성숙한 사랑'에 관한 것이라고 보면 되네.

청　년　사랑은 심리적으로도 많은 영향을 미친다고 하는데, 맞나요?

선지자　사랑은 인간의 심리적 회복력의 원천이 되네. 사랑을 주고받는 경험은 고통을 견디는 힘, 스트레스 완화, 삶의 의미와 자존감 형성에서 결정적 역할을 하네. 마지막 순간까지 사랑을 간직해야 하는 이유는 사랑이 우리가 살아 있는 이유이자 살아갈 힘이기 때문이네. 따라서 사랑의 본질 즉 의미는 인간의 존재 의미이며, 진실이고, 행복의 결정적 변수이면서 심리적 회복력의 원천이네.

청　년　그런데 사랑이 마지막까지 필요한 이유는 무엇인가요?

선지자　사랑은 삶의 동기이기 때문이네. 사랑은 삶의 에너지원이
고, 사랑할 대상이 있다는 것은 "내일을 향한 희망"을 만
들어 주는 가장 근본적 동기이지. 두 번째는 사랑은 존재
의 고독을 치유하네. 인간은 본질적으로 고독한 존재지
만 사랑은 그 고독을 의미 있게 만들어 주는 유일한 감정
이지. 타인과 깊이 연결되는 경험이 우리의 심리적 고립을
해소한다고 했네. 세 번째는 사랑은 인간을 성숙하게
만드네. 사랑은 타인을 위해 자신을 조율할 수 있는 능
력, 감정관리 능력, 공감능력, 양보와 포용의 태도를 강화
시켜 주네. 즉, 사랑은 인간을 '더 좋은 인간'으로 성장시
키는 심리적 도구인 거지. 네 번째는 마지막 순간에 남는
것은 사랑뿐이네. 사람들은 인생의 끝에서 무엇을 가졌는
지 어떤 지위를 누렸는지보다는 누구를 사랑했고, 누가
나를 사랑했는가를 기억하네. 그것이 인생이 남기는 최종
가치이기 때문이지.

청　년　필요한 이유가 삶의 동기이고, 고독을 치유하고, 인간을
성숙하게 하고, 인생의 가치를 더 높여 준다는 의미네요.

선지자　그런데 우리는 이 사랑의 본질을 이해해야 하네.

청　년　본질이라면 사랑이라는 말의 속성을 말하나요?

선지자　그렇네. 사랑이라는 말의 속성이네. 보통 사랑이라는 말
은 감정으로 분류하네. 그러나 사랑은 단순히 느끼는 감
정이 아니라 '태도'네. 감정은 변하지만 태도는 유지되네.
'태도'라는 말은 앞에서 설명했듯이 관심, 말투, 표정, 행
동을 말하네. 한 문장으로 말하면 사랑이란 "상대의 성

장·행복·안전을 위해 지속적으로 관심과 긍정적 행동을
주는 것"이라고 말할 수 있네. 두 번째 속성은 사랑은 '소
유'가 아니라 '지지'네. 통제·집착·불안은 사랑이 아니네.
사랑은 상대가 자율성을 가지고 성장하도록 돕는 일이
네. 세 번째 속성은 사랑은 "평생 연습해야 하는 기술"이
다 라고 말할 수 있네. 사랑은 타고나는 능력이 아니라
공감 능력, 표현 능력, 경청 능력, 갈등 조정 능력, 헌신행
동 같은 '관계적 기술'들의 집합체라고 말할 수 있네. 따
라서 마지막 순간까지 계속 연습해야 성숙한 사랑이 되
는 것이지.

청　년　사랑은 지속적 관심과 행동으로 보여 주는 태도이고, 지
지이며, 관계적 기술의 집합체라고 말할 수 있네요. 요즘
젊은 청년을 보면 에로스적 사랑 즉 욕망적인 사랑이나
집착적 사랑 즉 뜨겁고 열광적이며 소유적인 사랑을 진정
한 사랑이라고 하던데 왜 그런 생각을 하게 된 것인가요?

선지자　자네가 말한 에로스적 사랑이든 집착적 사랑이든 사랑은
소유에서 시작해, 이해와 공감을 거쳐, 결국은 헌신으로
성숙해야 한다는 것이네. 결국 성숙한 사랑으로 완성이
되어야 한다는 것이네. 육체적 사랑이나 집착적 사랑에서
성숙한 사랑으로 가지 못하면 문제가 생기겠지.

청　년　어떻게 사랑해야 하는가에 대한 사랑의 원칙이 있는가요?
원칙이라면 기본 원리나 핵심 요소 같은 것을 말하는 데
어떤 것이 있나요?

선지자　핵심 원칙이 있네. 사랑이라는 행동에서 중요한 요소라고

말해도 되네.

1) **존중의 원칙**이네. 사랑의 시작은 '존중'이네. 존중은 사랑의 바탕이지. 상대의 느낌·의견·선택·경계를 인정하고 존중해야 한다는 의미네. 예를 들면 "당신 의견이 어떤지 궁금해", "그 선택을 존중해", "나는 당신이 그렇게 느끼는 것을 이해하려고 노력할게"와 같은 말이지.

2) **공감의 원칙**이네. 사랑은 이해에서 시작되네. 공감이란 상대가 느끼는 감정을 '그 사람의 관점에서' 이해하려는 노력이지. 예를 들어 상대의 말 끊지 않기, 감정·욕구 확인하기, "그 상황이면 정말 힘들었겠다"라고 말해주기와 같은 말이지.

청　년 존중과 공감은 상대를 있는 그대로 받아들인다는 '수용'과 같은 거네요. 부모와 자식 간 또는 부부간에 이 부분에서 많은 갈등이 있는 것 같아요. 저도 이미 말씀드렸습니다만 상대를 인정하고 수용하는 것이 무척 어렵습니다.

선지자 각자 살아온 생활방식이 다르니 그럴 수밖에 없지. 그러나 이미 배웠지 않았는가 우리는 모두 관찰하는 자아가 있어 '알아차림'이라는 것으로 개선하는 수밖에 없지. 변화하지 않으면 하지 아무것도 얻을 수 없다고 했네.

3) **표현의 원칙**이네. 사랑은 말하지 않으면 전달되지 않네. 침묵은 사랑이 아니다. 표현은 사랑을 현실화하네. 예를 들어 "고마워", "사랑해", "참 소중해"처럼 칭찬·격려를 아끼지 않기, 상대의 장점을 일상적으로 말해주기와 같은 말이네.

4) 시선의 원칙이네. 사랑은 '관찰하는 힘'에서 나오네. 사랑은 상대의 작은 변화, 작은 행동, 작은 노력을 발견하는 데서 시작이 되네. 예를 들어 "오늘 피곤해 보이네. 괜찮아?", "그 작은 행동이 나에게 큰 힘이 돼"라는 말과 같네.

청　년　감정을 말로 표현하는 것도 잘 되는 사람이 있고 말하지 않는 것이 미덕이라고 믿는 사람도 많아요. 저는 "꼭 말로 해야 하나"라는 것을 지키고 있습니다. 게다가 관찰이 잘 안된 사람이 많아요. 저는 세밀하게 관찰하는 능력이 없어요.

선지자　자네 같은 경우 못하거나 안되는 것이 아니라 하지 않으려고 하네. 이 말은 하려고 하면 할 수 있다는 뜻이네. 이때는 용기가 필요하네. 그냥 해 버리는 용기 말일세.

선지자　5) 책임의 원칙이네. 사랑은 '함께 있어 주는 행동'이네. 사랑은 말보다 행동이지. 힘든 시기에는 더욱 행동이 중요하네. 예를 들어 아플 때 돌보기, 지칠 때 옆에 있어 주기, 어려움 해결을 '함께' 고민해주기 등이 해당하네.

6) 성장의 원칙이네. 사랑은 서로를 더 좋은 사람으로 만드네. 진짜 사랑은 서로의 성장을 돕는 다네. 상대를 '내가 원하는 모습'으로 만들려는 것이 아니라 상대가 원하는 방향으로 커 가도록 지지하는 것이지. 예를 들어 배우자의 학습·성장 계획 지지, 자녀의 재능과 호기심 확장, 친구의 새로운 도전 응원 등이 해당하네.

7) 용서와 포용의 원칙이네. 사랑은 미성숙함을 끌어안

는 능력이네. 완벽한 사람은 없네. 사랑은 실수와 미숙함을 포용하고 관계를 이어갈 수 있도록 다리 역할을 하네. 예를 들어 감정이 격해질 때 '잠시 멈춤', 미안함·잘못을 먼저 인정하기, 완벽을 기준으로 상대를 판단하지 않기 등이네.

청　년　함께 있어 주고 서로 돕는 것은 저도 잘하는 것 같네요. 가족 간에도, 친구 동료 간에도 도움이 필요하면 먼저 뛰어가 지원해 주고 도와줍니다.

선지자　용서와 포용이 중요하네. 사람이란 언제든지 실수할 수 있네. 그때마다 큰 일이 아니면 "괜찮아"라고 말해 주는 것도 큰 힘이 되겠지.

청　년　말씀하신 일곱 가지 원칙은 실천하는 방법이라고 해도 되겠네요.

선지자　설명하기 위해 분리했지만 모두 연관이 있네. 하나가 되면 모두가 되네. 반대로 하나가 안 되면 모두가 안 되네. 그리고 용기가 필요하네. 자네는 할 수 있는 능력이 있네. 다만 용기가 부족할 뿐이지. 해 보게 틀림없이 효과가 있을 것일세. 부모와 자식 간에도 이 원칙은 지켜져야 하네. 부모는 아이를 존중과 공감이라는 원칙으로 대해야 하네. 부부 사이, 상사와 부하, 친구와 친구 등 모든 관계에서 동일하네. '사실보다 태도가 중요하다'라는 부분에서 강조했듯이 행복도 사랑도 이 원칙은 공통으로 적용되네.

청　년　실천해 보겠습니다. 그리고 이것을 일상에서 실천하는 구체적 실행 방법에 대해 말씀해 주세요.

선지자 구체적인 실행 방법은 특별한 것이 없네. 사랑은 말이 아니라 행동임을 명심하고 위에서 말한 일곱 가지 원칙을 차근차근 실행하는 것이네. 자네에게 말했듯이 쑥스럽고 어색할지도 모르네. 그러나 용기가 필요하네. 상대가 어떻게 생각할까를 생각하지 않고 그냥 결심하고 해 버리는 것이네. 알프레드 아들러는 이것을 '미움 받을 용기'라고 했네.

청 년 선생님이 말씀하셨다시피 인간은 현재의 불안을 싫어하고 피하고 싶은 본성이 있어서 본능적으로 못한다고 생각할 수 있는데 어색하고 불안해도 해 버리는 것이 용기라고 했습니다.

선지자 그렇네. 변화를 위해 꼭 필요한 것이 '용기'네. 용기라는 것의 본질은 한번 하면 다음은 더 쉽다는 것이네. 처음이 어렵네. 시작해 보게. 그리고 뇌의 작동을 바꾸기 위해 다음과 같이 네 가지를 실행해 보게.

1) 매일 5분 '사랑 표현' 루틴화 하기

- 오늘 감사한 점 1가지 표현하기
- 상대의 장점 1가지 말하기
- 스킨십·눈맞춤 등 따뜻한 행동 1번 실천하기.

2) 주 1회 '깊은 대화' 시간 갖기. 관계의 질은 대화의 깊이가 결정한다.

- 일상의 스트레스에 대한 솔직한 대화
- 느끼는 감정의 솔직한 표현

- 본인이 소망, 희망하는 사항

- 걱정, 불안 등 진솔하게 대화를 나누는 시간을 가지기

3) 갈등 시 사랑하는 방식 알기. 갈등은 사랑의 반대가 아니라 '성장을 위한 과정'이다.

- 감정보다 사실을 먼저 말하기

- 비난 대신 '나 전달법' 사용하기

- 서로의 욕구를 정직하게 공유하기

- 문제 해결 목표 합의하기

4) 지지 행동하기. 사랑의 큰 부분은 응원과 지지다.

- 필요로 하는 경우 동행하기

- 응원 메시지 보내기

- 작은 성공도 축하하기

- 상대의 선택 존중하기

- 힘든 감정 응원하고 돌봐주기

청 년   보통 연인이나 부부 사이를 말할 때 사랑이라는 표현을 많이 하지만 선생님의 말씀을 듣고 보니 부모와 자식 간의 사랑이 더 필요하겠다는 생각이 듭니다.

선지자   이 사랑이라는 것은 상하관계가 뚜렷한 사이 즉 부모와 자식, 상사와 부하, 어른과 아이, 스승과 제자 사이에서 더 성숙하게 해야 할 중요한 요소네. 이유는 능력의 차이가 독재를 불러오기 때문이네. 단순히 "이렇게 해라,

저렇게 해라'와 같이 명령으로 될 가능성이 매우 높기 때문이지.

청 년 저도 그렇게 생각합니다.

선지자 이제 마지막 장을 마무리해야 할 시간이네. '마지막 순간까지 사랑해야 하는 이유'를 한 번 더 요약하면 사랑은 삶을 '완성'한다는 것이네. 우리가 가장 기억하는 순간, 가장 행복했던 순간, 가장 아찔했던 순간은 모두 '사랑'과 연결되어 있네. 그리고 사랑의 가치에서 사랑은 인간의 마지막 후회에서 제외되어야 할 가치네. 사람들은 "더 벌 걸 그랬다"가 아니라 "더 사랑할 걸 그랬다"를 후회하네. 마지막으로 사랑은 죽음을 초월하는 유일한 감정적 태도네. 사랑은 흔적을 남기네. 사랑했던 사람은 사라져도 '사랑의 감정과 기억'은 계속 남아 타인에게 전해지네. 이 때문에 사랑은 인생의 마지막까지 지녀야 하는 가치인 셈이지. 사랑은 내가 준 만큼 나에게 돌아오네. 사랑의 감정적 풍요는 '받기'에서 오지 않는 다네. 오히려 사랑을 줄 때 인간은 가장 풍요로워지네. 따라서 사랑은 받는 것이 아니라 주는 것이네.

청 년 마지막 요약 감사드립니다. 인생을 사랑으로 마무리하는 것은 너무나 행복한 삶이라고 생각이 되네요. 선생님의 말씀처럼 '나는 행복하게 살 수 있다'라는 것이 충분히 가능하다고 생각됩니다. 저는 선생님이 말씀하신 구체적인 실행 방법을 하나하나 실천해 나갈 것입니다. 그리고 행복하게 살 것입니다.

선지자　나도 그렇게 믿네. 자네는 나의 친구이고 동시대를 살아
　　　　가는 공동체의 일원이네. 자네가 행복하면 자네 주위에
　　　　있는 사람도 행복하네. 행복은 전념이 되네. 사랑도 마찬
　　　　가지로 전념이 되네. 결과적으로 우리 사회가 행복으로
　　　　가득한 살기 좋은 사회가 되겠지. 지금까지 행복이라는
　　　　것을 찾기 위해 긴 여행을 했네. 이제 마무리할 시간이 되
　　　　었네. 때로는 같은 말이 되풀이되고 반복되는 부분이 많
　　　　이 있었지만 잘 들어 줘서 고마웠네. 나는 자네와 이 시
　　　　대를 살고 있는 동료고 친구네. 언제든지 또다시 여기를
　　　　찾아오게.

청　년　선생님, 소중한 시간을 내어 주시고 귀중한 말씀을 해 주
　　　　서서 감사드립니다. 건강하시고 행복하시길 바랍니다.

사랑은 마지막 순간까지 간직해야 할 삶의 기본 태도이다. 사랑은
인생의 최종적 가치이며, 인간의 행복을 만드는 핵심이고, 존재의 고
독을 치유하며, 마지막 순간까지 남는 유일한 감정이다. 그리고 사
랑은 공감·존중·표현·관찰·책임·성장·용서라는 실천을 통해 유지되고
깊어진다. 지금 이 순간부터 더 표현하고, 더 이해하고, 더 따뜻하게
보고, 더 지지하고, 더 포용할 때 사랑은 우리 삶의 끝까지 이어지
는 '인생의 힘'이 된다.

이 책의 마지막 장에 이르기까지 우리는 한 가지 질문을 붙들고 걸어왔다. **"나는 정말 행복하게 살 수 있는가?"** 이 질문은 거창한 철학적 명제처럼 보이지만, 사실은 매일의 선택과 태도, 그리고 관계 속에서 반복해서 마주치는 아주 현실적인 물음이다. 이 책은 특별한 사람만이 도달할 수 있는 행복을 말하지 않았다. 오히려 지금의 나, 지금의 삶에서 시작할 수 있는 행복을 이야기해 왔다. 맺음말에서는 그 여정을 다시 한번 정리하며, 독자 각자가 자신의 삶으로 이 책을 완성해 가기를 바라는 마음을 전하고자 한다.

나는 이대로 괜찮은 사람이라는 수용에서 출발하다

행복의 첫걸음은 **수용**이다. 우리는 흔히 더 나아져야만, 더 잘해야만, 행복해질 수 있다고 믿는다. 그러나 끊임없는 자기부정 위에 세워진 성장은 오래가지 못한다. '나는 이대로 괜찮은 사람이다'라는 인식은 나태함의 선언이 아니라, 변화가 가능해지는 안전한 출발점이다. 자신을 인정하지 못하는 사람은 어떤 변화도 끝내 자기혐오로 되돌려 놓기 때문이다.

수용은 현재의 나를 그대로 방치하겠다는 뜻이 아니다. 그것은 과거의 선택과 상처, 미완의 모습까지도 나의 일부로 받아들이는 용기다. 이 용기 위에서 우리는 비로소 스스로에게 솔직해질 수 있고, 무엇을 바꾸고 싶은지 정확히 바라볼 수 있다. 자신을 미워하지 않는 사람만이 자신을 돌볼 수 있고, 자신을 돌볼 수 있는 사람만이 진정한 성장을 시작할 수 있다.

변화하지 않으면 아무것도 얻을 수 없다는 진실

수용이 출발점이라면, **변화는 전진**이다. 삶은 생각만으로 바뀌지 않는다. 아무리 좋은 깨달음도 행동으로 이어지지 않으면 현실을 움직이지 못한다. 이 책에서 말한 변화는 극적인 인생 반전이 아니다. 작은 선택 하나, 태도의 미세한 조정, 반복되는 행동의 방향 전환이다.

변화에는 늘 두려움이 따른다. 익숙한 고통은 낯선 가능성보다 편안하게 느껴지기 때문이다. 그러나 변화하지 않겠다는 선택 또한 하나의 선택이며, 그 결과 역시 온전히 내가 감당해야 한다. 행복한 삶은 우연히 주어지지 않는다. 지금과 다른 결과를 원한다면, 지금과는 다른 행동이 필요하다. 이 단순하지만 어려운 진실을 받아들일 때, 우리는 삶의 주도권을 다시 손에 쥔다.

인간관계를 소중히 하라는 말의 깊은 의미

행복은 결코 혼자 완성되지 않는다. 인간은 관계 속에서 상처받기

도 하지만, 동시에 관계 속에서 회복된다. **인간관계를 소중히 하라**
는 말은 무조건 참으라는 뜻도, 모두에게 잘 보이라는 의미도 아니
다. 그것은 나와 타인의 경계를 존중하면서도, 연결을 포기하지 않
는 태도를 말한다.

건강한 관계는 나를 소모시키지 않는다. 오히려 나를 더 나답게
만든다. 이를 위해 우리는 관계에서의 역할을 다시 정의해야 한다.
상대의 감정과 선택은 상대의 과제이며, 내가 통제할 수 없는 영역이
다. 대신 내가 선택할 수 있는 것은 나의 태도와 표현, 그리고 관계
를 지속할지 거리를 둘지에 대한 결정이다. 관계를 소중히 여긴다는
것은 타인을 희생시키거나 나를 희생하는 것이 아니라, 서로를 존중
하는 균형 위에 관계를 놓는 일이다.

행복은 내가 만든다는 책임과 자유

이 책이 반복해서 강조한 메시지 중 하나는 **행복은 내가 만든다**
는 사실이다. 이는 결코 모든 책임을 개인에게 떠넘기기 위한 말이
아니다. 삶에는 분명 내가 통제할 수 없는 환경과 조건이 존재한다.
그러나 그 안에서 어떤 의미를 부여하고, 어떤 태도로 반응하며, 어
떤 선택을 이어갈지는 여전히 나의 몫이다.

행복을 외부 조건에만 맡길 때 우리는 늘 부족함 속에 머문다. 반
대로 행복을 스스로 만들어갈 수 있다고 믿는 순간, 삶은 조금씩
다른 얼굴을 드러낸다. 작은 성취를 기뻐할 수 있고, 평범한 하루에
서 만족을 발견할 수 있으며, 어려움 속에서도 나만의 기준을 잃지

않을 수 있다. 이 책임은 무겁지만, 동시에 큰 자유를 선물한다. 더 이상 남의 삶과 비교하지 않아도 되고, 남의 기준에 나를 맞추지 않아도 되기 때문이다.

삶의 의미를 찾고, 실행하는 용기

행복은 쾌락이나 감정의 고조만을 의미하지 않는다. 오히려 오래 지속되는 행복은 **삶의 의미**와 깊이 연결되어 있다. 의미란 거창한 사명일 필요는 없다. 누군가에게 도움이 되는 일, 나를 성장시키는 노력, 하루를 성실히 살아냈다는 감각 속에서도 의미는 태어난다.

중요한 것은 의미를 '생각하는 것'에서 멈추지 않고, **실행하는 것**이다. 의미는 행동 속에서만 현실이 된다. 완벽하게 준비된 다음에 시작하려 한다면, 시작은 영원히 미뤄질 것이다. 불완전한 상태로라도 한 걸음을 내디딜 때, 삶은 그에 맞는 의미를 조금씩 드러낸다. 의미 있는 삶은 발견되는 것이 아니라, 살아내는 과정에서 만들어진다.

이 책을 덮으며, 당신의 삶이 시작된다

이 책의 마지막 문장을 읽는 지금, 당신의 삶은 여전히 진행 중이다. 이 책은 답을 주기보다 방향을 제시했을 뿐이다. 이제 남은 일은 이 내용을 당신의 일상에서 시험해 보고, 실패하고, 다시 시도하는 것이다. 그 과정에서 이 책의 문장들은 점점 당신만의 언어로 바펼 것이다.

나는 행복하게 살 수 있다는 선언은 희망 사항이 아니라 선택의 문제다. 오늘의 작은 선택 하나가 내일의 삶을 만들고, 그 삶의 축적이 결국 인생이 된다. 완벽하지 않아도 괜찮다. 느리게 가도 괜찮다. 중요한 것은 멈추지 않는 것이다.

이 책이 당신에게 단 한 가지라도 남겼다면, 그것은 '행복은 멀리 있지 않다'라는 확신이기를 바란다. 지금의 나를 받아들이고, 조금씩 변화하며, 관계를 돌보고, 스스로의 행복에 책임을 지고, 의미 있는 행동을 이어가는 삶. 그 길 위에서 당신은 이미 행복을 향해 살고 있다. 그리고 그 사실을 알아차리는 순간, 행복은 더 이상 목표가 아니라 현재가 될 것이다.